EnBW

Einkaufsleitertagung 28./29.04.2009

*Viele !mpulse für
den Einkauf
wünscht Ihnen*

Chefsache Einkauf

Christian A. Rast, Jahrgang 1962, ist CEO und Präsident des Verwaltungsrats der BrainNet Supply Management Group AG. BrainNet ist eine führende internationale Unternehmensberatung mit Fokus auf Supply Management Consulting und Qualification mit mehr als 220 Mitarbeitern in neun Büros weltweit. Im Auftrag von BrainNet-Kunden war er von 2000 bis 2005 als Co-CEO mitverantwortlich für den Aufbau von cc-hubwo SA, des heute weltweit führenden Anbieters elektronischer Lösungen für „Source-to-Pay" und Lieferantennetzwerk-Management.

Das Buch ist entstanden unter Mitarbeit der Journalisten Antonio De Mitri, Hans Gusbeth, Ralph Michael Müller und Ulrike Werner.

Christian A. Rast

Chefsache Einkauf

Campus Verlag
Frankfurt/New York

Bibliografische Information der deutschen Nationalbibliothek:
Die Deutsche Nationalbibliothek verzeichnet diese Publikation in der
Deutschen Nationalbibliografie. Detaillierte bibliografische Daten
sind im Internet unter http://dnb.d-nb.de abrufbar.
ISBN 978-3-593-38711-6

Das Werk einschließlich aller seiner Teile ist urheberrechtlich geschützt.
Jede Verwertung ohne Zustimmung des Verlags ist unzulässig. Das gilt
insbesondere für Vervielfältigungen, Übersetzungen, Mikroverfilmungen
und die Einspeicherung und Verarbeitung in elektronischen Systemen.
Copyright © 2008. Alle deutschsprachigen Rechte bei Campus Verlag,
Frankfurt am Main.
Umschlaggestaltung: Guido Klütsch, Köln
Gestaltung Innenteil: Klaus Meyer + Claus Lienau, München
Satz: KK Druck, Martinsried bei München.
Druck und Bindung: Druckhaus „Thomas Müntzer", Bad Langensalza
Gedruckt auf säurefreiem und chlorfrei gebleichtem Papier.
Printed in Germany.

Besuchen Sie uns im Internet: www.campus.de

Für meine Frau Rita, die beste Entscheidung meines Lebens,
für meine Söhne, deren Zukunft meinem Handeln Sinn gibt,
für BrainNet, dessen Zukunft und Menschen meine Motivation sind.

Inhalt

	Seite
Prolog **Der Schatz des Zwerges, der ein Riese ward** Ein Märchen, mit einer Lehre für den Einkauf der Zukunft	9
Kapitel 1: **Warum der Einkauf den Wettbewerb entscheiden wird** Der Einfluss der Megatrends auf die Purchasing Excellence	13
Kapitel 2 **Ergebnisorientierung im Fokus** Die Einkaufsstrategie bestimmt das Warengruppenmanagement	42
Kapitel 3 **Wie viel China ist erlaubt?** Best Cost Country Sourcing statt Low Cost Country Sourcing	61
Kapitel 4 **Der Kampf um den Vorsprung** Lieferantenpotenziale im eigenen Innovationsprozess ausschöpfen	82
Kapitel 5 **Wertschöpfung aus einem Guss** Supply Chain Management integriert die Zulieferkette in die Unternehmensstruktur	100
Kapitel 6 **Wenn der Markt außer Kontrolle gerät** Risiken im Einkauf kontrollieren heißt der Verantwortung gerecht werden	115
Kapitel 7 **Was hat der Einkauf mit Finanzen zu tun?** Supply Chain Financing optimiert die Kapitaleffizienz für Käufer und Lieferanten	137

		Seite
Kapitel 8		
Vom unsichtbaren Vermögenswert		**154**
Über IT-gestützte Prozesse hinaus durch Wissensmanagement Transparenz schaffen		
Kapitel 9		
Nur die Besten werden die Herausforderung bewältigen		**175**
Wie die Qualifizierung der Einkäufer von morgen aussehen muss		
Kapitel 10		
Die Tücken des Zusammengehens		**193**
Den Einkauf rechtzeitig in den Post-Merger-Prozess einbinden		
Kapitel 11		
Amtsschimmel im Galopp		**211**
Professionalisierung von Beschaffungsstrukturen mitentscheidend für die Solidität der öffentlichen Haushalte		
Kapitel 12		
Was Chefs im Unternehmen ändern müssen		**226**
Einkauf als Teil der Unternehmensstrategie sichert profitables Wachstum		
Danksagung		**247**
Register		**248**

Prolog

Der Schatz des Zwerges, der ein Riese ward

Ein Märchen, mit einer Lehre für den Einkauf der Zukunft

Es war einmal ein König, der hatte ein schönes und großes Reich. Das Reich dieses Königs war so groß, dass er selbst viele Teile davon noch nie zu Gesicht bekommen hatte. Eines Tages erschienen bei Hofe drei Ritter aus fernen Landen, von denen weder der König noch sonst jemand von seinem Hofstaate je etwas gehört hatte.

Der eine Ritter sagte: „Euer Reich ist groß, aber genug Brot, um Euer Volk satt zu machen, habt Ihr nicht. Unser König will Euch seinen besten Weizen geben. Nehmt Ihr ihn, so verlangt unser König Eure Tochter zur Frau, deren lieblicher Anblick sich bis zu uns herumgesprochen hat. Nehmt Ihr den Weizen nicht, so wird sich Euer Volk erheben, und Ihr sollt unser Schwert spüren." Der König wunderte sich und fragte seinen Haushofmeister, ob das Volk genug zu essen habe. Der antwortete: „Herr, bei Hofe hat sich noch niemand aus dem Volk beklagt, dass er Hunger leide. Warum also sollen wir diesem Manne glauben?"

Der zweite Ritter sprach: „Euer Reich ist groß, aber genug Wein, um Euer Volk nicht dürsten zu lassen, habt Ihr nicht. Unser König will Euch seine besten Reben geben. Nehmt Ihr die Reben, so verlangt unser König Eure Tochter zur Frau. Nehmt Ihr sie nicht, so wird sich Euer Volk erheben und Ihr sollt unser Schwert spüren." Der König wunderte sich und fragte seinen Mundschenk, ob das Volk genug zu trinken habe. Der antwortete: „Herr, bei Hofe hat sich noch niemand aus dem Volk beklagt, dass ihn dürste. Warum also sollen wir diesem Manne glauben?"

Da sprach der dritte Ritter: „Euer Reich ist groß, aber genug Eisen, um Euer Volk vor Feinden zu schützen, habt Ihr nicht. Unser König will Euch seine besten Erzminen geben. Nehmt Ihr die Minen, so verlangt unser König Eure Tochter zur Frau. Nehmt Ihr sie nicht, so wird sich Euer Volk erheben und Ihr sollt unser Schwert spüren." Der König wunderte sich und fragte seinen Heerführer, ob das Volk des Schutzes entbehre. Der antwortete: „Herr, bei Hofe hat sich noch niemand aus dem Volk beklagt, dass ihm durch fremder Knechte Klinge ein Leids geschehen wäre. Warum also sollen wir diesem Manne glauben?"

Da wurde der König sehr betrübt, denn er wusste keinen Ausweg aus dieser Lage. Auch liebte er seine schöne Tochter über alles, sodass er sie keinem der fremden Könige zur Frau geben wollte. Da trat der Narr an seine Seite, ein hässlicher Zwerg, der bei Hofe nur ob seiner Possen etwas galt, doch weiterhin keine Beachtung fand. Er sprach: „Mein König, ich weiß, ich bin nur ein hässlicher Zwerg, über den alle lachen. Aber hört mich an: Wenn Ihr einem glauben wollt, so seid Ihr verloren, denn zweie werden sich über Euer Reich hermachen. Wenn Ihr keinem Euren Glauben schenkt, so werden alle drei ihre Schwerter gegen Euch richten und Ihr seid abermals verloren. Wenn Ihr aber wüsstet, dass keiner der drei die Wahrheit spräche, so könntet Ihr ohne Sorge weiter König sein." Da dachte der König bei sich: Er spricht wahr. Und er fragte den Narren: „Was verlangst du, wenn du dich gegen diese Ritter behauptest?" Der Narr blickte zu Boden und antwortete: „Herr, jeder der fremden Könige begehrt Eure Tochter zur Frau. Ich aber habe nur einen Wunsch: Wenn es mir gelingt, Euer Reich zu retten, so möge Eure Tochter selbst entscheiden, ob sie mir ihr Herz schenkt." Da dachte der König: Einen wie diesen wird sie nimmer haben wollen. Und so willigte er ein und gebot dem Narren, sich ans Werk zu machen.

Der Zwerg erklomm mit großer Mühe die hohen Treppenstufen zu den Zinnen der Burg und blickte im ganzen Land umher. Und siehe, im Osten waren Felder vom besten Weizen, dessen Ähren wie sattes Gold in der Morgensonne glänzten. Und er stieg von den Zinnen herab und erzählte seinem König, was er gesehen hatte. Der König aber war voller Freude und befahl seinem Marschall, den ersten Ritter fortzuschicken. Und er schalt den Haushofmeister, dass er nie selbst die Zinnen der Burg erklommen hatte, um sich im Reich umzusehen.

Wieder stieg der Narr zu den Zinnen hinauf. Als er aber oben angekommen war, bemerkte er, dass er die Stufen des Turmes plötzlich mit Leichtigkeit erklommen hatte. Und er blickte nach Süden und sah im Licht der Mittagssonne Felder mit starken Rebstöcken, die sich unter der Last der Trauben bogen. Und er stieg von den Zinnen herab und erzählte seinem König, was er gesehen hatte. Der König war voller Freude und befahl seinem Marschall, auch den zweiten Ritter fortzuschicken. Und er schalt seinen Mundschenk, dass er nie selbst die Zinnen der Burg erklommen hatte, um sich im Reiche umzusehen.

Und abermals stieg der Narr zu den Zinnen hinauf. Als er aber oben ankam, schlug er sich den Kopf an der letzten Türe des Turmes. Und als er nach Westen blickte, sah er Berge von Erz im Licht der Abendsonne wie tausend Feuer glänzen. Und er stieg von den Zinnen herab und erzählte seinem König, was er gesehen hatte. Der König war voller Freude und befahl seinem Marschall, den dritten Ritter fortzuschicken. Und er schalt den Heerführer, dass er nie selbst einmal die Zinnen der Burg erklommen hatte, um sich im Reiche umzusehen.

Doch als der König seinen treuen Hofnarren anblickte, wunderte er sich mit einem Male gar sehr. Denn aus dem hässlichen Zwerg war unterdessen ein Jüngling von so anmutigem Antlitz und so hoher Statur geworden, dass er glaubte, diesen noch nie gesehen zu haben. Der ehemalige Narr aber sprach: „Ich bin es wirklich. Aber weil ihr in mir stets den hässlichen Zwerg sehen wolltet, habt Ihr Euch um dieser Narretei willen selbst in mir getäuscht." Der König aber sprach: „Was begehrst du nun als Lohn?" Der Jüngling antwortete: „Mein König, als ich noch ein Narr war, sagte ich Euch, Eure Tochter möge selbst entscheiden, ob sie mir ihr Herz schenken wolle. Nun bitte ich Euch, fragt Eure Tochter!" Der König aber, der wohl dem hässlichen Zwerg die Bitte gewährt hatte, geriet außer sich vor Zorn. „Was konntest du uns nicht schon früher deine Gestalt offenbaren? Du hast uns wahrlich zum Narren gehalten! Wohlan, so will ich dir eine letzte Aufgabe stellen. Und wenn du die gleichermaßen zu unserer Zufriedenheit löst, so will ich meiner Tochter den schönen Jüngling, der jetzt vor mir steht, zum Manne geben!" Der Narr sprach: „Mein König, Ihr seid ein strenger, aber weiser Herr. Stellt mir die Aufgabe, und ich will sie lösen." Der König aber, immer noch außer sich vor Zorn, beabsichtigte, den Jüngling hinters Licht zu führen. Und so sprach er: „Du hast in den Osten, den Süden und den Westen meines Reiches gesehen und große Schätze gefunden. Nun schaue auch in den Norden, und wenn du auch dort einen ebenso großen Schatz erblickst, so sei dir deine Bitte gewährt." Der König dachte bei sich, dass es im Norden ja nur Eis und Schnee gab, denn er selbst hatte sich einst auf einer Reise dorthin verirrt.

Der Jüngling wollte sich in der Stille der Nacht bedenken. Er war jedoch inzwischen so stark gewachsen, dass er nicht mehr durch die Türe am Fuße des Turmes passte, so dass er durch die Burgpforte ins Freie kroch und sich unter dem sternenlosen Himmel erging. Er war nun so groß, dass er bis an die Zinnen der Burg reichte. Und als er sich nach Norden wandte, sah er im Licht des Mondes nur Eis und Schnee. Da wurde er sehr traurig und merkte, dass der König ihm eine List gestellt hatte. Doch als sich seine Augen an das Dunkel der Nacht gewöhnt hatten, erkannte er weit hinter den weißen Feldern, ganz fern am Horizont, ein fremdes Land, das wie der Himmel über dem Königreich im Dunkeln lag. Doch erkannte er es eben darum, weil es umgeben war von einem Meer aus Tausenden und Abertausenden Sternen, die fröhlich funkelten und tanzten und zum schwarzen Firmament zu schweben schienen. Da jauchzte der Riese vor Freude und rief von oben in den Burghof hinein: „Mein König, mein

König, kommt heraus, ich habe einen Schatz gesehen, viel größer und schöner als alle anderen Schätze zuvor." Der König glaubte seinen Ohren nicht zu trauen und fragte: „Was sollte das wohl sein?" Und der Riese rief: „Die wundervollsten Sterne, die so strahlend funkeln, dass jeder Diamant Eures Reiches dagegen verblasst." Der König wusste nicht, was er davon halten sollte: Denn Sterne hatte es seit ewigen Zeiten nicht mehr am Firmament seines Reiches gegeben. Sie hatten zu leuchten aufgehört, weil die Menschen im Reich nur Augen für ihre Schätze ringsum hatten. Ihren Blick aber in die Höhen des Himmels zu richten hatten sie allesamt verlernt. Der Riese aber fuhr fort: „Schickt Eure Edelsten in dieses Land und bittet sie dessen König, in dem Meer voller Sterne fischen und sie heimbringen zu dürfen, damit sie an unserem Firmament hängen. Wir können ihn reich entlohnen: Denn Weizen haben wir wie Gold, Reben haben wir für Wein wie in Strömen und das Erz türmt sich wie zu gleißenden Bergen. Aber die leuchtenden Sterne sind es, die Eurem Reich und Eurem Volke fehlen."

Der König wusste, dass der Riese Recht hatte. Und er gestattete ihm, um die Hand seiner Tochter anzuhalten. Die aber hatte ihn vom Fenster ihrer Kammer bereits erblickt und mochte sich vom Zauber seines Antlitzes nicht mehr lösen.

Voller Freude schritt der König durch die Burgpforte auf den Riesen zu. Und der Riese setzte ihn zu sich auf seine Hand und hielt sie ganz hoch, sodass der König in der Ferne die Sterne funkeln sehen konnte. Da sprach er ganz stille: „All die Jahre habe ich über ein Reich geherrscht, dass ich nicht kannte. Da musste erst ein Narr daherkommen, um mir den Blick zu weisen auf das, was uns am meisten fehlt." Und die Tränen rannen ihm über das Gesicht, weil er so etwas Schönes seiner Lebtag noch nicht gesehen hatte. Die Edelsten des Reiches aber fischten im fernen Sternenmeer bald schon so viele Himmelslichter für das Firmament, dass es über dem Königreich nie mehr dunkel wurde.

Kapitel 1

Warum der Einkauf den Wettbewerb entscheiden wird

Der Einfluss der Megatrends auf die Purchasing Excellence

Nanu, ein Märchen? Sicherlich sind einige von Ihnen über den ungewöhnlichen Einstieg dieses Buches gestolpert. In einem Buch für Entscheider erwartet man nicht unbedingt eine Geschichte für Kinder, noch dazu gleich als Erstes.

Bei der Diskussion über die Kernaussage dieses Buches erinnerte sich mein Kollege Lars Immerthal an das Marionettenspiel „Jim Knopf und die Wilde 13" aus dem Fernsehen, das er als Kind oft und gern gesehen hat. In einer Folge begegnen Jim Knopf und Lukas der Lokomotivführer in der Wüste dem Scheinriesen Tur-Tur. Mit diesem Herrn hat es etwas Eigenartiges auf sich: Aus der Ferne sieht er riesengroß aus, doch je näher man ihm kommt, desto kleiner wird er, bis er schließlich genauso groß ist wie jeder andere Mensch.

Scheinzwerg Einkauf

Mit dem Einkauf ist es genau umgekehrt: In den Chef-Etagen der meisten Unternehmen fristet er ein eher bescheidenes Dasein und wird in die strategischen Überlegungen meist nicht einbezogen. Er ist oft Befehlsempfänger und somit alles andere als ein gleichberechtigter Mitentscheider. Der Einkauf wird klein gehalten und bekommt nur selten die Chance, seine wahre Größe unter Beweis zu stellen. Anders als Herr Tur-Tur ist der Einkauf in der deutschen Wirtschaft kein Scheinriese, sondern eindeutig ein Scheinzwerg in der Unternehmenshierarchie. Wir wollen Ihnen in diesem Buch keine Märchen auftischen, sondern die gegenwärtige Situation des Einkaufs offenlegen, Defizite deutlich machen und Lösungen aufzeigen, wie der Einkauf zum Wachstum seines Unternehmens beitragen kann. Wir sind überzeugt, dass es für Unternehmen in einem globalen Wettbewerb lebensnotwendig wird, dem Einkauf einen neuen Stellenwert zu geben. Warum also ein Märchen? Wir alle wissen, dass es in Märchen immer um die „Moral von der Geschicht'" geht. Ob in den Volks- oder noch mehr in den Kunstmärchen – fast immer stößt der Erzähler mithilfe von Metaphern und einer erfundenen Welt voller irrationaler, übernatürlicher Elemente zu einer tieferen Wahrheit vor. Wer kennt nicht „Des Kaisers neue Kleider" von Hans Christian Andersen, in dem erst ein Kind darauf kommen muss, dass der prunkvoll lebende Herrscher eigentlich völlig nackt ist, oder die wunderbare Geschichte vom kleinen Prinzen des Franzosen Antoine de Saint-Exupéry, die uns offenbart, dass man nur mit dem Herzen gut sieht? Hier sehen wir, dass Märchen nicht immer nur für Kinder geschrieben sein müssen.

Auch die Mär vom „Zwerg, der ein Riese ward" ist nicht für Kinder geschrieben – sondern für Sie! Denn dieses Buch richtet sich in erster Linie an Entscheider in Konzernen und international führenden mittelständischen Unternehmen, die für die Strategie ihrer Firma oder für deren Umsetzung in wesentlichem Maße verantwortlich zeichnen. Wir wollen nachweisen, dass es in Zukunft eine entscheidende Frage der Wettbewerbsfähigkeit sein wird, ob Sie den Einkauf in Ihre Unternehmensstrategie einbeziehen oder nicht. Wir wollen nicht belehren und setzen keine Fachkenntnisse im Einkauf voraus. Im Gegenteil: Gerade Manager, die das „große Ganze" für ihr Unternehmen im Auge behalten müssen, können sich nicht mit den Details des Alltags ihrer Fachbereiche beschäftigen, sondern müssen darauf vertrauen können, dass die Teams ihre Sache perfekt machen. Dafür sind sie ja auch da.

Was wirklich wichtig ist

Deshalb geht es in diesem Buch nicht um die berühmt-berüchtigten „Banfen" (die „Bestell- ANForderungen" in SAP), um Warengruppenklassifizierungen oder Abrufbestellungen. Es wird vielmehr von Innovationsprozessen und Best Practice die Rede sein, von Hedging und Risikomanagement, von Informationsmanagement und Qualifizierung. Wir wollen damit aufzeigen, was das alles mit dem Einkauf zu tun hat – dass sich die Kosten senken, die Produktivität erhöhen und das Ergebnis steigern lassen, wenn dem Einkauf endlich seine Rolle als strategische Unternehmenseinheit und Instrument der strategischen Unternehmensplanung zuerkannt wird! Das Buch soll Ihr Augenmerk auf ein Thema richten, dass für viele Topmanager bislang vielleicht noch Terra Nova ist, ganz einfach weil sie sich innerhalb ihrer Firma damit noch nicht beschäftigen mussten. Deshalb wollen wir Ihnen die Distanz zu dem Scheinzwerg nehmen. Denn je näher man sich mit ihm befasst, desto deutlicher tritt er in seiner Rolle als Treiber für eine höhere Wertschöpfung des Unternehmens hervor, aber auch für dessen Risikomanagement oder die Innovationskraft – und damit für dessen Position im Wettbewerb.

Das Märchen bildet den bildhaften Einstieg und zugleich den Rahmen für dieses Buch. Worum geht es? Unser König kann sich glücklich schätzen, dass bislang alles so gut lief in seinem großen Reich. Denn als die drei Ritter aus fernen Landen bei ihm vorsprechen, stellt sich heraus, dass die wichtigsten Leute seines Hofstaates gar nicht wissen, ob die Versorgung des Reiches mit den lebenswichtigen Gütern Weizen, Wein und Erz überhaupt sichergestellt ist, wie diese Versorgung funktioniert und was sie kostet.

Kästchendenken verhindert Übersicht

Genauso geht es heute vielen Unternehmen: Sie sind nicht alle auf die „schwarzen" oder „weißen" Ritter eingestellt, auf den weltweiten Wettbewerb um Ressourcen, die zunehmend zu einem limitierenden Faktor für Wachstum und Wettbewerbsdifferenzierung werden. Haushofmeister, Mundschenk und Heerführer heißen heute zwar vielleicht CFO, CIO und CMO, weisen aber vielfach immer noch das gleiche Manko auf wie unsere drei Königstreuen: Kästchendenken. Die Ressortfürsten kennen die Beschaffungsmärkte nicht ausreichend, wenn sie sich mit dem König, also dem CEO, in Strategieklausuren zusammensetzen. Häufig schätzen sie Risiken nicht richtig ein oder sie erkennen die Chancen nicht, die bestimmte strategische Optionen mit sich bringen. Und: Nur sie haben den direkten Zugang zum „König". Aber wie das Unternehmen die weltweit bestmöglichen Kosten- und Leistungsvorteile in der Beschaffung von Produktkomponenten nutzen kann, ob die Lieferanten wirklich das Beste von dem bereitstellen, was der Kunde beim Endprodukt erwartet, oder ob es andere Lieferanten gibt, die Gleiches vielleicht zu besseren Bedingungen bieten – Hand aufs Herz: Ist das wirklich ein Thema? Sätze wie „Ich habe mit dem Lieferanten schon alles besprochen, Sie sollen nur noch den Preis drücken" oder „Unser Gewinn sinkt, wie viel können wir noch bei den Lieferanten holen?" spiegeln auf betrübliche Weise wider, in welcher Manier Bereiche wie Marketing und Vertrieb oder auch das Produktmanagement mit den Einkäufern im eigenen Hause umgehen.

Das Problem beginnt unzweifelhaft damit, dass wie unsere drei Herren vom Hofstaat bis heute nur wenige Unternehmensführer überhaupt Erfahrungen im Einkauf mitbringen. Unter den Vorstandsmitgliedern der Dax-Unternehmen sind dies beispielsweise nur der inzwischen ausgeschiedene Thomas W. Sidlik von DaimlerChrysler oder Garcia Sanz von VW, die einen bedeutenden Teil ihrer beruflichen Karriere dort verbracht haben. So verwundert es kaum, dass der Einkauf in vielen Unternehmen nach wie vor als das Aschenputtel, das hässliche Entlein oder – um im Bild unseres Märchens zu bleiben – der hässliche Zwerg gilt. Vertrieb, Marketing, Finanzen – ja, das sind die entscheidenden Geschäftsfunktionen! Aber der Einkauf? Er steht im Schatten der anderen, die CEOs nehmen ihn nicht bewusst wahr – oder nehmen ihn bewusst nicht wahr. Richtet ein Unternehmen seine Organisation neu aus, wird der Einkauf oft genug in der Matrix hin und her geschoben, wie eine lästige Notwendigkeit. In der Sprache unseres Königs soll der Narr weiter seine Possen reißen, also seine Pflicht tun. Mehr nicht. Dafür wird er schließlich bezahlt.

Doch weil bei Hofe jeder nur an sein „Kästchen" denkt, gibt es im ganzen Reich niemanden, der eine Antwort auf die Forderungen der Ritter wüsste. Denn nicht einer hat sich jemals, so wie später unser Zwerg, die Mühe gemacht, auf die höchsten Zinnen der Burg zu steigen und den Blick über die Lande schweifen zu lassen. Dem König und seiner Tafelrunde ist gar nicht geläufig, ob die Güter, deretwegen die Ritter ihre Drohungen aussprechen, dem Volke nicht doch in ausreichenden Mengen zur Verfügung stehen. Beim Blick des Narren in alle Himmelsrichtungen drängt sich das Bild von der Wertschöpfungskette auf. Genau um die geht es hier, denn Weizen, Wein, Erz und die Sterne stehen als Bestandteile dafür, dass das Volk in Wohlstand, Sicherheit und Freude leben kann.

Verborgene Potenziale aufspüren
An der Wertschöpfungskette zeigt sich das große Potenzial, das im Einkauf steckt und bislang noch weitgehend brachliegt: Wir leben in einer Zeit, in der Unternehmen bis zu 85 Prozent ihrer Produkte oder Komponenten von Dritten einkaufen, in Fällen wie Puma sogar noch mehr. Und der Anteil steigt – weltweit und bei immer mehr Unternehmen. Je mehr eingekauft wird, desto größer die Rolle des Einkaufs als Ergebnishebel – denn wo soll das Potenzial für Kostensenkungen herkommen, wenn die Wertschöpfung nur noch zu einem geringen Teil im eigenen Hause stattfindet? Eigentlich ist das eine Binsenweisheit, aber mit dramatischer Konsequenz. Es geht also für den Einkauf um weit mehr, als der Produktion nur die benötigte Ware zu liefern. Die Fragen, deren Antworten er kennen muss, stellen sich viel früher: Wo liegen die zukünftigen Bedürfnisse unserer Kunden? Was bedeutet das für unser Produkt- und Leistungsangebot? Welchen Teil der Wertschöpfungskette müssen wir selber wahrnehmen, welchen sollten wir zukaufen? Was bedeutet das für unsere Beschaffungsstrategie und das Ressourcen-Management? Wenn es dem Einkauf gelingt, diese Antworten in seiner Arbeit zu berücksichtigen, dann macht er dem Unternehmen den Wert und Nutzen seiner Dienste bewusst, die er entlang der gesamten Wertschöpfungskette zu bieten hat. Er trägt maßgeblich dazu bei, dass sich keine fremden Ritter an sein Unternehmen heranmachen können.

Das bedeutet aber auch: Soll sich der Einkauf zu seiner wahren Größe aufschwingen, so muss er vom rein operativ determinierten, internen Serviceanbieter zu einer Einrichtung mit organisationsübergreifender Funktion werden, die alle Beteiligten in der Wertschöpfungskette unterstützt. Im Märchen wird unser Zwerg immer größer, je mehr er für Klarheit bei Hofe über die tatsächliche Versorgungslage im Reich sorgt. Er nimmt Aufgaben wahr, die der Hofstaat sträflich vernachlässigt hat. Wir erinnern uns: Der König „schalt seinen Haushofmeister, dass er nie selbst einmal die Zinnen der Burg erklommen hatte, um sich im Reiche umzusehen". Dieser Begriff des Reichs freilich – wieder in unsere Welt übertragen – geht weit über das eigene Unternehmen hinaus und muss die gesamte Wertschöpfungskette umfassen.

Schutz durch Weitblick

Nachdem der Narr ein drittes Mal auf den Zinnen war, muss auch der letzte der drei Ritter unverrichteter Dinge in seine Heimat zurückkehren, weil sich seine Drohung als haltlos entpuppt hat. Mit seinem Überblick hat der Narr das Reich vor seiner größten Krise bewahrt. Heute reden wir in Begriffen von Wettbewerbsfähigkeit, von Innovationsführerschaft und von Share- und Stakeholder-Value, die es zu bewahren gilt. Nichts anderes tut der Narr: Er sorgt dafür, dass das Königreich im Rennen mit den anderen Königreichen bleibt oder gar die Nase vorn behält als das größte und reichste unter ihnen. Alle dürfen am Ende zufrieden sein – der König, dessen Reich gerettet ist, der Hofstaat, das Volk, das wieder mit glänzenden Augen zum Himmel hochschauen darf. Und natürlich auch unser Zwerg, aus dem ein attraktiver Jüngling geworden ist, den alle bewundern und der obendrein des Königs schöne Tochter zur Frau bekommt. Was die schöne Tochter in der heutigen Unternehmenswelt sein mag, das male sich jeder selbst aus: Vielleicht der Titel des CPO, also des Chief Purchasing Officers, im Rang eines Vorstandsmitglieds für den Einkauf oder die selbstverständliche Teilnahme an den Strategiebesprechungen der Geschäftsleitung? Oder der Chefsessel selbst, wie zu Beginn des Jahres 2008 für den neuen CEO des Autobauers Peugeot, Jean-Philippe Collin, der zuletzt Einkaufschef der PSA Peugeot Citroën Gruppe war. Auf jeden Fall ist sie der Schlüssel zur vollwertigen Emanzipation unseres ehemaligen Narren zum Ratgeber des Königs.

Das Märchen hat uns die tiefere Wahrheit über den Einkauf und seine Zukunft in Metaphern und geschwungenen Formulierungen mitgeteilt. Richten wir unseren Blick nun auf das reale Leben: In der Sprache unserer Zeit fassen wir diese Wahrheit als die folgende Kernthese zusammen:

Wer den Einkauf nicht als Partner auf höchster Managementebene sieht, wird im Wettbewerb verlieren. Diese Kernthese wird der vorliegende Text erstmals in ihrer ganzen Tragweite belegen. Wir tun das im ersten Schritt, indem wir weitere Thesen ableiten, die sich aus der Kernthese ergeben, und sie erläutern. Wo es sich anbietet, greifen wir dabei hin und wieder auch auf unser Märchen zurück. Im Verlauf des Buches werden wir diese Thesen dann anhand ausführlicher Beispiele aus der Welt des Einkaufs und vielfach überraschender Lösungsansätze vertiefen.

Folgethese 1:
Um in Zeiten globaler Versorgungsnetze eine Chance zu haben, müssen Sie den Einkauf mit Ihrer Unternehmensstrategie verzahnen.

Wie war es doch in den siebziger Jahren so bequem: Was man später als Tigerstaaten bezeichnen sollte, hatte noch keine Krallen, die ehemaligen Kolonien lieferten brav ihre Rohstoffe. Und West und Ost waren noch weitgehend unter sich. Hier der freie Markt, auf dem nach dem Gesetz von Angebot und Nachfrage Waren eingekauft und verkauft wurden, dort die sozialistische Planwirtschaft, die einer großen Nachfrage ein alle fünf Jahre nur auf dem Papier definiertes, vermeintlich großes Angebot vorsetzen konnte. Wie viel hat sich seitdem verändert! Spätestens seit den neunziger Jahren kann man mit Fug und Recht von einem Weltmarkt sprechen. Waren, Dienstleistungen, Kapital, Arbeitskräfte: Diese Produktivkräfte unterliegen seitdem kaum mehr politischen oder ideologischen Grenzen, auch wenn die Austauschbarkeit dieser Ressourcen noch immer sehr unterschiedlich ist. Ein gigantisches Versorgungsnetz spannt sich quer über alle Kontinente und hat die Logistik in ein völlig neues Zeitalter katapultiert.

Emerging Markets

Besonderes Augenmerk gilt dabei den sogenannten Emerging Markets und hier insbesondere den „BRIC"-Ländern: Brasilien, Russland, Indien und China. Zwei Beispiele nur: Volkswagen lässt künftig Autos auch in Indien fertigen, und Italiens Schuh-industrie knickt unter den chinesischen und vietnamesischen Billigimporten ein. Die Summe sämtlicher weltweit getätigten Direktinvestitionen liegt inzwischen bei mehr als 1,3 Billionen Dollar – fast zehntausend Mal so viel wie 1970.[1]

Beschleunigt wird das Ganze durch den ungeheuren Schub, den die modernen Informations- und Kommunikationstechniken der Wirtschaft versetzen: In Sekundenschnelle jagen Aufträge, Transaktionen oder Konstruktionspläne rund um den Globus. So wird die Welt zum Dorf und die Fabrik zur virtuellen Organisation, in der die Sonne nicht untergeht. „Durch die Globalisierung", schreibt die *Wirtschaftswoche*, „ist der wirtschaftspolitische Handlungsbedarf noch größer geworden, weil sich Ereignisse an einem Ende der Welt noch stärker auf die Menschen am anderen Ende der Welt auswirken können."[2]

---

[1] UNCTAD: „World Investment Report: Inward FDI flows, by Host Region and Economy", 1970 – 2006. http://www.unctad.org (Stand 3. März 2008)
[2] Gerhard Bläske; Alexander Busch, Matthias Kamp, Silke Wettach, Rolf Ackermann: „Unglaublich hartleibig." *Wirtschaftswoche* Nr. 4/2007, Seite 25ff.

Neue Fragestellungen

Wen wundert es da, dass sich angesichts einer solchen Globalisierung der Märkte bei vielen Unternehmen mehr Fragen hinsichtlich ihrer Strategie stellen, als Antworten gefunden werden? Wie begegnen sie dem wachsenden Kostendruck? Mit welchen Plattformen können sie ihre Wertschöpfung mit der der besten Lieferanten global verzahnen und Skaleneffekte nutzen? Und schließlich: Welche Lieferantenmärkte müssen sie erschließen, um wettbewerbsfähig zu bleiben?

Des Pudels Kern ist die Wertschöpfungskette. Da sich die Kosten für die einzelnen Glieder dieser Kette weltweit teils erheblich voneinander unterscheiden, muss sie sich bestmöglich über den Globus spannen. Was hat der Einkauf damit zu tun? Nehmen wir an, ein Unternehmen baut neue Produktionsstätten im Ausland auf, oder es verlagert wesentliche Bestandteile der Wertschöpfung komplett ins Ausland, dann hat der Einkauf in jedem Fall sicherzustellen, dass sich leistungsfähige, verlässliche und kostengünstige Lieferanten finden. Aber kann er diesen Anforderungen gerecht werden, wenn er sich außerhalb der strategischen Zielsetzungen des Unternehmens bewegt? Der König in unserem Märchen bringt es mit seiner Feststellung auf den Punkt: „Da musste erst ein Zwerg daherkommen, um mir den Blick zu weisen auf das, was uns am meisten fehlt", sagt er. Die Herren des Hofstaates jedenfalls haben dieser Dimension bisher wenig oder keine Beachtung geschenkt.

Kosten senken allein reicht nicht

Anhand des Themas Kosten wird gezeigt, dass es regelrecht gefährlich für die Produktpolitik eines Unternehmens werden kann, wenn der Einkauf nicht weiß, was zum Beispiel Marketing und Vertrieb von ihm erwarten. Ein Einkauf, der sich nur unter dem Gesichtspunkt des niedrigsten Preises auf den Märkten umsieht, stellt sich nicht die Frage nach der Total Cost of Ownership oder ob die eingekauften Komponenten noch den Erwartungen der Kunden entsprechen. Für einen solchen Einkauf ist die Frage „Welchen Schaden erleiden wir, wenn unsere Lieferanten Umwelt oder Menschenrechte missachten?" oder „Wie viel China verträgt unser Produkt?" vollkommen unerheblich. Ein Einkauf, der losgelöst von unternehmensstrategischen Überlegungen handelt, wird – wenn überhaupt – nur „Low Cost Country Sourcing" betreiben, also auf möglichst preiswerten Märkten Waren oder Dienstleistungen beschaffen. Dies ist prinzipiell ja auch richtig, wenn man sich den steigenden Kostendruck angesichts der Globalisierung vor Augen führt. Aber haben Sie sich beim Anruf in so manchem ausgelagerten Callcenter nicht auch schon bei dem Wunsch ertappt, einfach nur mit jemandem reden zu wollen, der halbwegs die deutsche Sprache beherrscht? Bei Premiumprodukten jedenfalls, vergleichbar den Sternen aus unserem Märchen, ist so auf Dauer kein Staat zu machen. Eine Einkaufsstrategie, die sich aus der übergeordneten Unternehmensstrategie herleitet, setzt ihre Schwerpunkte anders. „Best Cost Country Sourcing" heißt die Alternative – Beschaffung so preiswert wie möglich und so hochwertig wie nötig.

Organisation und Ressourcen aufbauen

Die Globalisierung stellt also den Einkauf vor ganz neue Herausforderungen. Doch viele Unternehmen in Deutschland haben noch nicht darauf reagiert. Um diesen Herausforderungen gerecht zu werden, ist es mit ein paar Überstunden für die Fachabteilung oder einem Einkaufsbüro in Shanghai mit zwei Mitarbeitern, die alle zwölf Monate wechseln, nicht getan. Leider sind immer noch viel zu viele Manager der irrigen Ansicht verfallen, mit ein bisschen Fleißarbeit, vielleicht hier und da einer Fortbildung, könne man dieses Kind schon schaukeln. Aber selbst unser König im Märchen hat erkannt, dass er zum Sternefischen nur die „Edelsten" ins fremde Königreich schicken darf, damit die heikle Mission gelingt. Was das konkret bedeutet, zeigt uns Colgate-Palmolive bereits heute: Der Hygiene-Konzern mit Sitz in New York hat wegen der fortschreitenden Globalisierung der Märkte inzwischen auch seinen Einkauf globalisiert: Heute verteilt dieser sich auf 35 Expertenteams rund um die Erde, die als dezentrale Einkaufsorganisation – aber zentral gesteuert – mit ihren Fachkenntnissen auf den wichtigsten Märkten von Colgate-Palmolive zu Hause sind. Der Chief Purchasing Officer Donald R. Klock hat in den letzten Jahren auf diesem Gebiet fantastische Arbeit geleistet.

2. Sinkende Fertigungstiefe:
Je mehr Sie sich auf Ihre Kernkompetenzen beschränken, desto wichtiger wird der Einkauf für Ihre Stellung im Wettbewerb.

„Das geht ja zu wie auf dem Basar!" Diese Feststellung ist wohl in den seltensten Fällen als Wertschätzung zu verstehen. Im weiteren Sinne handelt es sich dabei um die Beschreibung eines Zustandes, bei dem es unübersichtlich, laut und eng zugeht. Im engeren Sinne drängt sich uns dieses Bild auf, wenn wir den Eindruck haben, in einem Geschäft gehe es in erster Linie um die schnelle Mark und um den kurzfristigen Profit mit einer Ware, die anscheinend wild und billig zusammengekauft worden ist.

Doch woran denken Ökonomen, wenn sie von einem Basar reden? Deutschland werde zum Basarland, behauptet Hans-Werner Sinn, der Präsident des Münchener ifo Instituts für Wirtschaftsforschung. Werden wir also zum Volk von Teppich- und Gewürzhändlern? Die Antwort könnte Ja und Nein lauten. Ja, weil das, was als „Made in Germany" unser Land – noch Exportweltmeister – verlässt, zu immer größeren Teilen aus fremden Märkten stammt. Nein, weil die entscheidenden Elemente nach wie vor aus unserer eigenen Hände Arbeit rühren. Doch wie viel Germany benötigt das „Made in Germany" überhaupt? Sinn meint: „Es sind Leistungen gefordert, die andere Länder nicht oder noch nicht erbringen können."[3]

Importierte Wertschöpfung

Schauen wir uns genauer an, was mit dem Begriff der Basarökonomie eigentlich gemeint ist: Es geht, wieder, um die Wertschöpfung. Die Hypothese besagt, dass die Industrieproduktion hierzulande zusehends Anteile an der Wertschöpfung verliert und sich immer mehr ins Ausland verlagert. Wir sprechen dabei vom Offshoring. Und tatsächlich: Der Anteil der Zulieferungen aus dem Ausland an den deutschen Exporten ist in den zurückliegenden Jahren stetig gestiegen – waren es 1995 noch 29,7 Prozent, so betrug er 2002 nach Angaben des Statistischen Bundesamtes bereits 38,8 Prozent. Von jedem Euro, den das verarbeitende Gewerbe heutzutage beim Export verdient, stammen mittlerweile 55 Cent aus ausländischer Wertschöpfung.[4] Die Wertschöpfung verlagert sich also zunehmend auf die Zulieferer. Oder, wenn wir uns unser Märchen

Abb. 1 **Anteile der BRIC-Länder am Welthandel in Prozent**

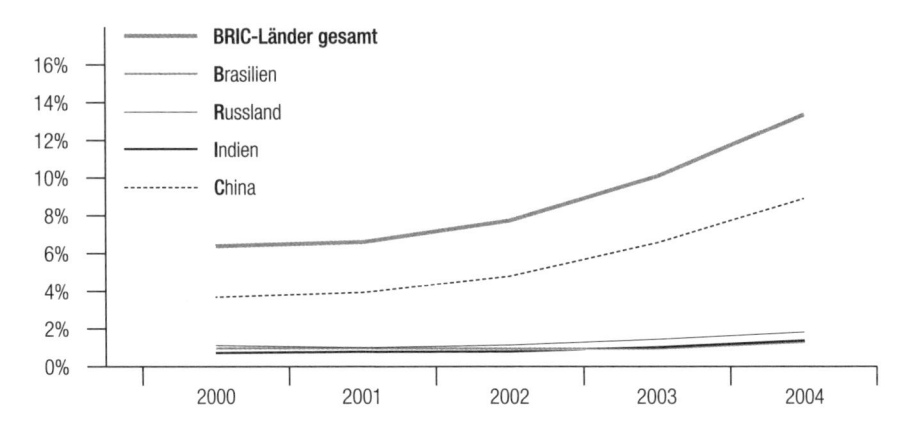

Die BRIC-Länder holen beim Anteil an der Weltproduktion deutlich auf. (In Anlehnung an: Goldman Sachs „Global Economics Paper No. 134", Dezember 2005)

3 Thomas Gerhardt: „Chancen für europäische Anleger." In: *Denaris*,
   Zeitschrift des Verbandes schweizerischer Vermögensberater, Ausgabe 4/2006, Seite 35f.
4 ifo Institut für Wirtschaftsforschung: „ifo-Konjunkturprognose 2005", Online-Publikation, Seite 35f.
   http://www.cesifo-group.de (Stand 6. März 2008)

Abb. 2a Entwicklung der Exportanteile der Regionen am Weltmarkt von 1948–2005 (in Prozent)

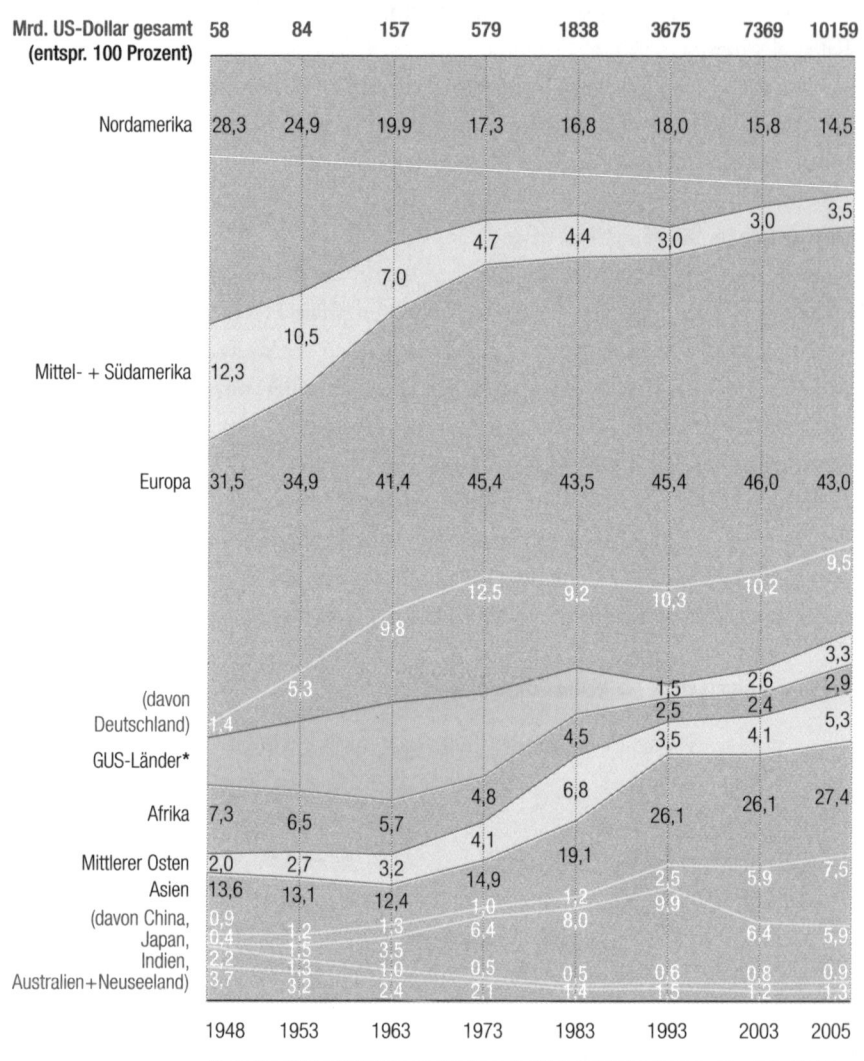

Mrd. US-Dollar gesamt (entspr. 100 Prozent)	58	84	157	579	1838	3675	7369	10159
Nordamerika	28,3	24,9	19,9	17,3	16,8	18,0	15,8	14,5
				4,7	4,4	3,0	3,0	3,5
			7,0					
		10,5						
Mittel- + Südamerika	12,3							
Europa	31,5	34,9	41,4	45,4	43,5	45,4	46,0	43,0
							10,2	9,5
				12,5	9,2	10,3		
			9,8					3,3
					1,5	2,6	2,9
(davon Deutschland)		5,3				2,5	2,4	5,3
GUS-Länder*	1,4				4,5	3,5	4,1	
				4,8	6,8			
Afrika	7,3	6,5	5,7	4,1		26,1	26,1	27,4
Mittlerer Osten	2,0	2,7	3,2	14,9	19,1			
Asien	13,6	13,1	12,4			2,5	5,9	7,5
(davon China,	0,9	1,2	1,3	1,0	1,2	9,9		
Japan,	0,4			6,4	8,0		6,4	5,9
Indien,	2,2	1,5	3,5					
Australien+Neuseeland)	3,7	1,3	1,0	0,5	0,5	0,6	0,8	0,9
		3,2	2,4	2,1	1,4	1,5	1,2	1,3
	1948	1953	1963	1973	1983	1993	2003	2005

* Zwischen 1983 und 1993 haben sich durch die geänderte Länderzusammensetzung der Region und durch Veränderungen bei der Bewertung der Handelsfaktoren die Zahlen beträchtlich geändert.

Eine deutliche Verschiebung findet statt: Nordamerika verliert als Exportregion an Bedeutung gegenüber Europa und Asien. (In Anlehnung an: WTO Trade Statistics 2006)

Abb. 2b **Entwicklung der Importanteile der Regionen am Weltmarkt von 1948–2005 (in Prozent)**

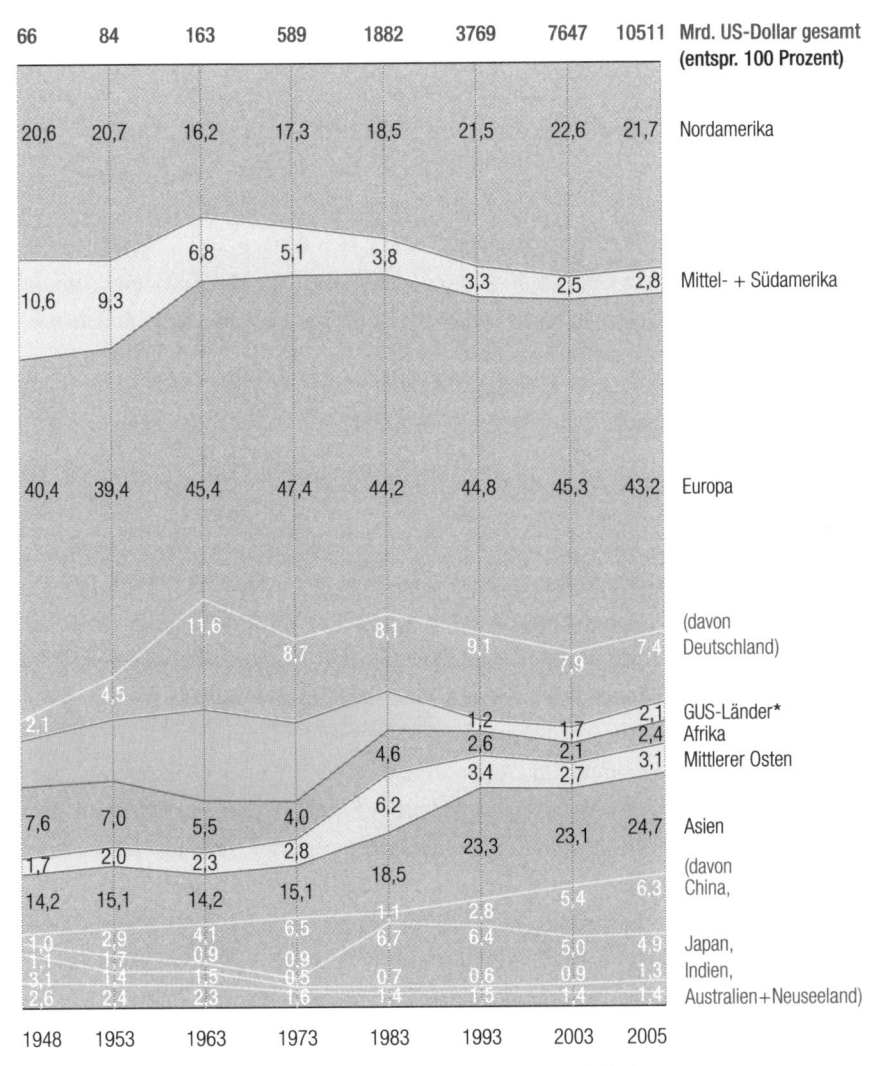

66	84	163	589	1882	3769	7647	10511	Mrd. US-Dollar gesamt (entspr. 100 Prozent)
20,6	20,7	16,2	17,3	18,5	21,5	22,6	21,7	Nordamerika
10,6	9,3	6,8	5,1	3,8	3,3	2,5	2,8	Mittel- + Südamerika
40,4	39,4	45,4	47,4	44,2	44,8	45,3	43,2	Europa
	4,5	11,6	8,7	8,1	9,1	7,9	7,4	(davon Deutschland)
2,1					1,2	1,7	2,1	GUS-Länder*
				4,6	2,6	2,1	2,4	Afrika
					3,4	2,7	3,1	Mittlerer Osten
7,6	7,0	5,5	4,0	6,2				Asien
1,7	2,0	2,3	2,8	18,5	23,3	23,1	24,7	(davon
14,2	15,1	14,2	15,1	1,1	2,8	5,4	6,3	China,
1,0	2,9	4,1	6,5	6,7	6,4	5,0	4,9	Japan,
1,1	1,7	0,9	0,9	0,7	0,6	0,9	1,3	Indien,
3,1	1,4	1,5	0,5	1,4	1,5	1,4	1,4	Australien+Neuseeland)
2,6	2,4	2,3	1,6					
1948	1953	1963	1973	1983	1993	2003	2005	

* Zwischen 1983 und 1993 haben sich durch die geänderte Länderzusammensetzung der Region und durch Veränderungen bei der Bewertung der Handelsfaktoren die Zahlen beträchtlich geändert.

Mit steigender Wirtschaftskraft öffnen sich auch die GUS-Staaten und China für Importe, während die Anteile Nordamerikas und Europas annähernd konstant bleiben. (In Anlehnung an: WTO Trade Statistics 2006)

noch einmal in Erinnerung rufen wollen: Die fremden Ritter klopfen immer häufiger ans Tor unseres Schlosses. Mehr noch: Wir rufen sie förmlich ans Tor!

Zu diesen fremden Rittern gehören heutzutage die Länder im östlichen Europa und im südostasiatischen Raum, insbesondere aber die BRIC-Staaten. Das Quartett weist beeindruckende Zahlen vor: Seit 2000 haben sie gut ein Drittel des globalen Wirtschaftswachstums getragen, ihr Anteil am Welthandel liegt bei 15 Prozent.[5] „Veränderungen im globalen Kräftegleichgewicht" setzte sich Anfang 2007 folgerichtig das Weltwirtschaftsforum in Davos zum Motto. Man muss keine Details kennen, um die Bedeutung der von Goldman Sachs verliehenen Etiketten zu ermessen, mit denen jedes dieser Länder sich inzwischen schmücken darf: Brasilien als das Rohstofflager der Welt, Russland als die Zapfsäule, Indien als die Dienstleistungsfabrik und schließlich China als die Werkshalle.

Allein Indien, so wird vermutet, könne in vielleicht etwas mehr als einer Dekade die am schnellsten wachsende Volkswirtschaft sein. Mehr als die Hälfte des Bruttoinlandsprodukts dieser Volkswirtschaft speist sich bereits aus dem Dienstleistungssektor. Der Subkontinent zählt heute weit mehr als 20 Millionen Hochschulabsolventen, jedes Jahr kommen drei Millionen hinzu. Oder nehmen wir China: Die Volksrepublik ist mit 40,8 Milliarden Euro inzwischen Deutschlands viertgrößter Importeur. Längst sind die Zeiten vorbei, als wir schmunzelnd feststellten, dass der Schmuck an unserem Christbaum, der Teddy unseres Nachwuchses oder der Schuh an unseren Füßen aus dem Reich der Mitte stammte. Nicht nur mehr als jedes zweite Spielzeug und jeder zweite Schuh weltweit passieren Chinas Grenzen nach außen, sondern auch immer mehr hochwertige Güter – Elektronik, Maschinen, Bauteile, ja sogar Autos. Noch 2008, besagen Prognosen, wird das bevölkerungsreichste Land der Erde Exportweltmeister werden und bis 2010 die Bundesrepublik als drittgrößte Wirtschaftsmacht verdrängt haben.[6] Die Volksrepublik ist längst auf dem besten Weg, über ihre Rolle als Werkshalle der Welt hinauszuwachsen.

Keine Frage: Die Stärke dieser Länder liegt im Niveau ihrer Kosten – der durchschnittliche Bruttomonatslohn in China beispielsweise liegt bei 140 Euro[7]. Das macht sie zu den idealen Geburtsstätten für die sogenannten importierten Vorleistungen, Pro-

---

5 Thomas Gerhardt: „Chancen für europäische Anleger." In: *Denaris, Zeitschrift des Verbandes schweizerischer Vermögensberater*, Ausgabe 4/2006, Seite 35ff.
6 Rhys Jenkins: „Chinas Gewicht." In: *E + Z, Zeitschrift für Entwicklung und Zusammenarbeit*, Ausgabe 10/2005. Im Online-Archiv unter http://www.inwent.org/E+Z/ (Stand 21. März 2008)
7 Bundesagentur für Außenwirtschaft: „Lohn- und Lohnnebenkosten in Asien/Pazifik im Vergleich." Online-Beitrag vom 5.7.2006. http://www.bfai.de (Stand: 4. März 2008)

duktkomponenten also, die dort preiswert eingekauft werden, um hier zusammengeschraubt und verkauft zu werden – „made in Germany". Deren Anteil lag im verarbeitenden Gewerbe Mitte 2004 bei über 20 Prozent. Damit nicht genug: Jedes zehnte deutsche Unternehmen, haben die Unternehmensberater von A. T. Kearney herausgefunden, will seine Produktion vollständig nach Osteuropa verlagern.[8] Puma geht buchstäblich noch weiter: Der Sportartikelanbieter fertigt fast alle Schuhe in Asien an. Etliche tausend Artikel lassen die Herzogenauracher außerdem jährlich in Fernost entwickeln: Das geht vom Einkauf über die serienreife Arbeitsvorbereitung bis hin zur Planung von Produktionskapazitäten und Qualitätsmanagement – alles vor Ort.

„Geborgte Wettbewerbsfähigkeit"
Die Wirtschaft in den klassischen Industrieländern wie Deutschland verringert also zunehmend die Fertigungstiefe ihrer Produktion und konzentriert sich immer mehr auf ihre Kernkompetenzen. Zwar bleibt eine Fertigungsstufe eher im Land, je näher sie am Endprodukt und damit am Kunden ist. Doch immer mehr arbeits- und kostenintensive Güter im Bereich der Vorproduktion, die sich durch Importe preisgünstig ersetzen lassen, werden in Niedriglohnländern hergestellt. Das schafft Wettbewerbsvorteile innerhalb der eigenen Kernkompetenz. Und es spart Produktkosten. Ein spektakuläres Beispiel für diesen Trend bietet die Automobilindustrie. Schon Ende 2003 prophezeite eine Studie der Unternehmensberatung Mercer (heute Oliver Wyman), dass Zulieferer und Dienstleister in der Branche bis 2015 bis zu 80 Prozent der Wertschöpfung übernommen haben werden. Der Anteil der importierten Zulieferungen und Fertigprodukte aus Niedriglohnländern an der Wertschöpfung liegt nach Angaben des Verbandes der Automobilindustrie (VDA) heute bei 40 Prozent. „Geborgte Wettbewerbsfähigkeit" nennt das der frühere Verbandspräsident Prof. Bernd Gottschalk.[9]

Bei den Automobilherstellern selbst rückt das Markenmanagement immer stärker in den Vordergrund, also alles, was das Profil einer Marke schärft – vom Fahrzeugdesign über Servicestrategien bis hin zu Schlüsseltechnologien. Der Elektronik kommt dabei eine zentrale Rolle zu, hilft sie doch, aus dem Auto ein individuell konfigurierbares Produkt zu machen. Heute macht sie bereits zusammen mit elektrischen Bauteilen und Software ein Fünftel des Autowertes aus. Eigenleistungen in den Bereichen Karosserie, Blech, Lackierung und Fahrwerk dagegen werden zunehmend abgegeben. Insbesondere China und Indien gewinnen dabei der Studie zufolge als Entwicklungs- und Produktionsstandorte für Zulieferer und Dienstleister an Bedeutung. Mit dieser Entwicklung steigt für viele Marken die zu steuernde externe Wertschöpfung enorm.

---

8 A.T. Kearney: „EU-Osterweiterung stärkt Wirtschaftsstandort Deutschland." Pressemitteilung vom 29. November 2004
9 VDA: „Geborgte Wettbewerbsfähigkeit durch importierte Wertschöpfung." Pressemitteilung vom 29.12.2006

Strategische Bedeutung des Einkaufs

Welche Konsequenzen das mit sich führt, hat der westfälische Unternehmer Helmut Claas, erfolgsverwöhnter Hersteller landwirtschaftlicher Maschinen, einmal sehr schön zusammengefasst: „Kostenmanagement fängt da an, wo die Kosten sind, also in der Zusammenarbeit mit den Lieferanten." Damit sind wir bei der strategischen Bedeutung des Einkaufs angekommen: In einem Unternehmen, das seine Fertigungstiefe zugunsten ausgelagerter Produktionsprozesse reduziert, muss sich der Einkauf fragen, in welchen Warengruppen Dritte als Zulieferer größere Vorteile bieten als eine Produktion im eigenen Haus – sowohl was die Kosten anbelangt als auch die verfügbaren Leistungen. Hier ist effizientes Lieferantenmanagement gefragt. Das schließt selbst das Offshoring einzelner Einkaufsfunktionen nicht aus. Und der Einkauf muss die Risiken, die jede Lieferantenbeziehung in sich birgt, beherrschen: ein womöglich drohendes Abhängigkeitsverhältnis, das Versorgungsrisiko, das sich zum Beispiel aus Energieengpässen oder durch Umwelteinflüsse ergeben kann, aber auch die Gefahr, Schlüsselkompetenzen aus der Hand zu geben oder an den gesetzlichen Hemmnissen eines fremden Marktes zu scheitern. Der Einkauf von Produktkomponenten muss deshalb eine Kernkompetenz im Unternehmen sein. Es geht um nichts weniger als die optimale Nutzung und Beschaffung weltweit verfügbarer Ressourcen für die eigenen Produkte. Nur unter solchen Voraussetzungen wird aus dem Kostenvorteil beim Einkauf ein Wettbewerbsvorteil für die Firma insgesamt.

3. Der Einkauf wird zum Flaschenhals für die Innovationskraft Ihres Unternehmens.

Es ist eigentlich ganz einfach: Wo Produkte und Dienstleistungen sich aus Sicht des Kunden nicht mehr hinreichend voneinander unterscheiden, schaut er nur noch auf den Preis. Was vielleicht etwas holzschnittartig formuliert erscheint, ist letzten Endes die Quintessenz dessen, was insbesondere große Teile der Wirtschaft in Westeuropa seit Jahren am eigenen Leib erfahren: Der Markt wird überschwemmt von annährend gleichwertigen Erzeugnissen aus Osteuropa oder Fernost. Sie sind „Me too", wie das so schön heißt, und kosten deutlich weniger als ihre westeuropäischen Konkurrenzangebote. Die Ergebnisse eines Trendbarometers der schweizerischen Fachzeitschrift *io new management* überraschen da nicht: Die befragten Experten aus Wissenschaft und Praxis zählen Importe aus Low-Cost-Ländern, China als Markt sowie Preis- und Kostendruck zu den Top Ten der gegenwärtig größten Herausforderungen für Unternehmen.[10]

10 VDA: „Geborgte Wettbewerbsfähigkeit durch importierte Wertschöpfung."
Pressemitteilung vom 29.12.2006

Von Weißer Ware und Hifi-Geräten kennt jeder den Sachverhalt hinreichend aus eigener Erfahrung. Doch wer hätte vermutet, dass selbst der deutsche Fahrradmarkt unter der Situation leidet? Im ersten Halbjahr 2007 wurden 53 Prozent des Inlandsabsatzes importiert. Trotz gestiegener deutscher Fahrradexporte (328.105) also kein Wunder, dass Billiglohnländer zu den Umsatzgewinnern gehören, denn starke Zuwächse gab es bei den Importen aus Taiwan (254.000 Fahrräder), Thailand liegt mit 209.000 Fahrrädern an zweiter Stelle, gleichauf mit Polen (209.000), gefolgt von Litauen (137.000), Indonesien (123.000) und China (100.000).[11]

Innovation und Differenzierung
Ausschlaggebend für die Wettbewerbsfähigkeit hiesiger Unternehmen wird angesichts solcher Entwicklungen in Zukunft zunehmend das, was wir als Innovationsabstand bezeichnen. Soll heißen: Wenn der Kunde ein Produkt oder eine Dienstleistung im Vergleich zu anderen Angeboten als besonders innovativ – oder nützlich – betrachtet, wird er sich eher für dieses Produkt entscheiden. Bestenfalls greift er dafür sogar inzwischen wieder tiefer in die Tasche. Innovation wird somit immer mehr zum lebenswichtigen Differenzierungsmerkmal auf dem Markt.

Doch was ist Innovation eigentlich? Innovation, meinte der österreichische Ökonom Joseph Schumpeter, sei die Durchsetzung einer technischen oder organisatorischen Neuerung und nicht allein deren Erfindung. Da wir es heutzutage fast ausschließlich mit Wertschöpfungsketten zu tun haben, die sich über das einzelne Unternehmen hinaus erstrecken, muss die Schlussfolgerung heißen: Innovation kann nur gemeinsam mit den Lieferanten einer Firma erfolgen.

Der Einkauf steht also vor einer großen Herausforderung: Er muss wissen, welche Warengruppen bei welchen Lieferanten einen besonderen Beitrag zur Innovationskraft und zum späteren Kundennutzen eines Produkts leisten können. Oder anders formuliert: An welcher Stelle der Wertschöpfungskette sitzt das Innovative, das der Kunde vom späteren Produkt erwartet? Welche Lieferanten haben den nötigen technologischen Reifegrad für die Entwicklung innovativer Vorprodukte? Welche Märkte entwickeln neue Ansätze, und welche Lieferanten sind dabei führend? Ein Einkauf, der sich an der Innovationsführerschaft seines Unternehmens orientiert, beobachtet diese Entwicklungen und trägt sie zusammen. Die Fachsprache fasst dies im Begriff „Market Intelligence" zusammen.

---

11 VDA: „Geborgte Wettbewerbsfähigkeit durch importierte Wertschöpfung."
Pressemitteilung vom 29.12.2006

Technologietreiber Einkauf

Dem Einkauf steht damit ein Werthebel zur Verfügung, der für die anderen an der Entwicklung eines neuen Produkts beteiligten Abteilungen unabdingbar ist – sei es Forschung, Marketing und Vertrieb oder das Produktmanagement. Er wird zum Treiber von Technologien, die für die Neu- und Weiterentwicklung von Produkten wichtig sind, und trägt dazu bei, dass sein Unternehmen seine Innovationskraft gegenüber dem Wettbewerb sichert. Gleichzeitig leistet er den Spagat zwischen einem Global Sourcing, das die Total Cost of Ownership im Blick behalten muss, und einem Intelligence Sourcing, das das Innovationspotenzial der Lieferanten im Auge hat.

Umso mehr muss es dem Einkauf möglich sein, dieses komplexe Know-how frühzeitig in die Entwicklung einfließen zu lassen, besser noch: schon in die Phase der Ideenfindung. Dies freilich funktioniert nur, wenn die Unternehmensleitung dem Einkauf den Handlungsspielraum lässt. Sprich: Die Innovationskraft, die Lieferanten einem Unternehmen bieten können, findet nur dann Eingang in die Wertschöpfung eines Produkts, wenn der Einkauf von vornherein eng mit der Technologie- und Produktstrategie des Betriebs verzahnt ist. Ideal wären cross-funktionale Teams aus allen beteiligten Abteilungen: Wir haben in unserem Märchen gesehen, welch fatale Folgen der „Tunnelblick" von Haushofmeister, Mundschenk und Heerführer hatte. Der Einkauf hätte die Chance, die Anforderungen, die die Kunden an ein Produkt stellen, mit den Lieferanten abzugleichen, die diese Erwartungen mit ihren Komponenten erfüllen – aber auch mit ihren Preisen: Nicht jede Innovation bedeutet automatisch, dass das Produkt teurer werden muss. In der Regel darf es das auch gar nicht. Der Preisdruck auf den Märkten, vor allem im Konsumgüterbereich, ist ganz einfach zu hoch.

Das Innovationspotenzial der Lieferanten integrieren

Die strategische Integration geeigneter Lieferanten stellt somit den Innovationsvorsprung im Wettbewerb von immer mehr Branchen sicher. In der Automobilindustrie legen die Hersteller regelrechte Wertschöpfungs-Roadmaps an. Kein Wunder: Wenn bis 2015 mehr als drei Viertel der Wertschöpfung bei den Zulieferern und Dienstleistern liegen, so sichern nur feste und dauerhafte Kooperationen den Zugang zu Innovationen und Kapazitäten bei den Lieferanten. Dass dem Einkauf hierbei eine Schlüsselposition zukommt, liegt auf der Hand: Er ist die Schnittstelle zwischen dem Unternehmen und dem Lieferanten-Netzwerk. Ihm obliegt es, sein Wissen um die Innovationskraft der Lieferanten nach innen ins Unternehmen zu tragen und die strategischen Ziele des Unternehmens nach außen zu den Lieferanten hin zu vertreten, die Konditionen der Zusammenarbeit mit ihnen auszugestalten. Innovation wird so zur intelligenten Entwicklung, die alle Beteiligten einbezieht, auch wenn den Entwicklungsingenieuren, aber auch dem Einkauf selbst oft dieses neue Selbstverständnis erst vermittelt werden muss. Denn das bedeutet auch, dass die Mitarbeiter des Einkaufs fachlich so kompetent sein müssen, dass die Produktentwicklung sie als Gesprächspartner auf Augenhöhe akzeptiert. Richtig ist, dass der Einsatz cross-funktionaler Entwicklungsteams seit Jahren auf dem Vormarsch ist. Richtig ist aber auch, dass der Einkauf hierbei in vielen Fällen immer noch hinterherhinkt.

4. Der Einkauf ist über das Versorgungsmanagement hinaus auch Risikomanager Ihres Unternehmens.

Als sich am 23. August 2005 über den südöstlichen Bahamas das zwölfte tropische Sturmtief der Saison bildete, konnte noch niemand ahnen, was wenig später in der Region los sein würde. Schon am nächsten Tag klassifizierten Meteorologen den Sturm als Hurrikan. Sie tauften ihn Katrina. Was als Tropensturm seinen Anfang in der Karibik genommen hatte, donnerte schließlich als Hurrikan der Stufe 5 über die Golfküste der USA. Katrina wütete mit 280 Kilometern in der Stunde und hinterließ Schäden in bis dahin ungekanntem Ausmaß – Schätzungen belaufen sich auf 81 Milliarden Dollar. 1,2 Millionen Menschen mussten evakuiert werden, die Bilder vom überfluteten New Orleans sind bis heute unvergessen. Doch Katrina sollte ihre Spuren in der ganzen Welt hinterlassen. Denn die Erdöl- und Erdgasförderung im Golf von Mexiko, die ein Viertel des amerikanischen Bedarfs deckt, fiel für ein knappes halbes Jahr komplett aus. Der Preis für den Barrel Rohöl übersprang erstmals in seiner Geschichte die Marke von 70 Dollar. Weltweit stiegen die Benzinpreise dramatisch, in Deutschland allein um 18 Cent pro Liter auf 1,45 Euro pro Liter Superbenzin. Rekord – dachten viele damals, aber eher im Sinne eines Ausreißers denn eines langfristigen Phänomens.

Volatile Rohstoffpreise

Schwankungen beim Benzinpreis sind ein Ärgernis, das jeder Autofahrer kennt. Doch Unternehmen, die auf Rohstoffe angewiesen sind, haben ständig mit diesem Problem zu kämpfen, und das in ganz anderen Dimensionen. Insbesondere Rohstoffmärkte zeichnen sich durch eine hohe Volatilität aus, hängen sie doch in wesentlichem Maße von der Preisentwicklung bei Rohöl, Metallen oder anderen natürlichen Rohstoffen ab. Um mehr als das Doppelte ist zum Beispiel der Stahlpreis seit 2002 gestiegen. Hinzu kommt, dass die Preise für Rohstoffe insgesamt immer mehr anziehen, weil der Heißhunger der Welt nach ihnen rapide wächst, namentlich in Asien: Die Internationale Energieagentur rechnet bis 2030 mit einem Anstieg des globalen Energiebedarfs mindestes um weitere 50 Prozent, wovon knapp die Hälfte auf Indien und China entfällt. In Zahlen: Allein der Bedarf an Primärenergien soll sich in China von 1742 Megatonnen Rohöleinheiten in 2007 auf 3819 Megatonnen in 2030 mehr als verdoppeln.[12]

Zahlreiche Faktoren spielen bei der Volatilität von Rohstoffen eine Rolle: So kann die Versorgung beispielsweise durch Unwetterkatastrophen wie Katrina gefährdet sein, aber auch durch politische Ereignisse. Unruhen und Krisen im Nahen Osten führen immer wieder zu höheren Ölpreisen, ebenso wie Beschlüsse der Erdöl fördernden Staaten, die Fördermengen zu drosseln. Auch die Verstaatlichung großer Rohstofflieferanten, wie etwa in Russland immer wieder zu beobachten ist, oder zwischenstaatliche Auseinandersetzungen wie im Fall von Russland und Weißrussland haben Auswirkungen auf die Preisentwicklung und führen nicht selten zu Lieferengpässen. Nicht zuletzt sind heutzutage Terrorakte nicht nur für viele unschuldige Opfer verantwortlich, sondern führen ebenfalls regelmäßig zu höheren Rohölpreisen.

Zielsetzung Sicherheit

Einkäufern bereiten solche Unwägbarkeiten schlaflose Nächte. Sind sie doch dafür zuständig, die Versorgung ihres Unternehmens mit den benötigten Gütern zu wettbewerbsfähigen Preisen und auf Dauer sicherzustellen – so wie in unserem Märchen die Edelsten dafür Sorge tragen, dass der Himmel über dem Königreich stets von Sternen erglänzt. Wenn man sich einmal vor Augen führt, dass etwa für Waschmittelhersteller die Preisrisiken beim Einkauf ihrer Rohstoffe deutlich höher sind als ihre komplette Umsatzrendite, so bekommt man eine Ahnung von der Verantwortung, die auf dem Einkauf lastet. Die Volatilität der Rohstoffmärkte schlägt auch in Bereichen durch, bei denen man es im ersten Moment gar nicht erwartet, zum Beispiel in der Bauindustrie. So musste ein führendes Unternehmen der Branche 2007 eine Gewinnwarnung herausgeben, weil es zu Fixpreisen Aufträge für den neuen Flughafen Berlin-Brandenburg angenommen hatte, ihm aber während der Bauzeit die Rohstoffpreise förmlich davonliefen. Aus dieser Erfahrung lernend haben dann fast alle Bauunternehmen bei der Abgabe ihrer Angebote diese Risiken preislich abgefedert – zur Überraschung einiger Beteiligter.

Es gilt also, dem Risiko der Volatilität mit einer Strategie zu begegnen. Diese Strategie muss auf Sicherheit zielen. Gut einzukaufen kann heutzutage nicht mehr nur heißen,

---

12 International Energy Agency: „World Energy Outlook 2007", Seite 6.
    Zum Download unter: http://www.worldenergyoutlook.org/ (Stand 3. März 2008)

gute Preise auszuhandeln – es muss vielmehr auch heißen, diese Preise gut abzusichern. Der Einkauf wird so zum Risikomanager für sein Unternehmen. Die Volatilität der Märkte bedroht ein Unternehmen immer von zwei Seiten – von der Angebotsseite her, also vor allem hinsichtlich der Verfügbarkeit von Rohstoffen und Vorprodukten, und von der Nachfrage- oder Absatzseite her, wenn also etwa die Kunden eines Unternehmens plötzlich deutlich mehr oder deutlich weniger kaufen als erwartet. Wir wollen uns an dieser Stelle nur die Angebotsseite anschauen, weil sie unsere These besonders anschaulich unterstreicht. Im Kapitel „Risikomanagement" werden wir das Thema in seinem ganzen Umfang beschreiben.

Wirksames Hedging verlangt Know-how
Wenn wir darüber reden, wie sich Risiken auf volatilen Angebotsmärkten deutlich verringern lassen, so geht es immer um zweierlei: Zum einen muss eine stabile Kostenbasis her – Preissteigerungen dürfen sich nur so gering wie möglich auf die Produktkosten auswirken. Typische Strategien hierfür sind Lieferantenverträge, mit denen Preise langfristig abgesichert werden, oder der Einsatz von Finanzinstrumenten, mit denen die Kosten der Lieferkette optimal gehalten werden sollen. Zum anderen muss das Angebot sicher sein – die Produktion darf nie von Lieferengpässen betroffen sein. Versorgungsengpässe lassen sich beispielsweise durch die richtige Mischung von Lieferanten, das sogenannte Lieferantenportfolio, abwehren, aber auch, indem an Ersatzmaterialien für bestimmte Produkte geforscht wird, deren Beschaffung weniger Risiken unterliegt.

In den letzten Jahren jedoch tritt vor allem eine Lösung immer stärker in den Vordergrund, die sich bei der Risikominimierung auf die Verwendung fortschrittlicher Finanzierungsinstrumente stützt: Hedging. Beim Hedging sichert sich ein Unternehmen mittels Termingeschäften an der Börse – etwa Futures oder Optionen – gegen unerwünschte Preisentwicklungen ab. Hedgegeschäfte führen damit auf den Finanzmärkten den Gedanken der klassischen Warenterminkontrakte fort, die es schon seit dem 19. Jahrhundert an den Börsen gibt, nämlich von einer Ware zu einem bestimmten Datum eine bestimmte Menge zu einem festgesetzten Preis zu kaufen. Nehmen wir an, ein Unternehmen möchte sich seinen Rohstoffbedarf für eine Zeitspanne in der Zukunft schon zu heute günstigen Preisen sichern. Dann kauft es Futures in der Menge, die diesen Rohstoffbedarf abdeckt. Der Verkäufer der Futures garantiert dem Käufer, dass er zum fälligen Zeitpunkt den Rohstoff in der gewünschten Menge und zum heute gültigen Preis erhält. Wer seinem Einkauf also Hedging ermöglicht, hebt das Unternehmensergebnis auf ein höheres Sicherheitsniveau. Mit anderen Worten: Wer nicht hedgt, der spekuliert. Obwohl in vielen Unternehmen seit Jahren die Währungsrisiken mehr oder weniger professionell abgesichert werden, gilt dies für Rohstoffrisiken sehr selten. Der entscheidende Grund liegt oft darin, dass Einkäufer die Sprache der Finanzmärkte nicht beherrschen und ihnen das Wissen um die Zusammenhänge an den Kapitalmärkten fehlt, der Finanzabteilung aber die notwendigen Informationen über die Lieferkette fehlen. Damit aus der Schnittstelle zwischen Finanz- und Einkaufsbereich eine Verbindungsstelle wird, hat das Top-Management die geeigneten Maßnahmen zu ergreifen.

Fluggesellschaften machen es vor

Eine gut durchdachte Beschaffungsstrategie hat dem „Billigflieger" Southwest Airlines beispielsweise trotz der Ölschocks nach dem 11. September 2001, im Golfkrieg und nach Katrina das Überleben gesichert. Die Fluggesellschaft sicherte sich rechtzeitig einen großen Teil ihres Kerosinbedarfs für 2005 zu einem Rohölpreis von 25 Dollar und zu weiter progressiv steigenden Preisen bis 2009. Im Gegensatz dazu warteten andere Fluggesellschaften mit vergleichbaren Engagements, bis der Preis bereits 60 Dollar erreicht hatte.[13] Ähnlich erfolgreich war die Lufthansa: Zwischen September 2004 und September 2005 stiegen die Treibstoffkosten des Kranichs um 540 Millionen oder 42,6 Prozent auf 1,8 Milliarden Euro. Ohne das Hedging des Treibstoffes wäre die Rechnung um satte 221 Millionen Euro höher ausgefallen. Die Berater der Armbrust Aviation Group zeichneten die Fluggesellschaft Anfang 2006 für ihr Treibstoffmanagement aus.[14]

Für den Einkauf ist Hedging eine im wahrsten Sinne des Wortes existenzielle Aufgabe. Es ist echtes Beschaffungsmanagement. Unerlässlich für die Entwicklung der geeigneten Strategie ist zunächst die Risikoanalyse: Welchen Materialbedarf haben wir? Wie verläuft die Wertschöpfungskette vom Rohstoff bis zum fertigen Produkt? Welche Szenarien lassen sich für unterschiedliche Risiken bei der Versorgung entwerfen? Aus diesen Erkenntnissen muss der Einkauf schließlich seinen speziellen Hedging-Plan entwerfen, etwa die geeigneten Finanzderivate ausfindig machen und die richtigen Ein- und Ausstiegspunkte – also die Alarmstufen – festlegen. Ist das Hedging angelaufen, so ist die Beobachtung der Preisentwicklung auf dem betreffenden Markt ebenso unerlässlich wie ein geeignetes Controlling- und Reportingsystem für die Positionen.

13 Didier Cossin und Dinos Constantinou: „Hedging your bets to protect against risk", Online-Ausgabe der *Financial Times* vom 6. April 2006. http://www.ft.com/ (Stand 11. März 2008)
14 Deutsche Lufthansa AG: „Lufthansa hat bestes Treibstoffmanagement der Luftfahrtindustrie," Pressemitteilung vom 23.2.2006

Immer mehr Einflussgrößen

Kein Manager und kein Berater wird die Preisentwicklung eines Produkts exakt prognostizieren können. Die einzig sichere Prognose ist, dass die Volatilität eher größer als kleiner werden wird, weil alle politischen und ökonomischen Indikatoren darauf hindeuten. Durch das Wachstum der Schwellenländer und die zunehmende Bedeutung von Ländern, die man früher Drittstaaten nannte, wächst die Anzahl der relevanten Player auf der Polit-Bühne und damit die Komplexität im globalen politischen System. Wenn beispielsweise früher Nachrichten über das Wirtschaftswachstum aus Indien bekannt wurden, hatte das kaum Auswirkungen. Das ist heute anders und macht Prognosen schwerer, jedoch die Anzahl von Einflussgrößen höher. Folge: wachsende Volatilität. Dazu kommt, dass der Cash-Bestand der Welt zunimmt, selbst wenn zwischendurch ein Börsenrückgang Kapital vernichtet. Wachsender Cash-Bestand sucht aber Assets, in denen er angelegt werden kann. Das heißt: Immer mehr Rohstoffverträge werden rein finanziellen Charakter haben. Damit werden rein angebots- und nachfragegetriebene Prognosen immer weniger sinnvoll.

Nachhaltiges Risikomanagement erfordert vom Einkauf aber auch, Markttrends frühzeitig zu erkennen und dem Unternehmen durch den Informationsvorsprung einen Wettbewerbsvorteil gegenüber den Konkurrenten zu verschaffen. Dies macht den Einkauf gleichzeitig zu einem Frühwarnsystem: Überraschungen durch plötzliche Preisschwankungen bei Rohstoffen und Vorprodukten, durch neue Gewohnheiten bei den Kunden oder konkurrierende Angebote muss er ausschließen, so weit er kann. Zu den Aufgaben des Einkaufs gehört deshalb immer auch, Risiken für das Unternehmen durch Informationsbeschaffung auf das kleinstmögliche Maß zu senken. Das geht weit über das reine Hedging hinaus. Die Informationen, die im Einkauf zusammenfließen, müssen sich an der gesamten Wertschöpfungskette bis hin zum Absatzmarkt, sprich dem Kunden, orientieren. Und damit sind wir bei unserer nächsten These.

5. Nicht wer am meisten einkauft, hat die besten Preise, sondern wer am besten informiert ist und besonders konsequent handelt.

Wer auf die Website der CIA geht, erfährt dort, wie der Nachrichtendienst an seine Informationen kommt. Wie bitte? Nun, ganz so offen ist die Behörde natürlich nicht, aber immerhin verrät sie, wie der Prozess der Aufbereitung von Informationen in ihrem Haus aussieht. Dieser Prozess heißt bei der CIA Intelligence Circle, also etwa Aufklärungskreislauf, und gliedert sich in fünf Schritte: die Vorplanung, die Sammlung von Daten, die Aufbereitung in einem Bericht, die Analyse und schließlich die Weitergabe der Ergebnisse an den Auftraggeber der

Informationsbeschaffung. Hat dieser nach der Lektüre weitere Fragen, so setzt sich der Prozess von Neuem in Gang. Die Art der Nachrichten, die die CIA zusammenträgt, ist – das überrascht kaum – vielfältig: Tagesaktuelle Informationen gehören dazu, aber auch Abschätzungen über mögliche Entwicklungen zu einem bestimmten Thema. Die CIA warnt bei akuter Gefahr, die sich ihr aus den vorliegenden Daten erschließt, und sie forscht nach Technologien in anderen Ländern.

Die Beschaffungsmärkte wirklich kennen

Was hat das alles mit dem Einkauf zu tun? Wir haben im vorangegangenen Abschnitt erfahren, dass die Beschaffung von Informationen durch den Einkauf für eine Einschätzung der Volatilität von Märkten unerlässlich ist. Die klassische Marktforschung, die sich auf Absatzmärkte konzentriert, liefert bei Weitem nicht die ausreichenden Erkenntnisse, um solche Einschätzungen verlässlich vorzunehmen. Denn Volatilität bezieht sich ebenso auf Angebotsmärkte, und besonders von dieser Seite erhöht sich zurzeit massiv der Druck auf jedes Unternehmen: Die Wettbewerbsintensität steigt, die Welt wächst zum globalen Markt zusammen, der Kampf um Rentabilität und den größten Marktanteil hat sich in den zurückliegenden zehn Jahren enorm verschärft. Wer nicht rechtzeitig über die nötigen Informationen über Konkurrenten, neue Märkte oder Technologien verfügt, verliert diesen Kampf.

Wenn dem Einkauf die zentrale Rolle in diesem Prozess der Informationsbeschaffung zukommt, wie sieht dann die Realität aus? Oft genug hört man über den Einkauf Beschwerden, dass er keinen Marktüberblick habe, Preissteigerungen hätte vorhersehen können oder neue Trends bei Lieferanten hätte verfolgen müssen. Der Fehler liegt im System: Eine Einkaufsabteilung, die nicht mit den notwendigen Ressourcen ausgestattet ist, ist passiv ausgerichtet, auf die Gegenwart fixiert und reagiert nur auf eingehende Impulse. Doch statt Probleme zu lösen, muss sie nun ihre Entstehung verhindern. Wenn die Nachfrage stark steigt oder abnimmt, werden spontan Neuverhandlungen mit den Lieferanten durchgeführt, um die Liefermenge und die Konditionen anzupassen. Doch das ist nichts anderes als das Laborieren an den Symptomen, an den Ursachen des Problems ändert das nichts. Es fehlt das Wissen um die Hintergründe und Zusammenhänge. Geben wir dem Einkauf die Chance, dieses Wissen bereit und unter Beweis zu stellen!

Was bedeutet Market Intelligence?

Das Konzept entlehnt sich der Competitive Intelligence, die ihre Wurzeln in der amerikanischen Marktforschung der achtziger Jahre des vergangenen Jahrhunderts hat und Mitte der neunziger Jahre auch nach Deutschland überschwappte. Competitive Intellligence lässt sich grob mit Wettbewerbsaufklärung übersetzen und umfasst die systematische Sammlung von Informationen über Konkurrenten, neue Produkte und Technologien oder auch Entwicklungen am Markt sowie deren Analyse und Aufbereitung. Bei der Geburt der Competitve Intelligence als Strategie stand der Intelligence Cycle Pate, den die US-Nachrichtendienste bereits in den sechziger Jahren aus der Taufe gehoben hatten – als Folge des Kalten Krieges.

Übertragen wir also den Intelligence Cycle und die Competitive Intelligence auf die Market Intelligence. Was bedeutet das? Market Intelligence heißt, dass der Einkauf für sich – aber auch im Auftrag anderer Abteilungen wie Forschung und Entwicklung, Produktmanagement oder Marketing und Vertrieb – eine systematische Wissensbasis über Wettbewerb und Beschaffungsmärkte aufbauen muss, die ständig auf dem aktuellen Stand gehalten wird. Gibt es technologische Entwicklungen, die die Nachfrage nach bestimmten Produkten erhöhen könnten? Gibt es Entwicklungen in der Forschung, die die eine oder andere Bezugskomponente betreffen, etwa alternative Technologien? Gibt es gesellschaftliche Bewegungen, zum Beispiel Trends und Moden, die eine oder mehrere Komponenten betreffen würden? Die Market Intelligence beantwortet Fragen dieser Art und ersetzt damit das heute noch viel zu weit verbreitete Bauchgefühl, wenn es um Marktveränderungen, insbesondere Innovationen, geht. Wer zum Beispiel heute die Marktentwicklung von Flachglas für die Bauindustrie verstehen will, sollte sich nicht fragen, wie viel Glas die Bauunternehmen einkaufen werden, sondern wie sich etwa der Markt für Solarkollektoren entwickelt, da dieser Markt extrem wächst und die Hersteller in der Lage sind, höhere Preise zu zahlen, und als Serienfertiger anders planen können. Die Sondierung von Märkten ist dabei die eine Sache, die Sondierung von Lieferanten die andere. Was bei den Lieferanten State of the Art ist, wo sich bei ihnen Neuerungen abzeichnen und welche Lieferanten bei welchen Marktentwicklungen führend sind, gehört ebenso in diese Wissensbasis wie Informationen über Preise, etwa von Rohstoffen oder Produktkomponenten.

Informationsvorsprung macht Preise

Es geht, mit anderen Worten, um Transparenz. Nur wenn ich volle Transparenz über Angebote, Lieferanten und Preise habe, gewinne ich den nötigen Informationsvorsprung, den ich vor den Wettbewerbern in Entscheidungen umsetzen kann. Transparenz heißt mit anderen Worten: erfolgreich einkaufen. Das ist keine leichte Aufgabe, manchmal ein Mammutwerk: Vor allem das Best Cost Country Sourcing stellt viele Einkäufer vor das Problem, alles über neue Märkte in Erfahrung bringen zu müssen, die gigantisch sind im Vergleich zu den bisher gekannten Märkten. Auf den drei wichtigsten Internetplattformen für Beschaffung werden jeden Tag allein 130.000 Angebote von Lieferanten aus China eingestellt.

Worauf mangelnde Transparenz hinauslaufen kann, haben wir beim Einkauf forschungsnaher Dienstleistungen in der Pharmaindustrie festgestellt. Bei den fünf Unternehmen, die wir unter die Lupe nahmen, taten sich trotz durchaus vergleichbarer eingekaufter Leistungen Preisunterschiede von bis zu 45 Prozent auf. Der Grund: Jedes dieser Unternehmen verfügte über unterschiedliches Wissen vom Angebotsmarkt. Es muss also Schluss sein mit der alten Vorstellung, nur wer viel einkaufe, erziele die besten Preise. Information und Transparenz sind mindestens genauso Bestandteil des Erfolgsrezeptes.

6. Nur Spitzenleute im Einkauf sind in der Lage, Spitzenergebnisse zu erzielen.

Wir haben anhand der vorangegangenen Unterthesen gesehen, dass dem Einkauf in Zeiten der Globalisierung und sich immer stärker verändernder Märkte ganz neue, weitaus größere Aufgaben zukommen, als dies bisher der Fall war. Er schlüpft in neue Rollen hinein, wird zum Produktkostenmanager, Innovationsmanager, Risikomanager und damit zum entscheidenden Wettbewerbs- und Kostenhebel für sein Unternehmen. Er muss zum Partner auf strategischer Ebene werden. Das bedeutet natürlich, dass der Einkäufer von morgen auch in der Lage sein muss, seine neuen Aufgaben zu bewältigen, und zwar auf zwei Ebenen: Er braucht nicht nur die nötigen Ressourcen – wie etwa ausreichende Finanzmittel, moderne Informationstechnik oder auch einfach genügend Kollegen im Team –, vor allem braucht er die nötige Qualifizierung.

Der Stellenwert von Qualifizierung

Werfen wir einen Blick darauf, wie sich bei der Aus- und Weiterbildung die Situation im Einkauf heute darstellt. Erfahrungswerte besagen, dass der Einkauf bei Qualifizierungsmaßnahmen in Unternehmen bis zu 80 Prozent weniger berücksichtigt wird als andere Organisationseinheiten. Die Bandbreite dessen, was der deutschen Wirtschaft die Weiterbildung im Einkauf wert ist, geht über 500 bis 1500 Euro pro Person im Jahr nicht hinaus. Kommen Vertriebsleute im Schnitt in den Genuss von acht bis zehn Tagen, um sich weiterzubilden, so werden Einkäufer mit ein oder zwei abgespeist. In der Regel beschränken sich die Maßnahmen auf Verhandlungstrainings und Sprachschulungen. Das war's. Dieses trostlose Bild hat sich uns bestätigt, als wir Anfang 2005 die Ausbildungssituation im Einkauf einer großen Bundesbehörde unter die Lupe nahmen. Nahezu 30 Prozent hatten dort eine kaufmännische Ausbildung, je 10 Prozent ein wirtschaftliches oder technisches Studium hinter sich. Fach- oder technische Einkäufer gab es dagegen überhaupt nicht. Die Weiterbildung konzentrierte sich auf Teamarbeit und Präsentationstechniken, vielleicht noch ein wenig Einkaufscontrolling. Themen wie Lieferantenmanagement, Risikomanagement oder Kostenstrukturanalyse kamen praktisch nicht vor.

Ein anderes Beispiel: In einem Projekt bei einem im Dax notierten Unternehmen haben wir uns einmal gefragt, warum uns die Mitarbeiter im Einkauf beim Thema Best Cost Country Sourcing mit so viel Ablehnung begegneten. Dabei hätten sich die Einkaufsprodukte bestens für die Beschaffung im osteuropäischen oder asiatischen Markt geeignet. Wie wir dann herausfanden, beherrschte mehr als die Hälfte der Einkäufer Englisch nicht verhandlungssicher, konnte die Vorteile, die beim Total Cost of Ownership auf den einzelnen Lieferanten zurückgingen, nicht benennen und verfügte deshalb schlicht und ergreifend nicht über das nötige Selbstbewusstsein. Doch, siehe da: Als wir begannen, die Gespräche mit Lieferanten auf die Englisch sprechenden Mitarbeiter zu lenken und dem Einkauf ein intensives Training und Coaching anboten, änderte sich dies schlagartig und machte großer Einsatzbereitschaft Platz.

Überforderung der Mitarbeiter

Es ist mit Sicherheit nicht aus der Luft gegriffen, wenn man unsere Erfahrungen auf das Gros der deutschen Unternehmen überträgt. Ohne zu übertreiben lässt sich ein klares Fazit ziehen: Ein großer Teil der Mitarbeiter im Einkauf wird den künftigen Veränderungen in ihrem Beruf nicht mehr gewachsen sein. Jürgen Marquardt, der Vorstandsvorsitzende des Bundesverbandes Materialwirtschaft, Einkauf und Logistik, bestätigt diese Einschätzung: „In vielen Unternehmen", stellt er fest, „hält die Weiterbildung der Mitarbeiter nicht Schritt mit den neuen Anforderungen im Rahmen der gesamten Supply Chain mit weltweiter Einkaufstätigkeit."[15] Hinzu kommt das Ressourcenproblem: Personalnot ist sicher einer der Hauptgründe, warum die Einkaufsabteilungen kläglich scheitern, wenn es um die Erledigung von Aufgaben geht, die strategische Bedeutung haben. Märkte beobachten, Lieferantennetzwerke analysieren, technologische Neuerungen aufspüren? Gerne, aber im Moment müssen die Preislisten zusammengestellt werden. Vor allem mittelständische Unternehmen kennen dieses Problem. Die Einkaufsabteilung besteht nur aus wenigen Mitarbeitern und

---

15 Jürgen Marquardt: „Entwicklung und Tendenzen in Beschaffung und Logistik."
  In: *Beschaffung aktuell*, Nr. 2/2007, Seite 31

ist im Normalfall chronisch überlastet. In seiner Verzweiflung gibt der Einkäufer den sogenannten operativen Tätigkeiten Vorrang. Die strategischen Aufgaben schleift er gewissermaßen mit. Immerhin kann er so kurzfristige Erfolge nachweisen

Was ist also zu tun? Die Antwort ist eigentlich ganz einfach: Change Management! Es müssen andere Strukturen geschaffen werden. Es müssen Strukturen geschaffen werden, die es jedem Mitarbeiter ermöglichen, sich ganz auf seine Aufgabe zu konzentrieren und in seinem Fachgebiet bestmöglich weiterzubilden. Jeder Einkäufer muss zu einer Spitzenkraft werden, die Spitzenleistungen erbringen kann und sich nicht im Dschungel unterschiedlichster „Jobs" verstrickt. Die Lösung heißt: Teilen! Der Einkauf kann nur dann beiden Aufgaben – den operativen wie den strategischen – gerecht werden, wenn er in zwei Einheiten aufgeteilt wird. Der operative Einkauf kümmert sich dann beispielsweise um die Bestellabwicklung, die ja nach wie vor eine unerlässliche Arbeit ist, aber mit höchstmöglicher Automatisierung betrieben werden muss. Der strategische Einkauf wechselt in die Rolle des qualifizierten Beraters des Top-Managements und er übernimmt die Aufgabe, unternehmensstrategische Entscheidungen entlang der Wertschöpfungskette umzusetzen. Das bietet mehrere Vorteile: Kurzfristige Aufgaben lenken keine Ressourcen von den langfristigen, strategischen mehr ab. Und: Der strategische Einkauf kann mit voller Kraft seinem Anspruch gerecht werden, ohne dass ihm das Bild des „Banfers" oder Schreibtischtäters anhaftet.

Best-Practice-Beispiel Vattenfall

Wie das konkret aussehen kann, zeigt der Fall des Energiekonzerns. In den neunziger Jahren hatte jede Business Unit ihre eigene Einkaufsorganisation und es gab keine Trennung zwischen strategischen und operativen Aufgaben. Dies änderte sich mit dem Antritt von Stephan Biesenbach 2004. Er führte über Projekte eine Straffung der Organisation durch und konzentrierte den strategischen Einkauf auf die wirklich wertsteigernden Aktivitäten. Dies überzeugte auch den Konzern-Vorstand, und heute verfügt Vattenfall über einen international agierenden Konzerneinkauf, den Biesenbach leitet, seit Spätsommer 2007 mit starker Unterstützung durch den strategischen Einkauf von Vattenfall Europe sowie über ein Service-Center, welches den operativen Einkauf effizient durchführen kann. Generell ist die viel kritisierte Stromwirtschaft eine Industrie, die in den letzten Jahren erkannt hat, dass die Bedeutung des Einkaufs wächst.

Der Erfolg: Nicht nur, dass der Einkauf sein altes Image abschüttelte und als strategischer Partner im Konzern spürbar an Ansehen gewann. Die operativen Mitarbeiter sind heute hochgradig auf ihre Aufgaben spezialisiert, ihre Leistungsbereitschaft ist ungleich höher als früher, sie sind produktiver und haben gelernt, in Teams zusammenzuarbeiten. Und auch bei der Qualifizierung hat sich einiges getan: Heute haben viele Mitarbeiter akademische Abschlüsse und sprechen mindestens eine Fremdsprache. Sie sind über sich hinausgewachsen, wie es der Zwerg in unserem Märchen vorgemacht hat. Der strategische Einkauf auf der anderen Seite, von den Alltagsproblemen befreit, kann sich mit seiner Arbeit voll auf die Wertschöpfung konzentrieren. Er wirkt über Funktionsbereiche und Landesgrenzen hinweg und gestaltet die Produktentwicklung und den Vertrieb ebenso mit wie die Gesamtstrategie des Konzerns.

Ausblick: Purchasing Excellence ist der Wettbewerbsmotor im 21. Jahrhundert.

Kehren wir zum Anfang zurück. Wir haben aus einem Märchen gelernt, dass es im Wettbewerb mit fremden Mächten lebensnotwendig ist, den Überblick über das zu behalten, was man zu erfüllen vermag (oder was nicht). Wir haben gelernt, dass es manchmal nötig ist, über sich hinauszuwachsen und die Scheuklappen abzulegen, um sich für eine neue Sicht der Dinge freizumachen. Und wir wissen jetzt, dass sich die Mühe lohnt: Am Ende winken reicher Lohn und reiche Ernte.

Die tieferen Wahrheiten, auf die uns das Märchen vom Scheinzwerg gestoßen hat, haben wir als Parabel auf den Einkauf verstanden und daraus die Kernthese abgeleitet, die an dieser Stelle wiederholt sei:

Der Einkauf muss Partner auf höchster Managementebene sein – nur wer den Gesamtüberblick hat, kann im Wettbewerb bestehen.

Die Einführung hat uns gezeigt, dass dieser Satz nicht so weit hergeholt ist, wie er manchem auf den ersten Blick erschienen sein mag. Im Gegenteil: Wer über Wettbewerbsfähigkeit im 21. Jahrhundert nachdenkt, kommt an der Botschaft unserer Kernthese nicht vorbei. Denn die bequemen Zeiten liegen hinter uns. Der Wettbewerb, das sind heute Anbieter, die 10.000 Kilometer entfernt ihren Sitz haben und hiesigen Unternehmen die Kunden vor der Haustüre wegschnappen; das sind Produkte made in Germany, die zu 90 Prozent aus Asien stammen.

Wer da überleben will, muss neue Strategien entwickeln. Um auch weiterhin Premium-Produkte auf den Markt zu bringen, muss man sich vor allem vom Paradigma des Einkaufs zu niedrigsten Preisen lösen. Wettbewerbsfähig bleibt, wer die vom Kunden gewollten und honorierten Leistungsmerkmale zu bestmöglichen Gesamtkosten einkauft und beides über die Laufzeit des Produkts absichern kann. Das geht nur durch die Einbindung des Einkaufs in die Unternehmensstrategie. Dies wird umso wichtiger in Zeiten, in denen immer größere Teile der Wertschöpfung ausgelagert werden. Diese Medaille hat stets zwei Seiten: Konzentrieren sich immer mehr Firmen auf ihre Kernkompetenzen, so begeben sie sich damit freilich auch zusehends in Abhängigkeit zu ihren Lieferanten. Fatal wäre es, in einer solchen Situation einen Einkauf zu haben, der von den strategischen Zielen der Unternehmensleitung nichts oder zu spät wüsste! Lieferantenmanagement bedeutet eben mehr als zu regeln, welche Komponenten zu welchen Preisen von wem bezogen werden. Es bedeutet, unter strategischen Gesichtspunkten die größten Kosten- und Leistungsvorteile aus der Wertschöpfungskette zu ziehen.

Die neue Ära gestalten

Dies hat auch erhebliche Auswirkungen auf die Innovationskraft des Unternehmens. Wenn die Wertschöpfung sich immer mehr nach außen verlagert, muss man auch immer mehr Innovation von außen „einkaufen", sprich die Innovationstreiber innerhalb der Wertschöpfungskette ausfindig und nutzbar machen. Dazu bedarf es einer tragfähigen Wissensbasis, die weit über das Einholen von Informationen zu Zielgruppen und Kundengewohnheiten hinausgeht. Market Intelligence lässt den Blick in alle Himmelsrichtungen rings um das Unternehmen kreisen. Sie schafft volle Transparenz auf Nachfrage- wie auf Angebotsseite, und vor allem: Sie hilft, Risiken zu beherrschen, die weltweit auf den Märkten lauern und mitunter zu bösen Überraschungen führen können. Einer stabilen Kostenbasis und sicheren Versorgung erfreut sich auf lange Sicht nur, wer die nötigen Informationen beisammen hat. Darüber definiert sich heutzutage ein guter Preis mindestens genauso wie über die Einkaufsmacht eines Unternehmens. Prof. Horst Wildemann, Ordinarius für Betriebswirtschaftslehre in München, hat das so formuliert: „Wir treten in eine neue Ära der Kunden-Lieferanten-Beziehung ein, wo Intelligenz mehr wiegt als Größe."[16]

Zu Beginn des 21. Jahrhunderts steht der Einkauf vor völlig neuen Aufgaben. Aufgaben, denen er nicht gewachsen ist, wenn er so weitermacht wie bisher. Mangelnde Qualifizierung, dauerhafte Überlastung und sein schlechtes Image stehen allen Versuchen im Wege, über das tägliche Pflichtprogramm hinauszugehen und sich den neuen Herausforderungen zu stellen. Die Lösung: Um den Einkauf für die bevorstehenden Leistungen fit zu machen, muss er völlig neu strukturiert werden.

---

16 Horst Wildemann: „Intelligenz schlägt Größe."
 In: *Markt und Mittelstand*, Ausgabe 5/2002, Seite 43

Die Trennung in operative und strategische Einheiten ist dazu eine unverzichtbare Voraussetzung. Aber damit ist es nicht getan. Das Nonplusultra, das uns zu diesem Ziel führen wird, ist die enge Verzahnung der Einkaufsstrategie mit der Unternehmensstrategie und die Einbindung der Einkaufsaufgaben, wie wir sie definieren, in die Kernprozesse des Unternehmens. Oder um es mit dem Titel dieses Buches zu sagen:

Nur wer den Einkauf zur Chefsache macht, sichert seinem Unternehmen die Wettbewerbsfähigkeit im 21. Jahrhundert.

Soweit es sich im Rahmen dieser Einführung anbot, haben wir immer wieder vorab auf einzelne Kapitel im Buch verwiesen, die einen Aspekt vertiefen, der hier nur angerissen werden konnte. Es gibt noch zahlreiche Aspekte aus anderen Kapiteln, auf die hier nicht eingegangen werden konnte, so zum Beispiel das Zusammenspiel zwischen Einkauf und Finanzbereich oder die Rolle des Einkaufs nach dem Zusammenschluss von Unternehmen. Unsere Kernthese wie auch die Folgethesen werden sich wie ein roter Faden durch dieses Buch ziehen und Sie bei der Lektüre begleiten. Am Ende steht auch für Sie dann die Erkenntnis: Sie als Entscheider haben es in der Hand, zur Wettbewerbsfähigkeit Ihres Unternehmens in den kommenden Jahren einen wesentlichen Beitrag zu leisten. Und der alten Kaufmannsregel zu neuer Geltung zu verhelfen: „Im Einkauf liegt der Gewinn!"

Kapitel 2

Ergebnisorientierung im Fokus

Die Einkaufsstrategie bestimmt das Warengruppenmanagement

Werthebel identifizieren und nutzen: Unternehmensziel Kostenführerschaft oder Differenzierung – Ausgangspunkt Potenzialanalyse – Warengruppenbildung entsprechend dem Beschaffungsmarkt – Gemeinsame Merkmale und Klassifizierungen – Die Hebel: Produkt, Menge, Make-or-Buy, Sourcing, Preis, Vertrag, Prozesse, Wertstoffmanagement – Berufsbild Category Manager

Das Einführungskapitel hat lediglich anreißen können, warum es absolut notwendig ist, die Rolle des Einkaufs in der Unternehmensstrategie neu zu bestimmen. Die folgenden Kapitel beleuchten die einzelnen Argumente im Detail und erbringen den Nachweis, dass und wie diese Neupositionierung umgesetzt werden muss und kann. Was hat nun das Warengruppenmanagement mit Unternehmensstrategie zu tun und warum erfordert es die Aufmerksamkeit des Top-Managements? Weil im industriellen Umfeld die Warengruppen den Beschaffungsmarkt abbilden. Die Beschaffungsziele wiederum hängen davon ab, wie ein Unternehmen die Frage nach seinen Zielen am Absatzmarkt beantwortet. Und genau das ist eine Frage der Gesamtstrategie und bedarf sehr wohl einer Top-Entscheidung. Darüber hinaus muss die Unternehmensleitung beurteilen können, welche Werthebel dabei wirksam einzusetzen sind.

Am Anfang steht der Produktkatalog

Am Beispiel der Automobilindustrie wird die Problematik besonders einfach nachvollziehbar. Ein Mittelklassewagen besteht aus Tausenden von Einzelteilen, angefangen beim Knopf für den automatischen Fensterheber über das Schloss für den Kofferraum bis hin zu den Kopfstützen, den Reifen oder den Fahrwerkskomponenten. Dahinter steht die Versorgung durch Hunderte von Lieferanten. Wer eine solche Vielzahl benötigter Komponenten bestellen muss, der muss dieselbe Sprache wie deren Hersteller sprechen. Es nützt wenig, alle Einzelteile zu kennen, wenn man nicht weiß, welche davon in welcher Kombination von welchem Lieferanten angeboten werden. Hier gibt es den Zulieferer, der sich auf die Innenausstattung spezialisiert hat und die Verkleidung für Türen oder Holzverzierungen für Armaturen verkauft, dort den Anbieter von Alufelgen oder den Experten für Scheinwerfer. Letzten Endes kommt die Fertigstellung des Fahrzeugs durch die Integration eines gigantischen Produktkatalogs zustande.

Wenn es darum geht, die Produkte eines solchen Katalogs logisch zu strukturieren, spricht man von Category Management, zu Deutsch: Warengruppenmanagement. Warengruppen sind Artikel, die man anhand gemeinsamer Merkmale zusammenfassen kann. Solche gemeinsamen Merkmale können das Material sein, aus dem die Ware besteht – Kunststoff etwa oder Blech –, oder aber der Verwendungszweck. Pleuelstange, Kolben, Motorsteuerung und Zündkerzen sind zwar höchst verschiedene Artikel, sie alle aber sind Bestandteile eines Motors. Werden diese Bestandteile nicht einzeln eingekauft, sondern komplett als fertiger Motor – etwa weil der Motorbau nicht zur Kompetenz eines Unternehmens gehört –, dann wird der Motor zur Warengruppe.

Warengruppen sind nicht nur ein Organisationsprinzip, sondern sie bilden den Markt ab, im Idealfall den Absatz- wie den Supply-Markt.

Im Handel orientiert sich das Warengruppenmanagement am Endverbrauchermarkt. Sind für den Konsumenten bestimmte Produkte verwandt oder ergänzen sich, so gehören sie zur selben Warengruppe. Deutlich wird das in jedem Supermarkt: Die Art und Weise, wie dort das Sortiment angeordnet ist, orientiert sich an der Sicht der Kunden. In der Industrie, insbesondere unter dem hier relevanten Blickwinkel des Einkaufs, bilden Warengruppen den Beschaffungsmarkt ab und werden daran ausgerichtet. Das heißt: Gibt es für den Bau eines Mähdreschers jeweils unterschiedliche Lieferanten für den Antrieb, das eigentliche Dreschwerk oder für Hydraulikelemente, so ist diese Unterteilung maßgeblich für die Unterteilung der Warengruppen im Einkauf des Herstellers, der diese Komponenten benötigt. Die Jungheinrich AG, unter anderem Produzent von Gabelstaplern, hat beispielsweise für ihre Branche insgesamt 21 Warengruppen ausgemacht. Dazu gehören Guss- und Schmiedeteile, Elektrik, Hydraulik und Kunststoffteile oder auch Batterien und Ladegeräte, Facility Management sowie Maschinen. Kriterium für diese Einteilung war, Teile beziehungsweise Komponenten und Lieferanten zusammenzufassen, „die aus Einkaufsaspekten die meisten Synergien ergeben".[17]

---

17 Unternehmens-Website. http://www.jungheinrich.de/ (Stand 3. März 2008)

Klassifizierungssysteme nach Marktkriterien helfen dem Einkauf bei der Definition von Warengruppen.

Das Problem liegt für viele Unternehmen in der Operationalisierung. Wer Tausende von Einzelteilen nach Warengruppen sortieren muss, gerät mitunter an die Grenzen seiner Leistungsfähigkeit. Da es sich aber nicht um das Problem eines einzelnen Unternehmens handelt, haben sich bereits mehrere Interessengemeinschaften gebildet, die sich mit der Standardisierung von Warengruppen beschäftigen. Zu nennen sind hier zuvorderst UNSPSC, der United Nations Standard Products and Services Code, und eCl@ss. Während UNSPSC ein 1988 von den Vereinten Nationen geschaffenes System ist, entsprang eCl@ss im Jahr 2000 der Initiative deutscher Großkonzerne und wird von einem eigenen, gleichnamigen Verein getragen. Beide Ideen ähneln sich: Es handelt sich um Systeme, die Warengruppen und Warenmerkmale nach Marktkriterien klassifizieren. Das Ziel: den Datenaustausch zwischen Herstellern und Lieferanten im Rahmen von E-Procurement zu vereinfachen. Ähnlich wie UNSPSC gliedert eCl@ss zu diesem Zweck Produkte und Dienstleistungen in vier Stufen, genannt Sachgebiet, Hauptgruppe, Gruppe und Untergruppe. Jede Stufe ist dabei durch ein zweistelliges Kürzel codiert.

Ob in Eigenregie erstellt oder mit Unterstützung eines Klassifizierungssystems – für den Einkauf ist die Sortierung von Einzelteilen nach Warengruppen ein praktisches Hilfsmittel. Im Idealfall spiegelt sie exakt den Markt der Lieferanten wider, bei denen ein Hersteller die benötigten Komponenten bestellen muss. Damit wird aus dem Management von Warengruppen eine strategische Aufgabe. Die Rede ist von der Warengruppenstrategie, einem ganz zentralen Organisationsprinzip für den Einkauf, in seiner Bedeutung vergleichbar mit der Marktsegmentierung, der Zielgruppenbestimmung oder dem Key-Account-Management im Vertrieb.

Kostenführerschaft oder Differenzierung: Jede Warengruppenstrategie muss sich an der Unternehmensstrategie orientieren.

Um die oben genannte Kernfrage schlüssig zu beantworten, muss sich jede Warengruppenstrategie an der grundlegenden Unternehmensstrategie orientieren. Folgt man Michael E. Porter, einem der führenden Ökonomen auf dem Gebiet des strategischen Managements, so kann ein Unternehmen seine Strategie nach zwei Prinzipien ausrichten: Kostenführerschaft oder Differenzierung. Entscheidet es sich für die Kostenführerschaft, dann muss es seine Produkte günstiger auf dem Markt anbieten als der Wettbewerb. Wie die Beschaffung dazu beitragen kann: Der preisgünstige Einkauf von Rohstoffen oder Komponenten ist ein Hebel, Skaleneffekte, wie durch die Bündelung des Einkaufsvolumens, sind dafür eine mögliche Voraussetzung. Entscheidet sich ein Unternehmen dagegen für die Differenzierung, so müssen sich die Produkte von der Konkurrenz durch andere Faktoren als den Preis abheben, durch den technischen Reifegrad beispielsweise oder durch eine besonders hohe Qualität. Da immer mehr solcher Differenzierungsmerkmale in der Industrie von außen, sprich den Dienstleistern, kommen, steht auch in diesem Fall der Einkauf klar in der Pflicht. Mit einer geeigneten Sourcing-Strategie muss er sicherstellen, dass sein Unternehmen stets die Zulieferer mit dem höchsten Innovationsgrad und der besten Qualität in der Branche zu seinem Portfolio zählt.

Genaue Analyse erforderlich

Was bedeutet das für die Warengruppenstrategie? Nichts weniger, als dass sich der Einkauf für jede Warengruppe überlegen muss, wie er die übergeordnete Strategie seines Unternehmens in der Praxis umzusetzen hat. Insgesamt acht Hebel stehen dem Einkauf hierbei zur Verfügung, die im Anschluss Punkt für Punkt erläutert werden

Abb. 3 **Die acht Werthebel des Einkaufs**

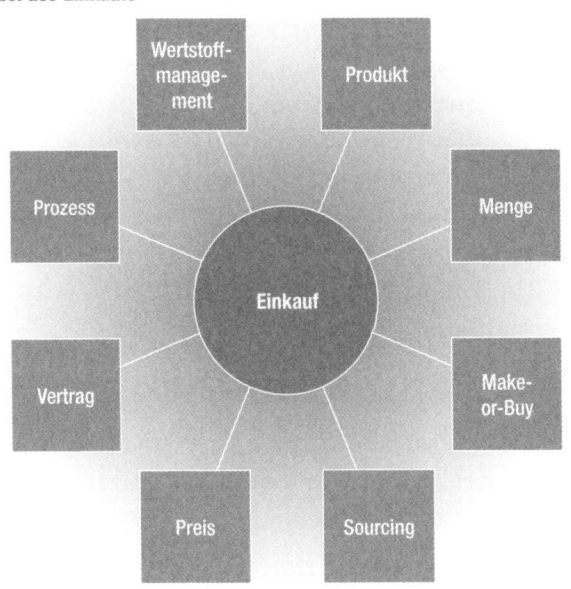

Diese Felder muss der Einkauf unter die Lupe nehmen, um eine sinnvolle und wirksame Warengruppenstrategie für sein Unternehmen entwerfen zu können.

sollen: 1. das Produkt selbst; 2. die Menge eingekaufter Produkte; 3. die Frage, ob ein Produkt selbst hergestellt werden oder zugekauft werden soll (Make-or-Buy); 4. das Sourcing auf dem Beschaffungsmarkt; 5. der Preis für ein Produkt; 6. die Ausgestaltung der Verträge mit den Lieferanten; 7. die Gestaltung von Prozessen innerhalb der Wertschöpfung; und schließlich 8. die Rückführung und Entsorgung der anfallenden Reststoffe, also das Wertstoffmanagement. Ebenso wichtig bei der Umsetzung einer Warengruppenstrategie ist der Blick auf die Kernkompetenzen des Unternehmens: Liegen sie eher in der Produktion oder in der Entwicklung oder sind sie eine Mischung aus beidem? Auch dies beeinflusst die Anwendung der verschiedenen Hebel auf die einzelnen Warengruppen.

Eine Potenzialanalyse deckt zunächst die Optimierungswege im Beschaffungsprozess auf.

Bevor jedoch an einem dieser acht Hebel angesetzt werden kann, sollte sich jedes Unternehmen einer Potenzialanalyse der Beschaffungssituation unterziehen. Dabei gilt es herauszufinden, welcher Hebel den größten Wirkungsgrad innerhalb einer Warengruppe auszuüben verspricht und demzufolge überhaupt Anwendung finden sollte. Es gilt zunächst, ein genaues Bild vom Ist-Zustand zu erhalten. Eine Vielzahl von Fragen muss beantwortet werden: Welche Produkte in einer Warengruppe eingekauft werden, von welchen Lieferanten der Einkauf sie bezieht oder aus welchen Ländern. Sinn und Zweck dieser Analyse ist es zu überprüfen, ob ein Unternehmen zum Beispiel die richtige Sourcing-Strategie anwendet und ob das Lieferanten-Portfolio stimmt. Möglicherweise gibt es eine zu große Abhängigkeit von einem oder wenigen Lieferanten, oder es werden Teile auf Märkten beschafft, die wesentlich teurer sind als bei Anbietern in anderen Regionen der Welt. Aufschlussreich kann es auch sein, die Beziehung zu einem Lieferanten unter die Lupe zu nehmen. Wer dort als Hersteller selbst A-Kunde ist, hätte womöglich schon längst Einsparpotenziale bei diesem Lieferanten durchsetzen können.

Gewachsenes hinterfragen

Und ließe sich nicht die Zahl der Lieferanten für bestimmte Komponenten verringern? Wer bei wenigen Herstellern mehr bestellt, profitiert von den Mengeneffekten. In vielen Fällen zeigt die Potenzialanalyse erhebliche Defizite beim Thema Wertschöpfungstiefe. Wer sich auf komplexe Montagen, etwa von großen Baumaschinen, spezialisiert hat, muss nicht zwangsläufig selbst Granulat zu Kunststoffteilen verarbeiten. Da gehört es förmlich zur Pflicht jedes Einkaufs zu hinterfragen, ob bestimmte Teile der Produktion aus Kostengründen nicht ausgelagert werden sollten – auch wenn er sich dadurch bei der Produktion vielleicht nicht eben beliebt macht. Man sollte annehmen, dass die Beantwortung dieser Fragen für die meisten Unternehmen kein Problem darstellt und quasi „auf Knopfdruck" möglich ist. Irrtum! Tatsächlich verfügen nur die wenigsten Unternehmen über die nötige Transparenz, wenn es um die Analyse ihrer Ist-Situation in den Warengruppen geht.

Was die Potenzialanalyse ebenfalls oft an den Tag bringt: In viel zu wenigen Unternehmen steckt hinter der Beschaffung in den einzelnen Warengruppen eine wirklich durchdachte Strategie. Meist sind die Umstände historisch gewachsen, die zu dem diagnostizierten Ist-Zustand geführt haben. Wie groß die Einsparmöglichkeiten sind, konnte der Bereich Weiße Ware eines Maschinenbauunternehmens für die Warengruppe Elektronik feststellen. „Insbesondere bei den Werthebeln Produkt, Sourcing und Preis zeigte sich Handlungsbedarf", so der Einkaufsleiter. Das Unternehmen erkannte, dass die Varianz bei den Elektronikbauteilen unnötig hoch war und sich Raum für Standardisierungen bot. Beim Sourcing stach die große Abhängigkeit von einem einzigen Lieferanten ins Auge, der sämtliche A-Teile der Warengruppe bereitstellte. Und hinsichtlich des Preises empfahl sich, die Lieferanten zu einer Offenlegung ihrer Wertschöpfung anzuhalten. Das Wissen über die Fertigungstiefe der Lieferanten war eingeschränkt, sodass deren Make-or-Buy-Entscheidungen unter die Lupe genommen wurden. Ergebnis dieser Potenzialanalyse: Durch die richtige Anwendung der Werthebel lassen sich nachhaltige Einsparungen realisieren.

Werthebel Produkt:
Werden wirklich die richtigen
Vorprodukte und Materialien
eingekauft? Veränderungen
verheißen Einsparpotenziale.

Wie gestalten sich die acht Werthebel nun im Einzelnen? Die Betrachtung richtet sich zunächst auf das Produkt. Die Grundfrage, die sämtliche Überlegungen auf dieser Ebene beherrscht, dreht sich darum, welche Produkte in einer Warengruppe eingekauft werden und ob diese Produkte verändert werden können oder müssen, um das Unternehmensziel zu erreichen. Um zu einer Antwort zu gelangen, muss man wieder unterscheiden: Will das Unternehmen sich differenzieren, durch Technologieführerschaft im Wettbewerb oder höhere Qualität, oder strebt es die Kostenführerschaft in seinem Marktsegment an? Geht es um den technologischen Vorsprung, so sind naturgemäß neue Entwicklungen zu einem optimalen Preis der Kern der Warengruppenstrategie. Dass das Unternehmen mit einem Spitzenprodukt seiner Konkurrenz einen Schritt voraus ist, rechtfertigt dabei allerdings in der Regel auch einen höheren Preis. Soll die Qualität eines Produkts verbessert werden, so stehen möglicherweise eingesetzte Materialien, Fertigungsverfahren sowie zulässige Toleranzen im Mittelpunkt. Und wer Kosten senken will, sucht oft nach anderen, günstigeren Materialien innerhalb der betreffenden Warengruppe, die freilich ausreichende Qualität bieten müssen. Die rasante Entwicklung in Materialforschung und Nanotechnologie wird solchen Substitutionsstrategien in Zukunft zusätzlichen Schub verleihen.

Welche Eigenschaften sind wirklich notwendig?

Eine andere Möglichkeit, am Produkthebel anzusetzen, ist die sogenannte technische Entfeinerung oder die Wertanalyse, Methoden, die in vielen Branchen immer mehr um sich greifen. Der Grundgedanke bei der Entfeinerung ist, dass die Spezifikation eines Produkts gerade den Anforderungen aus Sicht des Kunden genügt. Wenn ein Chemieunternehmen die Typen der von ihm eingesetzten Pumpen weltweit von über 1000 auf unter 50 reduziert, dann ist dies das Ergebnis von Entfeinerung und Standardisierung, die sowohl bei der Anschaffung als auch der Instandhaltung Kosten spart. Wenn ein Autohersteller von Batterien mit 60 Ampèrestunden auf Batterien mit 44 ausweicht, dann ist das ebenfalls technische Entfeinerung.

Ein Workshop bei einem Hausgeräteherstaller hat erstaunliche Ergebnisse darüber zutage gefördert, was technische Entfeinerung konkret bedeuten kann. Eine derartige Zusammenarbeit hatte ein Lieferant, der Stahlhersteller Arcelor, angeboten. In dem Workshop wurden Geräterahmen von Waschmaschinen und Trocknern, auch von Wettbewerbern, aufgestellt und auf Optimierungspotenzial hin begutachtet. Ergebnis war eine Vielzahl möglicher Vereinfachungen an den Produkten – hier ließ sich eine Bodenplatte verdünnen, dort wurden überflüssige Clinch-Verbindungen festgestellt. Ein Resultat des Workshops: Allein durch Veränderungen an der Bodenplatte einer Waschmaschine wurde ein erhebliches Einsparpotenzial ermittelt.

Werthebel Menge:
Längst etabliert – Bedarfsbündelung lässt Skaleneffekte wirksam werden.

Beim Werthebel Menge geht es um die Frage, welche Bedarfsmengen hinsichtlich einer Warengruppe im Unternehmen existieren und welche Mengen zugekauft werden. Oft treten unterschiedliche Bedarfsträger in einer Firma zu unterschiedlichen Zeiten an den Einkauf mit der Bitte heran, ein bestimmtes Produkt von unterschiedlichen Herstellern zu beschaffen. Bei einer dezentralen Einkaufsorganisation ohne zentrale Warengruppenverantwortlichkeit ist die Gefahr, Mengeneffekte nicht zu realisieren, noch erheblich höher. Durch die Bündelung des Bedarfs kann der Einkauf hier einen wesentlichen Wertbeitrag für sein Unternehmen leisten. Statt das gleiche Produkt bei verschiedenen Anbietern zu beziehen, kann ein Rahmenvertrag mit einem einzigen Hersteller abgeschlossen werden. Durch die größere Abnahmemenge lassen sich Synergien beim Hersteller realisieren und hierdurch Kostenvorteile erzielen.

Eine weitere Möglichkeit, größere Mengen zu erzeugen, ist das Ausdünnen der Lieferantenstruktur. Viele Unternehmen halten im Laufe von Jahren stets Ausschau nach den jeweils günstigsten Anbietern für Produkte oder Dienstleistungen, dabei wächst das Lieferantenportfolio unkontrolliert an. Sie nutzen dann zwar Marktpotenziale aus, erzielen aber keine Mengeneffekte. Dies ist vor allem bei wenig komplexen Warengruppen der Fall, wie Kunststoffteilen, zu denen es in der Regel eine Vielzahl von Lieferanten gibt.

Sonderfall: Beschränkung auf nur einen Lieferanten
Die Extremform einer ausgedünnten Lieferantenstruktur ist das sogenannte Single Sourcing. Beispiel: Ein Baumaschinenhersteller deckte das Spektrum seiner Motoren über zwei Lieferanten ab, um nicht von einem einzigen abhängig zu sein. De facto befand sich der Hersteller jedoch in einem Abhängigkeitsverhältnis, denn die einzelnen Motorentypen wurden immer nur bei jeweils einem Anbieter bestellt. Somit brachte die Verteilung des Einkaufs auf zwei Lieferanten keinen wirksamen Vorteil. Dieser Umstand führte zu der Überzeugung, dass das Unternehmen sich genauso gut auf einen einzigen konzentrieren konnte. Die Entscheidung fiel in einer Zeit, als für die benötigten Motoren eine gesetzliche Verschärfung der Abgasnorm wirksam wurde und die erforderliche technische Umrüstung die Preise in der Branche um durchschnittlich 5 Prozent in die Höhe trieb. Der Baumaschinenhersteller dagegen profitierte von seinem Schwenk auf einen Lieferanten. Er konnte die Preise für die beschafften Motoren um rund 1 Prozent senken. Möglich machten es die größeren Mengen, die er nun beim ausgewählten Anbieter bestellte. Des Weiteren hat der Lieferant das Vertrauen und die wichtigere Position des Kunden honoriert. Die höhere Abhängigkeit, auf die sich der Hersteller eingelassen hatte, wurde vertraglich abgefedert: Der Lieferant war bereit, ein mehrjähriges Vertragsverhältnis einzugehen und die Preise zu fixieren. Single Sourcing kann also entscheidende Vorteile beim Einkauf mit sich bringen, vorausgesetzt, die damit verbundenen Risiken sind abgesichert.

Komponenten zu standardisieren und damit die Zahl der Varianten zu verringern kann ein Beitrag zur Kostensenkung sein. Automobilhersteller vereinheitlichen gerne Bauteile verschiedener Modellgruppen. Die sogenannten Crossover-Teile können die Materialkosten eines Fahrzeugs senken. Wenn man von einem Artikel mehr beschafft, kann in vielen Fällen der Stückpreis sinken. Hier kommt der Einkauf ins Spiel: Oft ist es an den Lieferanten, für derartige Standardisierungen Vorschläge zu machen, weil es der hauseigenen Entwicklung an Kapazitäten fehlt. Der Einkauf muss dafür sorgen, dass diese Vorschläge ins Ideenmanagement seines Unternehmens einfließen. Auch die Flugzeugindustrie hat durch die Verwendung möglichst vieler gleicher Teile im Innern des Flugzeugs Einsparungen in der Beschaffung erzielt. Heutzutage können die Fluggesellschaften beim Interieur nach dem Baukastenprinzip auswählen. Diese Vorgehensweise hat noch weitere Vorteile: Wenn mehr gleiche Teile verwendet werden, lassen sich Lagerbestände und damit Lagerhaltungskosten senken. Und nicht zuletzt: Weniger Varianten bedeuten weniger komplexe Produktionsprozesse, und auch das hilft, Kosten zu sparen.

Werthebel Make-or-Buy: Der Einkauf muss in die Entscheidung einbezogen werden – von Anfang an.

Hat sich ein Unternehmen hinsichtlich des Produkts und seiner Gestaltung sowie der benötigten Mengen entschieden, so muss es nun festlegen, ob es dieses Produkt zukauft oder selbst herstellt. Dies hängt von den Kernkompetenzen dieses Unternehmens ab. Ein Autobauer mag den Motor als seine Kernkompetenz betrachten, kauft aber Warengruppen aus den Bereichen Chassis oder Innenausstattung zu.

Interner versus externer Lieferant

Wichtig ist, dass das Unternehmen bei der Frage „Make or Buy?" eine mit dem Einkauf abgestimmte Strategie hat und der Einkauf als Benchmark der eigenen Produktion agieren kann. Denn aus Sicht der Geschäftsleitung ist auch die eigene Produktion ein Lieferant, dessen Aufgabe es ist, mit seinen Produkten Kundenbedürfnisse zu erfüllen, für die die Kunden mehr zu bezahlen bereit sind, als deren Herstellung und Vertrieb kostet. Daneben sollte die eigene Produktion immer dann als „interner Lieferant" genutzt werden, wenn es gilt, die Differenzierung zum Wettbewerb abzusichern. In diesem Kontext hat der Einkauf die Aufgabe, die Wettbewerbsfähigkeit der eigenen Produktion durch Benchmarking überall da sicherzustellen, wo keine Produktdifferenzierung erfolgt, also dort, wo überhaupt externe Lieferanten eine sinnvolle Alternative darstellen. Da gibt es viel zu oft erhebliche Defizite. Schon nahezu klassisch ist, dass der Produktion zwar bekannt ist, ob und was in Zukunft nicht mehr selbst gefertigt werden soll, der Einkauf aber sozusagen erst in letzter Sekunde davon erfährt und dann wie die Feuerwehr auf den gemeldeten Bedarf reagieren muss.

So geschehen wiederum bei einem Unternehmen der Haushaltsgeräteindustrie: Dort wuchs irgendwann die Einsicht, dass die Herstellung von Kunststoffteilen nicht zur Kernkompetenz des Unternehmens gehörte. Die Investitionen in den Park aus Kunststoffspritzmaschinen wurden eingefroren, war eine Maschine defekt, wurde sie stillgelegt. Der Einkauf sah sich damit plötzlich vor die Aufgabe gestellt, fehlende Kunststoffteile auf Zuruf zu beschaffen. In der Praxis bedeutete das zweierlei: Entweder Mehrkosten, weil die geeigneten Lieferanten ad hoc ihre Produktion hochfahren mussten. Oder neue Lieferanten mussten gefunden werden, wenn die bestehenden nicht in der Lage waren, kurzfristig Kapazitäten für eine Bestellung abzuzweigen. Damit wuchs das Lieferantenportfolio kontinuierlich an. Wäre der Einkauf rechtzeitig in die Make-or-Buy-Strategie der Produktion involviert gewesen, hätte er sich darauf einstellen und seine Lieferanten mit der nötigen Vorlaufzeit darauf vorbereiten können, dass in Zukunft der Bedarf an Kunststoffteilen wachsen wird.

Werthebel Sourcing:
Auf den richtigen Umgang mit den Lieferanten kommt es an
Sourcing beschreibt die Strategie des Einkaufs mit Blick auf den Beschaffungsmarkt und seine Lieferanten. In welchen Ländern wird eingekauft? Welche Länder und Märkte bedürfen der Analyse oder können angegangen werden? Entscheidet sich der Einkauf für die Beschaffung auf den billigsten Märkten und somit für Low Cost Country Sourcing oder lenkt er seine Aktivitäten auf Best Cost Country Sourcing, weil die Produkte zwar zum optimalen Preis bestellt werden müssen, dennoch aber ein Mindestmaß an technologischem Reifegrad, Qualitäts- und Liefersicherheit erfordern? Nicht immer ist der billigste Einkauf auch der günstigste und sinnvollste.

Nachdem die Sourcing-Strategie festgelegt wurde, geht es darum, ein passendes Lieferantenportfolio zusammenzustellen. Dabei muss man unterscheiden, ob strategische Warengruppen eingekauft werden oder ob es sich eher um Warengruppen auf der Ebene austauschbarer Teile handelt. Bei Letzteren muss der Einkauf alles daransetzen, den Markt und seine Kostenpotenziale auszuschöpfen, denn hier ist ausschließlich der Preis das ausschlaggebende Kriterium. Dies geschieht unter anderem, indem er die Produkte der betreffenden Warengruppen häufiger ausschreibt und regelmäßig zu den günstigsten Lieferanten wechselt. Das Versorgungsrisiko ist minimal, wenn das benötigte Produkt auf dem gesamten Markt in annähernd gleicher Qualität zu haben ist. Somit kann der Einkauf voll darauf setzen, dass sich zugunsten des Preises ein Wettbewerb unter der Vielzahl potenzieller Lieferanten entwickelt und er als Abnehmer ausreichend Gewicht in die Verhandlungen legen kann.

Win-Win-Partnerschaften mit den wichtigen Lieferanten
Bei strategischen Warengruppen dagegen, die meist auf oligopolistisch strukturierten Märkten zu finden sind, muss der Umgang mit Lieferanten gänzlich anders ausfal-

len. Hier sollte der Einkauf versuchen, langjährige Abkommen zu treffen, zumal es sich meist um Produkte handelt, in deren Entwicklung viel Zeit und Geld investiert werden muss und die hohen Innovationscharakter aufweisen. Da wechselt man nicht einfach mal zwischendurch den Anbieter. Das Versorgungsrisiko wäre zu hoch. Solche Abkommen sollten tief greifende Ausprägungen haben. Nicht nur Preise, auch der Innovationsgrad, mit dem die Warengruppe ausgestattet werden soll, Qualitäts- und Prozessanforderungen aus der Lieferkette müssen vertraglicher Bestandteil sein. Und da es sich um eine langfristige Partnerschaft handelt: Es ist ratsam, eine Win-Win-Situation zu schaffen. So kann man dem Lieferanten eine Rückvergütung in Aussicht stellen, wenn Produkte, an deren Zustandekommen er einen maßgeblichen Anteil hatte, besonders gut auf dem Markt gehen. Mit anderen Worten: Steigt die Bedeutung des Lieferanten für ein Unternehmen, muss auch der Grad der Einbindung dieses Lieferanten wachsen. Handelt es sich um die stärkste Form, das Single Sourcing, so muss der Lieferant eng an die Strategie des Unternehmens angebunden werden und diese auch mittragen. Letzten Endes erweist sich somit Sourcing und die damit verbundene Strategie auch als eine Frage des Lieferantenmanagements.

**Werthebel Preis:
Nicht nur die absoluten Zahlen zählen, vielmehr müssen die Kosten für ein Produkt transparent sein.**

Was hat eine Warengruppenstrategie mit dem Einkaufspreis zu tun? Der Preis ist doch eigentlich deren Endergebnis. Das stimmt nur zum Teil. Wird ein austauschbares C- oder Volumenteil eingekauft und nutzt der Einkauf dabei den Wettbewerb der Lieferanten auf dem Beschaffungsmarkt aus, dann ist ein guter Preis sicherlich das Resultat einer Warengruppenstrategie. Bei strategischen Warengruppen, von denen ein Unternehmen stärker abhängt, sieht die Sache jedoch anders aus. Hier kommt es ganz entscheidend darauf an, die Kosten bei den Lieferanten und deren Kalkulationsweise zu verstehen, somit eine Basis für die Optimierung von Kosten und letztlich Gewissheit zu haben, dass man bei dem Lieferanten den bestmöglichen Preis ausgehandelt hat.

Dazu ist es sinnvoll, eine Kostenstrukturanalyse vorzunehmen, so wie es die Hausgerätesparte des bereits erwähnten Maschinenherstellers mit einem Zulieferer von Kunststoffteilen aus dem Schwarzwald gemacht hat. Dabei wurde ein Gerätedeckel des Lieferanten auf seine Einsparpotenziale hin untersucht. Zu diesem Zweck nahm ein Workshop zunächst alle indirekten und direkten Kosten auf, die in die Fertigung dieses Gerätedeckels einflossen, Produktionsmaterialien also ebenso wie Energie-, Lohn- oder auch Werkzeugkosten. Anschließend wurde untersucht, mithilfe welcher

Hebel sich Einsparungen bei dem Artikel realisieren ließen. So stellte der Workshop fest, dass der Zulieferer inzwischen vom Zwei- auf einen Dreischichtbetrieb umgestellt hatte und damit seine Maschinen deutlich stärker auslastete. Dies wiederum führte zu niedrigeren Stückkosten. Der Einkaufsleiter: „Am Ende der Kostenstrukturanalyse kamen wir auf einen theoretischen Einkaufspreis zwischen 4,10 und 4,32 Euro – 10 bis 15 Prozent unter dem tatsächlichen Preis."

Wer trägt die Investition?
An so einem Punkt zählt das Verhandlungsgeschick, denn der gute Einkäufer verhandelt auf Basis des nun vorliegenden Wissens nicht mehr den Preis des Produkts, sondern die Gewinnmarge des Lieferanten. Lieferanten haben oft die Eigenschaft, jedes Mehr an Kosten oder Investitionen in Innovationen auf den Preis umzulegen. Viele Unternehmen akzeptieren diese Mentalität, schließlich klingen die Begründungen für die Preiserhöhung in aller Regel ja durchaus plausibel. Hier ist mehr Biss seitens des Abnehmers gefragt. Schlägt ihm ein Lieferant für eine Warengruppe oder einen einzelnen Artikel eine Innovation vor und führt ihm im gleichen Atemzug die hohen erforderlichen Investitionen vor Augen, so wird er nicht selten die Antwort erhalten: „Wenn Sie von Ihrer Neuerung überzeugt sind, dann tragen Sie auch die Investition – das ist Ihr unternehmerisches Risiko." Es gibt eine Vereinbarung über den Preis, und der Lieferant ist verantwortlich für die Gesamtkosten. Potenziale zur Kostensenkung sind darüber hinaus mit Sicherheit vorhanden, folgerichtig muss der Lieferant sie auch umsetzen.

Nicht immer lässt sich eine derartige Verhaltensweise gegenüber Lieferanten in letzter Konsequenz durchsetzen. Wichtig ist jedoch, dass der Einkauf ein entsprechendes Bewusstsein dafür entwickelt, dass er beim Werthebel Preis vielfältige Optionen hat, und daraus die richtige Preis- und Kostenstrategie für eine Warengruppe ableitet. Vor allem müssen sich viele Einkäufer von der Furcht lösen, der Lieferant von mehr oder weniger austauschbaren Produkten oder Dienstleistungen könnte bei einer zu harten Gangart von der Geschäftsbeziehung abspringen und das Unternehmen damit von heute auf morgen in einen Versorgungsengpass hineinsteuern. Denn schließlich hat der Lieferant umgekehrt auch einen Kunden zu verlieren.

Elektronische Auktionen, wo sie hingehören
Eine klare Alternative zu Verhandlungen bieten im Übrigen elektronische Auktionen. Es gibt mittlerweile mehr als 500 Auktionstypen. Eine Warengruppenstrategie muss immer auch die Frage beantworten, ob, warum und welche Auktionen eingesetzt

werden sollten. Vielfach entwickelt sich eine heftige Diskussion über Sinn und Unsinn dieser „Verhandlungsalternative". Der klassische Konflikt ist, dass das Management oft mehr Auktionen fordert, während der Einkauf dies ablehnt. Das Management wünscht sich einen transparenten Verhandlungsprozess, und manchen Einkäufer treibt die Sorge um, was denn in dieser elektronischen Verhandlungswelt seine zukünftige Rolle ist oder ob das Vertrauensverhältnis zu bestehenden Lieferanten beschädigt wird. Die Antwort ist einfach: Auktionen sind naturgemäß vor allem bei solchen Warengruppen sinnvoll, bei denen zwischen den Lieferanten ein besonders intensiver Wettbewerb herrscht. Für den kontinentaleuropäischen Markt ist festzustellen, dass hier sicherlich noch Raum für einen verstärkten Einsatz dieser Verhandlungsform ist, während in Großbritannien und den USA dieses Instrument bereits eine breitere Anwendung findet.

Werthebel Vertrag: Zielvereinbarungen kann man auch mit Lieferanten treffen und so die Qualität in einer Warengruppe steigern.

Ein Jahresvertrag mit Mengen-, Preis- und Qualitätsvereinbarungen – das ist das heute vorherrschende Verständnis für Verträge im Einkauf. Dabei bieten sich doch zahlreiche andere Spielmöglichkeiten an, die aber vom Einkauf noch viel zu selten angewendet werden. So etwa Zielvereinbarungen: Ein Abnehmer kann mit dem Lieferanten ausmachen, dass dieser in einem bestimmten Zeitraum in einer Warengruppe eine bestimmte Anzahl von Innovationen einführt. Liefert die Innovation einen messbaren Mehrwert für ein Endprodukt – wie in Form eines erhöhten Absatzes –, so sind variable Vergütungen ein attraktives Modell für beide Seiten. Der Einkäufer spart am Grundpreis für eine bestellte Ware, der Lieferant kann am Erfolg des verkauften Produkts teilhaben und wird umso mehr Engagement in die Qualität seiner Innovation legen.

Produktivitätssteigerungen können ebenfalls Bestandteil eines Vertrags sein. So lässt sich vereinbaren, dass der Lieferant die Effizienz in der Produktion binnen drei Jahren um 5 Prozent steigert oder sein Kunde ihm, falls er dieses Ziel verfehlt, 5 Prozent vom Preis abzieht. Das heißt: Hält der Lieferant vereinbarte Ziele nicht ein, muss dies auch finanzielle Konsequenzen haben. Dies nimmt ihn einmal mehr in die Pflicht, sich an Absprachen zu halten. Besonders wichtig ist dies, falls ein Lieferant das bestellte Material zu spät oder in nicht ausreichender Qualität bereitstellt. Die Inanspruchnahme des Lieferanten sollte für einen solchen Fall unbedingt im Vertrag geregelt sein. Denn was ist, wenn beim Abnehmer durch Verschulden des Lieferanten die Produktion stillsteht und er seine Ware nicht planmäßig verkaufen kann? Diesen Ausfall muss er dem Verursacher des Schadens in Rechnung stellen können. In der Automobil- und Flugzeugindustrie sind solche Vertragstypen heute bereits eher die Regel als die Ausnahme. In den letzten Jahren lässt sich deutlich beobachten, dass das traditionelle Geschäftsmodell „Geld gegen Ware" zunehmend ergänzt wird durch andere Vertragskonstruktionen, die eher zu Chancen- und Risikogemeinschaften entlang der Wertschöpfungskette führen.

Werthebel Prozesse: Auf den richtigen Informationsfluss kommt es an – nicht nur im eigenen Unternehmen, sondern auch in der Lieferantenbeziehung.

Sind alle Randbedingungen einer Warengruppenstrategie erfüllt, angefangen bei der Produktgestaltung über die Mengendefinition bis hin zu den Verträgen, so kommt es darauf an, dass die Strategie auch gelebt wird. Alle an der Wertschöpfung Beteiligten, sei es die Produktion, der Einkauf oder der Lieferant, müssen ihre Arbeit miteinander verzahnen. Insbesondere kann der Einkauf den Beschaffungsprozess nur optimieren, wenn es ihm gelingt, selbst diese Verzahnung voranzutreiben

Wie sich der Beschaffungsprozess dann ausgestaltet, hängt wiederum von der Strategie des Unternehmens ab: Lautet das Ziel Technologieführerschaft, so muss der Einkauf die betreffenden Lieferanten zu einem frühen Zeitpunkt der Entwicklung auswählen, bewerten und in den Produktentwicklungsprozess einbeziehen. Dieses sogenannte Early Supplier Involvement empfiehlt sich vor allem bei Lieferanten, die entweder selbst Träger moderner Technologien sind oder Warengruppen von hoher strategischer Relevanz beisteuern. Wichtig ist hierbei, dass diese Lieferanten bei Beginn der Produktion eng mit der IT-Landschaft des Unternehmens verknüpft werden, damit eine reibungslose Versorgung gewährleistet ist. Einige Unternehmen gehen in der Integration ihrer Lieferanten so weit, dass sie ihnen Produktionsverantwortung übergeben. Das sieht dann so aus: Die Lieferanten sind auf dem eigenen Werksgelände in angemieteten Hallen eingebunden oder führen Einheiten, die vor Ort zur Wertschöpfung beitragen, etwa indem sie die Verpackungen für ein Gut direkt bei dessen Hersteller produzieren.

Lautet das Ziel dagegen Kostenführerschaft, so strebt der Einkauf insbesondere Skaleneffekte an, die sich durch die Bündelung des Einkaufsvolumens ergeben. Dies lässt Spielraum für die weitgehende Automatisierung der Beschaffungsprozesse. E-Procurement ist ein Beispiel hierfür, standardisierte Ausschreibungen im Internet für Massengüter ein anderes.

Die Aktualität der Information

Von zentraler Bedeutung für einen reibungslosen Ablauf der Beschaffungsprozesse ist der Informationsfluss, insbesondere zum Lieferanten hin. Viele Unternehmen vernachlässigen dieses Thema. In der Regel teilen sie dem Lieferanten zu Jahresbeginn die benötigte Gesamtmenge eines Artikels, Bauteils oder einer Komponente mit und versorgen ihn regelmäßig mit Forecasts. So weiß er dann zwar, dass von einem bestimmten Gut im kommenden Monat 1500 Stück benötigt werden. Was aber, wenn der Vertrieb eine Sonderaktion startet und daraufhin die Nachfrage nach einem Produkt in die Höhe schnellt? Diese Information kommt für gewöhnlich nicht beim Lieferanten an. Schlimmstenfalls bedeutet das, dass es zu Engpässen in der Versorgung kommt. Hätten sich Einkauf, Vertrieb und auch die Produktion vorher mit dem Lieferanten an einen Tisch gesetzt und ihm alle Auskünfte mit auf den Weg gegeben, die für seine Kapazitätsplanung von Interesse sein könnten, wäre es nicht zu dieser Situation gekommen. Abhilfe schaffen könnte auch die Verbesserung der Beschaffungsprozesse über die sogenannten Versorgungsklassen. Damit ist das Verfahren gemeint, nach dem disponiert und versorgt wird. Die Bandbreite ist groß: Sie fängt dort an, wo der Lieferant in festgelegten zeitlichen Intervallen, etwa täglich, den ermittelten Bedarf direkt ans Produktionsband liefert, und hört da auf, wo er die komplette Versorgung beim Hersteller verantwortet. Die Rede ist dann von Vendor Managed Inventory.

Eine andere Schnittstelle, die oftmals in Unternehmen nicht optimal ausgerichtet ist, liegt zwischen dem Einkauf und der Disposition. Das zeigt sich bei der Lieferantenbewertung oder der Vorbereitung von Verhandlungen. Die Disposition wird dabei außen vor gelassen, obwohl gerade sie sich bestens mit der Liefertreue und der Flexibilität von Lieferanten auskennt. Auch die vereinbarten Losgrößen sind meist nicht mit der Disposition abgestimmt. Der Einkauf versucht, durch Mindestabnahmen einen guten Preis zu erzielen, die Disposition dagegen will die Lagerbestände gering halten, was jedoch möglichst viele Lieferungen in möglichst kleinen Mengen voraussetzen würde.

Werthebel Wertstoffmanagement: Cash-Potenziale in der Abfallbilanz und im Reststoffmanagement werden noch zu selten ausgeschöpft.

Oft als eigener Werthebel ignoriert, aber nicht weniger wichtig als die übrigen ist das Wertstoffmanagement innerhalb der Warengruppenstrategie. Denn letztendlich fallen in jeder Warengruppe auch Produktionsreststoffe an, angefangen bei der Verpackung bis hin zur Verarbeitung von Rohstoffen. Auch beim Einkauf von Entsorgungs- oder Verwertungsdienstleistungen lassen sich wesentliche Kostenpotenziale ausschöpfen, beim Verkauf von Reststoffen sogar nicht unerhebliche Mehrerträge erzielen.

Dabei geht es um die Frage, wie sich Reststoffe vermeiden lassen, vor allem aber auch darum, wie man zu geringsten Kosten entsorgt oder Reststoffe optimal verkauft. Hier müssen die Möglichkeiten auf dem nationalen Markt verglichen werden, aber auch solche, die sich auf ausländischen Märkten bieten. Eine Voraussetzung hierfür ist die Analyse des Ist-Zustands: Zunächst gilt es, die sogenannten Stoffströme im Unternehmen transparent zu machen, das heißt, wo fallen welche Reststoffe an, wo und in welchen Mengen werden sie gelagert? Wie verfährt das Unternehmen bislang im Umgang mit Entsorgung oder Vermarktung von Reststoffen und welche Erträge stehen welchen Kosten gegenüber? Welche Qualität müssen diese Reststoffe aufweisen, bevor sie verkauft werden können? Wenn man derartige Eckdaten kennt, lassen sich Logistikkonzepte, Absatzmarktanalysen und Vermarktungsmodelle erarbeiten und langfristig sicherstellen. Hierdurch wird die eigene Abfallbilanz wesentlich verbessert – um 70 Prozent und mehr, wie Erfahrungswerte von professionellen Dienstleistern zeigen.

Selbst managen oder outsourcen?
Wichtig ist das Konditionierungs- und Qualitätsmanagement: Schrotte lassen sich oft wesentlich ertragreicher verkaufen, wenn man sie in geeigneter Weise aufbereitet, etwa zu kleineren Volumina in Pakete presst. Die Anschaffung geeigneter Maschinen kann also zu wesentlichen Kosteneinsparungen beziehungsweise Mehrerträgen beitragen. Entsprechende Betreibermodelle werden heutzutage immer öfter von der Industrie in Anspruch genommen und mithilfe von professioneller Beratungsdienstleitung umgesetzt. Dies kann im eigenen Unternehmen geschehen oder an Unterauftragnehmer vergeben werden, beispielsweise im sogenannten No-Invest-Modell, bei dem die Verarbeitung von Reststoffen outgesourct und die erforderlichen Investitionen über die entstehenden Mehrerlöse finanziert werden.

Doch auch die Suche nach neuen Verwertungs- und Entsorgungspartnern und Optimierungen im Vertragsmanagement können helfen, Kostenpotenziale effizienter auszuschöpfen. Entsorger sind in vielen Fällen nichts anderes als Zwischenhändler, die ihrerseits den eigentlichen Wiederverwertern zuliefern. Als Händler haben sie die Aufgabe, sich bestmöglich am Markt aufzustellen. Soll heißen: Sie müssen stets im Blick haben, welche Reststoffe sich zu welchem Zeitpunkt auf welchen Märkten, in welchen Ländern zu den besten Preisen verkaufen lassen. Dem sollte man als entsorgendes Unternehmen auf den Zahn fühlen. Nicht selten lassen sich darüber hinaus die

Erträge aus der Abfallverwertung steigern, wenn man selbst die Stoffströme in den Absatzmärkten durchleuchtet und die notwendigen Stationen kalkulatorisch hinterfragt. Oft können Händlermargen durch den direkten Verkauf selbst einbehalten werden. Hinzu kommen die Spielräume, die dynamische und langfristige Rahmenverträge bieten, wie etwa Preissicherungsmodelle, Hedging oder auch Qualitätsbewertungen, was insbesondere günstigere Konditionen bei der Abnahme von Abfällen und Reststoffen mit sich bringt.

Der Category Manager oder Lead Buyer ist der Gesamtverantwortliche für eine Warengruppe. Die Beschreibung der acht Werthebel zeigt deutlich: Der Einkäufer braucht heute neben einer umfassenden betriebswirtschaftlichen Ausbildung immer mehr auch technische Fachkenntnisse. Er muss – zumindest gedanklich – in der Lage sein, ein Produkt in seine einzelnen Bestandteile zu zerlegen, mit ihnen vertraut sein und ihre Funktionsweise verstehen. Nur so kann er diese Einzelteile in homogenen Warengruppen zusammenfassen. Und er muss sich als kompetenter Prozessmanager in seinem Unternehmen etablieren. Denn die Beschaffung von Produkten und Materialien einer Warengruppe ist ohne enge Abstimmung mit Entwicklung, Produktion und Vertrieb nicht denkbar.

Kein Wunder also, dass immer mehr Unternehmen dazu übergehen, das Management von Warengruppen und die Umsetzung einer Warengruppenstrategie in eine zentrale Gesamtverantwortung zu legen. Die Rede ist vom Warengruppen- oder Category Manager, oft auch Lead Buyer genannt. Er steht für die effiziente Beschaffung der Teile und Komponenten einer Warengruppe ein und muss dies mit den anderen Einkaufsbereichen und den übrigen an der Wertschöpfung beteiligten Bereichen koordinieren. Wer meint, er arbeite die Wünsche der Entwicklung und Produktion ab, sieht sich schnell getäuscht. Seine Aufgabe ist es vielmehr zu überprüfen, wie die Produkte in der Warengruppe preislich positioniert sind, wie eine Make-or-Buy-Entscheidung aussehen würde und welche Konsequenzen sie hätte, oder auch, ob eine Warengruppe überhaupt optimal geschnitten ist. Nicht selten finden sich Produkte in einer Gruppe, die eigentlich nicht ausreichend verwandt miteinander sind. Und er ist Führungskraft. Er ist für die Steuerung der Teams rund um eine Warengruppe und für das Reporting an das höhere Management zuständig. Er muss Lieferanten führen und ist Ansprechpartner für zahlreiche Fachabteilungen in seinem Unternehmen. Mit anderen Worten: Der Category Manager ist nicht nur das Musterbeispiel für den Einkäufer von morgen, sondern stellt eine Karrierestufe dar, die in der Laufbahn von Top-Nachwuchskräften nicht fehlen sollte.

Management Summary

Liegt eine an Absatz- und Ergebnisstrategie ausgerichtete Einkaufsstrategie vor, so muss der Einkauf daraus ein Gerüst für sein tägliches Handeln ableiten. Ein solches zentrales Organisationsprinzip liegt in dem Ansatz, die Bedarfe und den Beschaffungsmarkt in Warengruppen abzubilden und zu managen. Voraussetzung dafür ist die Analyse der Kernkompetenzen des Unternehmens und eine Potenzialanalyse der Beschaffungssituation. Für jede Warengruppe ist zu beantworten, welche Kernkompetenzen in diesem Bereich vorhanden sind und inwieweit gegebenenfalls Veränderungen geplant sind. Nun können die einzelnen Hebel und ihre Wirkung auf die jeweils betrachtete Warengruppe analysiert und optimiert werden. Acht solcher Hebel werden unterschieden.

1. Die Grundfrage „Werden die richtigen Produkte eingekauft?" ist durchaus nicht trivial, die Kriterien hierfür unterscheiden sich je nach den eigenen Marktzielen und sind nicht immer klar definiert.
2. Der Mengenhebel dagegen ist klassisch und die Instrumente Bedarfsbündelung, Lieferantenreduzierung, Standardisierung etc. längst Usus.
3. Weit weniger selbstverständlich ist die konsequente und frühzeitige Einbindung des Einkaufs in die Make-or-Buy-Entscheidung sowie sein Rollenverständnis als Benchmark in der eigenen Wertschöpfung.
4. Der Hebel Sourcing betrifft die Identifizierung geeigneter Beschaffungsmärkte, die Zusammenstellung des Lieferantenportfolios und den richtigen Umgang mit den Lieferanten.
5. Eine Kostenstrukturanalyse verhilft zu Transparenz und zum „richtigen" Preis, vor allem bei strategischen Warengruppen.
6. Vertragsgestaltung kann neben den üblichen Gesichtspunkten (Menge, Preis, Qualität, Zeitraum, Ausfallregeln und Ähnliches) auch Zielvereinbarungen etwa hinsichtlich des Innovationsgrads oder der Beteiligung an Produktivitätssteigerungen berücksichtigen.
7. Eine reibungslose Verzahnung der Prozesse bei Bestellern und Lieferanten, auch auf IT-Ebene, steigert die Effizienz. Dabei muss geklärt sein, zu welchem Zeitpunkt im Produktlebenszyklus wie im tatsächlichen Produktionsablauf die Lieferanten integriert werden müssen.

8. Last but not least: Auch Abfallentsorgung und Reststoffverwertung bietet erhebliche und oft verkannte Kostenpotenziale.

Um Warengruppen richtig zuzuschneiden, um die komplexen Gesichtspunkte im Blick zu behalten und in seinen Entscheidungen richtig zu bewerten, benötigt der Einkauf profilierte Führungskräfte mit umfangreicher Kompetenz. Daher muss der „Category Manager" oder „Lead Buyer" eine klar definierte, funktionsübergreifende Verantwortung erhalten und eine Sprosse auf der Karriereleiter für den Führungsnachwuchs werden.

Kapitel 3

Wie viel China ist erlaubt?

Best Cost Country Sourcing statt Low Cost Country Sourcing

*Damit aus „Low Cost" kein Abenteuer wird:
Produkteignung – Versorgungssicherheit – Image – kulturelle Unterschiede –landesspezifisches Risikomanagement – Anforderung an eigene Ressourcen – Lern- und Reifungsprozess – Praxisbeispiel: Saurer Textilmaschinen*

Hätte der Kaiser aus Andersens Märchen wirklich neue Kleider angehabt, sie kämen heute wahrscheinlich aus China. Die aufstrebende Supermacht steigerte von 1995 bis 2004 ihre Textilexporte jährlich um durchschnittlich 11 Prozent – von 36 Milliarden auf 95 Milliarden Dollar. Die Welthandelsorganisation WTO geht davon aus, dass der Anteil Chinas am weltweiten Textilmarkt in den nächsten Jahren auch weiterhin enorm zunimmt. Die Importrestriktionen der Vereinigten Staaten und vor allem Europas würden diese Entwicklung höchstens verzögern. Bei Bekleidung werde der chinesische Marktanteil in der EU von 18 auf 29 Prozent und in den Vereinigten Staaten von 16 sogar auf 50 Prozent anwachsen.[18] Beliefen sich die Exporte Chinas nach Deutschland im Jahr 2002 auf rund 21 Milliarden Euro, betrug die Summe 2005 bereits knapp 40 Milliarden Euro – und hat sich damit nahezu verdoppelt. Umgekehrt erhöhten sich Chinas Importe aus Deutschland in dem Zeitraum von 14,5 Milliarden Euro auf rund 21 Milliarden Euro auch um stattliche 50 Prozent. An Deutschlands Importkuchen aus Fernost sicherten sich die Chinesen das dickste Stück, seit sie 2002 die Japaner überholen konnten, in der Gesamt-Importrangliste standen sie 2005 schon auf Platz 4 – hinter Frankreich, den Niederlanden und den USA, aber schon knapp vor Großbritannien, mit jährlichen Wachstumsraten von 20 Prozent.

Der rasante Exportanstieg von „Made in China" nimmt kaum Wunder. Bevor in den achtziger Jahren des vergangenen Jahrhunderts die ersten Spielzeuge und billigen Taschenrechner mit der Herkunftsbezeichnung aus dem streng kommunistischen Land durch den Eisernen Vorhang nach Europa gelangten, hatte China seinen textilen

---

18 Hildegunn Kyvik Nordås: „The Global Textile and Clothing Industry post the Agreement on Textiles and Clothing." WTO Discussion Paper No. 5, 2004, Seite 28ff.

Siegeszug schon in den Siebzigern begonnen. Vielleicht kann man die Produktionsstätten jenseits der Chinesischen Mauer heute als Wiege der Globalisierung bezeichnen – die Konsequenzen jedenfalls hatten es in sich: Mit der Expansion der dortigen Textilproduktion geriet der Industriezweig in Europa in eine existenzielle Krise; in Deutschland verschwand er nahezu gänzlich.

Erfolgsfaktor Arbeitskosten: Die Auswahl der richtigen – lohnkostenintensiven – Produkte ist entscheidend und setzt eine genaue Analyse voraus.

Was mit T-Shirts und Socken begann, ist heute auf den Etiketten selbst renommierter deutscher und europäischer Hersteller nachzulesen: Kleider und Anzüge werden nicht mehr in Mönchengladbach oder Mailand hergestellt, sondern in Suzhou oder Wuxi. Profitierten zunächst noch die Türkei und Portugal als weitaus günstigere Produktionsstandorte, hat „go far east!" mittlerweile auch hier längst Wirkung gezeigt. China ist eben billiger, China ist ein „Low Cost Country". Die Löhne für Arbeiter und Angestellte sind geringer, ihr Organisierungsgrad in Gewerkschaften ebenso; der Bau und Betrieb einer Fabrik ist gleichfalls günstiger als hierzulande. Und eben nicht nur günstiger, sondern auch schneller, da Genehmigungen in der Regel zügig erteilt werden. Hier ist allerdings nach dem jüngsten Parteitag der Kommunistischen Partei eine Trendwende zu erwarten, da die sozialen und ökologischen Themen nun auf der Agenda der Machthaber stehen – und das ist auch gut so.

Auf der Suche nach Einsparpotenzialen sind vor allem den Textilherstellern in der westlichen Welt noch viele weitere Faktoren aufgefallen, die ihnen helfen, ihre Wettbewerbsfähigkeit zu erhalten. Deshalb konnte China – neben Bangladesch, Indien, Vietnam und zahlreichen anderen Ländern in Fernost – zur textilen Werkbank der Welt avancieren. Die Folgen hieraus treffen allerdings nicht nur die Fabriken in den Heimatländern der Produzenten – und damit die Mitarbeiter, Zulieferer, die umliegenden Gewerbetreibenden und sogar die Kommunen –, sondern stellen auch die Hersteller von Produktionsmitteln, wie zum Beispiel Textilmaschinen, vor neue Herausforderungen.

Wenn mein Kunde fortan in China Textilien webt, muss ich dann mit meinen Maschinen nicht auch dort sein? Wenn es den größten Teil der Textilindustrie nach China zieht, dann muss ich doch mitziehen! Und kann ich dann meine Maschinen nicht auch gleich dort herstellen und an einer höheren Wertschöpfung partizipieren? Dieser Gedankengang klingt konsequent, denn: Ist der Kunde erst einmal in China, wird dieser

0. 4   Verlagerungsrechnung für ein Industrieprodukt

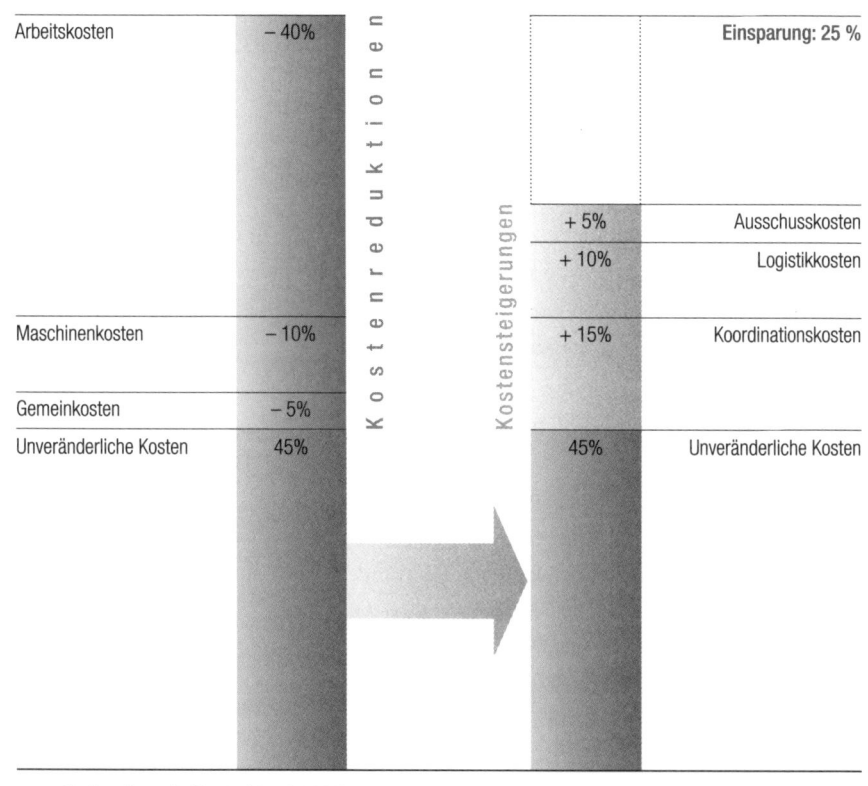

Arbeitskosten	−40%	Kostenreduktionen		Einsparung: 25 %	
			+5%	Ausschusskosten	
			+10%	Logistikkosten	
Maschinenkosten	−10%		+15%	Koordinationskosten	
Gemeinkosten	−5%				
Unveränderliche Kosten	45%		45%	Unveränderliche Kosten	

Kostenniveau in Deutschland: 100%   Kostenniveau in China: 75%

Produktauswahl durch Simulationsrechnung: Damit sich die Verlagerung eines lohnintensiven Produkts ins Ausland rentiert, muss gewährleistet sein, dass der Ausschuss überschaubar ist und die Logistikanforderungen beherrscht werden. Darüber hinaus gibt es weitere Aspekte zu beachten, die in entsprechenden Kategorien ermittelt werden müssen.

schnell mit örtlichen Firmen zusammenarbeiten, die ihm die notwendigen Produktionsmittel herstellen. Doch der Gedanke will zu Ende gewebt sein, denn billig allein wäre ein schlecht gesponnener Faden ...

Vor genau dieser Überlegung stand Saurer Textile Solutions aus Arbon in der Schweiz. Das Traditionsunternehmen am Bodensee, das heute zur OC Oerlikon-Gruppe gehört, ist als Hersteller von Textilmaschinen Weltmarktführer. Mit seinen deutschen und schweizerischen Tochtergesellschaften hatte sich Saurer in den zurückliegenden Jahren einen herausragenden Ruf als Anbieter von umfassenden Lösungen für die Herstellung von Chemie- und Naturfasergarnen erarbeitet.

Aber: Saurer war schon in den achtziger Jahren und damit sehr früh ebenfalls in China präsent, unterhielt dort Service-Center, montierte die Maschinen und erstellte erste Analysen für die Beschaffung vor Ort. Doch zu diesem Zeitpunkt wurden die Maschinen größtenteils eben noch in Europa gebaut und aufwendig ins Zielland transportiert. Der Produktionsablauf für den Export hinter den Eisernen Vorhang war für alle Hersteller von großen Maschinen und Geräten nahezu typisch: Gerade in Deutschland fertiggestellt, wurde die Maschine wieder auseinandergebaut, sorgsam in Kisten und Container verpackt, um dann die Reise in den Osten anzutreten. Dort angekommen, ging es von vorn los: Kisten auf, alles wieder zusammenmontieren. Und dies stets unter den wachsamen – und spionierenden, wie wir später noch erfahren werden – Augen des Staates.

Alle Kosten in den Blick nehmen

Zehn Jahre lang praktizierte auch Saurer das so, dann gab es die ersten Joint Ventures mit chinesischen Maschinenbauern, Kooperationen wurden eingegangen und Lizenzen an chinesische Zulieferer vergeben. Zu Beginn des neuen Jahrtausends sollten nun eigene Produktionsstandorte in der Nähe der Kunden aufgebaut und das „Local Sourcing", die Beschaffung vor Ort, verstärkt werden. Doch selbst wenn die Abnehmer für Saurer-Maschinen nunmehr größtenteils in China und Indien produzierten, war China wirklich für Saurer selbst das richtige Land zur Herstellung der Anlagen? Es galt also herauszufinden, ob China nicht nur ein „Low Cost Country" ist, sondern auch das „Best Cost Country" – unter Berücksichtigung sämtlicher anfallender Kosten.

Um dies bewerten zu können, gilt es also, alle Kosten und Einflussfaktoren zu betrachten, die den Herstellungsprozess begleiten. Dabei ist es zunächst einmal nicht von größerer Bedeutung, ob das hergestellte Gut – die Textilmaschine von Saurer im betrachteten Fall – im ausgewählten Land verbleibt und dort ihren Dienst verrichtet, oder ob nur einzelne Komponenten einer Maschine aufgrund der geringeren Lohnstückkosten dort hergestellt und dann wiederum in ein Zielland exportiert werden.

**Erfolgsfaktor Logistik:
Die Kette auszulagern und den Zeitfaktor ausreichend zu berücksichtigen sichert die Versorgung.**

Die Problematik für Transport und Logistik beginnt vielmehr im Herstellungsland selber. Brasilien, Indien, Russland oder eben China sind allein durch ihre schiere geografische Größe, die erhebliche Konsequenzen für das Zeitbudget hat, von einem europäischen Einkäufer-Schreibtisch aus kaum einschätzbar. Nicht nur das: In China etwa ist der Anteil der Logistikkosten am Produkt mehr als doppelt so hoch wie im Weltdurchschnitt. Die Strecke vom Stahlwerk, das im Osten des Landes und direkt an einem wasserreichen Fluss produziert, hin zum weiterverarbeitenden Stanzwerk im Nordosten Chinas beträgt oftmals einige Tausend Kilometer, die mit Zügen und Lkw zurückgelegt werden müssen. Komponentengruppen, die von verschiedenen Standorten aus zusammengeführt werden sollen, müssen auf ihrer Transportstrecke vielleicht nicht nur einmal von Schiffscontainern in Eisenbahn-Waggons umgeladen werden. Hinzu kommen regional spezifische und kulturell bedingte Unterschiede, die vielleicht schon im Land des Zulieferers selbst, sicher aber im Vergleich mit Europa zu beherzigen sind. Eine Erkenntnis der zum Beispiel in den BRIC-Ländern produzierenden Unternehmen war schnell gewonnen: Das Management der Logistik übernehmen spezialisierte Firmen, die bereits über Know-how, Erfahrung und entsprechende Kontakte verfügen. Dennoch sollte auch das Risiko ausreichend einkalkuliert werden, dass sich eine Zulieferung über diese Distanzen erheblich verzögert oder gar komplett ausfällt. Für den Einkäufer in Europa wird „Zeit" somit zu einem in neuen Dimensionen zu kalkulierenden Faktor, der sich unter der integrativen Betrachtung der „Total Cost of Ownership" steuern lässt.

Erfolgsfaktor Risikomanagement: Landesspezifische Risiken müssen identifiziert, analysiert, bewertet und reduziert werden.

Neben dem erwähnten Risiko, dass eine Komponente verspätet zugeliefert und eine reibungslose Weiterverarbeitung gestört wird, ist eine Reihe weiterer Risikofaktoren zu berücksichtigen: Auch Naturkatastrophen, politische Umstürze (wie in Thailand im Jahr 2006) oder Streiks können die Lieferung verzögern oder gar verhindern. Wie klimatisch und politisch stabil ist also das Zielland? Währungsschwankungen oder -abwertungen (wie sie zum Beispiel vom argentinischen Staatsbankrott 2001 ausging und für ein Beben an den weltweiten Börsen sorgte) können die Kalkulation komplett zu Makulatur werden lassen. Somit sind auch die volkswirtschaftlichen Daten des Standortes zu bewerten. Tauchen Plagiate des eigenen Produkts auf, sind sie der augenfällige Beweis, dass entscheidendes Know-how nicht mehr exklusiv im Unternehmen gehalten werden konnte. Und: Wie sieht die Produktionsstätte des Zulieferers eigentlich im Detail aus? Wird ein billiges Vorprodukt mit der Ausbeutung von Kindern oder der Schädigung der Umwelt erkauft, könnte dies schon zu einem erheblichen Imageschaden für den Auftraggeber im eigenen Land führen. Wer erinnert sich nicht an die 1998 angeprangerten weltmeisterlichen Fußbälle, die von „kleinen pakistanischen Kinderhänden mühsam zusammengenäht" wurden? Die betroffenen Sportartikelhersteller hatten nach diesen Meldungen alle Hände voll zu tun, ihr Bild in der Öffentlichkeit mühsam wieder gerade zu rücken. Von niedrigen Einstandspreisen profitieren werden also diejenigen Unternehmen, denen es gelingt, all diese Risiken nicht nur zu identifizieren, sondern auch bewusst zu steuern – und den damit verbundenen weiteren Aufwand ausreichend zu berücksichtigen. Dieser beginnt mit einer höheren Vorhaltung der zugelieferten Produkte im Lager und hört damit auf, dass für Produktionsstätten in kostengünstigeren, aber risikobehafteten Ländern kürzere Amortisationszeiten gelten müssen.

Erfolgsfaktor Lieferantenmanagement: Höherer Koordinierungsaufwand benötigt größere und gleichzeitig spezialisierte Mitarbeiter-Ressourcen.

Auch in einem weiteren Punkt muss ein steigender Aufwand einkalkuliert werden: Ein Zulieferer in der Ferne bedarf einer viel stärkeren Koordinierung, um ihn genauso verlässlich zu steuern, als wäre er in der Nähe des europäischen Produktionsstandortes. Die Experten des eigenen Unternehmens werden, vor allem zu Beginn einer Zusammenarbeit, häufiger an den Standort des Zulieferers reisen. Wichtige Dokumente – Pflichtenhefte, Konstruktionspläne, Arbeitsanweisungen, Normungen – müssen in eine andere Sprache übersetzt werden. Zeitverschiebungen von sechs bis acht Stunden erschweren eine direkte Reaktion auch in Zeiten von E-Mail und Videokonferenzen. Wenn in Arbon der Arbeitstag beginnt, schließen im Osten Chinas bereits die Werkstore, und in Brasilien dreht man sich im Bett gern noch einmal um, schließlich ist es nicht einmal sechs Uhr in der Früh. Dies bindet natürlich deutlich mehr Ressourcen der eigenen, vor allem der spezialisierten und erfahrenen Mitarbeiter, als der Verkehr mit Lieferanten aus geografisch näher liegenden Ländern.

Einkaufsexperten haben errechnet, dass die Verlagerung eines (in arabischen Zahlen: 1!) nur durchschnittlich komplexen Bauteils einen Aufwand von 22 Tagen bedeutet. Bei 220 Mann-Tagen pro Jahr kommt für ein Produkt allein eine zehntel Stelle zusammen – und wer sucht einen Zulieferer für ein einziges Bauteil? Dem gegenüber steht die Erkenntnis, dass andere Unternehmensbereiche, etwa der Vertrieb, längst auf ausländischen Märkten erfolgreich sind; also muss – und kann – auch der Einkauf seinen Erfolg im Best Cost Country Sourcing finden, will er seinen Beitrag zum Unternehmenserfolg leisten.

Woher stammen die Ideen?

Ein kurzer Blick ins eigene Land: Wichtige Impulse für Innovationen, sei es bei Materialien oder bei Verfahren, kommen vielfach von den Ingenieuren und kreativen

Köpfen in den Zuliefererbetrieben, die mit den Herstellern auch räumlich eng zusammenarbeiten. Der Audi A6 Avant der neuesten Generation zum Beispiel begeistert die Deutschen mit Rückleuchten auf Basis eines völlig neuen Einsatzes einer weiterentwickelten LED-Technologie. Keine Idee der Audi-Konstrukteure in Ingolstadt oder Neckarsulm. Vielmehr kann sich der Autozulieferer Hella aus Lippstadt[19] das Verdienst an dieser Innovation ans Revers heften – und so beim Audi-Management vielleicht sogar auf Dauer punkten. Doch welche Ideen zur Weiterentwicklung von Produkten können wir von Lieferanten in Niedriglohnländern erwarten? Die Antwort ist weniger relevant, wenn im Unternehmen eigene Kapazitäten im Produktmanagement oder in Forschung & Entwicklung dauerhaft aufgebaut und finanziell ausreichend ausgestattet werden. Alternativ können Entwicklungsaufträge an Zulieferer, Forschungseinrichtungen oder andere externe Partner vergeben werden, die Innovation als reine Werkleistung erbringen.

**Erfolgsfaktor Entwicklung:
Technologietransfer ist trotz Risiken
unumgänglich und beherrschbar.**

Eine umfassendere Betrachtung ist allerdings notwendig, wenn der Zulieferer im Ausland strategisch sinnvoll an den Innovationsprozess herangeführt wird. Mit weitreichenden Konsequenzen, wie noch aufzuzeigen ist. Es macht auf Dauer keinen Sinn, Zulieferer nur mit der Herstellung eines einzigen Bolzens oder dem Fräsen eines Bauteils zu beauftragen. Der logische nächste Schritt kann nur die Verantwortung für eine Komponente sein, die es für den Zulieferer komplett zu fertigen gilt. Solche Entwicklungsschritte werden zwischen Auftraggeber und Zulieferer nach einer ersten Zeit der erfolgreichen Zusammenarbeit genau definiert. Zwischenziele müssen festgelegt, ihr Erreichen messbar sein. Bestenfalls durchläuft der Zulieferer so einen von Stufe zu Stufe immer anspruchsvoller werdenden technologischen und wirtschaftlichen Entwicklungspfad. Seine Bedeutung und Verantwortung innerhalb des Produktionsablaufes nimmt stetig zu – ebenso wie die Möglichkeit, aus eigener Kraft innovativ zu wachsen und dann auch eigene Ideen einzubringen. Andererseits gibt ein solches „Fordern und Fördern" dem Auftraggeber die Möglichkeit, sein Lieferanten-Portfolio konsequent auf Linie zu halten – bis hin zu dem Entschluss, sich von dem einen oder anderen Zulieferer aufgrund ausbleibender Entwicklung wieder zu trennen. Die Begleitung eines solchen Prozesses ist, damit er den gewünschten Erfolg erbringt, durchaus personalintensiv und auf Dauer angelegt, weil verschiedenste Experten des Auftraggebers permanent einbezogen werden müssen.

19 dpa/gms:„Hersteller suchen ihr Glück in kleinen Lämpchen." In: Online-Ausgabe des *Handelsblatts* vom 7.2.2007. http://www.handelsblatt.com (Stand 15. März 2008)

Fehlerquoten im Griff

So kommt der durchgängigen und sehr intensiven Qualitätssicherung während der Entwicklung hin zur Komponentenherstellung ein besonderes Gewicht zu. Werden die Bestandteile umfassender und damit auch wichtiger für den Herstellungsablauf, darf es keine Abweichungen von der bestellten Norm geben. Ein europäischer Waschmittelhersteller beispielsweise bezieht die Kunststoffflaschen für seine Produkte nach einem Lieferantenwechsel eines Tages aus China. Als eine der Flaschen durch einen nur geringen Herstellungsfehler (der durchaus auch bei einem deutschen Zulieferer hätte entstehen können) den Abfüllvorgang stoppte, war die Flasche aus China heißer Gesprächsstoff am Band sowie in der Kantine – und der Schuldige freilich sofort ausgemacht: Der Einkauf mit „seinen" Billig-Produkten aus China. Fakt war zwar, dass am Anfang die in ppm gemessene Fehlerquote des neuen Lieferanten viermal höher war. Tatsache war aber auch, dass der Einkauf seine Lektion hieraus gelernt hat. Umgehend wurde ein sehr professionelles Programm zur Lieferantenentwicklung aufgesetzt. Das Resultat: Die heutigen Fehlerquoten europäischer und asiatischer Lieferanten sind gleich niedrig. Und es konnte sogar mit den ersten asiatischen Lieferanten ein Vertragsmodell aufgesetzt werden, in dem nur die Produkte bezahlt werden, die dann auch reibungslos durch die Abfüllanlagen laufen.

Interne Widerstände ernst nehmen

Die Erfahrungen beim Best Cost Country Sourcing zeigen, dass überaus viele Mitarbeiter im eigenen Unternehmen der Verlagerung von Teilen der Produktion ins Ausland sehr kritisch gegenüberstehen und den Prozess gern torpedieren (was andererseits verständlich ist, weil es um die Solidarität mit den Arbeitnehmern des ausrangierten Zulieferers geht). So kann also nur eine optimale Qualitätssicherung die internen Kritiker verstummen lassen. Zu dieser gehört, dass der neue Zulieferer möglichst schnell auf dem Niveau produzieren kann, das die Arbeiter am Band aus Deutschland gewohnt sind.

Erfolgsfaktor Lieferantenbindung: Mit ausgelagerter Qualitätssicherung und Qualifizierung Vertrauen herstellen.

Dazu benötigt er das notwendige Wissen und die Technik – vom Werkzeug bis zur größeren Maschine. Auch hier liegt es in der Verantwortung des Auftraggebers, für einen Technologietransfer am neuen Ort der Herstellung zu sorgen. Gleichzeitig trägt eine Qualifizierung der Mitarbeiter durch entsprechende Maßnahmen des Auftraggebers zu einer kontinuierlichen Qualitätsverbesserung bei. Der Volkswagen-Konzern entsendet deshalb vom Produktionsstandort in China die besten Werker nach Wolfsburg. Sie kehren als Facharbeiter zurück, was ihnen mehr Prestige und Einkommen in der Heimat sichert – und VW auf Dauer eine stets ansteigende Produktionsqualität. In Deutschland wurden sie zudem mit Methoden vertraut gemacht, die die zwischenmenschlichen Unterschiede, das interkulturelle Verständnis zwischen Europa und Fernost gestaltbar machen. Denn in China ist ein „Ja" nicht unbedingt Ausdruck der Zustimmung, sondern manches Mal nur des Verstehens. Kritik an Vorgesetzten ist schlicht und einfach nicht üblich; das offene Ansprechen von Fehlern im Ablauf des Systems, wie sie in Qualitätszirkeln praktiziert werden sollen, ist man erst recht nicht gewohnt. Mit diesem Handwerkszeug gerüstet, begleiten die Facharbeiter mit neuen Impulsen die Annäherung des Zuliefererbetriebes an westliche Standards. Und sind die erst einmal erreicht, kann man wie bei dem erwähnten Waschmittelhersteller verfahren – und behält über den Anteil aus Fernost zugelieferter Materialien den Werkern am Band gegenüber Stillschweigen.

Nur geeignete Bereiche auslagern

Steigen auf diese Weise begleitet die quantitativen wie qualitativen Ergebnisse des Zulieferers kontinuierlich, stellt sich die Frage nach der weiteren Verlagerung einzelner Arbeitsbereiche in das Umfeld dieses Unternehmens. Das betrifft zum Beispiel Teile der Buchhaltung: Rechnungen zwischen chinesischen Unternehmen, den weiteren Zulieferern, Transportfirmen, Subunternehmen, können auch besser in China bearbeitet werden – Rückfragen sind in Landessprache leichter zu beantworten und Zahlungen müssen nicht grenzüberschreitend getätigt werden. Dass die Bereiche Qualitätssicherung (da man das Risiko einer nur punktuellen Überwachung der Produktion nicht eingehen sollte) und Entwicklung sinnvollerweise ebenfalls nah an der Produktion angesiedelt sind, wurde schon erörtert – warum sollten diese Abteilungen im Sinne eine Schnittstellen-Optimierung dann in der Konsequenz nicht auch an den Standort des Zulieferers verlegt werden?

Was, wer und wie viel zu verlagern allerdings dann wirklich wirtschaftlich ist, ist sicher von Unternehmen zu Unternehmen unterschiedlich und bedarf einer jeweils individuellen Betrachtung – und zwar unter allen Aspekten der bereits erwähnten „Total Cost of Ownership". In jedem Fall kann Best Cost Country Sourcing nur erfolgreich funktionieren, wenn nicht nur die Engpässe an qualifiziertem Personal im Einkauf, sondern auch in den Bereichen Qualitätssicherung, Entwicklung und Supply Chain Management beseitigt werden und eine cross-funktionale Zusammenarbeit gelebt wird. Dazu gehört eben auch, Experten in der Region einzubinden, die langjährige Markterfahrung haben und eine stabile Organisation aufweisen.

**Erfolgsfaktor Image:
Den kritischen Anteil fremder Komponenten festlegen und die Marke stärken.**

Übrigens, um noch einmal auf das Bild im Märchen zurückzukommen: All diese Überlegungen, Teile der Produktion in wirklich günstigeren Ländern herzustellen oder dorthin zu verlagern – sich also zu beschäftigen mit „den Abertausenden Sternen, die fröhlich funkeln und tanzen und zum schwarzen Firmament zu greifen scheinen" –, können in der heimischen Zentrale angestellt werden. „Die Edelsten", die in das „ferne Land geschickt" werden sollen, müssen sich auf hervorragende, aktuelle und zutreffende Informationen über das Land – die politische, technologische, soziale, kulturelle Situation, die Rohstoff- und Infrastruktursituation – stützen sowie über die möglichen Lieferanten, bevor die konkrete Entscheidung fällt. Schon hier benötigen die meisten deutschen und europäischen Unternehmen Unterstützung von Kennern des Ziellandes. Doch kehren wir zu unserem Beispiel Saurer aus dem schweizerischen Arbon zurück, der Textilmaschinen in China produzieren und verkaufen wollte. Aber natürlich nicht nur dort ...

Wenn nun Saurer seine Investitionsgüter ab sofort in China produzierte, würden die Textilmaschinen – bisher ein rein europäisches Produkt des Weltmarktführers – zukünftig Komponenten aus einem Niedriglohnland in Fernost enthalten. Wie würden die Kunden andernorts darauf reagieren? Vor dem Hintergrund, dass die Firma Saurer auch weiterhin Preise für ein Premiumprodukt erlösen möchte, stellt sich also die Frage: „Wie viel China" verträgt so ein Hightech-Produkt? Wann würden die Kunden verschreckt zucken und Saurer womöglich den Rücken kehren, um sich anschließend nach einer vergleichbaren Maschine umzusehen, die womöglich komplett chinesischer Herkunft ist – dafür aber noch einmal günstiger als das bereits in China produzierte Saurer-Produkt?

Erwartete Entwicklungen der Weltwirtschaft

Diese Frage führt mitten in die zurzeit vor allem in Europa und den Vereinigten Staaten geführte Diskussion um die Fähigkeit brasilianischer, russischer, indischer und chinesischer Firmen, westliche Produkte (zum Beispiel im Sondermaschinenbau) komplett zu ersetzen – oder um die Entwicklung in den „Next Eleven"-Ländern, die in nicht allzu ferner Zukunft den BRIC-Staaten folgen werden. Gegenüber den Erwartungen aus ihrer Studie von 2003 verzeichnet Goldman-Sachs für die BRIC-Staaten sogar ein noch stärkeres Wirtschaftswachstum als erwartet und einen höheren Anteil am Welthandel im Jahr 2005.[20]

20 Goldman-Sachs: „How Solid are the BRICs?" Global Economics Paper No. 134, Dezember 2005

Viele Standpunkte in dieser Diskussion bedienen Ressentiments, die bestimmt auch an der erwähnten Waschmittel-Abfüllanlage gern gehört würden. Doch Wachstum ist nicht alles. Ein Blick in die Rangliste des „World Economic Forum"[21] zeigt, dass bei der Bewertung wettbewerbsfähiger Volkswirtschaften Deutschland derzeit den fünften Platz einnimmt, dagegen Indien auf dem 48. und China auf dem 34. Rang steht. Machen wir uns doch (noch!) nichts vor: Die Ausbildung an den Schulen und Universitäten dort ist kaum mit der hierzulande zu vergleichen – auch wenn uns die „Pisa"-Studie permanent um die Ohren gehauen wird. Ein „ingenieurwissenschaftlicher Genius" lässt sich ebenso wenig von heute auf morgen in den Köpfen implementieren, wie sich auch jene Fähigkeit erst einmal entwickeln muss, schnell, flexibel und hochgradig kreativ mit Veränderungen umzugehen. Politische, kulturelle und erziehungswissenschaftliche Aspekte spielen auf diesem Weg eine große Rolle, damit eine Volkswirtschaft das Know-how entwickeln kann, um morgen mit eigenen Erfindungen und rasanten Neuerungen den Weltmarkt zu erobern. Allerdings sollten wir uns davor hüten, die Rasanz der Entwicklung in den aufstrebenden Ländern zu unterschätzen und es uns erst einmal wieder im Schreibtischsessel gemütlich zu machen. Es gibt keine Ausrede: Wir müssen uns der Aufholjagd durch die notwendigen Anpassungen stellen. In jedem Fall ist inzwischen klar, dass weder Panik und Aktionismus noch das Abwarten oder der zaghafte Versuch im Sinne von „dann fragen wir mal drei Teile in China an und konfrontieren unsere bestehenden Lieferanten mit deren Preisen" die richtige Konzeption ist. Vielmehr geht es darum, nach einer gut strukturierten Analyse konsequent die eigene Wertschöpfung mit den besten Lieferanten in diesen Ländern zu verzahnen, und zwar genau bei den Einkaufsprodukten, in denen diese ihre Vorteile ausspielen können. Best Cost Country Sourcing darf heute nicht mehr einem Ansatz von Versuch und Irrtum folgen, sondern muss strategisch und organisatorisch professionell integriert werden.

Kontrolle und Kommunikation

Aber zunächst einmal zurück nach Arbon ... Für Saurer war inzwischen eines klar: Der direkt sichtbare Anteil an günstigen Komponenten für ihre Textilmaschinen durfte ein vom Unternehmen genau bestimmtes Maß nicht überschreiten, um zu verhindern, dass sich die Bestandskunden umorientieren würden. Und: Sie mussten für die Qualität dieser Maschinenteile im Vergleich mit den früheren Produkten einstehen können. An der Stelle zahlte es sich aus, dass Saurer schon einen langjährigen Überblick über den chinesischen Beschaffungsmarkt hatte und zum Beispiel einfache Grauguß-Komponenten dort zuverlässig hatte herstellen lassen. Zudem konnte das schweize-

---

21 World Economic Forum: „Global Competitiveness Report 2007-2008", Rankings. Online unter http://www.gcr.weforum.org/ (Stand 3. März 2008)

rische Unternehmen seine deutschen Zulieferer davon überzeugen, ebenfalls in China zu produzieren. So folgte ein namhafter Wälzlager-Hersteller in den Fernen Osten, baute dort eine weitere Fabrik auf und verkaufte die Wälzlager zu günstigen Preisen an Saurer, wovon beide Firmen profitierten. Das Qualitätsmanagement wachte mit Argusaugen darüber, dass die Maßstäbe ihres nun weltweiten Netzwerks auch in China eingehalten werden. Auf diese Weise konnten die Eidgenossen auch belegen, womit sie in ihrer parallel gestarteten Kommunikationsoffensive warben: „Wo Saurer draufsteht, ist auch Saurer drin!" Eine strategisch ausgerichtete Kommunikation spielt gerade an diesem Punkt eine erhebliche Rolle. Sie sollte die Identität der Marke auf Dauer stärken, sie emotional aufladen, einzigartig und unvergleichbar machen. Die Marke musste durch und durch positiv aufgeladen sein und ein Image transportieren, das ein bestimmtes Gefühl vermittelt. Gefühle können nämlich nicht einfach so ersetzt werden – und schon gar nicht kopiert. Branding und Markenbildung sind in einer globalen Wirtschaft also eine unabdingbare Voraussetzung, um eine vernetzte Wertschöpfungskette realisieren zu können. Ihre Wirkung muss sich aber sowohl auf den Kunden- als auch den Lieferantenmärkten entfalten, damit das Unternehmen trotz bester Preise immer auch ein hoch angesehener Kunde der Lieferanten ist.

Erfolgsfaktor Schlüsselkompetenzen: Strategien und Maßnahmen zum Schutz von Know-how und Intellectual Property entwickeln.

Saurer stand im Entscheidungsprozess vor einem speziellen Problem: Zu Beginn seiner Aktivitäten in Fernost waren es nur staatliche Betriebe, die auf Geheiß der Regierung von Saurer Maschinen kaufen durften. Diese wurden von chinesischen Firmenangehörigen im Vorfeld sehr genau untersucht – da die Maschinen ja in Einzelteilen in Kisten und Containern eingeführt wurden, war dies besonders einfach –, bevor sie dem Unternehmen Saurer die Erlaubnis gaben, im Markt aktiv zu werden. Mit fatalen Konsequenzen: Dem Kopieren war damit Tür und Tor geöffnet – insbesondere der Ersatzteilpiraterie. Wenn die Saurer-Entwickler dann zu einer der nächsten Fachmessen nach China reisten, um ihre Produkte vorzustellen, konnten sie am Nachbarstand die passenden Ersatzteile gleich mit begutachten.

Der Schritt zur Fertigung im Ausland – ob von bestimmten Teilen oder der gesamten Produktion – bringt also auch die Fragestellung mit sich: Wie kann das geistige Eigentum und Know-how geschützt werden, vor allem in Ländern, die ein anderes kulturelles Verständnis davon haben? In China zum Beispiel gilt das Kopieren eines Produkts als Anerkennung für das Original. Was über lange Zeit also nicht nur kulturell bedingt, sondern überaus gern akzeptiert war, ist aber heute zu einem Problem in China selber geworden: Mit dem Zuwachs an Verantwortung und Know-how im Rahmen der einzelnen Produktionsschritte tauchen plötzlich chinesische Firmen auf, die wiederum den Zulieferer kopieren, um ihr Produkt erneut günstiger anzubieten. So wächst das Bedürfnis der Unternehmen auf einmal sehr stark, ihre vor kurzem erst erworbenen Fähigkeiten und Kenntnisse selbst ausreichend geschützt zu wissen – zumal sie auch immer stärker auf ausländische Märkte drängen. Parallel zu der rasant ansteigenden Zahl der Patentneuanmeldungen chinesischer Firmen steht die Regierung in Peking vor der Herausforderung, für einen ausreichenden Patentschutz die rechtlichen Grundlagen zu schaffen – der Druck kommt also heute aus dem eigenen Land, erhöht letztlich aber die Rechtssicherheit auch für die ausländischen Firmen. Die Betrachtung der weiteren BRIC-Staaten ergibt ein differenziertes Bild: Indien, das von seiner Kolonialmacht England lange geprägt wurde, verfügt heute über ein angelsächsisches Rechtssystem; auch Brasilien mit seinem portugiesischen Kolonialeinfluss orientiert sich rechtlich nach Europa. In diesen Ländern ist die Sicherheit für Firmen und ihre Produkte auch entsprechend größer. Dagegen sind Korruption und Erpressung in Russland als auch in China ein weiterhin existierendes Problem, mit dem sich westliche Unternehmen immer stärker auseinandersetzen müssen, auch wenn sie öffentlich darüber kaum sprechen wollen. Da rangiert Patentschutz – erneut: noch! – an einer nur nachgeordneten Stelle.

Wie kann man Nachahmerprodukte verhindern?

Bei Konsumgütern etwa sind schnelle Innovationszyklen, die einen Nachbau nicht rentabel machen, weil die Markteinführung des Nachfolgeprodukts schon angekündigt ist, ein probates Mittel, um Nachahmerprodukte zu verhindern. Bei Investitionsgütern ist dies ein ungleich schwierigeres Unterfangen. Deshalb entschieden sich die Saurer-Spezialisten einerseits dafür, die Produktion von Bauteilen so geschickt auf Lieferanten zu verteilen, dass sich kein Gesamtbild ergeben konnte. Die Kerntechnologie des Unternehmens – in dem Fall die sogenannten fadenführenden Systeme sowie Komponenten und Module, die ein Alleinstellungsmerkmal ausmachten – wurde weiterhin in den eigenen Werken in Deutschland und der Schweiz hergestellt. Auf diese Weise konnten die Bereiche besonders geschützt werden und blieben zudem ein „Original Saurer"-Produkt.

Wenn dennoch immer mehr Komponenten und Baugruppen am Produktionsstandort in China hergestellt werden – oder sogar die gesamte Produktion ins Ausland verlegt wird – und damit die Anzahl der eigenen Mitarbeiter dort wächst, steigt proportional der Stellenwert der „weichen Faktoren" im Unternehmen. Dazu ist es hilfreich, sie wiederum an die kulturellen Begebenheiten im Zielland anzupassen. Wie initiiert man aber Maßnahmen zur Mitarbeiterbindung – auch oder gerade um den Abfluss von Know-how zu stoppen –, wenn die Mobilität der Menschen tief in ihrer Kultur verankert ist? Locken Konkurrenten mit höheren Löhnen, reicht dies oftmals schon den Mitarbeitern, um sie für einen Wechsel zu begeistern. So ist eine hohe Fluktuation in chinesischen Unternehmen völlig normal – für europäische Firmen dagegen stellen sie eine neue Herausforderung dar. Individuell erarbeitete Personalentwicklungsmaßnahmen, so wie sie hierzulande ganze Heerscharen von Mitarbeitern beschäftigen, sind dort nur bedingt wirkungsvoll, weil ein klassisches Karrierestreben (nicht zu verwechseln mit dem durchaus ausgeprägten Wunsch nach sozialem Aufstieg und finanzieller Entwicklung) in China unbekannt und auch gar nicht erst zu wecken ist. Vielmehr zählen oftmals soziale Leistungen: Der Betriebskindergarten, der es beiden Elternteilen ermöglicht, in der Firma zu arbeiten, ist ein schlagkräftiges Argument für den Verbleib im Unternehmen. Busshuttles, die morgens die Anfahrt aus den Wohnquartieren der allerorts entstehenden Millionen-Metropolen zu den Arbeitsplätzen in den Werken organisieren, gehören ebenfalls dazu. Und nicht zuletzt der Arbeitgeber selbst: Chinesische Mitarbeiter sind stolz darauf, für ein westliches Unternehmen arbeiten zu können – sind diese doch Zeichen für Erfolg und die Tatsache, „es geschafft zu haben".

**Erfolgsfaktor Respekt:
Partnerschaftlichen
Umgang mit Mitarbeitern
und Zulieferern pflegen**

Was innerhalb des im Ausland produzierenden Unternehmens eine immer höhere Bedeutung bekommt, gilt im gleichen Maße für die Zusammenarbeit mit externen Partnern am neuen Standort. Wer lokales Wissen und spezielle Fertigkeiten gezielt nutzen will, muss einen partnerschaftlichen Umgang mit den eigenen Zulieferern ebenso vorleben und pflegen. Das bedeutet vor allem eine Anerkennung ihrer Leistung und ihres Angebots. Wer dagegen chinesische Betriebe nur als Mittel zur Produktion billiger Waren sieht, die man morgen schon durch andere, noch billigere ersetzen kann, wird mit der Beschaffung im fernen Osten oder womöglich der Verlagerung von Teilen seiner Produktion dorthin Schiffbruch erleiden. Auch der Einsatz von Preisbrokern kann deshalb nur ein erster Schritt zu Beginn eines Auslandsengagements sein. Denn diese als externe Einkäufer fungierenden Dienstleister sind als Allround-Talente zur Beschaffung von Angeboten zunächst vielleicht sinnvoll, da sie eine erste Verbindung zwischen Auftraggebern hier und Produzenten im Ausland herstellen können. Dauerhaft sind Preisbroker keine Lösung – ihre Produktkenntnisse werden schnell nicht mehr ausreichen, den direkten Kontakt zum Zulieferer können sie dauerhaft nicht ersetzen. Vielmehr bietet sich die

Zusammenarbeit mit in der Kultur verankerten und erfahrenen Dienstleistern an, um langfristig tragfähige Beziehungen entwickeln zu können.

Erfolgsfaktor Lieferantenmarkt: Das richtige Lieferland für die gesuchten Produkte lässt sich finden.

An dieser Stelle soll die Eingangsthese wieder aufgegriffen werden – Low Cost Country Sourcing ist kein Modethema mehr, und dies im doppelten Sinne: Erstens geht es schon lange nicht mehr vorrangig um billige Textilien oder Schuhe. Die Volksrepublik China streift allmählich das Image der ‚Werkbank der Welt' ab und will den „Aufbau eines innovationsorientierten Landes" (Regierungschef Wen Jiabao) vorantreiben. Sie ist auf dem Weg, selbst zum Hersteller von Zukunftstechnologien zu werden. „Diesem Ziel gibt die chinesische Regierung höchste Priorität – durch Milliardenprogramme, Forschungskooperationen und spezielle Rahmenbedingungen für ausländische Investoren", stellte die Bundesagentur für Außenwirtschaft im Oktober 2006 fest. Die Ausfuhr der chinesischen Textil- und Bekleidungsindustrie nimmt zwar noch immer zu, allerdings stehen elektronische Erzeugnisse inzwischen an erster Stelle; 2006 betrug ihr Wert 300 Milliarden US-Dollar. Die Vereinigten Staaten importierten chinesisches Gerät für 135 Milliarden, allein nach Deutschland fanden Elektronikprodukte im Wert von 70 Milliarden Dollar ihren Weg. China stellt somit heute knapp ein Fünftel des weltweiten Exports in dieser Produktgruppe. An dritter Stelle folgt Elektrotechnik (78 Milliarden US-Dollar): China verdrängte hier Deutschland auf Platz zwei (64 Milliarden US-Dollar). An vierter Stelle folgt der Maschinenbau mit 60 Milliarden US-Dollar, das ist ein Plus von 40 Prozent allein 2006 und entspricht Rang fünf hinter Deutschland, den Vereinigten Staaten, Japan und Italien.[22] Gleichwohl „ist der Abstand zur Weltspitze noch groß – Deutschland lieferte 2006 dreimal so viel Maschinen ins Ausland, und die deutschen Branchenexporte nach China verzehnfachten sich in den vergangenen 15 Jahren auf mehr als 12 Milliarden US-Dollar."[23] Ein ausgewiesener Experte, der ehemalige deutsche Botschafter in China und Indien, Konrad Seitz, rückt die Dinge zurecht und belegt, dass der Weg, den das Schweizer Unternehmen Saurer im Bereich Maschinenbau beschritten hat, genau den Kern trifft, auf den es ankommt. „China ist nur das Endglied im weltweiten Produktionsnetz der Elektronikindustrie. Zur Wertschöpfung trägt es kaum ein Viertel bei, und diese Wertschöpfung wird vielfach in ausländischen Fabriken geleistet. Bis China die USA also in der Hochtechnologie überholt, wird es noch eine Weile dauern."[24]

---

22 Bundesagentur für Außenwirtschaft, „China auf dem Weg zum Exportweltmeister," Pressemitteilung vom 5. Februar 2007
23 Dr. Gerd Herx, Direktor der Bundesagentur für Außenwirtschaft, ebenda.
24 Konrad Seitz: „Eine ruinöse Torheit." In: Online-Ausgabe der *Wirtschaftswoche* vom 1. Dezember 2006, http://www.wiwo.de/ (Stand 15. März 2008)

Zweitens darf die allerorts gern geführte Diskussion über „Gefahr und Chance China" den Blick auf die übrigen – vor allem osteuropäischen – Volkswirtschaften und ihre Eignung als Beschaffungsmärkte, auch unter Kostengesichtspunkten, nicht verstellen. Es ist zwar richtig, das Asien mit einem Anteil von 8,8 Prozent (69,4 Mrd. Euro) bei den Ausfuhren und 12,9 Prozent (80,5 Mrd. Euro) bei den Einfuhren mit insgesamt 13,6 Prozent Anteil am gesamten deutschen Außenhandelsumsatz Deutschlands zweitwichtigste Handelsregion ist. Es ist ebenso richtig, dass China mit 34,9 Prozent des deutschen Außenhandelsumsatzes mit Asien den größten Handelspartner dieser Region darstellt. Doch der Anteil Europas am gesamten deutschen Außenhandel lag 2005 immer noch bei 73,1 Prozent (EU 61,4 Prozent, Eurozone 41,7 Prozent).

„Near Shoring"
Und andere Länder holen auf. So lagen die Zuwachsraten im Handel mit den Ländern Mittel- und Osteuropas (einschließlich GUS) 2006 mit plus 31,9 Prozent gegenüber 2005 weit über dem Zuwachswert des gesamten deutschen Außenhandels. Zwar dominiert hier Russland deutlich. Aber sehen wir uns das vergleichsweise kleinen Rumänien ein wenig näher an, das erst seit dem 1. Januar 2007 EU-Mitglied ist: Die Bayerische Industrie- und Handelskammer schätzte in einer Hochrechnung die deutschen Importe für 2007 auf 44 Milliarden Euro.[25] Wichtigste Handelspartner für die Rumänen waren Italien vor Deutschland und Frankreich. Im vergangenen Jahr erst hat beispielsweise Hewlett-Packard seine Kapazitäten dort aufgestockt und ein neues Business Process Outsourcing-Center in Rumänien eröffnet, da die Finanz- und Abrechungsservices von HP stärker nachgefragt wurden als erwartet. Nächste Station: Bulgarien. Das neue HP-Service Center expandiert noch immer und soll Arbeitsplätze für mehr als Tausend Bulgaren zur Verfügung stellen, in der Mehrzahl als Ingenieure und Programmierer: „Wir bieten Unterstützung in mehreren Sprachen, problemlose Kommunikation und Wissenstransfer – wir sind echte Partner", so Sasha Bezuhanova, General Manager von HP Bulgarien.[26]

Nicht nur die großen Konzerne haben in den vergangenen Jahren kräftig an osteuropäischen Standorten investiert. Das Interesse von größeren wie kleineren mittelständischen Betrieben an den dortigen Bedingungen ist enorm gewachsen. So hat zum Beispiel der Schneekettenhersteller RUD aus dem baden-württembergischen Aalen

---

25 Bayerischer Industrie- und Handelskammertag: „Exportbericht Rumänien", März 2007.
   Zum Download unter http://www.auwi-bayern.de (Stand 15. März 2008)
26 „Erweiterte EU bietet neue Märkte: HP investiert in die Zukunft".
   Online-Artikel auf der Unternehmens-Website. http://h41131.www4.hp.com/de/de/index.html
   (Stand 3. März 2008)

vor drei Jahren seine Produktion nach Sibiu ausgelagert, der europäischen Kulturhauptstadt 2007. Mehr als 100 Mitarbeiter fertigen dort in Rumänien Schneeketten. Denn niedrigen Produktionskosten, hohem Qualitätsstandard der Produkte und entsprechender Qualifikation der Arbeitskräfte nach westeuropäischem Vorbild steht ein zirka zehnfach niedrigeres Lohnniveau gegenüber.[27] So hat Ende 2004 eine Arbeitstunde nur 0,94 Dollar[28] gekostet. Das war deutlich weniger als in anderen osteuropäischen Ländern wie Slowenien, Tschechien oder Ungarn. Und dass es in Rumänien heute immer noch ein so viel niedrigeres Lohnniveau gibt, bestätigte Nokia im Januar 2008 mit dem Bau eines Werkes im rumänischen Cluij, das auf Deutsch Klausenburg heißt und in Transylvanien liegt.

Rumäniens Sonderstellung

Doch nicht nur wegen der geringeren Löhne verlagern deutsche Firmen wie RUD oder Continental nach Rumänien, insbesondere nach Transsylvanien, der Heimat von Graf Dracula. Denn die Stadt Sibiu mit ihren 160.000 Einwohnern hieß früher einmal Hermannstadt, und für Transsylvanien gibt es auch einen anderen, viel älteren Namen: Siebenbürgen. Und dieses Sibiu oder Hermannstadt hat mit Klaus Johannis einen deutschstämmigen Bürgermeister. Rund ein Fünftel der Einwohner spricht mehr oder weniger deutsch. Und auch Sprachkenntnisse sind heute ein wichtiger Standortfaktor für deutsche Investoren. Rumänien bietet „Personal zu niedrigen Kosten und vor allem in den Universitätsstädten hervorragend ausgebildete Fachkräfte. Nicht zuletzt sind die kulturellen Unterschiede zwischen Rumänien und westeuropäischen Ländern gering, was das Verständnis und die Zusammenarbeit erleichtert. Das ist auch einer der wesentlichen Gründe – neben den guten Sprachkenntnissen –, warum sogenannte Nearshoring-Projekte in Rumänien erfolgreich funktionieren"[29]. Aber auch die Infrastruktur und eine aktive Verwaltung überzeugten RUD-Chef Hansjörg Rieger. Der hatte laut *Siebenbürgische Zeitung* „fast ganz Osteuropa zuvor abgeklappert, lediglich in Hermannstadt wurde er zufriedenstellend fündig. Auch darum: „Ihr Bürgermeister ist nicht korrupt."[30]

Andere erfolgreiche Mittelständler praktizieren es bereits seit Jahren: Gildemeister etwa, einer der führenden deutschen Werkzeugmaschinenhersteller, der seit geraumer Zeit erfolgreich Baugruppen in Polen einkauft, oder der in der Türkei engagierte Nutz-

27 Andrea von Geldern: „Investitionen in Siebenbürgen". In: Ostconsulting, online unter http://www.ostconsulting.de/ (Stand 21. März 2008)
28 „Billige Arbeitskraft in Rumänien." In: Online-Ausgabe der *Siebenbürgischen Zeitung* vom 30.12.2004. http://www.siebenbuerger.de/zeitung/ (Stand 21. März 2008)
29 Christian Rosner im Interview mit Franz Wagner: „Westöstliche Stärken." In: Online-Ausgabe von *Aurora, Magazin für Kultur, Wissenschaft und Gesellschaft*, vom 1.4.2007. http://www.aurora-magazin.at/ (Stand 19. März 2008)
30 Martin Ohnweiler: „Woche des Neuanfangs in Hermannstadt." In: Online-Ausgabe der *Siebenbürgischen Zeitung*, Folge 17 vom 31. Oktober 2003. http://www.siebenbuerger.de/Zeitung/ (Stand 21. März 2008)

fahrzeughersteller Kässbohrer, eine Busmarke des Daimler-Konzerns. Die Beispiele zeigen, dass die Diskussion „Ist Osteuropa im Sinne des Best Cost Country Sourcing für unser Unternehmen das bessere China?" nicht nur zulässig, sondern richtig ist. Es kommt eben darauf an, die richtigen Bauteile in den richtigen Ländern einzukaufen. Denn Einkauf ist und bleibt ein globales Geschäft.

Erfolgsfaktor Erfahrung:
Die Einkaufsorganisation muss sich für das Global Sourcing auch entwickeln.

Zurück zu unserem Beispiel: Strategisches Unternehmensziel von Saurer war und ist es, die Maschinen laufend zu verbessern und den Marktanforderungen anzupassen, mit dem Anspruch, den Kunden hierdurch einen Wettbewerbsvorteil zu verschaffen. Dem entspricht die genauso klar formulierte Strategie, nicht nur Kunden, sondern auch Partnern und Mitarbeitern zuzuhören. Das ist auf der Beschaffungsseite nur möglich mit einer Einkaufsorganisation, die in der Lage ist, sowohl Markt- und Technologietrends wie die Leistungsfähigkeit vorhandener und das Entwicklungspotenzial neuer Lieferanten zu erkennen und zu entwickeln. Auch Saurer hat seine Einkaufsmitarbeiter am Standort in China sorgfältig rekrutiert und entsprechend ausgebildet. Die chinesischen Einkäufer kennen ihren Heimatmarkt viel besser als die Kollegen aus der Schweiz oder Deutschland. Über die Fluktuation, die es natürlich auch weiterhin geben wird, kommen zudem neue Kontakte zu potenziellen Lieferanten, die auf eine Zusammenarbeit mit dem Unternehmen hoffen. Dieses stetig wachsende Wissen über den Zuliefermarkt ließ Saurer in den vergangenen Jahren konsequent in die eigene Organisation einfließen und hat so eine große Sensibilität für mögliche Veränderungen am Markt entwickelt. Saurer genießt deshalb heute eine hohe Reputation bei seinen chinesischen Lieferanten – und in deren Umfeld.

Das Unternehmen hat es über viele Jahre exemplarisch vorgemacht: Beginnend mit einfachsten Vorprodukten bis hin zur Verlagerung ganzer Produktionsstätten. Das kommt naturgemäß nicht von heute auf morgen – es braucht dazu Ausdauer und Hartnäckigkeit. Wie bei Saurer lassen sich auch bei anderen Unternehmen, die erfolgreich in die Welt des Global Sourcing einsteigen, fast gesetzmäßige Entwicklungsstufen beobachten, die durchlaufen werden müssen. Im Jahr 2003 erwirtschaftete Saurer Textile Solutions in Asien 70 Prozent seines auf 1,3 Milliarden Euro bezifferten Umsatzes; 1995 noch betrug jener Anteil 35 Prozent. In diesem Zeitraum ist der Umsatzanteil in den Vereinigten Staaten und Europa von 30 beziehungsweise 35 Prozent auf je 15 Prozent gesunken. Auf 700 Millionen Euro lässt sich das Ma-

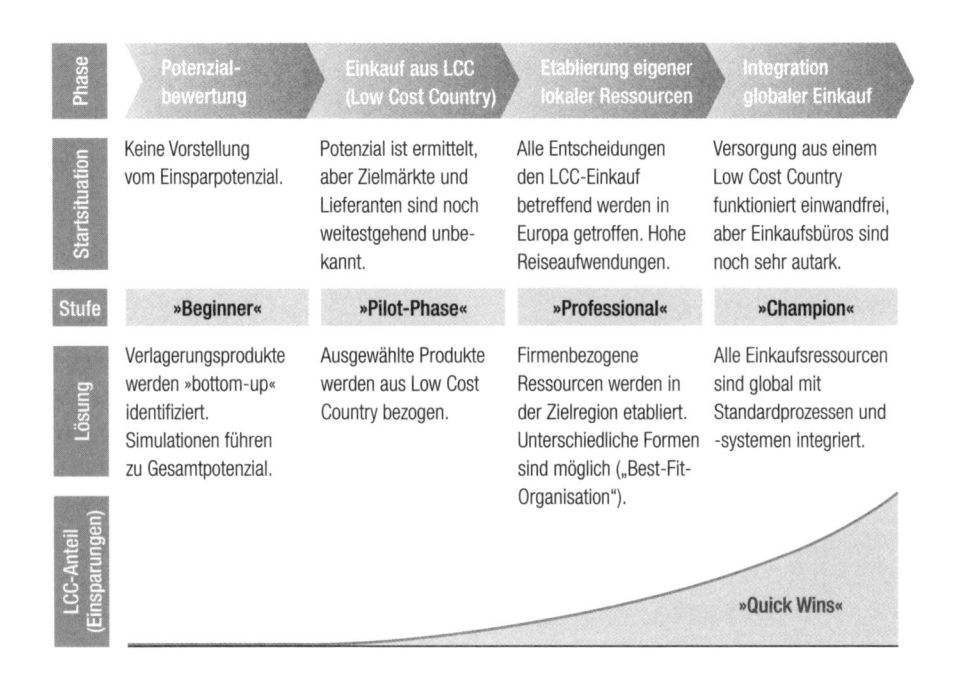

Abb. 5 Entwicklungsstufen der Einkaufsorganisation im Global Sourcing

Phase	Potenzial-bewertung	Einkauf aus LCC (Low Cost Country)	Etablierung eigener lokaler Ressourcen	Integration globaler Einkauf
Startsituation	Keine Vorstellung vom Einsparpotenzial.	Potenzial ist ermittelt, aber Zielmärkte und Lieferanten sind noch weitestgehend unbekannt.	Alle Entscheidungen den LCC-Einkauf betreffend werden in Europa getroffen. Hohe Reiseaufwendungen.	Versorgung aus einem Low Cost Country funktioniert einwandfrei, aber Einkaufsbüros sind noch sehr autark.
Stufe	»Beginner«	»Pilot-Phase«	»Professional«	»Champion«
Lösung	Verlagerungsprodukte werden »bottom-up« identifiziert. Simulationen führen zu Gesamtpotenzial.	Ausgewählte Produkte werden aus Low Cost Country bezogen.	Firmenbezogene Ressourcen werden in der Zielregion etabliert. Unterschiedliche Formen sind möglich („Best-Fit-Organisation").	Alle Einkaufsressourcen sind global mit Standardprozessen und -systemen integriert.
LCC-Anteil (Einsparungen)				»Quick Wins«

Die sorgfältige Analyse der geeigneten Produkte steht am Anfang der Entwicklung, professionelle Organisationen haben weltweit durchgehende Einkaufsplattformen und -prozesse etabliert.

terial-Einkaufsvolumen von Saurer beziffern; nahezu 20 Prozent davon kommen aus „Low Cost Countries". Der Grad der lokalen Zulieferung für Maschinen im lokalen Markt beträgt unter wirtschaftlichen Aspekten über 70 Prozent. Das Einsparvolumen beziffern die Schweizer heute mit 30 Prozent und mehr der ursprünglichen Herstellungskosten.

Für das Traditionsunternehmen aus Arbon ist die Entscheidung für den Schritt nach China „auch eine Frage der strategischen Ausrichtung gewesen", wie am Bodensee betont wird. Sich heute auch in Asien strategisch zu positionieren gehört zu einem – zu jedem – Weltmarktführer. Sicher ist jedoch eines: Erfolgreiches Best Cost Country Sourcing funktioniert, auch im High-Tech-Bereich, wenn es professionell betrieben wird. Dabei ist der strategische Ansatz entscheidend: Es reicht nicht, „mal eben" ein Büro in China zu eröffnen, notwendig ist die Analyse der relevanten Kostentreiber und der Erfolgsfaktoren sowie die Bereitschaft, die Einkaufsorganisation entsprechend weiterzuentwickeln.

Die Besten haben nicht auf Anfragen gewartet

Die Auswahl der richtigen Länder und Lieferanten ist allein deshalb so wichtig und wird zunehmend schwieriger, weil die Top-Lieferanten in den jeweiligen Regionen bereits bestens ausgelastet sind und in vielen Fällen Anfragen schon gar nicht mehr beantworten, wenn es keine persönliche Vertrauensbasis gibt. So sind die meisten chinesischen Lieferanten nur noch an Volumenprodukten interessiert und lehnen Aufträge mit kleineren Stückzahlen ab oder bieten gar nicht mehr an. Die Top-Lieferanten in Osteuropa sind aber ebenfalls bestens ausgelastet. Insofern wird es für westeuropäische Unternehmen immer enger, die richtigen Partnerschaften aufzubauen, weil in diesen Ländern niemand auf sie wartet.

Management-Summary

Um die Einkaufsorganisation fit für das Global Sourcing zu machen, müssen die Maßnahmen auf einer konkreten Unternehmensstrategie fußen. Auch wenn die Kosten im Inland Antriebsfeder für den Blick über die Burgzinnen sind, gilt: Nicht der günstigste Einkaufspreis allein senkt die Kosten. Die Auswahl der richtigen – vor allem lohnkostenintensiven – Produkte ist entscheidend und setzt eine genaue Analyse voraus. Die Logistikkette ist bei Kennern der örtlichen Gegebenheiten in den besseren Händen, allerdings muss der Faktor Zeit in die „Total Cost of Ownership"-Betrachtung integriert werden. Versorgungs- und andere elementare Risiken wollen erkannt, bewertet und (wenn möglich) reduziert, zumindest aber aktiv gemanagt werden. Bei der Gewinnung neuer Lieferanten entsteht ein höherer Koordinierungsbedarf, der gleichzeitig mehr und spezialisiertere Mitarbeiter als im vertrauten Umfeld erfordert. Die Entwicklung von Zulieferern und ihrer Mitarbeiter zu Partnern für kommende Innovationen ist nicht nur ein Verlust an Know-how. Es schafft Vertrauen und Verlässlichkeit, auch den Bereich Qualitätssicherung sowie an die Produktion angrenzende Abteilungen entsprechend dem Wertschöpfungsbeitrag zu verlagern. Den erfolgskritischen Anteil fremder Komponenten am eigenen Produkt sollte man zum Schutze des eigenen Images sorgfältig eruieren, genau festlegen und gleichzeitig die eigene Marke stärken. Zweckmäßige Strategien und Maßnahmen verhindern den unerwünschten Abfluss von Schlüsselkompetenzen und Know-how. Langfristig zahlt es sich also aus, den Umgang mit Mitarbeitern und Zulieferern partnerschaftlich zu gestalten. Das richtige Lieferland zu finden ist nicht leicht, aber: Es muss nicht immer BRIC sein – man sollte von den Burgzinnen in alle Himmelsrichtungen blicken. Die dynamische Entwicklung der Märkte rund um den Globus ermöglicht – professionell betrieben – schon heute „Best Cost Country Sourcing".

Kapitel 4

Der Kampf um den Vorsprung

Lieferantenpotenziale im eigenen Innovationsprozess ausschöpfen

Den Einkauf als Innovationsmanager einsetzen: Patente und Produkte – Fünf Ursachen für den Innovationsdruck: Neue Technologien, Customizing, abnehmende Fertigungstiefe, regionale Kompetenzkonzentration, kürzere Produktlebenszyklen – Innovativer Lieferantenmarkt – Integrierte Entwicklung – Lieferantenmanagement – Technologien im Blick – Cross-funktionale Teams – Praxisbeispiel: Honsel GmbH & Co. KG

In Deutschlands Unternehmen herrscht ein Kampf. Es ist der Kampf um neue Ideen, der mittelständische Betriebe ebenso in Atem hält wie große Konzerne. Der Angriff kommt aus dem Ausland: Staatsfonds und -konzerne, mit satten Devisenpolstern ausgestattet, steigen bei deutschen Firmen ein und erhöhen ihren Einfluss dramatisch. Im Visier haben sie Patente und Lizenzen, die sie von ihrer Einkaufstour mit nach Hause bringen, wenn sie nicht gleich die ganze Firma kaufen. Wie in unserem Märchen die Ritter von außerhalb schielen sie auf die Kostbarkeiten, die fremde Königreiche zu bieten haben. Schon denkt die Bundesregierung offen darüber nach, Schutzregeln für die deutsche Wirtschaft nach US-amerikanischem Vorbild einzuführen. Vor allem aus China und Russland, die sich allerdings selbst Genehmigungen bei Beteiligungen an ihren Staatskonzernen vorbehalten, mehren sich die Offerten. Angeheizt durch die Konjunktur beziehungsweise die Einnahmen aus dem Öl- und Gasgeschäft, wissen diese Länder förmlich nicht mehr wohin mit ihrem Geld. So haben etwa Chinas Devisenreserven nach Angaben der chinesischen Zentralbank Mitte 2007 die Marke von 1,2 Billionen US-Dollar überschritten.

Oft genug richtet sich der Blick auf Deutschland: Denn die Deutschen sind Europameister bei den Erfindungen. Fast 25.000 europäische Patente meldeten Unternehmen und Forschungseinrichtungen 2006 hierzulande an, das sind drei Mal mehr als in Frankreich, Europas Nummer zwei.[31] Einer Studie des Bundesforschungsministeriums

---

31 Mitteilung des Europäischen Patentamtes vom 18.6.2007

zufolge werden Patente für deutsche Unternehmen im internationalen Wettbewerb immer wichtiger. Die Patentintensität stieg demnach in den neunziger Jahren um 70 Prozent, von 0,24 Patenten, die 1990 pro 500.000 in Forschung und Entwicklung investierte Euro angemeldet wurden, auf 0,42 im Jahr 1999. Der Grund, so das Ministerium: Viele Unternehmen schützten heutzutage ihre Erfindungen, um sich einen strategischen Vorteil zu verschaffen. Eine zunehmend wichtige Rolle spielen dabei internationale Patente: Rund 60 Prozent aller deutschen Unternehmen haben inzwischen im Ausland Patente angemeldet.[32] Insbesondere bei den sogenannten Triade-Patenten legten die Deutschen zu, die zusätzlich zum Inland in den USA, Japan und Europa angemeldet werden. Ihre Zahl verdoppelte sich zwischen 1991 und 2001 nahezu, mit einer Zunahme von 95 Prozent.

Die Industrie gerät unter Innovationsstress – fünf Trends sind dafür maßgeblich verantwortlich.

Die Zahlen sind symptomatisch für eine Entwicklung, die sich in den letzten Jahren deutlich abzeichnet: Nie zuvor lastete auf den Unternehmen ein so hoher Druck, sich durch Innovationen vom Wettbewerb abzugrenzen. Die Kunden werden anspruchsvoller, die Austauschbarkeit der Produkte nimmt zu. Diese Entwicklung wird umso rasanter, je stärker die Zahl der sogenannten Trivialpatente wächst. So werden gern Patente bezeichnet, bei denen nur Details eines Basispatentes neu erfunden, Eigenschaften neu kombiniert oder Prozesse verändert werden. Hinzu kommt, dass neue Technologien allenthalben wie Pilze aus dem Boden zu schießen scheinen. 74 Prozent der Unternehmen aus verschiedensten Branchen, darunter Maschinenbau, Metall, Automobil und Feinmechanik, glauben schon heute, dass es in Zukunft immer schwieriger wird, einen technologischen Vorsprung zu verteidigen.[33] Nachahmer finden sich rasch, wenn eine Innovation – kaum dass sie in die Welt gesetzt wurde – binnen kürzester Zeit auf dem freien Markt ist. Seien es Produktverbesserungen, neue Gerätegenerationen oder die Optimierung von Dienstleistungsprozessen – die Industrie gerät unter Innovationsstress. Was diesen Stress auslöst, lässt sich anhand von fünf Trends ablesen:

Trend Nummer eins

Intelligente Systeme und neuartige Werkstoffe sind auf dem Vormarsch. Elektronik und Mechanik sind längst zur Mechatronik zusammengewachsen, die zunehmende

---

[32] BMBF: „Studie: Patente werden für Unternehmen immer wichtiger." Pressemitteilung vom 3.3.2004
[33] Harald L. Schedl: „Von der Idee zum Markterfolg – Wachstum durch systematisches Innovationsmanagement", Vortrag, Bonn, 08.06.2006

Integration von Sensoren in mechanische Bauteile lässt die Produkte immer komplexer werden und ist Antrieb für neue Entwicklungen. Besonders deutlich zeigt sich diese Entwicklung auf dem Automobilsektor. Einer Untersuchung der Marktforscher von Frost & Sullivan zufolge wächst der europäische Markt für Sensoren in der Kfz-Elektronik zwischen 2002 und 2009 um mehr als 60 Prozent auf dann knapp 2,6 Milliarden US-Dollar.[34] Nicht zu vergessen die Nanotechnologie, die sich derzeit zu einem der wichtigsten Impulsgeber für Innovationen – wie in der Medizin oder im Maschinenbau – entwickelt. Ganz neue Materialien entstehen und bieten völlig neuartige Funktionen und Gestaltungsmöglichkeiten, so zum Beispiel die Fullerene, Kohlenstoffmoleküle, die als Halbleiter dienen oder auch zur Herstellung künstlicher Diamanten, oder die mikroskopisch kleinen Kohlenstoff-Nanoröhren, mit deren Hilfe sich unter anderem die mechanischen Eigenschaften von Kunststoffen verbessern lassen und die auch als Speicher in der Forschung zum Einsatz kommen. Experten schätzen den weltweiten Umsatz mit Produkten der Nanotechnologie auf bis zu eine Billion Euro im Jahr 2015.[35] Wachsende Speicherkapazitäten und Rechnerleistung befördern diese Entwicklung zusätzlich.

Trend Nummer zwei

Hersteller entwickeln Produkte zunehmend modular, um sie auf den Weltmärkten möglichst breit gefächert anbieten zu können. Dadurch verlagern sich die Innovationszyklen vom Gesamtprodukt auf das einzelne Modul, während das Gesamtprodukt selbst zunehmend wie eine Plattform eingesetzt wird. Die Folge: Der Wertschöpfungsanteil von Modulen und Systemen wird zunehmen. Gleichzeitig steigt die Zahl der Varianten bei den Produkten. Customizing ist das Stichwort für diese Entwicklung, die die Bedürfnisse der Kunden und die Spezifika nationaler Märkte immer stärker in den Mittelpunkt ihrer Entwicklung stellt. Angesichts der wachsenden Austauschbarkeit von Produkten konzentrieren sich die Hersteller zusehends auf die Mehrwertmerkmale ihrer Erzeugnisse.

Trend Nummer drei

Die Fertigungstiefe nimmt ab. Um bei steigendem Wettbewerbsdruck technologisch die Führung zu behalten, konzentrieren sich immer mehr Unternehmen auf ihre Kernkompetenzen. Die Kunst liegt künftig darin, modernste Technologien nach dem Baukastenprinzip passgerecht für die eigenen Produkte einzukaufen. Damit steigt der Anteil der Innovationen, die bei Lieferanten beschafft werden. Auch der Einkauf von

---

34 Frost & Sullivan: „Strategic Analysis of the European Automotive Sensors Market." Juni 2003. Online unter https://www.frost.com/ (Stand 18 März 2008)
35 Presse- und Informationsamt der Bundesregierung: „Nanotechnologie." Beitrag vom 1. Juli 2007. Online unter http://www.bundesregierung.de/ (Stand 15. März 2008)

Entwicklungsleistungen und Lizenzen wird an Bedeutung gewinnen. Vorreiter auf diesem Gebiet sind die Automobilindustrie und der Maschinenbau, wo heute der Anteil zugekaufter Produkte und Leistungen bereits bis zu 75 Prozent der Wertschöpfung ausmacht. Gerade bei den Autobauern rückt das Management von Marken dabei in den Vordergrund. Sie konzentrieren sich auf Elemente, die den Charakter ihrer Marke prägen – sei es die Erzeugung des Markenerlebnisses oder die Entwicklung spezieller Servicestrategien. Leistungen in den Bereichen Karosserie, Blech, Lackierung, Fahrwerk und weiterer ganzer Systeme dagegen geben die Hersteller an Zulieferbetriebe ab. Dadurch verlagert sich die Wertschöpfung auf die Lieferanten, das Know-how für Innovationen liegt an der Schnittstelle zu anderen Unternehmen oder sogar komplett außerhalb des eigenen Unternehmens. Innovation wird zur Leistung, die eingekauft werden muss.

Die Abhängigkeit der Hersteller von ihren Lieferanten und ihrer Leistungsfähigkeit wächst. Da verwundert es nicht, dass die ersten OEMs in der Automobilindustrie auch schon wieder an Formen des Insourcings arbeiten, um diese Abhängigkeiten bei den wettbewerbsdifferenzierenden Technologien zu begrenzen. Dies hat grundlegende Auswirkungen auf die Integration der Lieferanten in die eigene Wertschöpfung. Wenn wie in der Automobilbranche die Lieferanten zur verlängerten Werkbank und de facto zum Entwicklungszentrum eines Unternehmens werden, muss die Kooperation lange vor der eigentlichen Produktentwicklung einsetzen. Sie muss beim Ideenmanagement und der Technologieentwicklung beginnen. Der gesamte Prozess der Technologie- und Produktplanung muss somit unternehmensübergreifend synchronisiert werden.

Trend Nummer vier

Mit der Globalisierung entstehen Innovationszentren in regionalen Märkten. Eines der bekanntesten Beispiele dürfte Indien sein, das 2007 ein geschätztes Wirtschaftswachstum von 8.5 Prozent verzeichnete[36] und als Hochburg des sogenannten Offshoring gilt. Dabei geht es um Prozesse, die Unternehmen in andere Staaten, vorzugsweise Billiglohnländer, verlagern. Dies trifft insbesondere auf den IT-Sektor zu, auf dem hierzulande ein enormer Fachkräftemangel zu beklagen ist. Osteuropa, Russland und China gehen ähnliche Wege: Haben sich die neuen EU-Mitgliedsstaaten ebenfalls auf den Bereich der Softwareprogrammierung und Anwendungsentwicklung spezialisiert, liegt Russlands Stärke im Bereich des hochwertigen Software-Engineerings, während

---

36 Central Intelligence Agency: „The World Factbook."
 Online unter https://www.cia.gov/library/publications/the-world-factbook/ (Stand: 6. März 2008)

China vor allem im Hardwarebereich Kompetenz entwickelt. So entstehen regionale Zentren für innovative High-Tech-Lösungen. Die Konsequenz: Der internationale Einkauf von Leistungen und Lieferungen wird weiter zunehmen. Das geschieht nicht ohne Risiko. Einer Untersuchung zufolge gehört zu den Hauptsorgen europäischer Unternehmen beim Offshoring nicht nur, dass die Servicequalität zurückgehen könnte, sondern auch, dass der Einkauf externer Leistungen mit mangelnden Kontrollmöglichkeiten und dem Verlust firmeninterner Kenntnisse einhergehen könnte. Ein Zuwachs von Know-how in den Schwellenländern könnte somit auf Kosten der westlichen Länder gehen.[37] Wenn dieses Wissen nicht mehr an seine Urheber gebunden ist, steht es auf dem Weg über den Dienstleister auch dem Wettbewerb zur Verfügung.

Trend Nummer fünf

Die Produktlebenszyklen verkürzen sich. Da viele Produkte aber komplexer werden und sich durch eine Zunahme an Leistungsmerkmalen auszeichnen, steigt der Aufwand bei der Produktentwicklung. Somit kommt es in Zukunft vor allem auf zweierlei an: Innovationen müssen so früh und so treffsicher wie möglich nach ihren Marktchancen bewertet werden. Und: Die Zeit von der Produktentwicklung bis zur Platzierung des Produkts am Markt, „time to market" genannt, muss so kurz wie möglich sein. Nur so kann sich ein Unternehmen mit einer Innovation einen echten Wettbewerbsvorteil sichern, weil sie als erstes Produkt ihrer Art auf dem Markt ist und sich somit bei den „early adopters" ein höherer Preis durchsetzen lässt. Sobald es sich nur noch um ein Me-too-Produkt handelt, ist dieser Vorteil verspielt.

Innovation wird zum Managementthema, weil sie ausfindig gemacht und schnellstmöglich eingekauft werden muss.

Die Trends zeigen vor allem eins: Wenn von Innovationen die Rede ist, geht es um weit mehr als den klassischen Erfindungsreichtum. Neue Ideen entstehen immer seltener in den R&D-Denkerstuben oder den Marketingabteilungen der Hersteller, sie werden eingekauft. Mehr noch: Sie *müssen* eingekauft werden, sobald sie verfügbar sind. Damit wird Innovation zum Managementthema. Es entspannt sich ein regelrechter Wettlauf: Wo gibt es wegweisende Technologien mit Zukunftspotenzial? Wie lässt sich sicherstellen, dass nicht die Konkurrenz als Erstes an diese Technologien kommt? Ist die Innovation schon frühzeitig im eigenen Produktentwicklungsprozess berücksichtigt worden? Wie schnell wird aus der Idee ein fertiges Produkt? Unter-

---

37 Deutsche Bank Research: „Offshoring: Globalisierungswelle erfasst Dienstleistungen." In: *Ecin* vom 9.9.2004. Online unter http://www.ecin.de (Stand 15. März 2008)

teilen lässt sich der Innovationsprozess in drei Phasen: Die kreative Ideenfindungsphase – auch Ideenmanagement genannt –, in der die Innovationsthemen identifiziert werden, die Spezifikationsphase, in der Entwicklungspfade definiert und Prototypen gefertigt werden, und schließlich die Kommerzialisierungsphase, in der es darum geht, möglichst schnell mit marktfähigen Produkten präsent zu sein. Dies gilt in ähnlicher Weise und insbesondere für die Hersteller maßgeschneiderter Produkte. Hier garantieren nur Innovation, kontinuierliche Weiterentwicklung und moderne Technologie die Wettbewerbsfähigkeit der Produkte. „Der Einkauf muss Instrumente wie Lieferantenmanagement, die Prozesse im Einkauf und in Summe das Bedarfsmanagement im Zusammenspiel mit dem Lieferanten beherrschen, um somit durch strukturelle Sicherheit im Lieferantennetzwerk die Marktposition des eigenen Unternehmens zu stärken", fasst Thomas Sonntag, Bereichsleiter Supply Management bei der MAN Turbo AG, die Situation für den Einkauf bei Herstellern maßgeschneiderter Produkte zusammen.

Um welche Art von Innovation geht es?
Zu berücksichtigen ist dabei freilich, dass Innovation nicht gleich Innovation ist. Man unterscheidet zwischen drei Innovationstypen: Me-too-Produkte sind reine Variationen eines bestehenden Produkts, das in der Regel mit verbesserten Eigenschaften ausgestattet worden ist. Hier stehen kurzfristige Effekte im Mittelpunkt des Interesses einer Innovation. Beim mittel- und langfristigen Ansatz differenziert man zwischen strategischen und sogenannten Breakthrough-Innovationen. Während es sich bei Ersteren um klar verbesserte Produkte mit neuen Eigenschaften handelt, geht es bei Letzteren um völlig neuartige Produkte, die neuen Anforderungen genügen oder neue Märkte bedienen. Beispiele hierfür gibt es auch aus jüngerer Vergangenheit genug – genannt seien nur der Gameboy, die Übertragungstechnik Bluetooth oder selbst die wachsende Zahl von „Lifestyle-Präparaten" der Pharmaindustrie.

Eine entscheidende Rolle beim Management von Innovationen, das zeigt der Blick auf die fünf Trends, spielen die Lieferanten: Wenn immer mehr Teile der Wertschöpfung ausgelagert werden, kommt den Lieferanten auch mehr Bedeutung für die Innovationsfähigkeit eines Unternehmens zu. Als Konsequenz daraus gilt es, das Wissen von Lieferanten in den eigenen Innovationsprozess zu integrieren. Das Ziel dabei ist klar: Es geht darum, den Abstand gegenüber den Wettbewerbern zu vergrößern, indem man innovative Lieferanten ausmacht und in seine Produktentwicklung einbezieht.

Managementfehler sind dafür verantwortlich, dass viel zu viele Neuentwicklungen vorzeitig zum Flop werden.

Ergebnisse tun dabei wahrlich Not: 70 bis 80 Prozent aller neuen Produkte erweisen sich binnen sechs Monaten als Fehlschlag. Selbst die erfolgsverwöhnte Automobilindustrie muss mit diesem Makel leben. Nach Erkenntnissen der Studie Car Innovation 2015[38] wird die Branche bis zum Jahr 2015 rund 800 Milliarden Euro in die Forschung und Entwicklung stecken, doch 40 Prozent davon würden regelrecht „in den Sand" gesetzt, will sagen: Es kommt zum Abbruch einer Entwicklung oder – schlimmer noch – zum Flop auf dem Markt. Gründe hierfür gibt es vielfältige, der wichtigste: Die Wünsche des Endverbrauchers werden von vorneherein nicht ausreichend berücksichtigt, und dann ist selbst die faszinierendste Innovation ohne Chancen auf dem Markt.

Freilich gibt es auch noch andere Faktoren, die einer neuen Idee vorzeitig einen Strich durch die Rechnung machen können. Da werden Reifen kreiert, die nicht mit der Ausstattung von Autowerkstätten zusammenpassen. Da gibt es eine neue, ausgeklügelte Kaffeemaschine – aber wenn sie gewartet werden muss, fehlt es am Service. Oder das Computerspiel, das als Revolution gepriesen wird, aber nur auf dem neuesten Betriebssystem läuft. Nicht minder wichtig ist es, veränderte Rahmenbedingungen auf den Märkten im Auge zu behalten – zum Beispiel eine sinkende Kaufkraft. Manchmal ist der Grund für das Scheitern einer Neuerung auch ganz banal: Die Konkurrenz kann es einfach besser. Denn wenn ein Unternehmen Technologien einsetzt, von denen andere mehr verstehen, ist der Fehlschlag programmiert.

Als Schnittstelle zu den Lieferanten ist der Einkauf für Innovationsmanagement prädestiniert.

Gut, wenn man sich da auf innovationsstarke Lieferanten als Partner verlassen kann. Bietet der Zukauf von Technologien doch klare Chancen: So können nicht nur Entwicklungszeiten verkürzt werden, sogar ganze Entwicklungsbereiche lassen sich erweitern, ohne dass man eigene Kapazitäten aufbauen muss. Das macht die Entwicklung insgesamt günstiger als eine reine Inhouse-Lösung. Aber natürlich gilt es auch die Risiken abzuwägen: Mit dem Zukauf moderner Technologien steigt die Abhängigkeit von den Lieferanten. Die Zahl der Schnittstellen zwischen Hersteller und Lieferant nimmt zu,

---

38 Marco Dalan: „Autoindustrie forscht am Markt vorbei." In: Online-Ausgabe der *Welt* vom 23.6.2007, unter http://www.welt.de (Stand 16. März 2008)

weil nicht mehr nur bereits existierende Produktkomponenten eingekauft werden, sondern der Lieferant in die Entwicklung neuer Produkte einbezogen wird. Dadurch wächst der Koordinationsaufwand.

Diese Schnittstellen und die Koordination zwischen Hersteller und Lieferant erfolgreich zu managen, dafür ist der Einkauf geradezu prädestiniert, ist er doch von seiner Aufgabe her das Fenster des Unternehmens zu den Lieferanten. Mehr noch: Angesichts der wachsenden Komplexität der Aufgaben hat er die Chance, in Zukunft als echter Technologie-Scout für sein Unternehmen zu fungieren. Den traditionellen Zielen des Einkaufs wie Target Costing, Gewährleisten der Versorgungssicherheit oder der Qualität der eingekauften Komponenten gesellen sich neue hinzu: Der Einkauf muss, gemeinsam mit den R&D-Bereichen, den Know-how-Vorsprung seines Unternehmens sicherstellen und dazu ständig nach innovativen Lösungen auf dem Lieferantenmarkt suchen.

Best-Practice-Beispiel Rehau
Wie das aussehen kann, führt die Rehau-Gruppe vor, die im November 2006 mit dem Innovationspreis des Bundesverbandes Materialwirtschaft, Einkauf und Logistik (BME) ausgezeichnet wurde. „Das Unternehmen hat es verstanden, Innovationspotenziale von Lieferanten frühzeitig zu erkennen und zugleich gezielt zu fördern, um neuartige Lösungen zu Produkten, Märkten oder Technologien ins Unternehmen einzubringen", begründete Dr. Jürgen Marquard, BME-Vorstandschef und Vorsitzender der Jury.[39] Dem Einkauf bei Rehau, einem der international führenden Systemhersteller polymerbasierter Lösungen in den bereichen Bau, Automotive und Industrie, komme die Aufgabe zu, „Innovationspotenziale der Lieferantenpartner systematisch zu eruieren", heißt es im Management Summary zur Wettbewerbseinreichung von Rehau. Zu diesem Zweck wurden acht Prozessbausteine bei Rehau definiert: Zuoberst steht das Innovationsmanagement, dem Bausteine wie die Auswahl, Entwicklung und Beurteilung von Lieferanten oder auch das Materialgruppenmanagement untergeordnet sind. Der Einkauf wolle so als Beteiligter und Treiber im unternehmensinternen Innovationsprozess wahrgenommen werden. Er nutze „sein Ohr" zu den Lieferanten, um neuartige Lösungen zu Produkten, Märkten oder Technologien ins Unternehmen hineinzutragen. So veranstaltet Rehau regelmäßig sogenannte Innovation Days mit Lieferanten, aus denen gemeinsame Entwicklungen hervorgehen. Die Lieferanten haben

---

[39] **BME:** „REHAU-Gruppe Sieger des BME-Innovationspreises 2006", Pressemitteilung vom 13.11.2006

mit dem „Lieferantenportal Innovation" selbst auch die Möglichkeit, einen Innovation Day zu beantragen, um ihre Ideen zu präsentieren. Darüber hinaus bewertet der Einkauf die Innovationsfähigkeit seiner Lieferanten im Rahmen einer Potenzialanalyse, die mit regelmäßigen Beurteilungen ständig aktualisiert wird.[40]

Einkauf nutzt die Innovationsfähigkeit der Lieferanten zur Steigerung des Unternehmenswertes.

Das Beispiel Rehau zeigt: Ohne vorausschauenden Einkauf, der weiß, wo auf der Welt welche Innovationen zu haben sind und wo was am günstigsten und hochwertig hergestellt werden kann, kommen Unternehmen bald kaum mehr aus. Diese neue Rolle entspricht auch der Erwartungshaltung im Top-Management, wie eine Studie zum Thema „Assessment of Excellence in Procurement" deutlich zeigte: Demnach geben zwei Drittel aller Unternehmen ihrem Einkauf das Ziel vor, den Wert des Unternehmens zu steigern. Diese Zielsetzung schlägt durch bis zu den Lieferanten. Die Befragten erwarten von diesen einen „echten Wertbeitrag": Innovationsstärke, Qualität, Flexibilität und Sicherheit. Drei Viertel nutzen bereits die Innovationsfähigkeit ihrer Lieferanten zur Wertsteigerung ihres Unternehmens und definieren ihre Beziehung zu ihnen neu. Sie erwarten von ihnen Impulse und versuchen, aus dem Know-how ihrer Schlüssellieferanten Wettbewerbsvorteile zu ziehen. Dies bedingt deren frühzeitige Einbindung in die Entwicklung von Produkten und Dienstleistungen. Besonders eifrig stellt sich die Automobilbranche dar: Über die Hälfte der Betriebe in der Branche bindet ihre Schlüssellieferanten umfassend in die frühe Entwicklungsphase ein. Zum Vergleich: In den anderen untersuchten Branchen liegt der Schnitt bei 20 Prozent.[41] „Die Innovationsfähigkeit der Lieferanten und wie man sich diese für seinen eigenen Wettbewerbsvorteil sichern kann, wird in Zukunft einer der wichtigsten Erfolgsfaktoren", so die Studie.

Die besten Erfinder sind die Anwender

Eine Einschätzung, die eine Untersuchung der Wirtschaftsuniversität Wien unter 100 mittelständischen deutschen Unternehmen mit herausragendem Innovationsmanagement bestätigt. Eine Erkenntnis der Studie: Bahnbrechende Neuerungen gehen zumeist auf die Ideen findiger Anwender zurück und nicht auf die Innovationskraft der Hersteller. Zentraler Erfolgsfaktor beim Thema Innovation sei daher die Öffnung des Innovationsprozesses hin zu Kunden, Lieferanten, Partnern und selbst Konkurrenten. Nachhaltige Wettbewerbsvorteile könne sich auf Dauer nur sichern, wer das Potenzial

---

40 Rehau Wettbewerbseinreichung vom 3.11.2006 für den BME Innovationspreis 2006, Management Summary. Online unter http://www.logistik-inside.de (Stand: 16. März 2008)
41 A. T. Kearney: „Weltweite A. T. Kearney-Studie sieht gesteigerte Wettbewerbsfähigkeit durch innovationsorientierte Beschaffung", Pressemitteilung vom 4.3.2005

dieser unverzichtbaren Ideengeber nutze. Dass sich das in barer Münze auszahlt, auch das zeigt die Studie: Zwei Drittel des aktuellen Umsatzes erwirtschaften die Top 100 mit Innovationen aus den letzten drei Jahren, bei den zehn Besten liegt der Anteil sogar bei mehr als 95 Prozent. Im Schnitt wenden die Top 100 9 Prozent ihres Umsatzes im Jahr nur für Innovationen auf.[42]

Ein innovationsorientierter Einkauf hat Trends und Technologien im Blick.

Zu den vordringlichen Aufgaben eines modernen, innovationsorientierten Einkaufs, so zeigt sich, gehört zunächst die Beobachtung. Unser Narr im Märchen hat es vorgemacht – nur wer den Blick schweifen lässt, entdeckt die verborgenen Schätze in fernen Landen. Der Einkauf muss somit stets vor Augen haben, welche Märkte welche neuen und für das Unternehmen interessanten Ansätze entwickeln, welche Lieferanten dabei führend sind und was bei den Lieferanten heute Stand der Technik ist. Er muss wissen, welche Trends beispielsweise bei Vorprodukten oder Rohstoffen im Moment aktuell sind. Auch einzelne Regionen unter die Lupe zu nehmen lohnt sich: Wie entwickeln sich etwa die BRIC-Märkte, gibt es Regionen, die verstärkt an bestimmten Themengebieten forschen, sollte man dort bestimmte Lieferanten ins Visier nehmen? Wege, wie man die nötigen Informationen zusammentragen kann, gibt es reichlich: Große Konzerne unterhalten im Einkauf eigene Büros in Schwellenländern, die sich auf die Beobachtung dieser Märkte konzentrieren, oder sie kaufen die Erkenntnisse als externe Dienstleistung ein. In beiden Fällen gilt es jedoch sicherzustellen, dass hier wirklich profunde Marktkenntnis in den Innovationsprozess einfließt und zur Lieferantensuche nicht nur Suchmaschinenergebnisse zum Zuge kommen, auch nicht im Büro Shanghai.

Forward Sourcing

Als empfehlenswert haben sich Technologieteams erwiesen, die für ausgesuchte Bereiche mit hohem Innovationspotenzial gegründet werden, um Neuentwicklungen im Beschaffungsmarkt zu identifizieren und in die eigene Produktentwicklung zu integrieren. Die Fachleute sprechen hier von Forward Sourcing – also dem Ausschauhalten nach neuen Technologien. In solchen Teams sitzen dann neben dem Einkauf auch das Marketing, die Entwicklung und Konstruktion oder auch der Fertigungsbereich. Andere Unternehmen setzen auf den Ideenwettbewerb unter ihren Lieferanten. Sie beschreiben diesen dann ein Problem, zum Beispiel in der Produktion, und holen

---

42 Nikolaus Franke: „Top 100'-Studie: Durch Open Innovation an die Spitze." Zit. in: innovations-report vom 16.5.2007. Online unter http//www.innovations-report.de (Stand 16. März 2008)

ihre Lösungsideen ein. Ebenfalls bewährt haben sich Lieferantentage, wie am Beispiel Rehau bereits gesehen: Unternehmen setzen sich mit ihren Schlüssellieferanten zusammen und lassen sich von diesen über ihre aktuellen und künftigen Entwicklungen informieren.

Derartige Maßnahmen können einem Unternehmen viel über die eigene Technologiekompetenz verraten. Im Idealfall wächst dann eine Erkenntnis mit Konsequenzen: Wenn der Lieferant besser und schneller ist als wir, dann soll er es tun. Solch eine Einsicht ist maßgeblich für die klassische Make-or-Buy-Entscheidung, bei der die eigene Technologiekompetenz gegen die Attraktivität der in Frage stehenden Technologie abgewogen werden muss. Allerdings bieten sich hinsichtlich der Zusammenarbeit mit Lieferanten auch andere Modelle – etwa Joint Ventures oder der Kauf gleich eines ganzen Unternehmens. Auch so lässt sich innovatives Know-how nutzen.

Ein innovationsorientierter Einkauf bindet Lieferanten optimal in den Innovationsprozess ein.

Spätestens an diesem Punkt tritt neben die Beobachtung von Märkten die Pflege der Beziehungen zu den Lieferanten. Hier ist der Einkauf als Beziehungsmanager gefragt. Es geht um nichts weniger als die Integration des Lieferantennetzwerkes in die eigenen Planungsprozesse, ins Ideenmanagement oder die Produktentwicklung.

Für Hersteller maßgeschneiderter Produkte wie die Honsel GmbH & Co. KG liegen die Hebel für den wirtschaftlichen Erfolg schon bei der sehr frühen Zusammenarbeit zwischen Entwicklung/Konstruktion, Einkauf und auch den Lieferanten für die Bearbeitungsmaschinen und -anlagen. Honsel ist auf die Leichtmetallverarbeitung spezialisiert und beliefert namhafte Automobilkonzerne beispielsweise mit Getrieben. Im Rahmen der Diskussion um den Kohlendioxid-Ausstoß von Fahrzeugen trat das Unternehmen mit einem richtungsweisenden Vorschlag an einen seiner Kunden heran. Dieser Vorschlag zielte darauf, den Antriebsstrang auf Aluminium und Magnesium als alternative Werkstoffe umzustellen. Der Vorteil: Die Kohlendioxid-Emissionen des betroffenen Autos reduzieren sich um 14 Prozent. Bereits in der Phase des Letter of Intent bezog Honsel seinen Einkauf in die Planungen ein, um rechtzeitig über die erforderlichen Bearbeitungsmaschinen und Materialien zu verfügen. Der Einkauf von Honsel konnte so frühzeitig die eigenen Lieferanten einbinden und den erforderlichen Technologiewechsel für seinen Kunden einleiten. Somit war die Kette Kunde – Hersteller – Zulieferer geschlossen. Das Beispiel zeigt gleich zwei

Richtungen integrierter Innovation: Honsel geht als Lieferant aktiv mit einer Innovation an seinen Kunden und parallel an die Lieferanten für Bearbeitungsmaschinen heran, um deren aktuelle Innovationen in die eigene Wertschöpfung der Produkte einzubinden.

Methodische Hilfsmittel
Wirklich optimal läuft Innovation also nur, wenn es zu einer methodischen Verbindung zwischen dem Lieferanten und dem eigenen Unternehmen kommt. Dazu stehen einem Unternehmen zahlreiche Instrumente zur Verfügung. Zu den wichtigsten gehören die Lieferantenbewertung und die Lieferantenentwicklung. Nicht nur harte Faktoren wie Termin- und Mengentreue oder die Qualität der Lieferung spielen bei solchen Kriterienkatalogen eine Rolle. Sogenannte weiche Faktoren sind ebenfalls von Bedeutung, unter anderem die Bewertung des Innovationspotenzials eines Lieferanten oder die von ihm eingebrachten Innovationsideen.

Auch bei der Lieferantenentwicklung zählt die gemeinsame Vorgehensweise: Nicht nur Dokumente wie Lasten- und Pflichtenhefte oder Spezifikationen müssen mit den Lieferanten abgestimmt werden. Auch das Reporting und das Controlling einzelner Prozesse bedürfen der Koordination. So ist es unerlässlich, dass ein Lieferant sich mit dem Hersteller über die Abfolge von Meilensteinen verständigt oder über den Stand der Entwicklung von Modulen oder Systemen berichtet. Dazu gehört auch, dass er den Hersteller darauf hinweist, wenn es auf dessen Seite zu Terminverzögerungen oder Qualitätsmängeln in der Entwicklung eines Produkts kommt. Nur so ist sichergestellt, dass eine Innovation nicht im Dschungel komplexer Produktionsprozesse förmlich verpufft, weil sie nicht in der gewünschten Zeit und der gewünschten Güte verwirklicht werden konnte.

Unterstützen kann man solche Abstimmungen mit einer Reihe weiterer Instrumente, die hier nur angeschnitten werden sollen. Zu nennen wären insbesondere die Fehlermöglichkeits- und Einflussanalyse, kurz FMEA, sowie das Simultaneous Engineering. Die FMEA greift vorbeugend als analytische Methode, um Fehler in der Produktion zu vermeiden und die technische Zuverlässigkeit zu erhöhen. Deswegen wird sie vorzugsweise schon in der Entwicklungsphase eines Produkts eingesetzt. Der Grund: Je später ein Fehler entdeckt wird, desto mehr Kosten müssen eingerechnet werden, um ihn wieder zu beseitigen. Einem Einkauf, der sich dem Thema Total Cost of Ownership verpflichtet sieht, muss es eine Herzensangelegenheit sein, dies gemeinsam mit dem Lieferanten zu verhindern.

Einen ähnlichen Ansatz verfolgt das Simultaneous Engineering: Dabei erfolgen Arbeitsabläufe im Produktionsprozess nicht nacheinander, sondern überlappen sich zeitlich. Noch bevor ein Prozessschritt abgeschlossen ist, kann der nächste schon angestoßen werden, sobald dazu genügend Ergebnisse vorliegen. Der Vorteil: Fehler werden wie bei der FMEA schneller erkannt und verursachen keine zusätzlichen Kosten in einer späteren Phase der Produktion. Hinzu kommt, dass durch die Überlappung der einzelnen Arbeitsabläufe die Entwicklungszeit des Produkts bis zu seiner Fertigstellung insgesamt verkürzt wird. Angesichts sich ebenfalls verkürzender Produktlebenszyklen und dem Druck, die Time-to-Market möglichst gering zu halten, ergibt sich so ein zusätzlicher Wettbewerbsvorteil bei der Einführung eines innovativen Produkts.

Auch im Innovationsmanagement von Honsel wurden FMEA und Simultaneous Engineering mit Erfolg angewandt. Darüber hinaus bildeten sich interdisziplinäre Teams zum Austausch von Informationen, zu denen auch die Lieferanten gehörten. Die Einbeziehung der Lieferanten war ein ganz entscheidender Punkt: „Schließlich mussten auch die Hersteller einzelner Bauteile über deren mögliche Fehlerhaftigkeit im Bilde sein und gemeinsam mit uns an deren Beseitigung arbeiten", erinnert sich Geschäftsführer Harald Schwendner. Dem Einkauf als Schnittstelle zu den Lieferanten kam dabei eine zentrale Rolle als Koordinator zu.

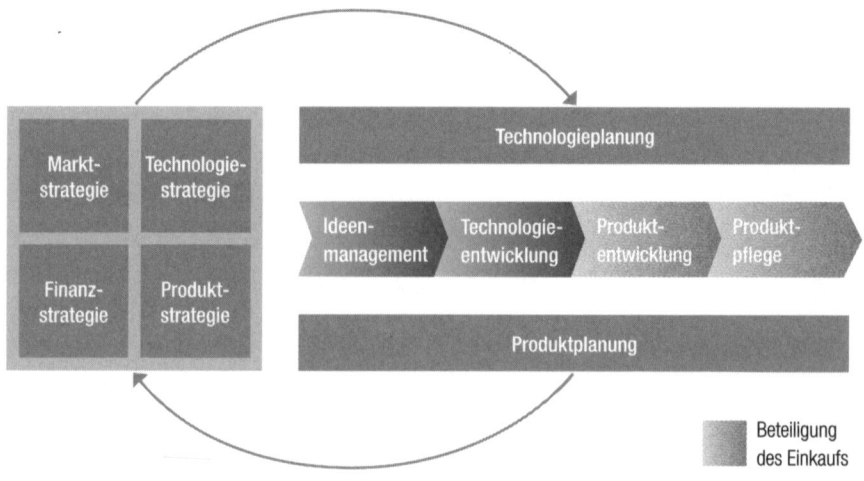

Abb. 6a **Heutige Ausrichtung des Einkaufs**

Heute Normalfall: Längst sind die meisten wichtigen Entscheidungen zu Technologien, Materialien und Prozessen gefallen, bevor der Einkauf hinzugebeten wird – er soll die Angaben nur umsetzen, nicht aber bestmöglich mitgestalten.

Der Spagat des Einkaufs zwischen Kosten- und Innovationsorientierung.

Wenn es darum geht, sich für sein Unternehmen innovationsbewusst zu zeigen, steht jeder Einkauf freilich unweigerlich vor einem Spagat. Konzentriert er sich zu sehr auf neue, innovative Lieferanten, so geht Wissen von Lieferanten verloren, mit denen ein bestimmtes Produkt ursprünglich entwickelt wurde. Konzentriert er sich andererseits nur auf Low Cost Sourcing, so droht seinem Unternehmen ein Verlust an Innovationspotenzial. In Europa erkennt man mittlerweile die Konsequenzen einer solchen Einkaufsstrategie: Angestammte Lieferanten mit hohem Entwicklungspotenzial sind in den zurückliegenden Jahren und Jahrzehnten durch Lieferanten verdrängt worden, die bestimmte Produkte besonders billig herstellen konnten. Die Folge ist eine Flut einfallsloser Nachahmer-Erzeugnisse, mit denen man sich auf Dauer wahrlich keine treuen Kunden schafft. Die Lösung für diesen Spagat liegt wie so oft in der goldenen Mitte. Das Stichwort hierfür ist Intelligence Sourcing. Worauf es dabei ankommt, ist die richtige Mischung aus Lieferanten, die innovativ sind, und Lieferanten, die man für weniger anspruchsvolle Produkte braucht. Damit verbunden ist auch die Notwendigkeit, Lieferanten zu klassifizieren. Braucht ein Unternehmen in einem konkreten Fall einen Entwicklungslieferanten oder reicht der reine Produktlieferant? Manchmal muss es ein Zulieferer sein, der beide Seiten abdeckt und nicht nur an der Produktentwick-

6b **Zukünftige Ausrichtung des Einkaufs**

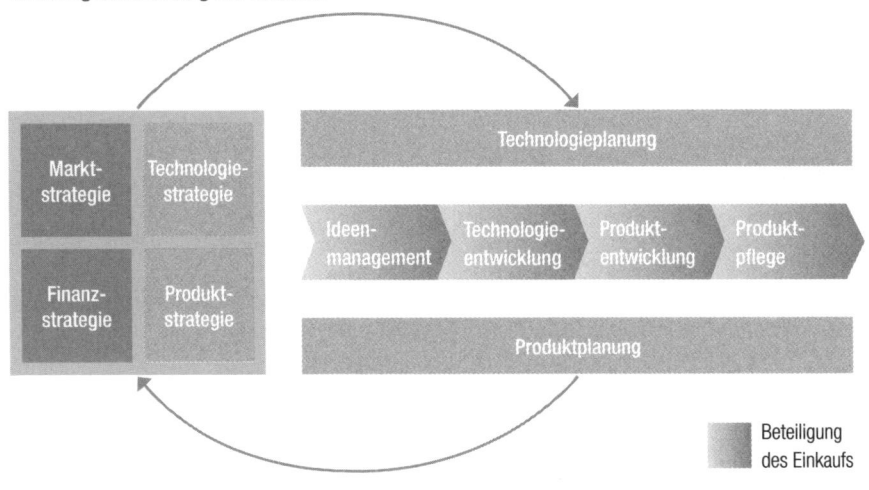

Der Einkauf muss früher in den Wertschöpfungsprozess einbezogen werden. Seine Beteiligung muss schon auf der strategischen Ebene ansetzen, bevor eine neue Technologie oder ein Produkt geplant wird.

lung beteiligt ist, sondern im Anschluss auch die Fertigung übernimmt. Fest steht: Eine ausschließliche Bewertung von Lieferanten unter Gesichtspunkten von Kosten und Zuverlässigkeit wird den heutigen Anforderungen eines innovationsbewussten Einkaufs nicht mehr gerecht.

Der Einkauf muss in die Technologie- und Produktplanung eingebunden werden.

Was bedeutet das in der Konsequenz? Eigentlich ganz einfach: Wenn effizientes Innovationsmanagement darin besteht, die Lieferanten als Impulsgeber für Innovationen zum frühestmöglichen Zeitpunkt in die Wertschöpfungskette einzubinden, dann muss das für den Einkauf als direktem Partner der Lieferanten im Unternehmen genauso gelten. Ist der Einkauf heute – bestenfalls – an der Produktentwicklung und der anschließenden Produktpflege beteiligt, so muss er künftig schon bei der Festlegung der Technologie- und der Produktstrategie involviert werden sowie im gesamten Prozess der Technologie- und der Produktplanung – Ideenmanagement und Entwicklung neuer Technologien inbegriffen!

Einkauf, Entwicklung, Produktion, Marketing, Vertrieb, im Idealfall auch die Lieferanten – sie alle gehören an einen Tisch und müssen sich in Ideen-Workshops austauschen. Was weiß der Vertrieb darüber, auf welche Extras bei einem Produkt der Kunde keinesfalls verzichten will? Und was ist dieser bereit, dafür zu bezahlen? Welches Target Costing leitet sich hieraus für unsere Ziellieferanten ab?

Welche Anforderungen müssen aus Sicht der Technik bestimmte Produkte erfüllen? Auf welche Maßnahmen des Lieferanten legt die Qualitätssicherung Wert, um Ausfälle bei Produkten zu vermeiden? Hat der Einkauf Kenntnis über Märkte, die das geplante Produkt oder bestimmte Komponenten bereitstellen? Informationen wie diese sind es, die systematisch in einer Ideendatenbank gesammelt und verfügbar gemacht werden müssen. Damit besteht auch eine Schnittstelle zwischen Innovations- und Wissensmanagement. Nur so kann das Innovations-Know-how, das in einem Unternehmen und bei den Lieferanten vorliegt, optimal in die Konzeption eines Produkts einfließen.

80 Prozent der Kosten, die für ein Produkt anfallen, werden bereits in dieser Konzeptionsphase festgelegt, also zwischen der ersten Machbarkeitsstudie und der Fertigstellung eines Prototyps. Hier werden die Parameter des Produkts definiert, hier ist

demzufolge auch der Kostenhebel noch am längsten, weil das Gros der Produktkosten noch beeinflusst werden kann.

Welche Materialien sollen zum Einsatz kommen? In welcher Reihenfolge soll montiert werden? Welche Toleranzen bei der Leistungsfähigkeit lassen wir zu? Wie hoch soll der Grad der Varianz sein? Der Einkauf hat hierbei die große Chance, auf diese Fragen gemeinsam mit den Lieferanten die bestmöglichen Antworten zu liefern, etwa mithilfe von Lieferantentagen. So kann das Wissen der Lieferanten bereits zum frühen Zeitpunkt dazu beitragen, dass ein Produkt beispielsweise mit so wenig Varianten wie möglich hergestellt wird. Gerade das Variantenmanagement ist ein kritischer Punkt in der Produktentwicklung. Viel zu oft sind Varianten Folge nachträglicher Änderungen und verursachen damit hohe Zusatzkosten in der Herstellung. Die Gründe hierfür liegen zum Beispiel bei Kundenwünschen, die erst im Nachhinein berücksichtigt werden, weil die spezifischen Anforderungen eines Marktes zuvor nicht bekannt waren.

Abb. 7 Anteile der festgelegten Produktkosten

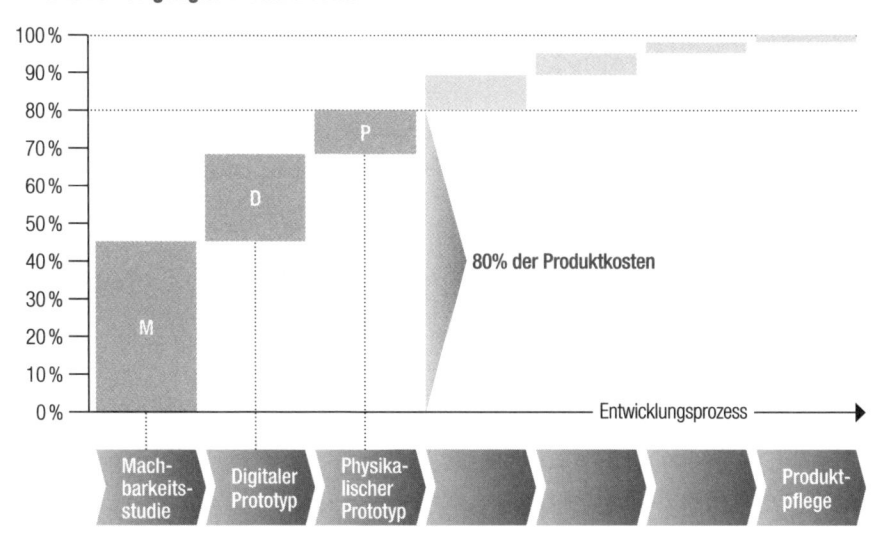

Nicht nur die Anforderungen an die Eigenschaften eines Produkts werden größtenteils bereits in der Konzeptionsphase festgelegt, sondern auch etwa 80 Prozent der anfallenden Produktkosten.

Auch bei einem Hausgeräteherstellers bestand das Varianz-Problem: Von einem Frontlader gab es allein knapp 290 Varianten – 88 Prozent davon beruhten auf nachträglichen Änderungen für Sondermodelle oder Auslandsvarianten. Der Entwicklungsaufwand pro Stück konnte dabei, je nach betroffener Variante, bis zu dreimal über den Kosten für das Basisgerät liegen. Der Hersteller zog die Konsequenzen: Alle Varianten einer Serie müssen heute bereits im Lastenheft definiert sein. Dabei fließen die Erkenntnisse von Marketing, Vertrieb und Einkauf über Märkte, Kundenwünsche und Lieferantenwissen ein. Unangenehme Überraschungen durch nachträgliche Bauteiländerungen sind so weitestgehend ausgeschlossen.

Frühzeitig an einen Tisch

Das Zusammenbringen der Fachbereiche zu einem möglichst frühen Zeitpunkt gehört auch zum Rezept des Innovationsmanagements bei der BMW-Gruppe, das 2004 den Best Innovator Award unter Schirmherrschaft des Bundeswirtschaftsministeriums erhielt. BMW betrachtet bei der Entwicklung von Innovationen nicht mehr einzelne Bauteile wie den Motor oder das Fahrwerk, sondern fasst Fahrzeugfunktionen zu Gesamtpaketen zusammen. Das Feld „Fahrerlebnis" beispielsweise definiert sich über das Zusammenspiel von Motor, Fahrwerk, Lenkung, Getriebe und Bremse. Vertreter aus Marketing, Entwicklung, Einkauf und Produktion setzen Prioritäten bei den technischen Neuerungen und bringen nur das in Serie, was einen deutlichen Nutzen für den Kunden bietet und den Charakter der Marke stärkt. Prof. Burkhard Göschel, seinerzeit Vorstand für Entwicklung und Einkauf: „Damit betrachten wir das Gesamtpaket schon früh durch die Brille des Kunden."[43]

Ohne ein neues Kompetenzprofil wird der Einkauf seiner Rolle in Zukunft nicht gerecht.

Unternehmen wie BMW oder Honsel gehen mit gutem Beispiel voran und machen den Einkauf zum gleichberechtigten Partner in der Produktplanung. Liegt das Gros der Wertschöpfung eines Unternehmens mittlerweile bei den Lieferanten, muss in Zukunft sogar über eine Führungsrolle des Einkaufs im Innovationsmanagement nachgedacht werden. Dann kommt ihm die bedeutsame Aufgabe zu, die Vielzahl beteiligter Firmen und Fachbereiche untereinander optimal zu koordinieren. Um einer solchen Rolle gerecht zu werden, muss die Geschäftsleitung eines Unternehmens den Einkauf natürlich fördern. Denn wenn er künftig mehr sein soll als ein reines Kosteninstrument, wenn er gar neue Werte im Unternehmen schaffen soll, dann braucht er auch ein neues Kompetenzprofil. Solange er nicht über ausreichende technische und methodische Qualifizierung verfügt, wird er niemals bei Abteilungen wie Forschung und Entwicklung oder Produktion als Gesprächspartner auf gleicher Augenhöhe akzeptiert werden, wenn es um das Thema Innovation geht. Der Einkäufer von morgen ist nicht nur Kaufmann und Verhandler, er muss auch ein Stück weit Ingenieur sein und vorrangig Ideenscout. Er muss sich

---

43 BMW-Group: „BMW Group innovativstes Unternehmen in Deutschland." Meldung vom 18. Juni 2004. Online unter http://www.bmwgroup.com/ (Stand: 18. März 2008)

als strategischer Partner in seinem Unternehmen verstehen und er braucht die nötige fachliche Qualifizierung, um die Relevanz neuer Technologien für seinen Betrieb bewerten zu können – von den nötigen Ressourcen ganz zu schweigen. Und schließlich: Ohne soziale Kompetenz geht es nicht. Wer sein stilles Kämmerlein verlässt und sein Know-how anderen erkennbar und nutzbar machen will, der muss teamfähig sein, gerade wenn er ein Imageproblem wie der Einkauf hat. Nur so wird der Einkauf es schaffen, von den anderen an der Wertschöpfung des Unternehmens beteiligten Parteien akzeptiert und möglichst früh in die Wertschöpfungskette einbezogen zu werden. Nur so kann er seinen maximalen Wertbeitrag erzielen.

Management Summary

Produktinnovationen jagen einander. Woraus entsteht der Innovationsdruck? Fünf Ursachen: intelligente Systeme und neue Werkstoffe; Trend zum Customizing; Notwendigkeit zur Technologieführerschaft; neue regionale Innovationszentren; kürzere Produktlebenszyklen. Innovation ist kein R&D- oder Vermarktungsthema mehr, sondern ein Managementthema, denn wegweisende Technologien müssen immer häufiger und immer schneller zugekauft werden. Die größte Gefahr für erfolglose Innovation ist die Unkenntnis der tatsächlichen Kundenbedürfnisse. Der Einkauf muss sich, gemeinsam mit Marketing und R&D, zum Technologie-Scout entwickeln. Als Konsequenz muss der Einkauf in die Lage versetzt werden, das Innovationspotenzial von Lieferanten zu erkennen. Dies ist eine neue Dimension der Lieferantenbeurteilung, -bewertung und -entwicklung. Doch darüber hinaus müssen durch intelligentes Schnittstellenmanagement die Innovationsprozesse bei den Lieferanten in die eigenen Entwicklungsprozesse eingebunden werden. So lassen sich auch Instrumente zur Vermeidung von Entwicklungsfehlern einbinden. Die Tatsache, dass der Einkauf über seine bisherigen Aufgaben hinaus innovative Technologien im Blick behalten muss, setzt eine hohe Qualifikation der Einkäufer voraus – technisch wie hinsichtlich ihrer Teamfähigkeit, denn diese Aufgaben sind nur in cross-funktionalen Teams zu lösen. Der Leichtmetallspezialist Honsel hat bei der Neuausrichtung seines Innovationsmanagements konsequent den Einkauf als Koordinator zwischen Produktentwicklung und Lieferanten eingesetzt.

Kapitel 5

Wertschöpfung aus einem Guss

Supply Chain Management integriert die Zulieferkette in die Unternehmensstruktur

Die Wertschöpfungskette organisieren:
Zwei Dimensionen: Kundennutzen und Kostenoptimierung – Verhältnis Logistik und Supply Chain Management – Jenseits von Durchlaufzeit und Just-in-Time: Die Integration sämtlicher Wertschöpfungsstufen – Demand Driven Supply Networks – Die Rolle durchgehender IT-Systeme – Focus: Supplier Relationship Management – Bedarfsorientierung leitet den Prozess – Praxisbeispiel: Das Replenishment-Konzept bei Vaillant

Eigentlich beginnt diese Geschichte mit einem Webstuhl. Dabei geht es doch um einen der größten Automobilkonzerne überhaupt. Als der Zimmermannssohn Sakichi Toyoda im Jahr 1924 seine automatisierte Webmaschine erfand, legte er den Grundstein für ein Konzept, das wenige Jahrzehnte später als Toyota-Produktionssystem seinen Siegeszug rund um den Globus antreten sollte. Das Prinzip, um das es dabei ging, heißt im Japanischen Jidoka und kann mit „autonome Automation" übersetzt werden. Toyodas Webmaschine stoppte automatisch, wenn ein Faden riss. Fortan musste nicht mehr an jeder Maschine ein Arbeiter zur Kontrolle stehen. Die Konsequenz: Wenige Menschen konnten jetzt eine große Zahl von Geräten bedienen. Toyoda hatte auch in anderer Hinsicht den richtigen Riecher: Er verkaufte seine Patentrechte und stellte seinem Sohn Kiichiro mit dem Geld das Startkapital für die Produktion einer ganz anderen Maschine zur Verfügung, von der er wusste, dass sie die Welt verändern würde – das Automobil. Der Familienname wurde leicht verändert, und die Toyota Motor Corporation ward aus der Taufe gehoben. Das war 1930.

Was die beiden Toyodas umtrieb, war das Problem der Verschwendung. Wertschöpfung und Verschwendung, das sind die beiden Gegenspieler der Produktion. Wenn die Maschine läuft, ist das Wertschöpfung. Wenn der Arbeiter warten muss, bis die Maschine mit einem Vorgang fertig ist, dann ist das Verschwendung. Wenn mehr hergestellt wird, als der Markt es verlangt, dann ist das Verschwendung. Und wenn Material oder fertige Produkte gelagert werden müssen, ohne verarbeitet oder verkauft zu werden, dann ist das erst recht Verschwendung.

Das Credo: Es wird immer nur das produziert, was verbraucht – und somit benötigt – wird. Dies stellt den Produktionsprozess auf den Kopf. Beispiel: Nicht die Absatzplanung als vorgelagerte Prozessstufe macht der nachgelagerten Produktion Vorgaben, sondern der nachgelagerte Verkauf ruft Teile von der vorgelagerten Produktion ab. Dieses Prinzip, auch Hol- oder Pull-Prinzip genannt, führt dazu, dass nur so viel hergestellt wird, wie der Kunde auch tatsächlich haben will. Und es umfasst die gesamte Wertschöpfungskette – denn wenn der Kunde etwas kauft oder kaufen will, geht diese Information rückwärts in der Kette vom Händler zum Hersteller und von diesem zu den Lieferanten von Einzelteilen und schließlich von Rohstoffen.

Ergebnis dieser Verfahrensweise sind minimale Materialbestände in den Lagern und damit deutlich geringere Kosten. Im Idealfall werden bei jeder Stufe immer nur so viele Teile angefertigt, wie auch wirklich abgerufen werden – von Sicherheitsbeständen einmal abgesehen, die bei unerwarteter Nachfrage zum Tragen kommen. Das führt dazu, dass ein Produkt exakt zu dem Zeitpunkt fertiggestellt oder angeliefert wird, zu dem es benötigt wird, also just in time, wie wir heute sagen.

Reibungslos ineinandergreifende Prozesse

Die Ausrichtung der Wertschöpfung an den Bedürfnissen des Marktes hat weitreichende Konsequenzen: Die Produktionsprozesse von Herstellern und Lieferanten müssen so eng wie möglich aneinandergekoppelt werden, Materialien und Informationen müssen reibungslos entlang der Wertschöpfungskette fließen. Just in time erfordert ein Höchstmaß an Flexibilität in der Produktion, an Qualität und an Lieferbereitschaft aller Beteiligten. Bringt ein Zulieferer seine Bauteile zu spät oder fehlerhaft zum Endhersteller, so bekommt – ein paar Schritte weitergedacht – der Verbraucher das gewünschte Produkt nicht zum gewünschten Zeitpunkt und wendet sich einem Wettbewerber zu. Worauf es beim Markterfolg heute ankommt, sind nicht nur die Produkte selbst, sondern auch die Organisation der Wertschöpfungskette. Und doch: Nur wenn der Kunde das Produkt, das er haben will, stets in der gewohnten Güte und ohne lange Wartezeit kaufen kann, dann bleibt er diesem Produkt oder der Marke dahinter auf Dauer treu.

**Supply Chain Management:
Ressourcen minimieren,
Kundenbedürfnisse befriedigen.**

Supply Chain Management (SCM) ist also nichts anderes als die Organisation der Wertschöpfungskette. Worum es dabei geht: Die Material- und Informationsflüsse entlang der gesamten Wertschöpfungskette zu koordinieren und dabei die Schnittstellen zwischen allen beteiligten Un-

Abb. 8 **Nutzen von Supply Chain Management**

Prozentuale Veränderungen nach Einführung von SCM

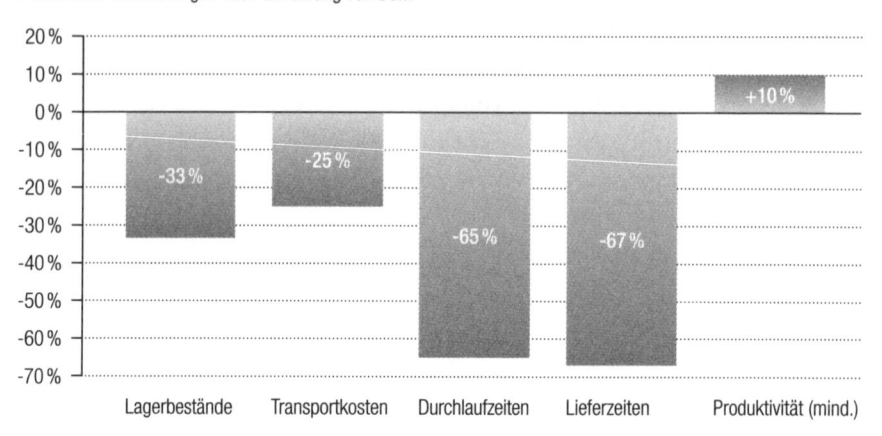

Lagerbestände	Transportkosten	Durchlaufzeiten	Lieferzeiten	Produktivität (mind.)
-33 %	-25 %	-65 %	-67 %	+10 %

Immer mehr Unternehmen erkennen die Notwendigkeit, ihre Wertschöpfungskette besser zu organisieren. Wer Supply Chain Management effizient betreibt, profitiert schnell von einer Reihe von Vorteilen. (In Anlehnung an: Robert Zetzl: „Supply Chain Management. Die Optimierung logistischer Netzwerke im globalen Maßstab wird Realität". Zit. in: Universität Erlangen: „Online-Lehrbuch Geschäftsprozesse", Seite 7. http://www.economics.phil.uni-erlangen.de (Stand 16. März 2008))

ternehmen optimal einzurichten. Das kann bei der Gewinnung von Rohstoffen beginnen und bis hin zum Recycling gehen. Experten nennen das gerne „from dirt to dirt". Ziel ist es, die Ressourcen zu minimieren, die nötig sind, um die Bedürfnisse von Kunden in einem bestimmten Segment zu befriedigen. Damit bekommt Supply Chain Management zwei Dimensionen: Es geht um die Steigerung des Kundennutzens und um die Optimierung der Gesamtkosten. Was die Kosten betrifft, so gibt es zwei wesentliche Hebel, die in unmittelbarem Zusammenhang stehen. Niedrigere Durchlaufzeiten, zum Beispiel durch Simultaneous Engineering, bedeuten nicht nur eine Verkürzung der Time to Market, also der Zeit von der Entwicklung eines Produkts bis zu dessen Marktreife, sondern tragen auch dazu bei, dass die Lagerbestände sinken – ein erheblicher Anteil an den Gesamtkosten eines Produkts. Wichtig ist das Verhältnis von Logistik und Supply Chain Management: Während die Logistik die Material- und Informationsflüsse eines einzelnen Unternehmens betrachtet und sich auf Fragen zur Verbesserung von Transport und Lagerung konzentriert, behält Supply Chain Management das gesamte Netzwerk einer Wertschöpfung im Blick und berücksichtigt im Übrigen auch die Geldströme zwischen den Unternehmen. „Gerade in einer sich immer schneller verändernden Umwelt und der permanent zunehmenden Globalisierung wird es immer wichtiger, vernetzt zu denken und zu handeln", meint Dr. Harald Gerking, Direktor Supply Chain Management bei der Deutschen Woolworth. „Und genau das macht den Unterschied zwischen Logistik und SCM."[44]

Die systematische Verzahnung der Prozesse entlang der Wertschöpfungskette erfordert effiziente Informationssysteme, die zahlreiche Aufgaben zu bewältigen haben. Dazu gehört etwa die Automatisierung des Bestellwesens ebenso wie die Erledigung der Fakturierung und des Inkassos. Auftragsdurchlaufzeiten können verkürzt werden, aber auch die Time to Market, weil die Zusammenarbeit zwischen den beteiligten Partnern ohne störende Medienbrüche erfolgt. Zu den wichtigsten Software-Tools im Supply Chain Management gehören: Planungs- und Prognosesysteme, mit deren Hilfe unter anderem Absatzvolumina geschätzt und der Bedarf an Materialien berechnet werden können; Systeme zum Enterprise Resource Planning (ERP), anhand derer sich Materialwirtschaft, Produktionsplanung oder auch Rechnungswesen verknüpfen lassen; Produktdatenmanagement-Systeme, die eine einheitliche Verwaltung und Bereitstellung wichtiger Produktinformationen gewährleisten.

Die Idee vom Supply Chain Management hat sich erst in den neunziger Jahren des vergangenen Jahres deutlich herausgeschält. Das Supply Chain Council, ein Gremium, das sich der Entwicklung dieses Themas verschrieben hat, entwickelte dazu eine Methode, mit der alle Aspekte einer Wertschöpfungskette dargestellt werden können. Dieses Supply Chain Operation Reference Modell (SCOR) umfasst vier Betrachtungsebenen. Auf der Basisebene definiert das Modell die fünf wesentlichen Prozesse im Supply Chain Management: Planung, Beschaffung, Herstellung, Lieferung und Rückgabe. Diese Prozesse werden in den nächsten Schritten immer weiter heruntergebrochen bis hin zur vierten, der Implementierungsebene, die im Modell selbst nicht mehr enthalten ist, weil es hier um die individuelle Einführung des Supply Chain Management im Unternehmen geht. Heute gilt das SCOR-Modell weltweit als Standardtool.

Die Rolle des Einkaufs: Integration der Lieferanten in die Unternehmensstruktur.

Welche Rolle spielt nun der Einkauf dabei? Eigentlich ganz einfach: Supply Chain Management bedeutet eine Neuorganisation der gesamten Zulieferkette und die Integration des richtigen Lieferantennetzwerkes in die eigene Unternehmensstruktur. Lothar Kunkel, Vice President Supply Chain Management beim Anlagenbauer Lurgi AG: „Effektive und effiziente Prozesse gewin-

---

[44] Harald Gerking in: Supply Chain Manager Forum 2007, Programmankündigung

nen in der Zusammenarbeit zwischen Kunden und Lieferanten immer mehr an Bedeutung. Supply Chain Management kann dabei einen entscheidenden Beitrag zu jeder Stufe in der Wertschöpfungskette leisten." Daraus entstehe eine Win-Win-Situation für alle am Prozess beteiligten Partner.[45] Es gilt, die richtigen Lieferanten für die eigenen Produktionsabläufe zu finden und die Versorgung des Unternehmens mit den benötigten Gütern sicherzustellen. Wer könnte das besser als der Einkauf, die Unternehmenseinheit, die die Schnittstelle zu den Lieferanten bildet? Freilich kann dies wirklich gut nur im Verbund mit den anderen Unternehmensbereichen gelingen. Hinzu kommen Einflussfaktoren, die auf die einzelnen Stufen dieses Wertschöpfungsprozesses rückwirken. Dazu gehören Informationen aus dem Kundenauftragsmanagement, etwa über Wunschliefertermine von Kunden, oder Informationen aus dem Verkauf, welche Waren gut oder nicht gut laufen oder auch zu welchen Artikeln zurzeit Sonderaktionen laufen – ein wichtiges Signal an die Produktion, um die nötigen Kapazitäten bereitzuhalten. Alle diese Stufen müssen im Supply Chain Management miteinander verzahnt werden. Erst dann kann der Einkauf die Lieferanten hierbei integrieren.

Wenn es um die Steuerung der Beziehungen eines Unternehmens zu seinen Lieferanten geht, dann ist die Rede von Supplier Relationship Management, Lieferbeziehungsmanagement also, sozusagen der Ausschnitt aus dem Supply Chain Management, der die Lieferseite betrachtet. Das Ziel ist eine möglichst enge Anbindung aller Lieferanten an das Unternehmen. Die Herausforderung für den Einkauf: Ein Netzwerk von Wertschöpfungspartnern aufzubauen, mit dessen Kompetenzen und Kapazitäten die Bedürfnisse der Kunden am besten befriedigt werden können. In der Fachsprache heißt dies Demand Driven Supply Networks.

In der Regel wird Supplier Relationship Management unterstützt durch elektronische Systeme. Denn es umfasst eine ganze Reihe von Prozessen, die der permanenten gegenseitigen Abstimmung bedürfen. Da wäre das E-Sourcing, das der Planung und Vorbereitung der Lieferantenbeziehung dient. Dazu gehören etwa Online-Ausschreibungen und -Auktionen, deren Einsatz zumindest in Kontinentaleuropa noch deutlich ausgebaut werden kann und erhebliche Kostenpotenziale eröffnen wird. Hinzu kommt das Vertragsmanagement, mit dem die im Unternehmen mit Lieferanten ausgehandelten Konditionen überwacht werden können. Breiten Raum nimmt auch das E-Procurement ein, also die eigentliche Durchführung einer Beschaffung. Teil von E-Procurement sind unter anderem sogenannte Supplier Self Service Tools. Sie

---

45 Lothar Kunkel in: Supply Chain Manager Forum 2007, Programmankündigung

ermöglichen es dem Lieferanten, Bestelldaten eines Herstellers online abzurufen oder auch die Lagerbestände.

Vendor Managed Inventory
Der Lieferant trägt dabei die volle Verantwortung dafür, dass die Lagerbestände beim Hersteller beziehungsweise die Regalbestände beim Händler immer so umfangreich wie nötig und so gering wie möglich gehalten werden. Grundlage für die Berechnung der Lieferungen sind unter anderem die Verbrauchs- oder Abverkaufszahlen beim Hersteller oder Händler. Es gibt zwei Varianten von Vendor Managed Inventory: Entweder kommt der Lieferant regelmäßig zu seinem Kunden und ermittelt für die nächste Tour, wie weit das Lager wieder aufgefüllt werden muss. Oder sein Kunde ermittelt seinen Verbrauch über die Verkaufsdatenerfassung und schickt diese Informationen zum Lieferanten. Ob Variante eins oder zwei – der Vorteil des Verfahrens liegt auf der Hand: Schwankungen in der Nachfrage und Veränderungen beim Verbraucherverhalten sind sofort erkennbar. Und: Da der Lieferant für die regelmäßige Nachbefüllung sorgt, muss der Hersteller oder Händler nicht befürchten, dass sein Lager versehentlich leer steht, weil plötzlich die Nachfrage nach seinen Produkten unerwartet in die Höhe geschnellt ist. Er kann den Sicherheitsbestand in seinem Lager weiter reduzieren. Das spart zusätzlich Kosten und ist echte Vermeidung von Verschwendung, ganz im Sinne der Toyodas.

Mit dem Lieferantenmanagement wird der Einkauf zum strategischen Lenker der Lieferantenbeziehung.

Die tragende Säule beim Supplier Relationship Management jedoch ist das Lieferantenmanagement. Hier muss der Einkauf die wesentlichen strategischen Fragen jeder Lieferantenbeziehung beantworten. Welche Partner sind für das Unternehmen besonders gut geeignet? Wie lassen sich die Leistungen der Lieferanten verbessern? Entsprechen die Leistungen der Lieferanten den Kosten- und Qualitätszielen des Unternehmens? Und schließlich: Wo liegen die Kostentreiber im Lieferprozess? Um diese Fragen zu beantworten, muss der Einkauf die Lieferanten beziehungsweise potenziellen Lieferanten zunächst einer Bewertung und dann einer Entwicklung unterziehen. Neben der Lieferantenselbstauskunft spielen diese beiden Aspekte die wichtigste Rolle beim Lieferantenmanagement überhaupt.

Sinn und Zweck der Lieferantenbewertung ist, dass ein Unternehmen, sprich der Einkauf, gemeinsam mit seinen Lieferanten Kriterien festlegt, an denen diese gemessen werden. Maßgeblich ist der Aspekt der Gemeinsamkeit: Denn der Lieferant soll die Chance erhalten, sich anhand der für ein Unternehmen wichtigen Kriterien zu verbessern. Das ist nur dann realistisch, wenn er diese Kriterien auch akzeptiert. Zu den Kriterien gehören zum Beispiel das Innovationspotenzial eines Lieferanten, der Beitrag seiner Produkte zur Wettbewerbsfähigkeit eines Unternehmens oder aber auch seine Lieferbereitschaft. Als Ergebnis dieser Bewertung muss der Einkauf die Lieferanten hinsichtlich ihrer strategischen Bedeutung segmentieren. Die Bandbreite reicht vom Standardlieferanten für einfache Beschaffungsvorgänge bis zum strategischen Lieferanten, mit dem eine echte Wertschöpfungspartnerschaft eingegangen werden kann.

Segmentierung der Lieferanten

Ausschlaggebend hierfür ist die Art der Kompetenzen, die zwischen Lieferant und Kunde kombiniert werden sollen. Erfordert ein Endprodukt den Nachweis eines zertifizierten Qualitätsmanagements, so sind hier höherwertige Kompetenzen angesprochen, als wenn es nur um die reine Lieferung und Annahme von Rohstoffen oder Vorprodukten geht. Ähnlich verhält es sich, wenn die Beteiligung an Forschung und Entwicklung zum gewünschten Leistungsspektrum eines Lieferanten gehört. Es gibt Experten, die empfehlen, die Art der Kooperation nach dem Muster der ABC-Analyse zu bestimmen, ein aus der Materialwirtschaft stammendes Instrument zur Klassifizierung von Gütern. Danach haben A-Güter den höchsten Wertanteil, gemessen an den Materialkosten, obwohl sie eher in geringen Mengen vorrätig sind. Demgegenüber machen C-Güter die größte Gesamtmenge aus, haben aber nur relativ geringen Wert.[46]

Der Lieferantenbewertung folgt die Lieferantenentwicklung, die der Verbesserung der gewählten Lieferantenbasis dient. Dabei geht es im Wesentlichen darum, die vereinbarten Ziele in der gemeinsamen Beziehung mit den eingesetzten Methoden und den genutzten Systemen abzugleichen. Konkret heißt das: Dokumente wie Lasten- und Pflichtenhefte müssen abgestimmt werden, ein gemeinsames Berichtswesen schafft Klarheit darüber, welche Schritte erreicht sind. So berichtet der Lieferant seinem Kunden beispielsweise darüber, wie der Stand der Entwicklung bei bestimmten Modulen oder Systemen ist. Auch Controlling ist Teil der Lieferantenentwicklung. Wenn im Lieferprozess etwas nicht rund läuft, sind beide Seiten aufgefordert, darauf hinzuweisen. Controlling wird somit auch Teil einer Bringschuld seitens des Lieferanten. Er muss den Finger heben, wenn beim Kunden einzelne Bereiche vereinbarte Termine nicht einhalten, etwa zur Abnahme von Komponenten.

---

46 Stefan Seuring: „Die Produktions-Kooperations-Matrix im Supply Chain Management. Konzeption und instrumentelle Ausgestaltung." EcoMTex-Diskussionspapier. Carl-von-Ossietzky-Universität Oldenburg, Januar 2001, Seite 14f.

Effzientes Supply Chain Management ist auch eine zwangsläufige Folge steigenden Wettbewerbs- und Kostendrucks.

Der Einkauf leistet einen ganz wesentlichen Beitrag auf dem Weg eines Unternehmens zu einem effizienten Supply Chain Management. Denn die Ressourcen zu minimieren, die nötig sind, um die Bedürfnisse von Kunden in einem bestimmten Segment zu befriedigen, gelingt nur im Zusammenspiel mit der bestmöglichen Lieferantenbasis. Noch deutlicher wird die Bedeutung, die der Einkauf einnimmt, wenn man sich vergegenwärtigt, dass der Wettbewerbs- und Kostendruck auf die Wirtschaft durch zahlreiche Faktoren im Wertschöpfungsprozess weiter zunimmt. Prof. Ulrich W. Thonemann, Professor für Produktions- und Logistikmanagement der Universität zu Köln, fasst das so zusammen: „Mit zunehmender Präsenz auf heterogenen Märkten und kürzeren Produktlebenszyklen werden die Anforderungen an das Management von Lieferketten immer komplexer." Hinzu komme die Konzentration auf die Kernkompetenzen und damit eine weitgehende Fremdverlagerung einzelner Prozesse. Thonemann: „Bei einigen Unternehmen liegt der Anteil an Fremdleistungen zwischen 50 und 80 Prozent. Da ist eine ganzheitliche Planung, Steuerung und Kontrolle der Lieferkette elementar."[47]

Ein Blick auf diese Faktoren im Detail: Allen voran steht die abnehmende Fertigungstiefe, die den Anteil zugekaufter Leistungen wachsen lässt. Die Frage „Make or Buy?" wird immer häufiger zugunsten von „Buy" beantwortet. Je mehr einzelne Produktionsschritte ausgegliedert werden, desto arbeitsteiliger und differenzierter wird die gesamte Wertschöpfungskette. Zwar lösen viele Unternehmen dieses Problem, indem sie die Zahl der Lieferanten verringern, aber dadurch erhöht sich auch die Abhängigkeit von diesen Unternehmen. Am Druck auf den Einkauf, zusammen mit den Lieferanten Kosteneinsparungen zu realisieren, ändert das nichts – es erschwert die Arbeit eher.

Ein Extrembeispiel für die Ausgliederung von Wertschöpfung ist, wie schon eingangs erwähnt, Puma. Das Unternehmen hat sämtliche Produktionsprozesse an externe Dienstleister vergeben. Dieses Netzwerk von Zulieferern muss exakt mit den Schwankungen am Absatzmarkt harmonisiert werden. Verändert sich die Nachfrage nach Turnschuhen in Nordamerika, so müssen die asiatischen Zulieferbetriebe im Handumdrehen ihre Produktionsreihenfolge und Losgrößen den neuen Verhältnissen anpassen können.

---

[47] Ulrich W. Thonemann in: Supply Chain Manager Forum 2007, Programmankündigung

Hinzu kommt, dass das Gros der produzierenden Betriebe in den zurückliegenden Jahrzehnten seine Rationalisierungspotenziale ausgeschöpft hat. Oder anders gesagt: Innerbetrieblich gibt es nichts mehr zu sparen, folglich geht die Suche nach den Einsparungsmöglichkeiten über die Unternehmensgrenze hinaus. Womit die Betrachtung wieder bei den Lieferanten und den Lagerbeständen angekommen wäre. Schätzungen zufolge steigt der Gewinn eines Betriebs im Schnitt um 18 Prozent, wenn ein Unternehmen seine Materialkosten um nur 1 Prozent senkt.[48] Auch hier wieder gefragt: der Einkauf. Die Versorgung mit Materialien just in time sicherzustellen gehört zu seinen grundlegenden Aufgaben.

Direkt ans Band

Wenn es mal nur bei just in time bliebe. Der Trend geht inzwischen zu „just in sequence": Dann muss der Lieferant die benötigten Komponenten nicht nur rechtzeitig in der richtigen Menge bereitstellen, sondern auch in der richtigen Reihenfolge, damit sie sozusagen in Echtzeit mit der Anlieferung in der Endmontage eingebaut werden können. Der Vorlauf reduziert sich dabei im Extremfall auf bis zu wenige Minuten. Die Aufgabe des Einkaufs: Er muss den Lieferanten befähigen, direkt ans Band zu liefern. Die Integration des Lieferanten hört damit nicht am Werkstor auf, sondern geht bis in die Montage.

Hinter der Just-in-sequence-Idee steckt die sogenannte Postponement-Strategie, abgeleitet aus dem Englischen *to postpone* für verschieben. Ziel dieser Strategie ist das bewusste Hinauszögern von Entscheidungen, um den Prognosezeitraum zu verkürzen und somit eine möglichst treffsichere Vorhersage zu erreichen. Will heißen: Produkte bleiben möglichst lange im unspezifizierten Zustand und werden so spät wie möglich zu Varianten differenziert, die den Kundenwünschen entsprechen. Bis also ein Hersteller beispielsweise einen konkreten Auftrag vom Einkauf seines Kunden erhält, produziert er lediglich standardisierte Bauteile. Erst danach werden diese Standardkomponenten zu kundenspezifisch zugeschnittenen Varianten montiert. Klassisch: das vom Kunden konfigurierte Auto.

Eine andere Form von Postponement ist der möglichst späte Abruf bereits differenzierter Produkte. Er erfolgt erst, wenn ein passender Kundenauftrag beim Händler eingegangen ist. Der Vorteil: Lagerbestände und die damit verbundenen Kosten bleiben so niedrig wie möglich. Allerdings droht die Gefahr, dass

---

48 Bain & Company (Hg.): „Einkaufsstrategien – Herausforderungen für Top-Manager." In: results, Newsletter von Bain & Company, 3/2002. Online unter http://www.bain.com/ (Stand 21. März 2008)

die Logistikkosten steigen. Der Grund: Die Lose, die bei den Lieferanten abgerufen werden, verkleinern sich. Es wird nicht mehr der Bedarf für einen ganzen Monat angefordert, sondern oft genug nur noch für einen Tag oder sogar zweimal täglich. Postponement erfordert also ein effizientes Routenmanagement, das zwischen Einkauf und Logistiksteuerung eng abgestimmt sein muss: Der Spediteur darf auf einer Fahrt nicht nur einen einzigen Lieferanten ansteuern, er muss die Güter verschiedener Lieferanten nacheinander aufladen, um für eine bessere Auslastung seiner Transportkapazitäten zu sorgen.

Der Wertschöpfungsprozess muss vom Endkunden her betrachtet werden. Nicht zuletzt erhöht sich der Wettbewerbs- und Kostendruck auf Unternehmen dadurch, dass die Anforderungen der Kunden an Produkte und Dienstleistungen steigen. Der Kunde von heute will die von ihm gewünschte Ware in höchster Qualität und so schnell wie möglich. Dies ist zweifellos eine Folge der Sättigung der Märkte. Wenn es von allem zu viel gibt, ist der Kunde einmal mehr König im Kampf um seine Gunst. Umso wichtiger ist es für einen Hersteller, Lieferanten zu finden, die in Güte, Flexibilität und Schnelligkeit keine Wünsche offen lassen. Sand im Getriebe darf es bei der Auslieferung der Ware an den Weiterverarbeiter oder an den Handel nicht mehr geben. In der Tat ist das oberste Grundprinzip im Supply Chain Management die Orientierung am Kunden. In Zeiten, in denen Produkte immer austauschbarer werden, müssen neue Rezepte her, um sich vom Wettbewerb abzuheben und gleichzeitig die Kosten im Zaum zu halten. Das Beispiel Marico (siehe Seite 110) führt dies vor Augen.

Die Zufriedenheit der Kunden durch eine bedarfsorientierte Lieferung zu steigern hat sich ein Ansatz zu eigen gemacht, der als Efficient Consumer Response, kurz ECR, bekannt geworden ist. ECR ist ein Sammelbegriff für verschiedene Vorgehensweisen, die auf eine optimale Angebotsstruktur für den Konsumenten zielen und gleichzeitig dafür sorgen, dass Wertschöpfungsprozesse rationalisiert werden. Allen gemeinsam ist dabei, dass zu Beginn stets die Wertschöpfungskette auf ihre Optimierungspotenziale hin untersucht wird – angefangen bei der Produktion bis zur Kaufentscheidung durch den Verbraucher. Eine dieser Vorgehensweisen ist das Efficient Replenishment, zu Deutsch: die effiziente Warenversorgung. Dabei erhält der Hersteller über elektronischen Datenaustausch aktuelle Informationen über die Lagerbestände und den Abverkauf beim Händler. An diesen Informationen orientieren sich die Produktion und die Beschaffung hierzu benötigter Bestandteile. Ausschließlich die Nachfrage am Verkaufspunkt regelt somit den Nachschub an

Waren. Und vor allem: Händler, Hersteller und Lieferanten können schnell auf kurzfristige Nachfrageschwankungen reagieren, ohne ihre Lagerbestände erhöhen zu müssen.

Exkurs: Optimierung der Logistikkette bei Marico

Die Verfügbarkeit seiner Produkte zu stärken war das erklärte Ziel von Marico Industries, einem der führenden Hersteller von Konsumgütern in Indien.[49] Das Unternehmen zählt an die 100 Millionen Endverbraucher als Kunden und ist auf ein perfekt funktionierendes Distributionsnetzwerk angewiesen. Zu diesem Netzwerk gehören neben den mehr als 30 Lagern rund 3.500 Großhändler und 1,6 Millionen Einzelhändler auf dem Subkontinent.

Irgendwann erkannte Marico, dass die Logistikkette nicht mehr mit der Geschäftstätigkeit des Unternehmens mithalten konnte. Prognosen wurden immer schwieriger, die Zahl der Fehlbestände häufte sich. Der Planungszyklus lag bei einem Monat, sodass das Unternehmen auf plötzliche Änderungen in der Nachfrage so gut wie nicht reagieren konnte. Darüber hinaus schwankten die Liefervolumina im Monatsverlauf zwischen 15 und 53 Prozent. Das Image von Marico drohte durch diese Mängel Schaden zu nehmen, bei den Kunden wie beim Handel.

Um Abhilfe zu schaffen, machte sich der Konzern mit Hilfe von SAP SCM an die Optimierung der Logistikkette. Fortan wurde das monatliche Liefersoll von den Produktionswerken zu den Lagern kalkuliert, um die Lagerfertigung zu unterstützen. Darüber hinaus übermitteln seitdem die Distributoren ihre Lagerbestände an Marico. Auf der Grundlage dieser Bestandsmengen und des Bedarfs, den der Einzelhandel für sich ermittelt, beliefert der Konzern die Großhändler. Der Erfolg: Die Prognosegenauigkeit erhöhte sich um 14 Prozent, der Planungszyklus konnte von 30 auf 15 bis 20 Tage reduziert werden. Und: Die Liefervolumina verteilten sich nach der Implementierung des neuen Systems deutlich gleichmäßiger und lagen bei 25, 32 und 43 Prozent im ersten, zweiten und dritten Monatsdrittel. Die Überbestände bei den Großhändlern verringerten sich um ein Drittel, der Anteil verspäteter Lieferungen an die Großhändler sank um 37,5 Prozent.

---

49 „SAP Supply Chain Management bei Marico." Case Study, SAP AG, 2003;
mit freundlicher Genehmigung der SAP AG.
Online unter http://www.sap.com/germany/ (Stand 16. März 2008)

Wie sehr eine solche Ausrichtung der Wertschöpfung nottut, zeigt der sogenannte Bullwhip- oder Peitscheneffekt: Damit ist das Phänomen gemeint, dass sich plötzliche Veränderungen in der Nachfrage beim Endkunden auf die Bestellmengen aller vorgelagerten Stufen in der Wertschöpfungskette auswirken.

**Praxisbeispiel Vaillant Group:
Klassische Absatzplanung führte zu unnötigen Lagerbeständen.**

Ein anschauliches Beispiel für die Umsetzung eines Replenishment-Prinzips bietet die Vaillant Group. Der Konzern mit seinen rund 10.000 Mitarbeitern ist europäischer Marktführer in den Bereichen Wohnwärme und Warmwasser. Jedes Jahr fertigt Vaillant, verteilt auf acht eigene Marken, 2,8 Millionen Endgeräte, darunter alleine mehr als eine Million Wandheizgeräte und 450.000 Gas-Wasserheizer. Die Heizgeräte werden im englischen Belper ebenso gebaut wie im französischen Nantes, im slowakischen Skalica oder im nordrhein-westfälischen Remscheid. Vor der Neuorganisation seiner Lagerhaltung war die Materialwirtschaft von Vaillant geprägt durch sehr hohe Lagerbestände mit einer sehr hohen sogenannten Reichweite. Bei einer bestimmten Artikelgruppe lag sie im Schnitt bei 34 Tagen. Das heißt: Die Bestände bei Vaillant waren so hoch, dass sie mehr als einen Monat gereicht hätten, wenn die Produktion plötzlich stillgestanden hätte. Gleichzeitig gab es große Schwankungen in der Produktion des Geräts. Die Abweichungen lagen bei mehr als 40 Prozent innerhalb nur eines Quartals.

Marktgerechte Vorgaben nötig

Ursache für diese beiden Schwächen war, dass das Verhalten des Marktes sich nicht vorhersagen ließ. Die Absatzplanung bei Vaillant lag seinerzeit in der Verantwortung der Distributoren, also des Vertriebs und der Tochtergesellschaften, und beruhte auf unterschiedlichen Faktoren, die nicht die tatsächliche Nachfrage berücksichtigten. Zu den Planungsfaktoren gehörten Umsatzerwartungen, die sich unter anderem aus Erkenntnissen aus der Markt- und Wettbewerbssituation speisten. Diese Erwartungen wurden kombiniert mit den bisherigen Absatzzahlen und zu Aussagen über den zu erwartenden Verkauf von Endgeräten oder Zubehörteilen verdichtet. Abgeglichen wurden die Zahlen zuletzt mit den Lagerbeständen bei den einzelnen Distributoren. Damit hatte die Produktion ihre Vorgaben – ganz gleich, ob sie marktgerecht waren oder nicht.

Die Wertschöpfung bei Vaillant war damit vollkommen dem Peitscheneffekt ausgesetzt. Plötzliche Nachfrageschwankungen konnten von der Produktion nicht abgefangen werden, solange die Distributoren nicht von sich aus die Absatzplanung nach unten korrigierten. Das Prinzip lässt sich eigentlich so formulieren: Der Vertrieb sagte, was der Markt zu wollen hatte. Tatsächlich aber fand kein gleichmäßiger Abverkauf statt. Für einen Artikel, der im Schnitt vielleicht 200 Mal am Tag verkauft wurde, waren Ausreißer auf mehr als 500 Stück keine Seltenheit. Solche extremen sporadischen Ausschläge zeigten Vaillant, dass der Absatz von Artikeln schlichtweg nicht im Voraus zu planen war, umso weniger, je mehr Varianten eines Endgeräts im Lauf der Zeit hinzukamen. Die Folge waren hohe Sicherheitsbestände in den Lagern.

Plangesteuerte Marktaktivitäten wandeln sich zur kundenorientierten Produktion.

Vaillant setzte sich ein Ziel: „Halbierung des in den Beständen gebundenen Kapitals binnen 15 Monaten", erinnert sich Dieter Müller, Geschäftsführer der Vaillant Group. „Die Lieferfähigkeit sollte dabei unter keinen Umständen in Mitleidenschaft gezogen werden." Im Gegenteil: Der Anspruch war, sie sogar möglichst zu steigern. Anhand des SCOR-Modells überprüfte das Unternehmen zunächst, inwiefern die Wertschöpfungsprozesse zur gesetzten Strategie und zum daraus abgeleiteten Business Case passten oder angepasst werden mussten. Müller: „Dabei haben wir jede einzelne Stufe in diesem Prozess unter die Lupe genommen, angefangen beim Forecasting über die Materialbedarfsplanung, das Lieferantenmanagement und die Beschaffung bis hin zur Produktion und dem Bestandsmanagement der Vertriebsgesellschaften." Am Ende dieser Analyse standen drei Modellfälle, mit denen Vaillant den Schwenk von der plangesteuerten Belieferung der Märkte hin zur kundenorientierten Bereitstellung von Produkten schaffen wollte. Jeder dieser Fälle berücksichtigt unterschiedliche Situationen, in denen Kunden bei Vaillant Produkte nachfragen. Ihnen gemeinsam ist das „Pull-Prinzip": Produziert wird erst, wenn der Kunde ein Produkt haben will. Oder mit anderen Worten: Nur der Eingang eines Kundenauftrags führt zur Beauftragung der Endgerätemontage. Somit ist auch für den Einkauf erst der Kundenauftrag der Anstoß, die für die Endmontage eines Produkts benötigten Komponenten bei den Lieferanten zu bestellen.

Fall 1 geht davon aus, dass der Kunde ein Produkt zu seinem Wunschtermin bestellt, der nach der Gesamtdurchlaufzeit des Produkts liegt. Das heißt: Die Lieferzeit errechnet sich aus der Summe der Durchlaufzeiten von Auftragseingang und -erfassung, Fertigstellung der bestellten Ware sowie deren Kommissionierung und Versand. Der Kunde erhält das Produkt zum zugesagten Termin. Fall 2 berücksichtigt die Bestellung eines „Exoten", also eines Endgeräts, das im Lager in der Regel nicht vorrätig ist, weil es zu selten nachgefragt wird. Hierbei muss der Kunde sich gedulden: Es wird ihm zwar ein Termin für die Auslieferung fest zugesagt, der jedoch richtet sich nach einer vorgegebenen Lieferzeit. Ermittelt wird diese Zeit anhand der oben bereits beschriebenen Durchlaufzeiten. In Fall 3 schließlich will der Kunde ein Produkt sofort haben. Dann erhält er die Ware direkt aus dem Lager. Die entstehende Lücke wird dadurch wieder geschlossen, dass Entnahmen im Lager zu einem definierten Zeitpunkt von der Produktion ausgeglichen werden. Das Lager wird mit den fehlenden Geräten innerhalb intern vereinbarter Liefertermine versorgt.

Efficient Replenishment erfordert exakte Steuerung der Lieferanten.

In allen drei Fällen ist gewährleistet, dass die Lager so weit wie nötig und so gering wie möglich befüllt sind – Efficient Replenishment eben. In den ersten beiden Fällen wird jeder erfasste Vertriebsauftrag in Menge und Termin direkt an die Produktionsgesellschaft übergeben und löst dort die Produktion aus. Im Fall 3 wird ein Produktionsauftrag ausgelöst, sobald das Lager den sogenannten Melde- oder auch Minimalbestand erreicht hat. Die Absatzplanung des Vertriebs dient damit ausschließlich der Einplanung der erforderlichen Produktionskapazitäten, also der notwendigen personellen und materiellen Ressourcen. Sie ist nicht mehr Auslöser für die Produktion. Diese Aufgabe kommt ausschließlich dem Replenishment-Los zu.

Der Einkauf muss die Lieferanten bei diesem Modell adäquat steuern. Jeder Lieferant muss seine Kapazitäten vernünftig planen können, um seinen Lieferpflichten nachzukommen. Die „Tücke" beim Replenishment liegt darin, dass nur der Kundenauftrag eine verbindliche Bestellung an Endgeräten und somit an Komponenten für diese Endgeräte auslöst. Der Lieferant muss dann kurzfristig innerhalb einer vereinbarten Zeit, der sogenannten Wiederbeschaffungszeit, liefern. Um jedoch die erforderlichen Kapazitäten für die kommenden Monate einplanen zu können, erhält er vom Einkauf weitere Informationen. Dazu gehört zunächst einmal ein Jahresforecast, der – wenn auch unverbindlich – die voraussichtliche Zielmenge der zu liefernden Komponenten vorhersagt. Im Lauf des Jahres wird dieser Forecast durch eine zweite, aufgrund der Entwicklung in den zurückliegenden Monaten korrigierte Vorschau ergänzt. Zur zusätzlichen Sicherheit erhält der Lieferant außerdem monatliche Forecasts, die auf drei Monate ausgelegt sind und stets die Entwicklung des Vormonats berücksichtigen. So hat der Lieferant trotz Verbrauchssteuerung die Chance, seine Kapazitätsplanung der aktuellen Absatzentwicklung bei seinem Kunden kontinuierlich anzupassen. Die Folge: Die Fähigkeit, Materialien zum benötigten Zeitpunkt bereitzustellen, erhöht sich deutlich gegenüber einer Kalkulation, die nur auf einer einzigen Jahresplanung beruht und die plötzliche Schwankungen in der Nachfrage nicht vorhersehen konnte.

Der Erfolg für Vaillant: „Mit unserem Replenishment-Konzept konnten wir unseren durchschnittlichen Lagerbestand vom Wert her halbieren und das Ergebnis vor Steuern deutlich verbessern," so Dieter Müller. Die Optimierung der Liefertreue führte dazu, dass der Umsatz des Unternehmens zulegte, während die Herstellungs- und Betriebskosten sowie das Working Capital, also das Umlaufvermögen, unter anderem dank niedrigerer Beschaffungskosten und Durchlaufzeiten sowie höherer Kapazitätsauslastung sanken. Das niedrigere Umlaufvermögen führte darüber hinaus dazu, dass weniger gebundenes Kapital den Betrieb belastete.

Das Beispiel Vaillant lässt deutlich erkennen: Professioneller Einkauf ist heutzutage weit mehr als traditionelles Beschaffungswesen, sein wirtschaftlicher Einfluss auf das Unternehmen geht in Zeiten modernen Supply Chain Managements deutlich über die reinen Einkaufspreise hinaus.

Management Summary

Professioneller Einkauf ist heute umfassendes Supply Chain Management. Er hilft seinem Unternehmen mit der gezielten Auswahl von Spitzenlieferanten, Kosten für Fehllieferungen oder Nachlieferungen zu vermeiden. Er hilft bei der Steigerung des Umsatzes, wenn die Lieferanten schnell und flexibel sind und dazu beitragen, dass die Produkte eines Herstellers immer zum gewünschten Zeitpunkt im Handel sind. Es gilt also, ein Netzwerk von Lieferanten aufzubauen, um mit dessen Kompetenzen und Kapazitäten die Kundenbedürfnisse zu befriedigen. Dazu muss auch der Informationsfluss vernetzt werden: Moderne elektronische ERP-Systeme bieten die Möglichkeit, das Supplier Relationship Management zu integrieren. Aber auch beim Umlaufvermögen kann der Einkauf sich entfalten: Das bezieht sich nicht nur auf die Preise der eingekauften Güter, sondern auch auf Lager- und Finanzierungskosten. Einkaufsorganisationen gehen zunehmend dazu über, die Partner der Wertschöpfungskette an der Volatilität des Endverbrauchermarktes zu beteiligen. So gibt es inzwischen Modelle, nach denen eine Ware so lange im Besitz des Lieferanten bleibt, bis sie an den Endkunden verkauft ist. Dadurch entstehen ganz neue, sozusagen wertschöpfungsgetriebene Geschäftsmodelle. Dies ist dann in der Tat Supply Chain Management in seiner höchsten Ausprägung.

Kapitel 6

Wenn der Markt außer Kontrolle gerät

Risiken im Einkauf kontrollieren heißt der Verantwortung gerecht werden

Schaden abwenden:
Risikobereiche – Ursachen und Arten von Risiken – Realistische Einschätzung – Angemessene Maßnahmen – Fokus: Rohstoffpreisrisiken und die Methoden des Hedging – Die Rolle der Transparenz – Sourcing Governance – Fokus: Wertemanagement bei Lieferanten und Steigerung des Unternehmenswertes

„Risiko made in China" titelte „Spiegel-Online" am 15. August 2007, nachdem sich Rückrufaktionen westlicher Unternehmen häuften und die Bevölkerung in Europa, vor allem aber in den Vereinigten Staaten, tief verunsicherten. Über 20 Millionen Spielzeuge wollte allein der amerikanische Hersteller Mattel so aus dem Verkehr ziehen. Der Verdacht: Bei der Produktion in China wurde bleihaltige Farbe verwendet, zudem lösten sich kleine Magneten, die von Kindern verschluckt werden könnten. Einen erhöhten Bleigehalt stellte auch die Einzelhandelskette J. C. Penney bei einzelnen Spielzeugsets fest, Toys„R"Us sowie Wal-Mart hatten die krebserregende Substanz in Babylätzchen aus Vinyl entdeckt. Die Kaffeehauskette Starbucks startete einen Rückruf von 250.000 Kinderbechern aus Plastik, weil sie leicht zerspringen konnten. Japanische Importeure warnten vor Reisezahnpastasets, die Frostschutzmittel enthielten, Tierfutter musste in Kanada aus den Regalen verschwinden, weil es mit chemisch verseuchtem Gluten versetzt war. Jeden Freitag veröffentlicht die EU-Kommission eine Übersicht[50] zu gefährlichen Produkten, die von den Mitgliedsstaaten gemeldet wurden. „Rapex" heißt das Schnellwarnsystem, und in den Listen der Union tauchte im Sommer 2007 in der Zeile „Herkunftsland" vor allem ein Staat auf: China. Und dortselbst riefen die Behörden das Krebsmedikament eines Shanghaier Pharmaunternehmens zurück, weil es bei Kindern schwere Nebenwirkungen ausgelöst haben sollte.

Mit der Verlagerung ihrer Produktion in Länder, die mit niedrigen Löhnen und günstigen Herstellungsbedingungen locken, konnten vor allem westliche Unternehmen dem Wettbewerbsdruck zunächst ein probates Mittel entgegenhalten. Nicht erst

---

50 http://ec.europa.eu/consumers/dyna/rapex/rapex_archives_de.cfm
 (Stand 16. März 2008)

die Beispiele dieser Rückrufaktionen haben den Einkaufsverantwortlichen sehr deutlich gemacht, dass im Zuge der Globalisierung auch die Risiken erheblich gestiegen sind.

Risiko oder Gefahr?

Während hierzulande die Produktionsbedingungen recht genau einzuschätzen sind, können – wie im Eingangskapitel beschrieben – Naturkatastrophen, wie der Wirbelsturm Katrina im Golf von Mexiko oder Tsunamis im asiatisch-pazifischen Raum, die Lieferung von Rohstoffen von einem auf den anderen Tag zum Erliegen bringen. Nicht weniger schädlich für den internationalen Warenverkehr sind Bürgerkriege oder politische Umstürze, sei es im Nahen Osten oder auf dem afrikanischen Kontinent. Solche Ereignisse werden als Gefahren definiert, denen Unternehmen ausgesetzt sind und die sie nicht beeinflussen können. Anders sieht es dagegen bei der mangelhaften Kontrolle von Endprodukten, fehlender Qualitätssicherung im Verlauf der Herstellung, falscher Markteinschätzung für die Entwicklung bei Rohstoffen oder der Verbrauchernachfrage aus: Hier haben die Verantwortlichen in den Unternehmen eindeutige Entscheidungen getroffen, nämlich das eine zu tun und das andere zu lassen – und sind damit ein Risiko eingegangen. Als Risiko wird also bezeichnet, dass man aus einer Reihe von Möglichkeiten eine ausgewählt hat, nach der man handelt. Hat so eine Entscheidung aber negative Konsequenzen und fügt dem Unternehmen einen finanziellen oder ideellen Schaden zu, dann ist dies die Folge eben jener Entscheidung. Genau hier setzt das Risikomanagement an, indem es bewusst das Augenmerk auf die beeinflussbaren Faktoren richtet und sie darauf abklopft, welcher mögliche Schaden daraus für das Unternehmen erwachsen kann.

An dieser Stelle wird deutlich, dass sich gerade der Einkauf in einer prekären Lage befindet. Einerseits gilt es Einsparpotenziale zu nutzen, die Versorgung zu sichern und gleichzeitig die Innovationsfähigkeit der Lieferanten zu steigern. Auf der anderen Seite steigen die Risiken, die damit einhergehen. Ein auf den ersten Blick günstiger Lieferant kann schadhafte Produkte fertigen, die später teuer ersetzt werden müssen, weil der Einkäufer keine Qualitätssicherung vor Ort implementierte. Die Pipeline eines Rohöllieferanten wird von Rebellen blockiert – und im Heimatwerk stehen die Abfüllmaschinen still, weil die Basisstoffe fehlen und kein Ersatzlieferant in der Hinterhand war. Es gibt eine Vielzahl solcher Risiken, auf die im Folgenden noch einzugehen sein wird; werden sie von den Unternehmen ignoriert, führt das nicht nur zu Umsatzeinbußen und Imageverlust, im schlimmsten Falle setzen sie ihre eigene Existenz aufs Spiel. Es muss also darum gehen, Risiken zu identifizieren, diese über entsprechende

Reaktionen handhabbar zu machen und sie im besten Sinne des Wortes zu managen. Für die meisten Unternehmen ist dies bei Währungs- und Zinsrisiken bereits Standard, doch die Steuerung von Einkaufsrisiken weist erhebliche Lücken auf. Und es gibt in den meisten Unternehmen eine Reihe von bereits eingegangenen Risiken und Ungewissheiten, die nicht immer identifiziert sind und die die Einkaufsorganisationen vor große Herausforderungen stellen können.

Nicht nur finanzielle Verluste bedeuten Schaden für das Unternehmen und seine Kunden. Dabei sollte man Risiken aber nicht nur auf den geldwerten Schaden reduzieren. Unternehmen stehen heute im Spannungsfeld der öffentlichen Wahrnehmung – von den Finanzmärkten über die Regionalzeitung bis zur Produktbewertung durch die Verbraucher im Internet. Die zunehmende technische Vernetzung der Menschen und die permanente Verfügbarkeit von Information sorgen dafür, dass das Eintreten eines Schadens eine kommunikative Kettenreaktion auslöst, die den Schaden um ein Vielfaches potenzieren kann. Es gehört also genauso zum Risikomanagement, Veränderungen in diesen Kommunikationsfeldern wahrzunehmen und darauf zu reagieren. Viele behördliche Vorgaben oder gesetzliche Regelungen – von der Abfallentsorgung bis zum Gesetz „zur Kontrolle und Transparenz im Unternehmensbereich" (KonTraG) – existieren in erster Linie deshalb, weil das Risikomanagement in den Unternehmen versagt hat. Das Ausmaß der verursachten Schäden wurde von einer breiten Öffentlichkeit als so groß empfunden, dass hiernach eine staatliche Intervention erfolgte. Ob das der entscheidende Schritt zur Verbesserung der Risikosteuerung war, muss allerdings kritisch hinterfragt werden. Die Herausforderung für die Einkaufsorganisationen besteht also darin, Handlungsspielräume und Chancen zu nutzen, um Wettbewerbsvorteile zu generieren, die von einem wirkungsvollen und umfassenden Risikomanagement begleitet werden.

Studie zum Risk Management
Wie weit Anspruch und Wirklichkeit bei der Betrachtung potenzieller Risiken in den Unternehmen auseinandergehen, hat jetzt auch eine aktuelle Befragung[51] von 204 Einkaufsverantwortlichen internationaler Unternehmen – mit einem durchschnittlichen Einkaufsvolumen von jeweils 1,2 Milliarden Euro – zutage gefördert. So gaben 86 Prozent der Studienteilnehmer an, dass ihre Organisationen den mit Abstand größten Schwerpunkt auf das Management von Lieferantenrisiken legen. Auf

---

51 Sven Marlinghaus, Lars Immerthal: „Risk Management Reloaded – a procurement perspective." BrainNet-Unternehmenspublikation, Bonn, 2007

der anderen Seite gaben lediglich 2 Prozent der Befragten an, dass sie wahrscheinlich oder sehr wahrscheinlich mit dem Problem konfrontiert werden, dass ihre Lieferanten entweder ausfallen, die Ware nicht pünktlich oder fehlerhaft liefern. Zudem gaben auch nur 41 Prozent der Teilnehmer an, dass diese Lieferantenrisiken einen hohen oder sehr hohen Schaden für das auftraggebende Unternehmen bedeuten würden.

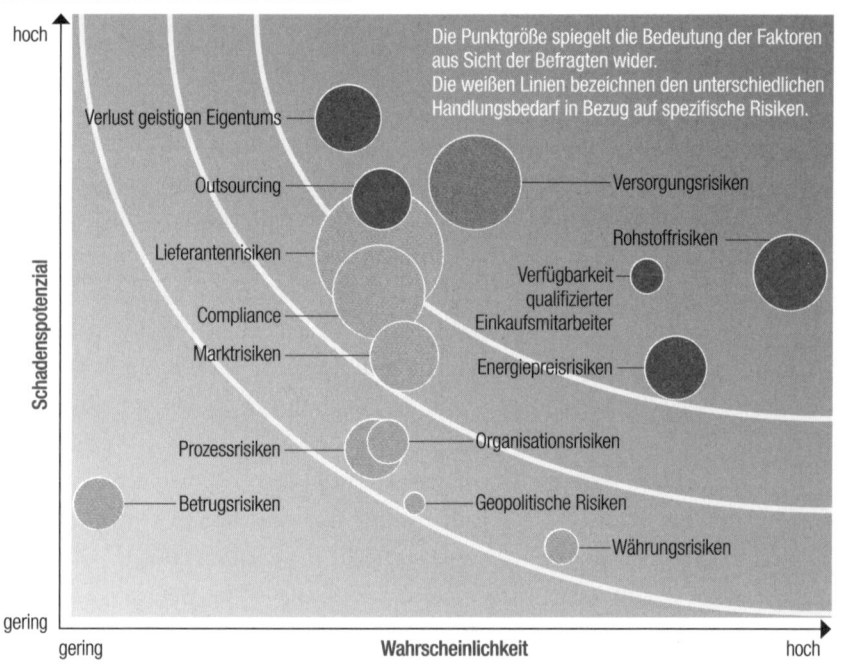

Abb. 9 **Die Aufmerksamkeit für Risiken verändern**

Die Punktgröße spiegelt die Bedeutung der Faktoren aus Sicht der Befragten wider. Die weißen Linien bezeichnen den unterschiedlichen Handlungsbedarf in Bezug auf spezifische Risiken.

Achsen: Schadenspotenzial (gering–hoch) / Wahrscheinlichkeit (gering–hoch)

Risiken: Verlust geistigen Eigentums, Outsourcing, Versorgungsrisiken, Lieferantenrisiken, Rohstoffrisiken, Compliance, Verfügbarkeit qualifizierter Einkaufsmitarbeiter, Marktrisiken, Energiepreisrisiken, Prozessrisiken, Organisationsrisiken, Betrugsrisiken, Geopolitische Risiken, Währungsrisiken

Es besteht eine offensichtliche Notwendigkeit, das Blickfeld des Risikomanagements zu erweitern und besser auf gegenwärtige und künftige Herausforderungen auszurichten.

Mit anderen Worten: Es wird der Fokus auf die Abwehr eines Risikos gelegt, dass wahrscheinlich nicht eintritt – und wenn, dann in einem Maße, welches durchaus zu managen ist. Ein überaus großer Anteil der Befragten geht davon aus, dass sie auch in Zukunft von steigenden Rohstoffpreisen betroffen sein werden. Allerdings befürchtet wiederum nur eine Hälfte von ihnen, dass dies tatsächlich einen Schaden für das Unternehmen verursachen würde. Das Management von volatilen Rohstoffmärkten belegt im Maßnahmenplan der Verantwortlichen lediglich einen mittleren Stellenwert. Dass dies einem Vabanque-Spiel gleichkommt, hat schon das Einführungskapitel dargelegt.

**Risikokategorien:
Preise und Versorgung sind vorrangig, vor allem steigende Volatilität verunsichert.**

Ein besonders augenfälliges Beispiel: Unternehmen, die zur Produktion ihrer Güter, bei der Weiterverarbeitung oder für den reinen Betrieb auf den Rohstoff Erdöl angewiesen sind, müssen auf Preissteigerungsrisiken reagieren, wenn sie die Gewinne und Renditen nicht gefährden wollten. Ein bereits erwähnter Hersteller von Waschmitteln ist bei einem Einkaufsvolumen von rund 250 Millionen Euro in diesem Bereich zu fast 90 Prozent von Rohstoffen abhängig. Der Lufthansa-Konzern hat einen jährlichen Treibstoffverbrauch von etwa sechs Millionen Tonnen Kerosin, was im Jahr 2005 einem Anteil von 14 Prozent an den gesamten betrieblichen Aufwendungen entsprach.[52]

Für die Chemieindustrie ist Erdöl der wichtigste Rohstoff: Rund 20 Millionen Tonnen benötigen Unternehmen wie BASF – das ist fast ein Fünftel des deutschen Rohölverbrauchs. Ein Anstieg um 10 Dollar je Barrel kostete die Branche im Jahr 2004 rund 1,2 Milliarden Dollar. Weltmarktführer BASF ist aber nicht nur Verbraucher, über die Tochter Wintershall produziert das Unternehmen auch Öl und Gas; den Preisanstieg beim Rohöl konnte es dadurch nicht ausgleichen. Allerdings ist nicht die absolute Höhe des Ölpreises das Problem, sondern vielmehr dessen Schwankungen, betonte das Unternehmen.[53] Gerade BASF ist ein Beispiel für gutes Risikomanagement. Zum einen befasst sich eine eigene Organisationseinheit mit der Absicherung dieser Risiken, zum anderen führte der Einstieg in das Öl- und Gasgeschäft im Sinne der Rückwärtsintegration zu einem perfekten Ausgleich von Risiken auf strategischer Ebene.

Mit Beginn des neuen Jahrtausends sind die Preise etwa für Erdöle und Metalle enorm gestiegen – und folgt man Jim Rogers, der mit George Soros den „Quantum Fund" gründete, wird diese Hausse noch eine Weile andauern: „Rohstoff-Haussen erstrecken sich traditionell über Zeiträume von 15 bis 20 Jahren. Da die jetzige erst seit fünf Jahren läuft, haben wir also noch eine schöne Zeit vor uns. Verglichen mit dem heutigen Stand werden dabei alle Rohstoffe im Preis steigen. Bevor der Trend ausläuft, werden die meisten von ihnen neue Rekordhochs markiert haben. Davon sind wir derzeit noch weit entfernt."[54]

53 Lufthansa: Geschäftsbericht 2005, Seite 73
53 Rüdiger Köhn, Christopher Noack, Henning Peitsmeier, Michael Psotta, Werner Sturbeck:
„Der hohe Ölpreis bremst die deutsche Wirtschaft." In: *Frankfurter Allgemeine Zeitung*, 6. April 2005, Nr. 79, Seite 14
54 Jim Rogers: „Rohstoffe sind derzeit das, was man als Investor haben muss."
In: Online-Ausgabe der *FAZ* vom 31. März 2004. http://www.faz.net (Stand 21. März 2008)

Häufig unterschätzte Risikokategorien

Eine ausbleibende Versorgung mit Rohstoffen kann zum existenzbedrohenden Risiko für Unternehmen werden – und nicht nur aufgrund fehlender Quellen: Lieferungen bleiben auf dem langen Transportweg stecken, ein Anheben der Exportzölle treibt den Beschaffungspreis in die Höhe oder aber ein Arbeitskampf legt die Produktion im Zielland lahm. Diese Unterbrechungs-, Ausfall- und Leistungsrisiken stellen eine Kategorie mit Gefährdungscharakter dar. Volatile Preise haben ihre Auswirkung aber nicht nur auf produzierende und damit von Rohstoffen direkt abhängige Unternehmen: Jede Firma benötigt für ihren Betrieb Energie, ob Gas oder Strom, und ist von steigenden Preisen betroffen, die sich direkt auf ihre Kalkulation und damit das Ergebnis niederschlagen. Hinzu kommen Marktrisiken, die durch eine schwankende Nachfrage verursacht werden oder einen ausländischen Wettbewerber, der im Heimatmarkt als Konkurrent antritt.

Eine weitere Risikokategorie erwächst aus der internen Organisation der Unternehmen: Zum einen können durch fehlende Transparenz, nicht nachvollziehbare Verantwortlichkeiten und Kompetenzen sowie mangelnde Informationen effiziente Prozessabläufe behindert und große Schäden verursacht werden. Zum anderen wird der bevorstehende Mangel an qualifizierten Mitarbeitern im Einkauf selbst zu einer Bedrohung für dessen Handlungsfähigkeit. Mit zunehmendem Outsourcing von Produktionseinheiten und Dienstleistungen geht nicht nur ein Steuerungsrisiko einher: Mit sinkender Wertschöpfungstiefe droht Know-how in Kernbereichen der Produktion abzuwandern. Die steigende Komplexität der Wertschöpfungskette wiederum macht es auch schwieriger sicherzustellen, dass Mitarbeiter wie Lieferanten sich in Übereinstimmung mit den Unternehmensregeln korrekt verhalten.

Sicherungsgeschäfte:
Hedging entlang dem Warenstrom hat nichts mit Spekulation zu tun.

Das Risikomanagement dieser extern wie intern getriebenen Kategorien wird damit zu einem Geschäftsprozess, der verschiedene, aufeinander aufbauende Phasen umfasst: Mit verbesserten Planungs- und Entscheidungstechniken können größere Risiken in einem ersten Schritt sofort eingegrenzt und ausgeschaltet werden. Die Überprüfung und nachfolgende Anpassung der Kommunikations- und Informationsprozesse sowie des Qualitätsmanagements lässt die Analyse weiterer Risiken zu, die in Phase zwei damit verringert werden. Hiernach besteht die Aufgabe darin, die weiteren, auch für die Zukunft nicht auszuschließenden Risiken beispielsweise über den Kapitalmarkt abzusichern und auf einen Kreis zu überwälzen, der dieses Risiko – gegen entsprechende Kompensation – trägt.

Terminkontrakt als Urform

Das Funktionieren einer finanziellen Absicherung lässt sich erneut sehr gut am Beispiel der Rohstoffmärkte erklären: Es liegt im Interesse jedes Kaufmanns, den Preis für die Herstellung seiner Ware kalkulierbar zu machen und dem Risiko eines Preisanstiegs in der Zukunft zu begegnen. Solche Sicherungsgeschäfte nutzten in der Antike bereits Phönizier und Römer, die erste Terminkontrakte als Versicherungen auf Schiffsladungen und Handelsgüter abschlossen. Die erste Terminbörse, die den geregelten Handel mit Futures ermöglichte, war Ende des 17. Jahrhunderts der *Dojima Rice Market* im japanischen Osaka, wo Geschäfte mit Terminkontrakten auf Reis und Seide abgesichert wurden. Bis in die heutige Zeit sind Unsicherheiten über die Zukunft, schwankende Marktpreise und ein wachsender Welthandel Gründe für das Schaffen von organisierten Zukunftsmärkten.

Die Sicherungsgeschäfte, derer sich moderne Einkaufsorganisationen heute bedienen, werden als *Hedging* bezeichnet. Der Begriff stammt ursprünglich aus der Landwirtschaft, wobei „Hedge" für „Hecke" oder „Umzäunung" steht und sinnbildlich die Bauern vor Risiken „abgrenzen" und „absichern" sollte. So war es den Reisbauern möglich, ihre Erzeugnisse schon vor der eigentlichen Ernte zu verkaufen. Sie verpflichteten sich vertraglich (also mit einem Kontrakt) dazu, die exakt bestimmte Ware zu einem festgelegten Zeitpunkt zu liefern, wofür sie einen fixen Preis garantiert bekamen. Die Wechselwirkung ist bis heute unverändert: Unternehmen versichern sich gegen Preissteigerungen bei Rohstoffen durch Terminkontrakte für deren Lieferungen in der Zukunft – zu einem heute festgelegten Preis. Damit haben sie zwar eine verlässliche Planungsgrundlage, sollte der Rohstoffpreis aber bis zur tatsächlichen Lieferung sinken, wäre das ein Verlustgeschäft für den Käufer. (Sollte der Preis steigen, wäre es ein Verlustgeschäft für den Verkäufer.) Daher gibt es heute andere Möglichkeiten, das eigentliche Geschäft, sprich: die physische Lieferung der Ware, durch eine Finanztransaktion an der Börse abzusichern. Dies geschieht durch sogenannte Absicherungskontrakte.

So agieren an den Terminmärkten für Rohstoffe zwei Parteien: Einerseits die Anbieter und Abnehmer, die mit dem Rohstoff direkt arbeiten und die Risiken von Preisänderungen beim An- und Verkauf über Börsengeschäfte absichern wollen. Das sind die *Hedger*. Auf der anderen Seite stehen private oder institutionelle Anleger, das sind Banken, Broker oder Fondsgesellschaften, die eben jenes Preisänderungsrisiko übernehmen, welches die Hedger überwälzen wollen. Für sie ist das Eingehen des Risikos eine profitable Anlagemöglichkeit, denn sie verdienen am Auf und Ab der Rohstoffpreise. Eine physische Lieferung der Rohstoffe liegt – im Gegensatz zum Hedger –

Abb. 10 Wer eine Risikoposition hat und nicht hedged, der spekuliert!

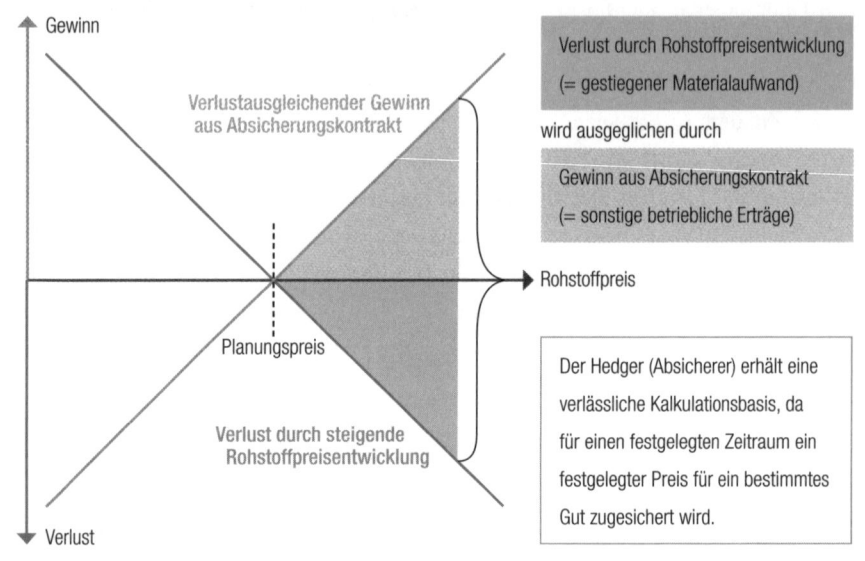

[Diagramm: Achsen Gewinn/Verlust vs. Rohstoffpreis; eingezeichnet „Verlustausgleichender Gewinn aus Absicherungskontrakt", „Planungspreis", „Verlust durch steigende Rohstoffpreisentwicklung".

Textboxen:
- Verlust durch Rohstoffpreisentwicklung (= gestiegener Materialaufwand) wird ausgeglichen durch
- Gewinn aus Absicherungskontrakt (= sonstige betriebliche Erträge)
- Der Hedger (Absicherer) erhält eine verlässliche Kalkulationsbasis, da für einen festgelegten Zeitraum ein festgelegter Preis für ein bestimmtes Gut zugesichert wird.]

Hedgen ist das Absichern einer Risikoposition (zum Beispiel Rohstoffe oder Devisen) gegen negative Marktpreisentwicklungen durch das Eingehen einer adäquaten Gegenposition.

nicht in ihrem Interesse. Auf diese Art und Weise handeln heute auch ganze Volkswirtschaften, wie zum Beispiel der Iran oder Venezuela als rohstoffreiche Länder, an den Terminmärkten.

Optionen: Calls und Puts

Soll beispielsweise ein steigender Preis der Ware abgesichert werden, so wird der Käufer diesen Anstieg des Wertes durch den Erwerb einer entsprechenden Option an der Börse auszugleichen suchen. Bei einem solchen Geschäft erhält der Käufer der Option gegen Zahlung einer Prämie das Recht, eine Ware zu einem bestimmten Termin und einem bestimmten Preis entweder abzunehmen – was als Kaufoption oder Call bezeichnet wird, oder zu liefern – in diesem Fall spricht man von einer Verkaufsoption oder einem Put. Die Laufzeit des Kontrakts, die erwartete Schwankungsbreite des Marktes und die Preisobergrenze der Ware bestimmen dabei die Höhe der Prämie. Noch sicherer begleitet das Hedging den Warenfluss bei einer Kombination von Calls und Puts: Der Kauf eines Calls mit einer Obergrenze und der gleichzeitige Verkaufs eines Puts mit einem Mindestpreis ergibt eine Preisbandbreite: Der Höchstpreis kann nicht überschritten werden; der Mindestpreis ist dennoch fällig, selbst wenn der Markt noch darunter gefallen ist. Demnach sind Steigerungen über die vereinbarte Preisobergrenze abgesichert, fallen die Marktpreise allerdings, profitiert der Optionsinhaber davon nicht.

Diese Art der Sicherungsgeschäfte ermöglicht es Einkaufsorganisationen also, den Risiken gegen Preissteigerung für Rohstoffe effektiv zu begegnen. Selbst wenn sie nicht unmittelbar Käufer von Rohstoffen für ihre Produktion sind, sondern Halbzeuge, Baugruppen oder Systeme geliefert bekommen, gehört es zu ihrem Risikomanagement, den Rohstoffanteil der gekauften Komponenten zu berechnen und entsprechend zu hedgen. Autohersteller sichern über Aluminium-Hedges die Preisentwicklung von Fahrzeugteilen wie Motoren ab, Gabelstapler-Produzenten mittels Kontrakten in Blei einen Preisanstieg bei batteriebetrieben Aggregaten. In einem nächsten Schritt agieren Einkäufer deshalb auch direkt an den Rohstoffbörsen und beschränken ihr Handeln nicht auf den Kauf und Verkauf von Finanzprodukten, die ihnen von den Banken als Tafelgeschäfte zu im Verhältnis teureren Konditionen angeboten werden.

Preis- und Währungsrisiko absichern

Rohstoffe werden an spezialisierten Börsen und Märkten gehandelt: Gas, Strom, Kohle und verschiedene Öl-Qualitäten wie Brent-Öl an der International Commodity Exchange (ICE) unter anderem in London und Ney York – allerdings nur auf dem Papier. Echtes Öl gibt es an den Spotmärkten, zum Beispiel in Rotterdam, oder direkt bei den Lieferanten. Gold und Silber kann man an der London Bullion Market Association (LBMA), Aluminium, Blei, Kupfer, Nickel, Zink und Zinn an der London Metal Exchange (LME) kaufen. Die Abrechnung der Geschäfte erfolgt in US-Dollar. Hieraus entsteht für die traditionell exportorientierten deutschen Unternehmen, die in Euro kalkulieren, neben den Preisrisiken bei Rohstoffen die Gefahr von Währungsschwankungen. Führen im besten Fall steigende Rohstoffpreise bei einem sinkenden Dollar-Kurs noch zu einem neutralen Ergebnis, ergibt sich allein bei steigenden Preisen und gleich bleibendem Dollar-Kurs schon ein Verlust. Das Risiko verdoppelt sich schlagartig, wenn Preise und der Wert der Fremdwährung steigen. Dieses Szenario macht es erforderlich, dass Einkaufsorganisationen auf eine ähnliche Weise wie bei den Rohstoffen auch Terminkontrakte auf Währungen eingehen, also aus Euro-Sicht das Risiko eines stärkeren oder schwächeren US-Dollars ebenfalls hedgen.

Reine Finanztransaktion: Statisches oder dynamisches Hedging erfordert in unterschiedlichem Maße Engagement und Finanz-Know-how.

Ein weiter verfeinertes Vorgehen bieten Terminkontraktmärkte, das sind Börsenplätze, an denen der Schwerpunkt im Kontrakthandel liegt. Im Gegensatz zum eigentlichen Rohstoffmarkt ist hier in der Regel weder der physische Handel mit Rohstoffen noch deren tatsächliche Lieferung vorgesehen. An diesen Börsen steht der Handel mit Futures im Mittelpunkt und damit der Wunsch, an einer Preisentwicklung zu partizipieren. Future-Kontrakte implizieren, im Gegensatz zur Option, eine beidseitige Verpflichtung der Vertragsparteien. Da beide Parteien gleiche Rechte und Pflichten haben, werden statt Prämien Vorschusszahlungen („Initial Margins") in Höhe eines Bruchteils des Kontraktwertes fällig. Obwohl es im natürlichen Interesse von Unternehmen liegt, Änderungen im Preisgefüge zu erahnen und davon zu profitieren, sind Futures und Optionen oft auch das Betätigungsfeld von Spekulanten. So fließt dem Markt zwar zusätzliche Liquidität zu, aber auch eine wachsende Zahl von Akteuren, die über Angebot und Nachfrage entscheiden und eine tägliche Preisfeststellung oftmals erst ermöglichen. Zudem sorgen sie für die Fungibilität, also dafür, dass eine Investition leicht wieder zu Geld zu machen ist.

Spekulation und Psychologie

An den Terminkontraktmärkten wird ein Vielfaches der tatsächlich vorhandenen Rohstoffe gehandelt. Verschiedene Erwartungen über die künftige Entwicklung der zugrunde liegenden Waren („Underlyings") führen zu einem schnell wachsenden Markt für Futures. So beträgt das Volumen des gehandelten Rohöls etwa das Hundertfache der tatsächlichen Ölproduktion.[55] Die Rahmenbedingungen des Rohölmarktes, wie Förder- und Produktionsmengen – zum Beispiel in Abhängigkeit von OPEC-Entscheidungen –, scheinen bei der Preisbildung nicht die Hauptrolle zu spielen, denn Futures als „Wette auf die Zukunft" lassen Übertreibungen nach oben wie unten zu. Allerdings, so merkte der deutsche Mineralölwirtschaftsverband an: „Jede Spekulation hat ... eine fundamentale Basis. Ein spekulatives Engagement in einem Markt ... entsteht nur, wenn es von fundamentalen Daten gestützt wird." Neben den fundamentalen Daten haben jedoch psychologische Faktoren Auswirkung auf die Börsenkurse. Spekulanten und Händler sind in einem hohen Maße daran interessiert, diese Einflüsse kalkulierbar zu machen, und bedienen sich technischer Hilfsmittel wie der quantitativen Analyse. Anhand finanzmathematischer Entscheidungsgrößen – wie kurz-, mittel- und langfristiger Trends sowie Unterstützungsmarken, Widerstände und technische Indikatoren zum Zustand des Marktes – ergeben sich Erwartungen an die Preisentwicklung, die dann eine belastbare und an festen Regeln orientierte Grundlage für die Entscheidung über Kauf und Verkauf von Termingeschäften oder Derivaten darstellen. Auf diese Weise ermittelte Trends spiegeln zudem auf lange Sicht die Fundamentaldaten des Marktes wider und geben Aufschluss über die Verfügbarkeit der Ware. Das bedeutet aber auch, dass es kurzfristig doch zu völlig überhöhten oder wenig gerechtfertigten, niedrigen Kursen kommen kann.

---

55 Mineralölwirtschaftsverband: „Preisbildung am Rohölmarkt", Dezember 2004, Seite 41. Online unter http://www.mwv.de (Stand 16. März 2008)

Die Zahl der Einflussfaktoren nimmt zu

Den Unternehmen muss heute klar sein, dass Rohstoffpreise nicht mehr auf der Basis der physisch angebotenen und nachgefragten Mengen entstehen, sondern eine Vielzahl von Faktoren hierauf einwirkt und damit auch die Volatilität erheblich steigt. Der Kupferpreis für die kommenden zwölf Monate wird weniger dadurch bestimmt, ob eine neue Mine erschlossen werden kann oder nicht, sondern ob ein mittelgroßer Hedge-Fond eine Kupferposition liquidiert oder verdoppelt. Der Cash-Bestand der Welt wird wie bereits in den vergangenen Jahrzehnten auch in den kommenden Jahren weiter wachsen. Diese Liquidität wird ebenso Anlagemöglichkeiten suchen und finden. Deshalb steigt die Bedeutung solcher Transaktionen überproportional und damit das Risiko für den Einkauf.

Der Käufer eines Kontrakts erwirbt also die Planungssicherheit für einen festgelegten Zeitraum und ist damit von der Marktentwicklung weitgehend unabhängig. Dieses als „Statisches Hedging" bezeichnete Agieren hat den Vorteil einer geringeren Komplexität und bedarf keines speziellen Derivate-Know-hows bei den Mitarbeitern im Einkauf oder in den Treasury-Abteilungen der Unternehmen. Der Nachteil ist allerdings, dass nur bei einer Übereinstimmung von Marktentwicklung und im Vorhinein festgelegter Derivatestrategie eine optimale Absicherung und Rendite erwirtschaftet wird.

Das Instrumentarium wird attraktiver bei einem aktiven Umgang mit den Auf- und Abwärtsbewegungen der Börsenkurse. Wird die Absicherungsstrategie situativ an die Marktentwicklung angepasst – werden also Positionen eingegangen oder verkauft –, kann auf diese Weise ein Preis erzielt werden, der im Durchschnitt günstiger ist als ein fixierter Preis. Bei diesem „Dynamischen Hedging" werden mittels quantitativer Analyse Trends beobachtet, die über Kauf oder Verkauf entscheiden. Sprechen die Analysedaten für eine hohe Wahrscheinlichkeit eines Trends (dieser wird unter anderem mithilfe mathematischer Formeln aus der Kurvendiskussion abgeleitet), ist dies Auslöser für das Eingehen einer Position. Besteht der Trend nicht mehr, wird die Position sofort wieder aufgelöst. Preiskorridore für die „Underlyings", in deren Rahmen Kursänderungen keine Auswirkung haben und die durch Hoch- und Tiefpunkte der Kurse in der Vergangenheit definiert sind, werden bei diesem dynamischen Vorgehen mehrfach im Lauf eines Jahres überprüft. In der Praxis hat es sich allerdings als sinnvoll erwiesen, nur auf fundamentale Trendveränderungen zu reagieren und damit durchschnittlich vier bis sechs Trends als Auslöser für das Eingehen oder den Verkauf einer Position zu erachten. Diese Form des Hedgings ist gegenüber der statischen Variante weitaus komplexer und die Akteure müssen über ein ausgefeiltes Know-how beim

Derivatehandel verfügen. Allerdings ist auf diese Weise eine optimale Absicherung nicht nur bei eindeutigen Trends, sondern bei beliebigen Marktentwicklungen möglich.

Einkauf wird zum Asset Manager

Die dynamische Form der Risikoabsicherung findet ihr Vorbild im Asset Management, wo solche Handelsmodelle eine klare und disziplinierende Entscheidungshilfe für verschiedene Marktsituationen darstellen. Das Bauchgefühl weicht einer Strategie, die auf Erfahrungen aus der Vergangenheit beruht. Der Lufthansa-Konzern, der im Jahr 2006 rund 3,4 Milliarden Dollar für Treibstoff aufgewandt hat, sichert nach eigenen Angaben als einzige Fluggesellschaft bereits seit 15 Jahren kontinuierlich die Rohstoffpreise ab. „Ziel ist, durch die Glättung der Preisschwankungen den fliegenden Gesellschaften (des Unternehmens) eine sichere Planungsgrundlage zu bieten. Der kumulierte Netto-Ergebnisbeitrag in den Jahren 1990 bis 2005 liegt bei 1,25 Milliarden Euro." Dazu bedient sich das Unternehmen Instrumentarien wie Terminkontrakten und Optionen. „Lufthansa sichert sich mit einem Vorlauf von 24 Monaten jeweils monatlich 5 Prozent der geplanten Menge in Brent Collars bis zu einem Sicherungsgrad von 90 Prozent. Den Sicherungsgeschäften liegt also eine feste Regel zugrunde, sie bilden somit einen Durchschnittskurs der Rohölpreise ab. Die darauf folgenden sechs Monate werden immer zu 90 Prozent gesichert."[56] (Collars sind Finanzprodukte, die eine Kombination aus Call und Put darstellen, mit deren Hilfe sowohl steigende wie fallende Preise auf einen schmalen Spielraum eingeschränkt werden können.) Den wenigsten Entscheidern ist klar, dass der Einkaufschef also durchaus als Assetmanager gesehen werden kann und sogar muss. Denn er entscheidet über einen nicht unerheblichen Teil des Working Capital und sollte Preisänderungsrisiken genauso professionell mit der Finanzabteilung steuern, wie dies für Währungen und andere Assets schon lange gilt.

Risikomanagement mit Finanzinstrumenten: Basiskompetenz muss im Unternehmen aufgebaut werden, Spezialistenleistungen lassen sich zukaufen.

Auch dieses Beispiel macht deutlich, das es nicht nur um das Jonglieren mit Finanzderivaten geht. Das aktive Management von Rohstoffen und Energieträgern stellt die Einkaufsorganisationen in den Unternehmen vor hohe Anforderungen. Zwar bieten Geschäftsbanken eine Reihe von Sicherungsgeschäften an, will man aber seine Rohstoffpositionen selbst aktiv ma-

---

56 Lufthansa Investor Relations Portal; online unter http://www.lufthansa-financials.de (Stand 16. März 2008

nagen – oder managen lassen –, ist der Aufbau eines eigenen Systems für das Risikomanagement notwendig sowie gegebenenfalls das Engagement eines Hedging-Spezialisten als externer Dienstleister sinnvoll. Hierzu müssen unternehmensinterne Prozesse, die Organisation sowie die IT-Systeme auf die Implementierung der Instrumente zur Risikosicherung ausgerichtet sein und vor allem den gesetzlichen Bestimmungen genügen.

Der Aufbau des Risikomanagements in vier Schritten

In der Analysephase erfolgt ein 360-Grad-Blick auf den Rohstoffeinkauf, um relevante Warengruppen für das Hedging zu identifizieren. Gleichzeitig werden die Materialflüsse und ihre Korrelationen zueinander betrachtet. Eine Analyse der Lieferkette gibt Aufschluss über die Bedarfe der Bereiche Vertrieb und Produktion. Im gleichen Maße ist der externe Blickwinkel notwendig, der die Interessen der Stakeholder berücksichtigt, aber auch öffentlichkeitssensible Themen und Entwicklungen aufspürt. Die Ergebnisse ermöglichen das Entwickeln verschiedener Szenarien und letztlich eines Business Case als Entscheidungsgrundlage für das Unternehmen.

Im zweiten Schritt empfiehlt es sich, die Beschaffungsstrategie im Hinblick auf das Risikomanagement bei relevanten Rohstoffen und Warengruppen zu überprüfen und eine Leitlinie („Hedging-Policy") zu erarbeiten. Hieraus lassen sich anschließend die für den Bedarf des Unternehmens relevanten Finanzderivate identifizieren. Mit der Planung der Hedges geht die beschriebene Definition der Preiskorridore, also die Festlegung der Ein- und Ausstiegszeitpunkte bei der Trendbeobachtung, einher. Eine Kommunikationsstrategie und ein entsprechender -plan für die Hedges in Abstimmung mit dem Asset Manager und dem Einkäufer schließen diesen Schritt ab. Hiernach werden als Drittes unternehmensintern und bei den entsprechenden Banken die notwendigen Konten für den Handel mit Terminkontrakten eingerichtet. Eine technische und fundamentale Marktbeobachtung sowie die Analyse der relevanten Rohstoffpreise führt schließlich zur Entscheidung, wann und in welchem Umfang Positionen zur Absicherung eingegangen und abgestoßen werden.

Abschließend gilt es, geeignete Maßnahmen zur Steuerung und Überwachung des Risikomanagements zu installieren. Ein wirkungsvolles Controlling ist nicht nur Basis für die Steuerung der eingegangenen Positionen selbst, sondern zeigt fortlaufend Handlungsoptionen in Bezug auf den Materialfluss, den Rohstoffbedarf sowie den aktuellen Rohstoffverbrauch auf. Auf diese Weise können die Kontrakte permanent auf die Bedürfnisse des Unternehmens abgestimmt und entsprechend eingestellt werden.

Erfahrungswerte zeigen, dass sich die Implementierung eines Financial Hedging ab einer Größenordnung von 2 Millionen Euro Einkaufsvolumen, das auf diese Weise abgesichert werden soll, rentiert. Während die Kosten für den Handel mit statischen Finanzinstrumenten im Durchschnitt 5 bis 8 Prozent der abzusichernden Summe betragen, belaufen sich diese beim dynamischen Hedging auf 1 bis 2 Prozent. Hinzu kommen Aufwendungen für die Einrichtung des Systems, den Betrieb sowie die Schulung der Mitarbeiter.

Corporate Governance als Leitlinie für die Unternehmenswerte ist kein Platz für Sonntagsreden, sondern ein Faktor für die Unternehmensbewertung.

Mit der Vorstellung der verschiedenen Risikokategorien wurde im Verlauf dieses Kapitels schon auf das Spannungsfeld zwischen interner und externer Wahrnehmung hingewiesen, in dem sich Unternehmen stets befinden. Sie stehen mit ihrem Handeln und Agieren im Fokus einer breiten Öffentlichkeit. Dies stellt die Führung eines Unternehmens vor große Herausforderungen. Die Steuerungsstrukturen innerhalb des Unternehmens, aber auch in der wirtschaftlichen Beziehung zwischen Unternehmen gelten gemeinhin als Definition des Begriffs „Corporate Governance". Sie besteht aus formalen und informalen Regeln, zum einen aus den allgemeingültigen gesetzliche Rahmenbedingungen sowie den spezifischen, das Unternehmen direkt betreffenden Anweisungen, Leitlinien und Verfahren; zum anderen aus den Werten und der Kultur eines Unternehmens. Corporate Governance braucht zudem organisatorische Institutionen, die der Führung und Kontrolle des Unternehmens dienen. Dazu gehört es zum Beispiel, ein Compliance-Board und eine Beschwerdestelle einzurichten, oder Regeln einzuführen, etwa darüber, wie mit der Aufdeckung von Verstößen umzugehen ist („Whistleblowing").

Leistungssteigerung als oberstes Ziel

Regeln und Werte der Corporate Governance sind stets darauf ausgelegt, die Leistung des Unternehmens effizient zu steigern und damit eine langfristige Wertschöpfung zu generieren. Ein Agieren nach diesen Regeln fördert das Vertrauen aller Stakeholder in das Unternehmen – der Mitarbeiter, Kunden, Lieferanten, Aktionäre und einer breiten Öffentlichkeit in seinem Umfeld. Zusammen mit einer transparenten und vorausschauenden Informationspolitik soll auf diese Weise nicht nur der Wert des Unternehmens an der Börse gesteigert, sondern auch eine prosperierende Entwicklung gesichert werden, um im weltweiten Wettbewerb eigenständig bestehen zu können.

Und dies ist den wenigsten Entscheidern klar: Wer die – wie gezeigt – teilweise erheblichen Risiken des Einkaufs passgenau steuert, erhöht den Unternehmenswert. Denn die Financial Community kann dann davon ausgehen, dass die Stabilität zukünftiger Cashflows höher ist und der sogenannte Betafaktor (das systematische Risiko eines Assets) sich verbessert. Insofern ist es nicht erstaunlich, dass Analysten immer häufiger die Frage stellen, welche Auswirkungen der Einkauf auf die Unternehmensbewertung hat. Und es ist davon auszugehen, dass die einkaufsbezogenen Fragen auf Analystenkonferenzen zunehmen werden.

Transparenz, nicht nur hinsichtlich der finanziellen Situation, fördert das Vertrauen aller am Unternehmen Beteiligten oder Interessierten.

Die Unternehmenspleiten von Enron und Worldcom, verursacht durch Bilanzskandale und eklatante Managementverfehlungen, hat in den Vereinigten Staaten den Gesetzgeber auf den Plan gerufen. Mit dem „Sarbanes Oxley Act" haben Unternehmen, die an US-amerikanischen Börsen notiert sind, seit 2003 verbindliche Regeln für ihre Publizitätspflicht einzuhalten. Sie werden darüber hinaus nicht nur zur Schaffung von internen Kontrollsystemen verpflichtet, sondern müssen dem Jahresbericht eine schriftliche Beurteilung über deren Wirksamkeit für die Rechnungslegung beifügen; diese Anforderung wurde notwendig, um – so der Hintergrund des Gesetzes – nach den Skandalen wieder ein Vertrauen in die veröffentlichten Daten der Firmen herzustellen.

In Deutschland gibt es bereits seit 1998 eine ähnliche – wenn auch nicht vergleichbare – Vorschrift, das oben erwähnte Gesetz „zur Kontrolle und Transparenz im Unternehmensbereich" („KonTraG"). Zudem haben sich viele deutsche Unternehmen mehr oder minder freiwillig zum „Corporate Governance Kodex"[57] und damit zu einer „effektiven und an der Steigerung des Unternehmenswertes ausgerichteten guten Unternehmensführung" bekannt, wie dort formuliert ist. Shai Agassi, ehemals verantwortlicher Vorstand für Produktentwicklung und Technologie bei SAP, ist überzeugt, „dass es weltweit eindeutig einen langfristigen Trend zu schärferen Bestimmungen gibt, um Betrug zu bekämpfen, mehr Transparenz zu schaffen und bessere Corporate Governance zu erreichen".[58] Diesem Trend hat sein Unternehmen bereits vorgegriffen: In den Governance-Grundsätzen hat SAP formuliert, dass „Vertrauenswürdigkeit, Integrität und Verantwortungsbewusstsein die Grundwerte

---

57 Regierungskommission: „Deutscher Corporate Governance Kodex," Fassung vom 14. Juni 2007.
 Zum Download unter: http://www.corporate-governance-code.de/ger/kodex/ (Stand: 16. März 2008)
58 Shai Agassi „Der Druck ist groß." In: „SAP-Info" vom 29. September 2005.
 Online unter http://www.sap.info/public/DE/de/index/ (Stand 16. März 2008)

sind, auf deren Basis SAP seine weltweite Reputation aufbaut." Die Walldorfer Software-Schmiede verurteilt Korruption und unterstützt deshalb die Organisation Transparency International als Partner. Das Unternehmen bekennt sich zu Nachwuchsförderung und Bildung, schmiedete Allianzen mit Universitäten und initiierte ein Netzwerk von freiwilligen Mitarbeitern, das Kinder unterstützt.

Moral hat sehr wohl etwas mit Gewinn und Verlust zu tun – oder: Wie man ein Wertemanagement-System aufbaut. Der Wirtschaftsethiker Josef Wieland, Professor am „Konstanz Institut für Wertemanagement" der Fachhochschule Konstanz, ist überzeugt, „dass es nicht reicht, sich auf formale Kontrollsysteme zu verlassen. Vielmehr müssen informale Steuerungsmechanismen wie Werte und Moral integriert werden"[59], um im Unternehmen selbst zu wirken. Seine „Governance moderner Gesellschaften" sieht die Festlegung eines Grundwertekatalogs vor, der hiernach von den Mitarbeitern, aber gerade auch von der Geschäftsführung im Alltag mit Leben erfüllt werden muss. Dabei werde deutlich, so Wieland, welche Rolle Verhaltensstandards bei der Auswahl von Mitarbeitern spielen, und ob sie Kriterien etwa bei der Beförderung sind. Diese Wertestandards greifen aber auch bei der Auswahl und Bewertung von Lieferanten; „sie stellen keinen Ist-Zustand dar, sondern sie bestimmen, wie in Konfliktsituationen entschieden werden sollte. (…) Je nach Charakter des Unternehmens kann das Wertemanagement-System in bestimmten Teilbereichen, wie zum Beispiel im Risiko-, Personal und Qualitätsmanagement oder bezüglich der Regeln des Corporate Citizenship, ein besonderes Gewicht bekommen."

Das von Wieland entwickelte Wertemanagement-System basiert auf einzelnen Bausteinen, die nach und nach zusammengefügt werden können, und liefert dazu Leitlinien und Kriterien. Wieland rät Unternehmen, in einem ersten Schritt ein Leitbild zu entwerfen, das die Handlungs- und Führungsgrundsätze festschreibt. Die Implementierung des Wertemanagement-Systems hiernach ist so umfassend, dass die Berufung eines hierfür Beauftragten sinnvoll ist. Zu seinen Aufgaben gehört es, Trainingsmaßnahmen zu initiieren und die Kommunikation zu steuern. Über die Mitarbeiterzeitung werden die Werte publiziert, sie sind Bestandteil des Arbeitsvertrages und des jährlichen Mitarbeitergesprächs. Auch in der externen Kommunikation hat das Wertesystem seinen festen Platz. Neben dem Geschäftsbericht sind viele Unternehmen dazu übergegangen, ihr Bekenntnis zur

---

59 Josef Wieland: „Working Papers" Nr. 03/2002, Nr. 05/2003

Exkurs: Green Procurement

Um von vorneherein ein mögliches Missverständnis auszuräumen: Es geht nicht um den Einkauf ökologischer Produkte. Es gibt heute noch keine eindeutige Begriffsbestimmung für „Ökologische Beschaffung". Gleichwohl zeichnet sich ab, dass es um einen Ansatz auf der Basis einer Gesamtkostenbetrachtung geht. Das heißt konkret: Zusätzlich zu den herkömmlichen Einflussgrößen wie Produktkosten, Koordinationsaufwendungen, Logistikkosten, Qualitätssicherung etc. werden weitere direkte und indirekte Beschaffungskosten in die Rechnung einbezogen. Dazu gehören vor allem die Kosten für Umweltverschmutzung und Schäden, die aus der Produktion und der Lieferung von Vorprodukten entstehen. Das ist der wirklich entscheidende Hebel in der Verbesserung unserer globalen Umwelt: die eindeutig zuordenbare Internalisierung externer Kosten. Denn Umweltverschmutzung verursacht Kosten, die nur deswegen nicht messbar sind, weil sie zu großen Teilen nicht in den Bilanzen der Unternehmen oder im Budget des Verbrauchers auftauchen. In dem Moment, in dem die Teilnehmer des Systems die von ihnen verursachten Kosten oder in Anspruch genommenen Leistungen auch bezahlen müssen, entsteht ein Regulativ.

Dazu gehört aber auch die Reaktion der Märkte und gesellschaftlicher Gruppierungen auf die Einhaltung beziehungsweise Verletzung von Umweltschutzstandards. Ökologische Beschaffung setzt auch im Lichte des Risikomanagements zusätzliche Schwerpunkte. Ein gutes Beispiel hierfür ist der Umgang mit Energie. Für immer mehr Unternehmen werden alternative Energien eine echte Option. Die Gründe: Das Schadenspotenzial aus Versorgungsrisiken, Energiepreisrisiken und geopolitischen Risiken wird gesenkt. Eine große Chance für weltweit operierende Einkaufsorganisationen liegt in der Betrachtung der Logistikkette. Ökologische Beschaffung heißt hier unnötige Transporte beziehungsweise unnötig energieaufwendige oder schadstoffintensive Transporte auf ein Minimum zu beschränken. Darin liegt ein wichtiger Ansatzpunkt für die nachhaltige Wirtschaftsweise, die ja dazu dient, langfristig Schäden von unserer Lebensgrundlage abzuwenden. Entsprechend unterwirft sich eine wachsende Zahl von Unternehmen einer Corporate Governance. Dort sind auch die Standards einer Wirtschaft der Nachhaltigkeit festgelegt, zu deren Einhaltung sich das Unternehmen verpflichtet, und sich damit der Öffentlichkeit gegenüber als verantwortliches Mitglied der Gemeinschaft ausweist. So legt die BASF auf ein verantwortungsvolles Handeln in der gesamten Lieferkette Wert. Der Chemiekonzern wählt daher Spediteure, Dienstleister und Lieferanten „nicht nur unter wirtschaftlichen Aspekten aus", sondern bezieht in seine Entscheidungen auch ein, wie diese „ihrer ökologischen und sozialen Verantwortung gerecht werden", wie es im Unternehmensbericht 2006 heißt. Immerhin wendet die BASF bereits heute über ein Drittel der gesamten Forschungsausgaben für Ressourcenschonung auf, also für Energieeffizienz, Klimaschutz und nachwachsende Rohstoffe. Beim Autozulieferer ZF Friedrichshafen werden alle Werke nach ISO 14001 zertifiziert. Daher erwartet das Unternehmen „auch von unseren Lieferanten die Selbstverpflichtung zum Umweltschutz".

Sogar der Kapitalmarkt erkennt inzwischen das Engagement der Unternehmen in Sachen Nachhaltigkeit an. So wurde zum Beispiel die Deutsche Post 2006 – Einkaufsvolumen 9,6 Milliarden Euro – in den Dow Jones Nachhaltigkeitsindex DJSI STOXX aufgenommen. Die Dow Jones Sustainability Indizes gelten weltweit als wichtigste Gradmesser für unternehmerische Verantwortung. In den DJSI werden Unternehmen aufgenommen, die besondere Leistungen im Bereich der Nachhaltigkeit und gesellschaftlichen Verantwortung aufweisen. Grundlage des Index' ist ein jährlich durchgeführtes Corporate Sustainability Assessment. Geprüft werden anhand von insgesamt 20 Kriterien Themen wie Umweltmanagement und Klimastrategie, Arbeitsbedingungen, Sicherheit und Gesundheit, Lieferantenmanagement sowie Risikomanagement und soziales Engagement. Die Bedeutung der Nachhaltigkeit als Anlagekriterium ist in den zurückliegenden Jahren ständig gewachsen. In Fonds, die ausdrücklich nach DJSI-Kriterien arbeiten, wurden bis Mitte 2007 rund 5,6 Milliarden US-Dollar angelegt. Weitere Unternehmen im DJSI sind beispielsweise VW, BMW, Eon und RWE.

Governance in Umwelt- und Sozialreports zu manifestieren. Im „Nachhaltigkeitsbericht" des Jahres 2006 formuliert der Düsseldorfer Henkel-Konzern: „Unsere Nachhaltigkeitsstrategie ist durch konzernweite Vorgaben, leistungsfähige Managementsysteme und eine Organisationsstruktur mit klar definierten Verantwortlichkeiten systematisch im Unternehmen verankert. Entscheidend ist dabei das Zusammenspiel aus weltweit einheitlichen Standards, konzernweiten Steuerungsinstrumenten und regionalen Aktionsprogrammen. So können die Leistungen und Fortschritte erfasst und dort, wo Verbesserungen möglich und erforderlich sind, Programme optimal auf die jeweiligen gesellschaftlichen Herausforderungen und Prioritäten ausgerichtet werden." Ein Vorgehen ganz im Sinne von Josef Wieland: „Wer ein Wertemanagement-System betreibt, beginnt einen permanenten Entwicklungsprozess, der nicht auf das Gute, sondern sukzessive auf das Bessere zielt."

Aus Corporate Governance leitet sich Sourcing Governance ab: Das Versorgungs- und das Lieferantenrisiko lassen sich hierdurch positiv beeinflussen.

Das Handeln nach den Grundsätzen einer Corporate Governance macht das Unternehmen nicht zuletzt zu einem anerkannten Partner in einem kooperativen und synergetischen Netzwerk im Rahmen einer Lieferkette. Denn wie will ein Unternehmen den oben genannten Anforderungen sinnvoll entsprechen, wenn 30 bis 85 Prozent der Wertschöpfung seiner Produkte bei den Lieferanten entstehen, der Einkauf hier aber keinen systematischen Einfluss nimmt? Die Verantwortung, die der Einkauf in seiner Rolle als Supply Chain Manager bei all seinen Aktivitäten weltweit übernimmt, muss genauso den Regeln der „Unternehmensverfassung" entsprechen. Folglich lässt sich aus den Unternehmensleitlinien ein Wertekatalog für eine Sourcing Governance ableiten. Er impliziert, dass Einkäufer ebenso wie die Unternehmensführung eine Verantwortung übernehmen: nach außen, als Bürger einer gemeinsamen Welt, wie nach innen, als Teil der Unternehmensgemeinschaft. Denn als strategische Schnittstelle managen sie die internen und externen Beziehungen und die damit verbundenen Veränderungsprozesse. Sie steuern, wie beschrieben, ein umfangreiches Portfolio von Rechten und Pflichten. In diese Betrachtung gehört ganz besonders, wie jetzt nachvollziehbar wird, das Risikomanagement.

Die bereits erwähnte Befragung von Entscheidern im Einkauf[60] fördert auch in diesem Punkt weitere Einblicke: Zu 44 Prozent geben die Befragten an, dass die Missachtung von Gesetzen, Regelungen, Richtlinien und internen Kodizes dem Unternehmen einen hohen oder sehr hohen Schaden zufügen würde. Damit nimmt dieser Aspekt bei der Betrachtung möglicher Gefahren bereits den vierten Platz ein – und wird von den Verantwortlichen damit als relevanter eingeschätzt als potenzielle Lieferantenrisiken oder selbst der Anstieg von Rohstoffpreisen.

Vertrauen managen – geht das? Die Einbeziehung der Lieferanten in die Grundsätze der Corporate Governance ist ein Instrument.

Ein wichtiges Instrument der Sourcing Governance ist das Vertrauensmanagement, insbesondere in seiner Beziehung zu den Lieferanten. Es fußt auf dem Verhalten des Einkäufers, das an eindeutigen und vermittelbaren Werten orientiert ist. Dazu bedarf es aber einer von der Gesamtstrategie des Unternehmens auf den Einkauf

---

[60] Sven Marlinghaus, Lars Immerthal: „Risk Management Reloaded – a procurement perspective", BrainNet-Unternehmenspublikation, Bonn, 2007, Seite 12

abgeleiteten Einkaufsstrategie, anhand derer die Mitarbeiter eigenständig und selbstbewusst Veränderungsprozesse initiieren können, die dann auf einem festen Fundament ruhen. Ein auf diese Weise konsistentes Handeln ist nach innen wie nach außen gerichtet. Mit der Auswahl gewähren Einkäufer Lieferanten nicht nur einen Zugang zum Unternehmen; deren Verhalten wiederum wird als Indikator für das Verhalten des Unternehmens selbst angesehen. Bei Lieferantenbewertungen werden in Zukunft nicht nur rein betriebswirtschaftliche Aspekte eine maßgebliche Rolle spielen, sondern auch Ethik und Moral. So verpflichtete zum Beispiel DaimlerChrysler seine Lieferanten auf die gleichen Standards des Verhaltens, die dem „Global Compact" der UN zugrunde liegen: „Gemäß den Grundsätzen zur sozialen Verantwortung erwartet das Unternehmen von seinen Zulieferern, dass sie vergleichbare Grundsätze als Basis für eine nachhaltige Geschäftstätigkeit einhalten."[61] Solchermaßen erweiterte Audits versuchen infolgedessen, neben ökonomischen Risiken auch solche durch einen Verstoß gegen diese Werte zu erfassen und messbar zu machen.

Vertrauensbildung durch Offenheit
Der Flugzeughersteller EADS beispielsweise hat es sich zum Grundsatz gemacht, mögliche Lieferanten frühzeitig in gemeinsame Entwicklungsteams zu integrieren. Das bedeutet einerseits einen großen Vertrauensvorschuss und führt andererseits dazu, dass sich diese Lieferanten entsprechend eingebunden und den gemeinsamen Zielen verpflichtet fühlen. Entwicklungs- und Währungsrisiken, finanzielle Beteiligungen, Verkaufskampagnen und die Vorfinanzierung von Endprodukten für den Kunden werden zudem aufgeteilt. Dementsprechend geben die Lieferanten langfristige Zusagen, ihre Performance kontinuierlich zu verbessern. Regelmäßige Benchmark-Betrachtungen sowie verbindliche, bilaterale Aktionspläne sorgen dafür, dass beide Partner den Anforderungen der Endkunden auch in Zukunft gerecht werden können. Diese partnerschaftliche Orientierung wird durch Dr. Klaus Richter, den neuen Einkaufschef bei Airbus seit November 2007, sicherlich fortgesetzt und intensiviert werden, wenn auch der Einkauf und seine Lieferanten ihren Beitrag zum Kostensenkungsprogramm „Power 8" leisten müssen.

Der Automobilzulieferer ZF Friedrichshafen formuliert in einer eigenen Broschüre für Lieferanten seine „Kernstrategie Einkauf". Denn mit rund 50 Prozent des Umsatzes von 11,6 Milliarden Euro in 2006 sind die Materialkosten in der ZF-Gruppe der größte Kostenblock. Für das Unternehmen ist es daher eine absolute Notwendigkeit, mit ihren

---

61 Nachhaltigkeitsbericht DaimlerChrysler: „360 Grad, Nachhaltigkeit 2007 – Fakten", Seite 51

Lieferanten partnerschaftlich zusammenzuarbeiten. ZF Friedrichshafen konzentriert sich deshalb auf Spitzenlieferanten im Rahmen eines Programms mit Namen „Early Supplier Involvement" und bindet diese bereits ab der Konzeptionsphase in die Entwicklung der Produkte ein. Auch hier ist der Lieferant – wie bei EADS – Mitglied des Entwicklungsteams. Dies führt zur Verkürzung von Entwicklungszeiten und zur Reduktion von Kosten, bildet aber auch eine Voraussetzung dafür, dass Transparenz und Vertrauen entstehen können.

Gleich zu Beginn dieses Kapitels wurde ersichtlich, dass es zu den Pflichten und der (moralischen) Verantwortung des Einkaufs gehört, Risiken entlang der Lieferkette zu identifizieren, zu bewerten und ihr Schadenspotenzial durch ein geeignetes Management zu senken. Angehörige von Unternehmen geben mit ihrem Handeln und Verhalten stets eine Visitenkarte ab. Das trifft auch und gerade auf die Mitarbeiter im Einkauf zu. Allein die Auswahl von Lieferanten, der Umgang mit ihnen, die Art und Weise der Zusammenarbeit wirkt nach außen als „das Handeln" des Unternehmens in seiner Gänze. Echte Sourcing Governance setzt jedoch ein stark verändertes, dafür aber hoch qualifiziertes und selbstbewusstes Selbstverständnis des Einkaufs voraus. Und nur dort, wo eine Organisation strategiefähig geworden ist, wird sie auch in der Lage sein, effektives Risikomanagement zu betreiben.

Management Summary

Gegen mögliche Gefahren kann sich ein Unternehmen angemessen schützen, zum Beispiel durch Versicherungen. Risiken jedoch, und das ist jedem Entscheidungsträger klar, sind nicht vermeidbar. Daher gilt es, sie zu identifizieren und durch eigene Handlungsentscheidungen aktiv zu managen – und zwar über Versorgungs- und Preisrisiken hinaus. Eine aktuelle Studie zeigt, dass deutsche Unternehmen mit internationaler Geschäftstätigkeit ihren Blick auf die für sie relevanten Risikokategorien und den Umgang mit ihnen schärfen müssen. Ein Schwerpunkt des Kapitels beschäftigt sich mit den modernen Methoden des Hedging als Risikomanagement der Preisvolatilität. Zum einen geht es um bekannte Sicherungsgeschäfte entlang des Warenstroms, und zum anderen um reine Finanzinstrumente, die zunehmend in die Verantwortung des Einkaufs übergehen. Dabei verlangt das sogenannte dynamische

Hedging eine enge Zusammenarbeit zwischen der Finanzabteilung und dem Einkauf sowie ausgefeiltes Know-how im Derivatehandel. Das aktive Management von Einkaufsrisiken findet seinen quantitativen Niederschlag in einer Reduzierung der Volatilität, stabileren Cashflows und damit in einer deutlich erhöhten Marktkapitalisierung an der Börse. Risikomanagement ist jedoch kein Thema im luftleeren Raum: Es ist ein wesentlicher Aspekt der Sourcing Governance, die sich aus der Corporate Governance herleitet. Das gemeinsame Ziel: Die effiziente Steigerung der Unternehmensleistung unter Einhaltung der Unternehmensregeln, mit denen die Werte des Unternehmens geschützt werden. Dazu dient an erster Stelle Transparenz, nicht nur im Hinblick auf die Unternehmensfinanzen. Transparenz gilt für die aktive Einbindung von Lieferanten in Entwicklungs- und Informationsprozesse und stellt eine der wichtigsten Maßnahmen im Vertrauensmanagement dar. Best-in-Class-Unternehmen leben dies beispielsweise in ihrer frühen Einbindung von Lieferanten in Entwicklungsprozess bereits vor. Denn Vertrauen müssen nicht nur die Kunden haben, sondern auch die langfristig für das Unternehmen wichtigen Lieferanten. Der Einkauf steht damit ebenso wie der Vertrieb als die beiden wichtigsten Schnittstellen nach außen immer im Fokus der interessierten Öffentlichkeit.

Kapitel 7

Was hat der Einkauf mit Finanzen zu tun?

Supply Chain Financing optimiert Kapitaleffizenz für Käufer und Lieferanten

Finanzbereich und Einkauf kooperieren:
Steuerung der Liquiditätskosten – Win-Win für Käufer und Lieferanten – Verbesserung des Cashflow, Senkung des Working Capital – Transparente Finanzströme entlang der Lieferkette – Integrierte Prozesse – Effiziente Dienstleister – Steueroptimierung durch Offshoring – Implementierung in der Praxis

Als Vater und Sohn Toyoda die Produktionsprozesse für ihr Automobilunternehmen neu definierten und damit die Grundlagen für das heutige Supply Chain Management legten, ging es ihnen vor allem um die Organisation der Logistikkette. Die Abläufe beim Hersteller und seinen Zulieferern sind eng aneinandergekoppelt und sorgen für einen reibungslosen Materialfluss entlang aller Wertschöpfungsstufen. Im Ergebnis sinken die Lagerbestände und damit die Gesamtkosten des Produkts. Schnell wurde deutlich, dass es mit dem Materialfluss allein nicht getan ist, sondern auch die notwendigen Informationen den Prozess begleiten müssen. Den Sprung von der Koordinierung der Lagerhaltung und der Logistik zur Supply Chain erfolgte dann mit der Integration und Automatisierung zum Beispiel von Bestellung und Fakturierung. Ein Gesichtspunkt hat dabei bisher allerdings nicht im Fokus gestanden: Dass auch die Finanzierung der Wertschöpfungskette elementarer Bestandteil ist, weil diese ebenfalls einen erheblichen Kostenfaktor darstellt.

Dafür ist eine Entwicklung verantwortlich, die vor allem in den zurückliegenden Jahren eine stetig zunehmende Dynamik erfahren hat. Auf der einen Seite sehen sich die Lieferanten einem steigenden Wettbewerbsdruck ausgesetzt, weil Konkurrenten aus dem In- und Ausland ihnen mit preiswerteren Angeboten Kunden streitig machen. Geringere Lohnstückkosten und Standort- sowie Steuervorteile – das sind nur einige Parameter, mit denen Wettbewerber bei ihrer Angebotsführung punkten können. Die Kunden verlangen zudem immer kürzere Lieferzeiten und höhere Verfügbarkeit, weil auch sie schneller auf die Anforderungen des Marktes reagieren müssen. Gleichzeitig haben sie die Stellschraube der Zahlungsfrist kräftig weitergedreht und die Fristen bis zum Ausgleich der Rechnung erheblich verlängert.

Bis zu 4 Prozent der Herstellkosten

Die Konsequenzen für die Zulieferer sind enorm und schlagen sich direkt in ihren Bilanzen nieder. Denn an ihnen ist es, Rohstoffe oder teilfertige Waren für die Produktion vorzufinanzieren, dazu die Kosten für Herstellung und Vertrieb im eigenen Haus sowie die Logistik hin zum Kunden – und dieser zahlt nun auch noch erheblich später. Im Rahmen seiner regelmäßigen Untersuchungen hat der Wirtschaftsinformationsdienst Creditreform herausgestellt, dass im Erhebungszeitraum Frühjahr 2007[62] zwar drei Viertel der Kunden von mittelständischen Unternehmen ihre Rechnungen binnen 30 Tagen begleichen, ein Viertel damit allerdings überfällig bleibt. Zudem vergehen rund 14 Tage zwischen Zahlungstermin und dem tatsächlichen Eingang des Betrags auf dem Konto. Auch diesen Zeitraum muss der Zuliefererbetrieb neben der Vorfinanzierung der zu liefernden Güter mit eigenen Geldmitteln bestreiten.

Beides hat dazu geführt, dass die Unternehmen verstärkt ihr Eigenkapital für die Zwischenfinanzierung in Anspruch nehmen müssen. Experten gehen davon aus, dass der Aufwand für diese Finanzierung freilich in die Kalkulation einfließt: bis zu 4 Prozent der Herstellkosten können demnach aus Finanzierungskosten bestehen. Eine Höhe, die im Durchschnitt die Kosten für Transport und Vertrieb noch übersteigt. Mit anderen Worten: In der Verhandlung zwischen Lieferant und Kunde geht es darum, auf beiden Seiten das Working Capital so gering wie möglich zu halten.

Verschärfte Eigenkapitalvorschriften machen Alternativen zur üblichen Kreditaufnahme attraktiv.

Allerdings – und das ist die andere Seite dieser Medaille – können viele Unternehmen keine Eigenmittel zur Finanzierung mehr einsetzen, denn gerade in Deutschland leidet ein Großteil der Firmen unter einer geringen Eigenkapitalquote (rund 18 Prozent) und einer unterdurchschnittlichen Bonität. Sie sind deshalb gezwungen, sich auf dem Geldmarkt liquide Mittel für die Finanzierung zu leihen. Die einfachste Möglichkeit stellt sicherlich der Kontokorrentkredit dar, die Überziehung des Geschäftskontos. Der Kredit ist relativ teuer, selbst wenn die Zinsen pro rata temporis, also nur für die Zeit der tatsächlichen Inanspruchnahme, berechnet werden. Hinzu kommt, dass vielfach allein die Bereitstellung der Betriebsmittellinie mit einem bestimmten Satz zu Buche schlägt. Ähnliche Kosten entstehen aber auch bei der Vergabe von Alternativen zum Kontokorrent. Ob Lombard-, Wechsel- oder Avalkredit: Zusätzliche Spesen und Bearbeitungsgebühren

---

62 Creditreform:„ZaC-Index Frühjahr 2007", Seite 2. Zum Download unter http://www.creditreform.de/ (Stand 16. März 2008)

werden hier ebenfalls fällig. Jedoch viel schwerer wiegt die Tatsache, dass die Banken immer höhere Hürden für die Gewährung von Finanzmitteln aufgestellt und mit dem Argument verschärfter Eigenkapitalvorschriften nach „Basel II" die Kreditvergabe in der Praxis an eine Vielzahl weiterer Bedingungen geknüpft haben, die Unternehmen jetzt erfüllen müssen.

Lieferantenkredite auf dem Vormarsch

Sind die eigenen Mittel beschränkt und eine Kreditaufnahme nicht – oder nicht mehr – möglich, bleibt neben dem vergleichsweise teuren Forderungsverkauf (*Factoring*) noch die direkte Verhandlung mit dem Kunden über einen Lieferantenkredit. Dieser ermöglicht es dem Zulieferer, zum Beispiel über einen Vorschuss die notwendige Liquidität herzustellen. So kommt die Deutsche Bundesbank – sie wertet kontinuierlich die Jahresabschlüsse deutscher Unternehmen aus[63] – zu dem Ergebnis, dass das Verhältnis von Lieferantenkrediten zu kurzfristigen Bankkrediten ungefähr 3 zu 1 beträgt, Tendenz steigend. Die Gewährung des Lieferantenkredits geschieht sicherlich auch im Interesse der Unternehmen selbst, denn ein Zulieferer in Zahlungs- und damit womöglich alsbald auch in Lieferschwierigkeiten droht das Einhalten eigener Terminzusagen zu gefährden.

Die Lösung für diese Zwangslage, in der sich sowohl der Käufer als auch seine Lieferanten befinden, liegt in der gemeinsamen Betrachtung und Optimierung der Wertschöpfungskette hin zum Supply Chain Financing. Ist das klassische Supply Chain Management auf Material- und Informationsflüsse ausgerichtet, so wird es nun durch das Supply Chain Financing um die strategische Steuerung der sie begleitenden Finanzströme erweitert.

Dabei bestimmen Faktoren wie Außenstandstage bei Lieferanten (*days payables outstanding*), die Lagerdauer (*days in inventory*) und die Zahlungsperioden bei den Käufern (*days sales outstanding*), in welcher Höhe und wie lange die Finanzmittel eines Unternehmens gebunden sind. Ausschlaggebend ist der Zeitraum zwischen der Bezahlung der Rechnung, zum Beispiel für Waren oder Rohstoffe, beim vorgelagerten Zulieferer bis zum Ausgleich der Rechnung durch den nachgelagerten Käufer des Endprodukts. Bei der Betrachtung dieses sogenannten Cashflow-Cycle (in der Fachliteratur auch als *cash-to-cash* oder *cash-conversion-cycle* bezeichnet) werden die genannten Faktoren in ein Verhältnis zueinander gestellt: Die Summe aus Lagerdauer und Zahlungs-

---

63 Deutsche Bundesbank „Verhältniszahlen aus Jahresabschlüssen deutscher Unternehmen von 2003 bis 2004", Januar 2007. Zum Download unter http://www.bundesbank.de/ (Stand 18. März 2008)

Abb. 11 **Der Cashflow-Cycle**

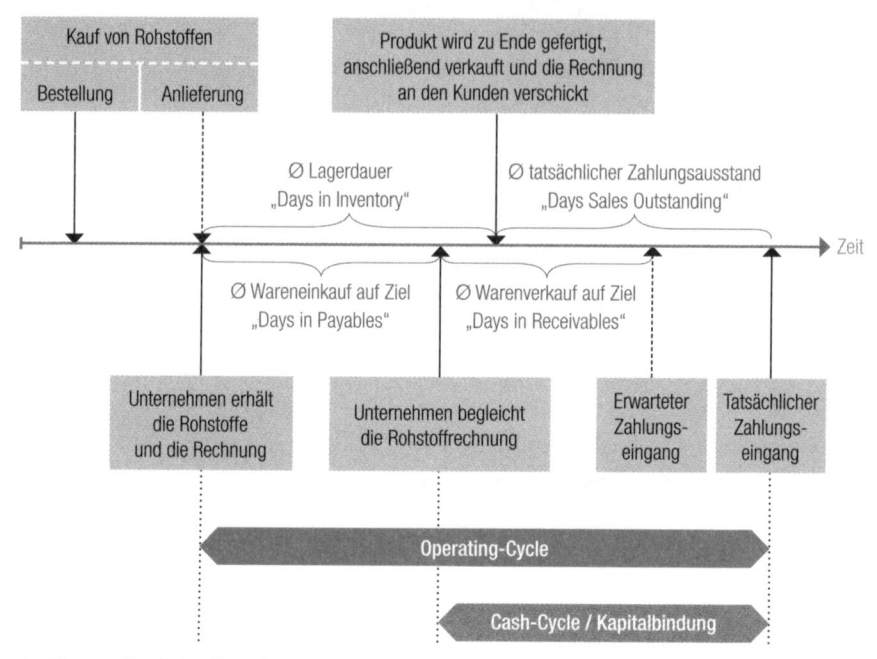

```
Kauf von Rohstoffen                Produkt wird zu Ende gefertigt,
                                   anschließend verkauft und die Rechnung
Bestellung    Anlieferung          an den Kunden verschickt

                         Ø Lagerdauer           Ø tatsächlicher Zahlungsausstand
                         „Days in Inventory"    „Days Sales Outstanding"
                                                                                    → Zeit
                    Ø Wareneinkauf auf Ziel   Ø Warenverkauf auf Ziel
                    „Days in Payables"        „Days in Receivables"

              Unternehmen erhält                           Erwarteter    Tatsächlicher
              die Rohstoffe         Unternehmen begleicht  Zahlungs-     Zahlungs-
              und die Rechnung      die Rohstoffrechnung   eingang       eingang

                             Operating-Cycle

                                    Cash-Cycle / Kapitalbindung
```

Das Ziel muss für alle Beteiligten lauten, den Cash-Cycle so kurz wie möglich zu halten, um möglichst wenig Kapital zu binden. (In Anlehnung an: Bernd Skiera / Donovan Pfaff)

ausstand beim Käufer, abzüglich des Zeitraums, für den der vorgelagerte Zulieferer ein Zahlungsziel gewährt hat, ergibt die Dauer des Cashflow-Cycle in Tagen. Auf diese Weise lässt sich errechnen, wie lange ein Euro, der für den Kauf von Waren eingesetzt wird, benötigt, bis er wieder in das Unternehmen fließt (und nicht verzinst werden kann). Entlang der Wertschöpfungskette zur Herstellung eines Produkts kann jedes Unternehmen als Teil dieser Kette seinen Cashflow-Cycle betrachten – und durch ein wirkungsvolles Supply Chain Financing beeinflussen. Denn wenn es gelingt, die Höhe des Kapitals, das ins Netto-Umlaufvermögen investiert ist, also das Working Capital, zu reduzieren, sinken mit den bis dato fälligen Kredit- auch die Gesamtkosten – und damit letztlich auch der Kaufpreis für das Produkt. Bei Käufer und Lieferant steigt im gleichen Maße der *Cashflow*, also der Nettozugang an liquiden Mitteln. Werden diese entsprechend investiert, ist eine Verzinsung des eingesetzten Kapitals – und damit der Return on Investment als Unternehmensziel im eigentlichen Sinne – wieder möglich. Daher ist der Cashflow-Cycle in Zeiten zunehmender Bedeutung des Shareholder-Values eine Kenngröße, die auch Analysten bei ihrer Beurteilung von Unternehmen genau beobachten.

Supply Chain Financing sorgt für geringere Kapitalbindung, einen höheren Cashflow und ein verbessertes Ergebnis.

Während die Finanzierung des Umlaufvermögens bisher üblicherweise jedem Unternehmen selbst obliegt, eröffnet das Supply Chain Financing neue Perspektiven, indem es die Interessen von Käufer und Lieferant nach einem gemeinsamen Blick auf die Wertschöpfungskette eng miteinander verknüpft. In einem typischen Beispiel ist das einkaufende Unternehmen meist das größere und verfügt über eine höhere Bonität bei den Banken und damit ein besseres Rating. Folglich kann es mit weitaus günstigeren Konditionen bei der Kreditaufnahme rechnen. Vereinfacht dargestellt funktioniert das Modell des Supply Chain Financing folgendermaßen: Der Käufer vereinbart mit dem Lieferanten, ihm über ein Finanzinstitut seinen Zinsvorteil weiterzureichen. Dabei finanziert die Bank des Käufers (oder ein auf solche Transaktionen spezialisiertes Kreditinstitut) etwa den in einer Vorschussrechnung bezifferten Materialanteil oder sogar den gesamten Kaufpreis des Produkts, das der Käufer vom Lieferanten bezieht. Mit seinem guten Namen steht der Käufer ohne bilanzielle Auswirkung dafür ein, die Rechnung definitiv auch zu bezahlen; dies dient der Bank als Sicherheit für den – günstigeren und sofort zur Verfügung stehenden – Kredit, den der Lieferant bis zum eigentlichen Fälligkeitstag erhält. Damit auch der Käufer von diesem Vorteil, der sich durch die transparente Zusammenarbeit genau quantifizieren lässt, profitiert, wird er Vorteile bei den Verhandlungen einfordern. Diese kann der Lieferant aufgrund seiner erhöhten Liquidität nunmehr gewähren. Dabei kann es sich um günstigere Preise für die bezogenen Waren handeln oder um verlängerte Zahlungsziele statt teurer Skonti (als Faustformel gilt, dass 1 Prozent Skonto einem Zahlungsziel von 50 Tagen entspricht). Es wird also eine klassische Win-Win-Situation hergestellt, in der beide Seiten von den getroffenen Maßnahmen profitieren. Ob der Kunde auf ein längeres Zahlungsziel oder eine Reduzierung des Preises abzielt, wird von seiner Finanzstrategie abhängen. Zielt diese vor alle auf Gewinnsteigerung, steht der Preis im Vordergrund, geht es um eine Reduzierung des Working Capital, wird er längere Zahlungsziele fordern.

Mehr Spielräume

Dem Lieferanten ist es nun möglich, über den gesamten Rechnungsbetrag oder einen Teil davon sofort nach Freigabe durch den Käufer zu verfügen. Er kann jetzt genau kalkulieren, ob es für ihn Sinn macht, den Betrag am Tag der Freigabe als Kredit vom Bankinstitut abzufordern. Dann verfügt der Lieferant direkt über Liquidität, die er beispielsweise zur Bezahlung wiederum seines Zulieferers einsetzt. Dieser Effekt verstärkt sich für ihn, wenn er mit diesem Zulieferer Preisnachlässe vereinbart hat:

Nutzt er den Zeitraum, in dem ihm wiederum Skonti gewährt werden, zum Ausgleich der Rechnung, wirkt sich dieser finanzielle Vorteil direkt auf seine liquiden Reserven aus. Der Lieferant kann aber auch jeden anderen Tag wählen, der bis zum eigentlichen Zahlungstermin verabredet ist. In dem Fall sind Zinsen nur für diesen Finanzierungszeitraum fällig. Oder aber der Lieferant nutzt die neuen Freiräume seinerseits, mit seinen eigenen Zulieferern über verbesserte Konditionen zu verhandeln und sie ebenfalls in das Supply Chain Financing zu integrieren und die Wertschöpfungskette auf diese Weise fortzuführen. Insofern ist Supply Chain Financing auch eine extrem flexible Finanzierungsform.

Günstigere Einkaufspreise für Waren, ein eventuell noch mögliches Ausnutzen von Skonti bei vorgelagerten Lieferanten, die nicht in das Supply Chain Financing integriert sind, und längere Zahlungsziele sorgen jedoch nicht nur für einen höheren Cashflow, sondern wirken sich darüber hinaus in den Gewinn-und-Verlust-Rechnungen direkt und positiv auf das Ergebnis aus. Ein weiterer Vorteil: Die Maßnahmen im Rahmen des Supply Chain Financing sind im Gegensatz zum Lieferantenkredit bilanzneutral. Die Rechnung wird beim Käufer weiterhin als „Verbindlichkeit aus Lieferungen und Leistungen" bilanziert und stellt keine Ausweitung der Kreditfazilitäten dar, die negativen Einfluss auf das Rating durch die Bank haben könnte. Beim Lieferanten dagegen handelt es sich um eine besondere Form des bereits erwähnten Factoring, die als „Reverse Factoring" bezeichnet wird, allerdings zu deutlich niedrigeren Kosten. Im Gegensatz zum üblichen (und teureren) Forderungsverkauf ist das Zuliefererunternehmen hier aber in seiner Disposition, wie gerade beschrieben, weitaus flexibler.

Bei der Einführung von Supply Chain Financing müssen Finanzbereich und Einkauf eng kooperieren.

Wie aber soll ein Unternehmen die Finanzierung seines Umlaufvermögens optimieren, wenn dies nicht als Ziel auch mit dem Einkauf vereinbart und auch das Cashflow-Management in diesem Bereich ausschließlich als Aufgabe des Finanzbereichs betrachtet wird? Die Bereiche Finanzen und Einkauf müssen sich von ihrer bisher getrennten Funktionssicht verabschieden und aufeinander zugehen. Die Rolle des Finanzbereichs ändert sich in dem Maße, in dem er die Zulieferkette und die begleitenden Finanzströme stärker in sein Blickfeld nimmt. Die Rolle des Einkaufs verändert sich im gleichen Maße, indem er nicht mehr auf bloße Kostensenkung fixiert ist, sondern auch die finanzielle Steuerung der Zulieferer als seine genuine Aufgabe ansieht. Dabei ist ein funktionierendes Lieferantenmanagement eine wesentliche Voraussetzung: Denn im Vorfeld der Implementierung eines Supply Chain Financing muss der Einkauf die Lieferanten nach Gesichtspunkten wie Relevanz für den Produktionsprozess oder Volumen der zugelieferten Waren auswählen, sie für das Supply Chain Financing qualifizieren und „an Bord holen". Erst dann können Finanzbereich und Einkauf gemeinsam die Konditionen für die zukünftige Zusammenarbeit unter den neuen Voraussetzungen festlegen und die erforderlichen Schnittstellen zwischen den beteiligten Bereichen schaffen. An diesem Punkt wird ganz deutlich, dass eine verbesserte Organisation des Finanzflusses von drei Einheiten in den Unternehmen gestaltet werden muss: Neben dem Finanzbereich sowie dem Rechnungswesen sorgt gerade der Einkauf für einen Erfolg des Supply Chain Financing. Ersterem obliegt es vor allem, die Liquidität des Unternehmens zu verbessern und das Finanzergebnis zu optimieren, während das Rechnungswesen die Abläufe von der Fakturierung bis zur Mahnung organisiert. Der Einkauf wiederum trägt mit der Steuerung der Lieferantenbeziehung hinsichtlich Überwachung der Termintreue, Schaffung hoher Transparenz in den Abläufen, dadurch geringerem Ausfallrisiko und attraktiveren Konditionen – zum Cashflow-Management bei.

Datenintegration ist eine wichtige Voraussetzung für die Umsetzung der richtigen Prozessschritte.

Die Implementierung eines wirkungsvollen Supply Chain Financing erfordert zum einen die Digitalisierung der Abläufe beim Käufer und seinen Lieferanten, zum anderen aber auch die logische Verbindung der einzelnen Prozessschritte, um die notwendige Transparenz der Finanzflüsse herzustellen. Auf diese Weise werden im gesamten Ablauf die Prozessschritte durchgehend sichtbar gemacht: Beispielsweise dass die Bestellung durch den Kunden bei seinem Lieferanten wiederum das Abfordern von Rohstoffen bei einem vorgeschalteten Zulieferer auslöst, mit dessen Rechnungsstellung die Dauer der Vorfinanzierung startet; dass, während dem Kunden die Bestellbestätigung zugeht, die Ware produziert und auf den Transport gebracht wird, was weitere Kosten initiiert; dass mit dem Wareneingang die Lieferung quittiert und hiernach die Rechnung ausgestellt wird, die nach Prüfung zum vereinbarten Zahlungstermin zu begleichen ist. Dieser alltägliche Vorgang in jedem Unternehmen macht deutlich, dass eine durchgängige Kommunikation zwischen Käufer und Lieferant nur dann reibungslos, schnell – und damit kostensparend – funktionieren kann, wenn alle Prozessschritte ohne Medienbrüche dokumentierbar sind.

In der Konsequenz müssen die Belege von der Bestellung bis zur Rechnung nicht mehr papiergestützt, sondern digitalisiert vorliegen und bearbeitet werden. Was klingt, als könnten Firmen auf dem Weg zum papierlosen Büro so endlich einen Schritt weiterkommen, bedingt aber auch neue Strukturen und Arbeitsweisen im Bereich des Rechnungswesens – mit dem Vorteil, dass gerade hier weiteres Potenzial zur Zeit- und Kosteneinsparung sowie zur Vermeidung von Eingabefehlern besteht. Denn die Prozessintegration betrifft nicht nur bestimmte Abläufe zwischen Kunde und Lieferant, sondern auch die verschiedenen Bereiche im eigenen Hause. Dr. Lothar Steinebach, CFO und Mitglied der Geschäftsführung der Henkel KGaA, beschreibt, was sein Unternehmen dazu bewegt hat, das Konzept der Shared Services Organisation, also der Bündelung von gleichartigen Prozessen, für die Bereiche Finanzen und Rechnungswesen einzuführen[64]: „Die administrativen Prozesse Order-to-Cash, Purchase-to-Pay, General Accounting und Controlling (wurden) umstrukturiert, harmonisiert und die einzelnen Verwaltungen konsolidiert. Während es im Jahre 2000 noch 37 Verwaltungen mit jeweils 400 unterschiedlichen Rechnungswesenprozessen mit wiederum 26 verschiedenen IT-Systemen gab, sollen am Ende der Umstrukturierungsmaßnahmen nur noch acht Länderverwaltungen mit einem einzigen SAP-System stehen." Die Digitalisierung im Rechnungswesen ermöglicht es vor allem, die Zeiträume vor und nach dem reinen Materialfluss zu integrieren. Das beginnt mit der Bonitätsprüfung und geht über das Debitorenmanagement bis hin zum Mahnwesen und letztlich dem Inkasso.

Effiziente elektronische Plattformen unterstützen die komplexen Prozesse.

Die Organisation der Wertschöpfungskette hin zu einem wirkungsvollen Supply Chain Financing kann es also notwendig machen, dass die nun integrierten Unternehmensbereiche einen Restrukturierungsprozess durchlaufen müssen, um die künftigen Aufgaben effizient erfüllen zu können. Eine Investition in neue IT-Systeme ist allerdings in der Regel nicht notwendig, denn die Transaktionen im Rahmen des Supply Chain Financing werden in der Regel über internetbasierende Lösungen abgewickelt. Diese von Dienstleistern angebotenen Plattformen können mit überschaubarem technischen Aufwand an die IT-Infrastruktur von Käufern und Lieferanten angedockt werden und stellen so die systemübergreifende Verbindung her, die eine transparente Koordinierung von Material-, Informations- und Finanzflüssen schließlich möglich macht.

Betreiber solcher Plattformen, die Application Solutions Provider, sind internationale Kreditinstitute und Geschäftsbanken, die sich bereits in dem noch relativ jungen

---

[64] Donovan Pfaff, Bernd Skiera, Jürgen Weiss: *Financial Supply Chain Management.* Galileo Press, Bonn, 2002, Seite 98

Abb. 12 Supply Chain Financing unter Einbeziehung einer Transaktionsplattform – Prozessübersicht

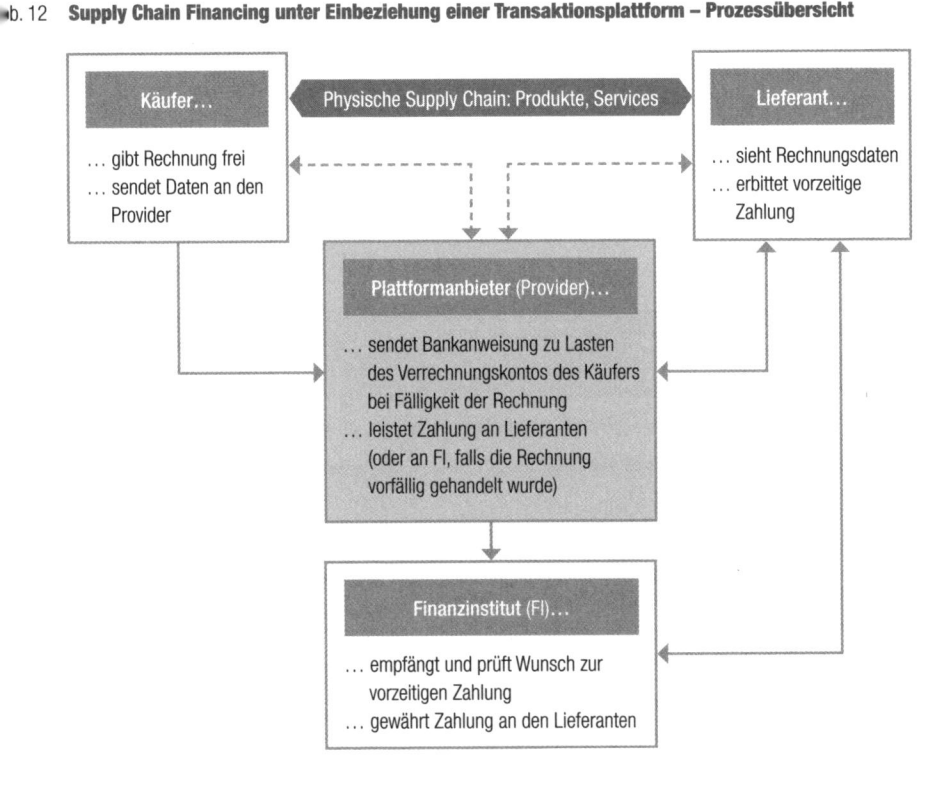

Käufer…
… gibt Rechnung frei
… sendet Daten an den Provider

Physische Supply Chain: Produkte, Services

Lieferant…
… sieht Rechnungsdaten
… erbittet vorzeitige Zahlung

Plattformanbieter (Provider)…
… sendet Bankanweisung zu Lasten des Verrechnungskontos des Käufers bei Fälligkeit der Rechnung
… leistet Zahlung an Lieferanten (oder an FI, falls die Rechnung vorfällig gehandelt wurde)

Finanzinstitut (FI)…
… empfängt und prüft Wunsch zur vorzeitigen Zahlung
… gewährt Zahlung an den Lieferanten

Nach dem Wareneingang und der Prüfung der Rechnung gibt der Käufer den Betrag zur Auszahlung frei. Der Lieferant sieht auf der gemeinsam genutzten Plattform die Freigabe und kann nach einer weiteren Prüfung durch das Finanzinstitut über diese Summe oder einen Teil davon verfügen. Am Tag der eigentlichen Fälligkeit wird der Betrag dann vom Käufer an das Finanzinstitut überwiesen.

Markt für Dienstleistungen im Supply Chain Financing engagieren. Die Deutsche Bank bietet seit dem Jahr 2001 ihren Kunden unter anderem die Financial Supply Chain Management Lösung „db-eBills" an und betreute im Jahr 2007 über diese Plattform mehrere hundert Kunden im In- und Ausland. „Wir gehen davon aus, dass der Markt für anspruchsvolle globale Lösungen im Financial Supply Chain bis 2010 jährlich deutlich zweistellig wachsen wird", gibt sich Friedrich Philipps, Director Global Transaction Banking bei der Deutschen Bank in Frankfurt überzeugt. Die internationalen Banken werden in den kommenden Jahren ihr Engagement in diesem Markt erheblich verstärken. Denn in dem Maße, in dem Käufer zunehmend Lieferanten aus Osteuropa und Asien mit der Produktion beauftragen, steigt auch die Notwendigkeit, diese Zulieferer in das Supply Chain Financing zu integrieren.

Attraktiv auch für die Dienstleister

Neben den Geschäftsbanken verknüpft eine Reihe unabhängiger Plattformanbieter mit ihren Lösungen das Supply Chain Financing von Käufern, Lieferanten und Kreditinstituten. Sie finanzieren sich über die relativ günstigen Transaktionsgebühren und haben so für zusätzliche Dynamik bei der Nachfrage gesorgt. Der Markt verspricht glänzende Perspektiven: Nach einer Untersuchung des amerikanischen Research-Instituts Aberdeen, das 110 Produktions-, Logistik- und Handelsunternehmen befragte, haben lediglich 13 Prozent von ihnen ein Supply Chain Financing bereits eingeführt; allerdings geben weitere 56 Prozent an, dass sie Möglichkeiten zur Implementierung prüfen.[65] Jeder zweite Käufer, so die Studie weiter, gibt als Beweggrund die Aussicht auf niedrigere Einkaufspreise und verlängerte Zahlungsziele an, während zwei Drittel der Lieferanten an einem schnelleren Prozessablauf und vor allem am Zugang zu günstigen Krediten interessiert ist. Dass sich diese Wünsche schnell erfüllen könnten, lieferte die Untersuchung als Ergebnis gleich mit: Bei den Best-in-Class-Unternehmen würden sich die Zahlungsziele um rund 14 Tage im Durchschnitt verlängern – in der Zusammenarbeit mit asiatischen Zulieferern sogar um 15 Tage; die Höhe der Kreditzinsen sinke aufseiten der Lieferanten dagegen um knapp 2,9 Prozentpunkte. Der multinationale Lebensmittelkonzern Unilever hat im Zeitraum von 2001 bis 2004 sein Umlaufvermögen um 40 Prozent senken können, was einem Betrag von 2 Milliarden US-Dollar entspricht.[66] Gleichzeitig hat das Unternehmen seine Zahlungszeiträume um 15 Tage verlängern können.

Auch die amerikanische Citigroup hat schnell erkannt, welches Potenzial in dieser Entwicklung steckt, und ist auch als Plattformanbieter, besonders in Asien, präsent. Hier hat die Digitalisierung der Dokumente entlang der Wertschöpfungskette noch lange nicht westliches Niveau erreicht. Auch der Zahlungsverkehr inklusive dem Kreditgeschäft funktioniert in erster Linie papierbasiert. Das verlangsamt die Geschäftsabläufe natürlich erheblich, während die Kunden im Westen immer mehr Zeitdruck ausüben. Das rasante Wachstum der Zulieferer in Asien hat auch zu der Entwicklung geführt, dass die Banken in erheblichem Maße die Finanzierung dieser Geschäfte sicherstellen müssen. Hier hat sich ein breites Portfolio an Finanzinstrumenten entwickelt, vom klassischen Dokumenteninkasso bis hin zu den verschiedenen Varianten des Akkreditivs. Die Citigroup geht davon aus, dass 85 Prozent des Umlaufvermögens asiatischer Unternehmen auf diese Weise abgesichert sind.[67] Für die internationalen Banken könnte

---

65 Aberdeen Group: „Supply Chain Finance Benchmark Report." September 2006, Seite 3
66 Tim Reason: „Capital Ideas: The 2005 Working Capital Survey." In: *CFO Magazine*, 12. September 2005. Online unter http://www.cfo.com/ (Stand 16. März 2008)
67 Amita Jhangiani: „Asian Trade Finance Yearbook 2007", Seite 3. Online unter http://www.citibank.com/ (Stand 16. März 2008)

sich dieser Bereich zu einem überaus lukrativen Geschäft entwickeln: Es müsste ihnen allerdings gelingen, schneller als die Konkurrenz in Asien selbst die Zulieferer in das Supply Chain Financing der Auftraggeber zu integrieren, indem sie die Plattform für den elektronischen Geschäftsverkehr bieten, die Möglichkeit zur Zwischenfinanzierung mit Krediten, die durch den Auftraggeber abgesichert sind. Dabei würden sie zusätzlich von der nunmehr wieder vorhandenen Liquidität ihrer Neukunden profitieren.

Die Durchsetzung von Supply Chain Financing steckt in Europa noch in den Kinderschuhen

In Europa ist Supply Chain Financing noch längst nicht so etabliert wie in den Vereinigten Staaten. Nach einer Umfrage des Plattform-Anbieters Demica unter 500 größeren europäischen Unternehmen[68] hinkt der alte Kontinent der Entwicklung erheblich hinterher. 73 Prozent der befragten Unternehmen gaben lediglich an, über verlängerte Zahlungsziele einen besseren Cashflow erzielen zu wollen. Die Vorreiterrolle haben die skandinavischen Ländern eingenommen, allen voran Schweden. Dort hat der Elektrogerätehersteller Electrolux, was auch seine deutsche AEG-Beteiligung betraf, die Produktion von West- nach Osteuropa verlagert. Dabei wurde ein großer Teil der Produktion aus Italien abgezogen, wo Electrolux besonders stark vertreten war; hier beträgt der durchschnittliche Zahlungszeitraum 120 Tage. Zusammen mit der italienischen Hausbank des Herstellers, der Banca Lombardia und ihrem angeschlossenen Factoring-Unternehmen CBI Veneta, gelang es, diese Konditionen auch an den neuen Standorten in Osteuropa durchzusetzen, wo die Zahlungsziele bisher 45 bis 60 Tage betrugen. Für die Zulieferer waren einerseits die günstigen Kreditzinsen, die sie bei ihren bisherigen Hausbanken nicht bekommen hätten, ausschlaggebend für ihre Zustimmung zu den veränderten Bedingungen. Andererseits erhoffen sie sich einen zusätzlichen Nutzen bei der Modernisierung ihrer Betriebsabläufe durch das Supply Chain Financing mit Electrolux.

Die Plattformen sind da

Die Vorzüge des Supply Chain Financing greifen erst allmählich in den Köpfen der Entscheider Raum, wie der Chef des Application Providers Orbian, Ken Roche, in einem Interview äußerte.[69] Es sei ein langsamer Prozess und der Fokus der Unternehmen läge weiterhin auf Effizienzsteigerungsprogrammen in anderen Bereichen. Orbian basiert übrigens auf der SAP-Plattform und entstand aus einem Joint-Venture

---

68 Demica: „The growing role of Supply Chain Finance in a changing world", Studienbericht Nr. 8 vom 9. Februar 2007. Zum Download unter http://www.demica.com/ (Stand 21. März 2008)
69 Kate O'Sullivan: „Financing the Chain." In: *CFO Magazine* vom 1. Februar 2007. Online unter http://www.cfo.com/ (Stand 16. März 2008)

Exkurs: Offshoring: Steueroptimierendes Supply Chain Management

Die Optimierung der Wertschöpfungskette unter den Aspekten des Supply Chain Financing ermöglicht es, in einem weiteren Schritt auch steuerliche Aspekte zu berücksichtigen. Wenn sich Einkaufsorganisationen im Rahmen eines Outsourcing oder Best Cost Country Sourcing für die Verlagerung von Teilen der Wertschöpfungskette in Länder mit günstigeren Produktions- oder Lohnkosten entscheiden, können auf diesem Wege auch steuerliche Vorteile generiert werden. Der sicherlich einfachste Weg ist, eigenständige Unternehmen in diesen Ländern zu gründen, an denen die Muttergesellschaft ganz oder mehrheitlich beteiligt ist und damit auch Zugriff auf die erzielten Gewinne hat. Dies macht vor allem Sinn, wenn in dem Zielland die Steuerbelastung geringer ist als am Hauptsitz der Gesellschaft. Niedrige Steuersätze kommen nicht nur Produktions- und Herstellungsbetrieben zugute; Dell, Microsoft und Oracle unterhalten beispielsweise Callcenter in Irland, weil das Land mit vergleichsweise geringen Steuersätzen Anreize für Dienstleistungsunternehmen bereitstellt, um vor Ort Arbeitsplätze zu schaffen.

Eine weitere Möglichkeit stellt die Verlagerung der gesamten Einkaufstätigkeit in ein solches Niedrigsteuerland dar. Mit der Gründung einer eigenständigen Gesellschaft dort – zum Beispiel eines „Shared Services Center", das auch die Einkaufsdienstleistung erbringt, oder einer Supply Chain Management Company, die gleich für die gesamte Steuerung der Wertschöpfungskette verantwortlich zeichnet – schafft das Unternehmen die Basis für seine Aktivitäten. Von hier aus werden die Waren und Leistungen beschafft, die dann an Unternehmenseinheiten wie zum Beispiel die Endfertigung weiterverkauft werden. Vor dem Hintergrund internationaler Steuergesetze handelt es sich bei dem Geschäft zwischen zwei Bereichen eines Unternehmens um einen sogenannten Binnenumsatz – und dieser ist steuerbegünstigt! Für ihre Tätigkeit erhalten die Einkäufer eine Servicepauschale, meist in festgelegten Prozentsätzen vom Verkaufsumsatz. Am Ende des Geschäftsjahres versteuert die Einkaufsgesellschaft dann die Gewinne lediglich aus der Vermittlungstätigkeit, zudem zu den geringen Sätzen jenes auserwählten Landes.

Was sich allzu einfach anhört, bedingt aber eine genaue Betrachtung durch speziell ausgebildete Einkäufer, Juristen, Steuerberater und Wirtschaftsprüfer, denn die Tücken stecken wie so oft im Detail: Die Steuerbehörden aller OECD-Mitgliedsstaaten haben zum Beispiel die Binnenumsätze besonderen Regelungen, Dokumentationsvorschriften und immer schärfer werdenden Prüfungen unterworfen, um Missbräuche zu verhindern. So gilt für die Preisgestaltung der Fremdvergleichsgrundsatz („arm's length principle"), der nichts anderes besagt, als dass der Preis beim Verkauf einer Ware an ein verbundenes Unternehmen dem entsprechen muss, der auch bei der Veräußerung an einen neutralen Dritten erzielt würde. Trotzdem stellen die international als „transfer pricing" benannten Geschäfte – dazu gehören auch die Vergabe von Darlehen oder die Übertragung immaterieller Vermögensgegenstände – ein wirkungsvolles Instrument zur Steuergestaltung dar. Denn durch die genaue Analyse und Strukturierung der Transaktionen können dauerhafte Steuervorteile erzielt werden. Um die Einkommensbasis ihrer Länder zu schützen, prüfen Steuerbehörden zudem penibel, ob die verlagerte Einkaufsorganisation auch tatsächlich aktiv ist und nicht nur pro forma in ein Niedrigsteuerland verlegt wurde. Das macht also für die Unternehmen eine Entsendung von Mitarbeitern in das Zielland und die Installation einer kompletten Büroinfrastruktur notwendig. Die Einkaufsorganisation und der Finanzbereich müssen deshalb gemeinsam und bis ins Detail prüfen, welche steuerlichen Effekte, aber auch mögliche Risiken – wie Doppelbesteuerung oder Strafen bei Verstößen gegen die Auflagen für das „transfer pricing" – eine solche Verlagerung wirklich mit sich bringt.

Die sorgsame Implementierung der Einkaufsorganisation in ein Niedrigsteuerland nach Grundsätzen des Supply Chain Management wird aber dazu führen, dass die tatsächliche Steuerbelastung des Unternehmens sinkt. Zudem wird das operative Beschaffungsgeschäft in einer eigens dafür geschaffenen Einheit effizienter gesteuert, und die direkte und engere Kooperation Einkauf und Finanzbereich auf diesem Spezialgebiet wirkt sich positiv auf die Zusammenarbeit auch an anderen Stellschrauben entlang der Wertschöpfungskette aus. So wies der Einkaufschef des in der Schweiz beheimateten und weltweit tätigen Pflanzenschutzmittelunternehmens Syngenta, Dr. Hans Elmsheuser, darauf hin, dass die Analyse der letzten Geschäftsberichte seines Unternehmens durchaus die positiven Effekte dieses Offshoring erkennen lasse. Ein weiteres Beispiel für Offshoring der Einkaufsaktivitäten ist Vodafone. Das Unternehmen kündigte im Sommer 2007 an, seine internationalen Einkaufsfunktionen in Luxemburg in einer eigenen Gesellschaft namens Vodafone Procurement S.a.r.l zusammenzuziehen. Der Aufbau einer zentralen Struktur für die nachgelagerten Prozesse beim Einkauf soll die Aufwendungen innerhalb eines Jahres um 250 Millionen britische Pfund (rund 370 Millionen Euro) senken, wie ein Unternehmenssprecher erklärte.[70]

70 E-Paper für Luxemburg. Online unter http://www.wort.lu/ (Stand 15. Januar 2008)

zwischen der Citibank und der deutschen Softwareschmiede in Walldorf. Die britische Lebensmittelkette Sainsbury's dagegen lotete Möglichkeiten des Supply Chain Financing schon früh aus, scheiterte aber an den technischen Möglichkeiten, die es zu jener Zeit im Markt gab. Heute arbeiten die Briten mit dem System des Anbieters PrimeRevenue. Der Finanzchef des Unternehmens, Richard Learmont, unterstreicht nicht nur die finanziellen Aspekte, die sich für Sainsbury's und seine Lieferanten ergeben haben. „Wir sind für unsere Zulieferer in einem so hohen Maße attraktiv geworden, dass wir darüber hinaus die besten Produkte zu den besten Konditionen angeboten bekommen." Für den Zulieferer bedeutet die Integration in das System eben auch ein hohes Maß an Sicherheit. Die amerikanische Tochter von Air Liquide – einem weltweit führenden Unternehmen für Industriegase, das unter anderem die Halbleiterindustrie beliefert – folgte seinem wichtigsten Kunden auf das PrimeRevenue-System und profitiert nach der Darstellung ihrer Leiterin der Debitorenbuchhaltung, Stephanie Bice, vor allem von der Transparenz des Systems. „Wir sehen sofort, wenn eine Rechnung noch nicht freigezeichnet ist oder noch nicht eingestellt ist – und können die Gründe hinterfragen." In anderen Fällen muss der Lieferant ausharren, unwissend, ob seine Rechnung akzeptiert wurde oder der Kunde pünktlich zahlt.

Vor dem Start des Supply Chain Financing müssen die Unternehmensbereiche Einkauf, Finanzen und Rechnungswesen, IT und Recht die Rahmenbedingungen für die Einführung klar definieren, wie weiter oben beschrieben. Bisherige Erfahrungswerte haben gezeigt, dass Unternehmen mit einem Einkaufsvolumen von mehr als 500 Millionen Euro schon von enormen finanziellen Vorteilen profitieren. Die zusätzlichen liquiden Mittel aus Zahlungszielverlängerungen nehmen schnell einen dreistelligen Millionenbetrag ein. Auch der direkte Ergebnisbeitrag durch Verteilung der Zinsvorteile zwischen Lieferanten und dem kaufenden Unternehmen rechtfertigt immer die Nutzung des Supply Chain Financing.

Die Implementierung in der Praxis erfolgt schrittweise, mindestens die Hälfte des Einkaufsvolumens und die wichtigsten Lieferanten sollten einbezogen werden.

Es gilt festzulegen, in welcher Größenordnung sich das Einkaufsvolumen bewegen soll, das auf diesem Weg zukünftig bezogen wird. Denn einerseits sind nicht alle Lieferanten für ein Supply Chain Financing aufgrund ihrer Größe oder Bedeutung für den Produktionsprozess geeignet; andererseits muss eine Risikoabwägung stattfinden, um Ausfällen und Insolvenzen von Lieferanten weiterhin effektiv begegnen zu können. Ein weiterer Erfahrungswert ist, dass circa 50 Prozent des Einkaufsvolumens insgesamt für den neuen Prozessablauf herangezogen werden sollten. Ein in dieser

Hinsicht neu bewertetes Lieferanten-Portfolio muss zudem hierfür qualifiziert und ein Pilotlieferant ausgewählt werden. Der Finanzbereich definiert die internen Ziele des Unternehmens in Bezug auf mögliche Optimierungen von Cashflow und Ergebnis.

Auf dieser Basis kann der Business Case gerechnet werden, der den Aufwand für Einführung des Systems, die Schulung der Mitarbeiter und die Kosten für den laufenden Betrieb beziffert und auf der anderen Seite den Nutzen für die Käufer und die Lieferanten aufzeigt. Auch müssen bilanztechnische und rechtliche Aspekte im Rahmen der Machbarkeitsprüfung von Juristen und Wirtschaftsprüfern untersucht und testiert werden. Unter Berücksichtigung der intern relevanten Prozesse – von der Warenbestellung bis zur Rechnungsbegleichung – ist ein nächster Schritt die Bewertung der Plattformanbieter und Kreditinstitute, um jene Partner zu identifizieren, die am besten zu den individuellen Projektanforderungen der Unternehmen passen. Eine konkrete Prozessbeschreibung und -planung für die Implementierung schließt diesen ersten Schritt der Prüfung ab und stellt die Entscheidungsgrundlage dar. Parallel zu den Schulungen und Trainings der Einkäufer im eigenen Unternehmen sowie den Mitarbeitern bei den Zulieferern wird der ausgewählte Lieferant für den Pilotbetrieb in die Prozesse

13   Einführung des Supply Chain Financing in der Lieferkette

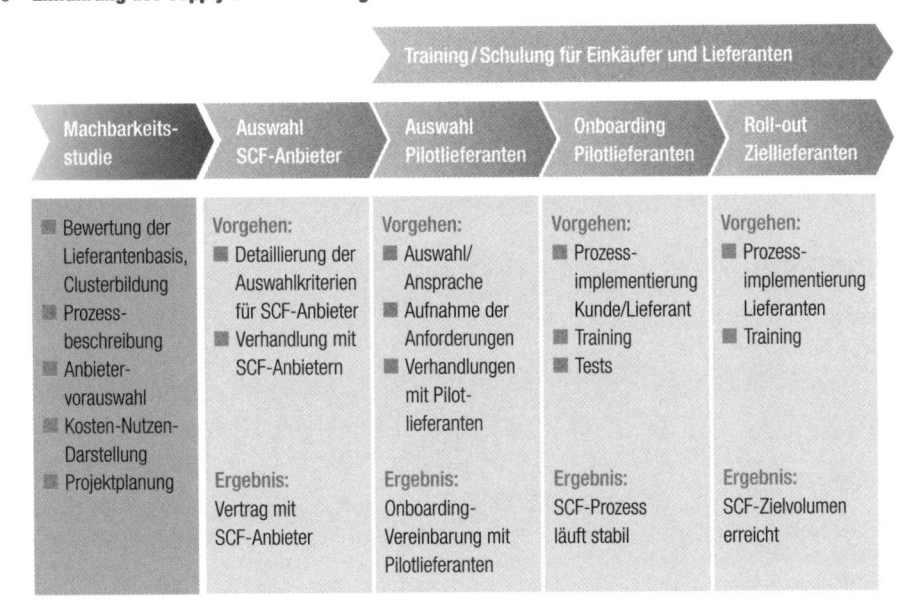

Machbarkeits-studie	Auswahl SCF-Anbieter	Auswahl Pilotlieferanten	Onboarding Pilotlieferanten	Roll-out Ziellieferanten
	Training / Schulung für Einkäufer und Lieferanten			
■ Bewertung der Lieferantenbasis, Clusterbildung ■ Prozessbeschreibung ■ Anbietervorauswahl ■ Kosten-Nutzen-Darstellung ■ Projektplanung	Vorgehen: ■ Detaillierung der Auswahlkriterien für SCF-Anbieter ■ Verhandlung mit SCF-Anbietern Ergebnis: Vertrag mit SCF-Anbieter	Vorgehen: ■ Auswahl/Ansprache ■ Aufnahme der Anforderungen ■ Verhandlungen mit Pilotlieferanten Ergebnis: Onboarding-Vereinbarung mit Pilotlieferanten	Vorgehen: ■ Prozessimplementierung Kunde/Lieferant ■ Training ■ Tests Ergebnis: SCF-Prozess läuft stabil	Vorgehen: ■ Prozessimplementierung Lieferanten ■ Training Ergebnis: SCF-Zielvolumen erreicht

Zu Beginn der Implementierung gibt eine Machbarkeitsstudie Aufschluss über die Umsetzbarkeit der avisierten Ziele und führt zu einem konkreten Projektablaufplan. Nach der Auswahl des Plattformanbieters startet der neue Prozess mit einem Pilotlieferanten – mit einem positiven Ergebnis kann die Integration der weiteren, genau bestimmten Zulieferer starten.

integriert und das gesamte System ausführlich getestet. Dabei wird nicht nur überprüft, ob die technische Infrastruktur funktioniert, sondern auch die finanziellen Ziele erreicht werden, die sich Käufer und Lieferant gesetzt haben. Ist das Ergebnis positiv, steht dem Roll-out für alle ausgewählten Lieferanten nichts mehr im Wege. Man kann davon ausgehen, dass von den ersten Berechnungen zur Machbarkeitsstudie bis zum ersten Geschäft, das über das neue System abgewickelt wird, ein halbes Jahr bis neun Monate Zeit vergehen.

Die Mitarbeiter des Einkaufs sind nach Start des neuen Prozesses in der Lage, Daten über die Pünktlichkeit der Lieferungen oder die Zahlungsflüsse kontinuierlich zu überprüfen, um Abweichungen konkret beim Lieferanten ansprechen und abstellen zu können. Supply Chain Financing trägt auf diese Weise auch dazu bei, die Lieferantenbindung zu verbessern und die Lieferantenbasis verlässlicher zu machen. Damit hilft es, das eigene Unternehmen vor zeitlichen wie quantitativen Lieferrisiken durch Liquiditätsprobleme beim Lieferanten zu schützen.

Management Summary

Ausgangspunkt ist die Kernfrage: Warum finanziert häufig das schwächste Glied der Kette, nämlich der Lieferant, den größten Teil der Supply Chain, damit am Ende doch die Kosten dafür beim Kunden anfallen? In Zeiten schwindender Eigenkapitaldecke und immer anspruchsvollerer Kriterien für die Kreditvergabe gewinnen neue Finanzierungsmodelle an Bedeutung. Supply Chain Financing als monetärer Teil der Logistikkette ist in der Lage, die Zwischen- und Vorfinanzierungsaufwendungen – für Käufer und Lieferanten gleichermaßen wirksam – zu senken. Das Prinzip: Der Käufer, in der Regel mit besserem Rating und daher besseren Konditionen ausgestattet, reicht dem Lieferanten seinen Zinsvorteil für die Dauer des Cashflow-Cycle weiter. Im Gegenzug wird er Vorteile etwa zum Produktpreis oder den Zahlungszielen einfordern. Diese kann der Lieferant aufgrund seiner erhöhten Liquidität nunmehr gewähren. Das Ziel: durch Verminderung des Working Capital den Cashflow und damit die Liquiditätsausstattung auf beiden Seiten zu optimieren und das Ergebnis zu steigern – eine Win-Win-Situation. Dazu ist es erforderlich, die bislang strikt getrennte Funktionssicht der Bereiche Finanzen und Rechnungswesen auf der einen Seite und Einkauf auf der anderen Seite aufzulösen. Stattdessen müssen und können die Prozesse verzahnt und auch im Informationsfluss untereinander und – soweit relevant, auch mit dem Lieferanten – digital integriert werden. Damit wird die Voraussetzung geschaffen, dass Finanzdienstleister über internetbasierte Plattformen die Zwischenfinanzierung abwickeln. Diese verdienen ihrerseits an den relativ günstigen Transaktionsgebühren. Unternehmen mit einem Einkaufsvolumen von mehr als 500 Millionen Euro haben bereits enorme Vorteile zu verzeichnen. Doch auch große Mittelständler sollten für sich das Verfahren prüfen, denn zu den Finanzvorteilen gesellen sich eine bessere Lieferantenbindung, größere Transparenz und ein sinkendes Versorgungsrisiko. Die Implementierung von SCF im Unternehmen, von den Machbarkeitsstudien bis zu funktionsfähigen Prozessen, benötigt zwischen sechs und neun Monaten Zeit. In den USA und Asien beginnt das Verfahren sich durchzusetzen, in Europa gewinnt es zunehmend an Aufmerksamkeit in den Unternehmen.

Kapitel 8

Vom unsichtbaren Vermögenswert

Über IT-gestützte Prozesse hinaus durch Wissensmanagement Transparenz schaffen

Den Überblick behalten: Wachsende Komplexität, verstreute Information – Informationsbedarf: regional, funktional, zeitgerecht – Wider die „Wissensinseln" und „Datenfriedhöfe" – Verfügbarkeit durch Integration, Wettbewerbsvorteile durch Verfügbarkeit – Praxisbeispiel Dorma: Neue Prozessorganisation – Das Ende der Medienbrüche – Zugriff von überall – Einbindung der Lieferanten – Aufgabe der Unternehmenskultur

Als Spaniens König Karl am 24. Februar 1530 von Papst Klemens VII. zum abendländischen Kaiser gekrönt wurde, konnte er sich rühmen, über ein Reich zu regieren, in dem die Sonne nicht unterging. Karl V., wie er sich fortan nannte, trug einen beeindruckenden Titel: „Römisch-deutscher König, Erwählter Römischer Kaiser, Mehrer des Reiches, König von Spanien, Sizilien, Jerusalem, der Balearen, der kanarischen und indianischen Inseln sowie des Festlandes jenseits des Ozeans, Erzherzog von Österreich, Herzog von Burgund, Brabant, Steier, Kärnten, Krain, Luxemburg, Limburg, Athen und Neopatria, Graf von Habsburg, Flandern, Tirol, in Schwaben, Herr in Asien und Afrika." Auch knapp ein halbes Jahrtausend später gibt es Reiche auf der Erde, in denen die Sonne nicht untergeht. Nicht gekrönte Häupter stehen an ihrer Spitze, sondern Vorstände. Nicht Reich oder Empire nennen sie sich, sondern AG, S. p. A. oder Corp. Sie heißen Siemens, Procter & Gamble oder Citigroup und sind auf allen fünf Kontinenten zu Hause. Und sie alle haben eins gemeinsam mit Karls Reich: Sie sind so groß, dass es kaum noch möglich ist, den vollen Überblick zu behalten.

Unkenntnis macht angreifbar

Das Problem ist nicht die Größe an sich, wie das Märchen zu Beginn dieses Buches verdeutlicht. Woran das Reich des Königs zu zerbrechen droht, ist seine Unkenntnis über dessen Lage. Gibt es genug Weizen, genug Wein und genug Erz für den Bedarf im Königreich? Der König hat ein Informationsproblem. Er weiß schlichtweg nicht, wie es um die Versorgung in seinen Landen bestellt ist und welche Risiken das birgt. Was für eine Blamage für Haushofmeister, Mundschenk und Heerführer, die ihm eigentlich die nötigen Auskünfte erteilen können müssten! Das ist heute in der Wirtschaft oft nicht anders: Viel zu viele Unternehmen haben keine oder nur unzureichende Transparenz über ihre Versorgungslage: Welchen Mehrwert bieten die unterschiedlichen, weltweiten Beschaffungsmärkte? Gewährleistet das bestehende Lieferantennetzwerk genug Sicherheiten gegen Engpässe? Werden unsere Anforderungen zuverlässig erfüllt? Und verschafft die Innovationskraft der Lieferanten dem Unternehmen ausreichend Wettbewerbsvorteile? Fragen, die zunächst banal klingen, auf die es jedoch selten eine befriedigende Antwort gibt.

Es ist vor allem die Komplexität des Geschäfts, die den Unternehmen zu schaffen macht: Der Gang ins Ausland, Zusammenschlüsse mit anderen Firmen (Mergers & Acquisitions) und die Einführung immer neuer Produkte und Dienstleistungen gehören zu den Hauptgründen dafür, dass mehr als drei Viertel aller Unternehmen zugeben: Ja, die Abläufe und Strukturen in unserem Haus sind komplexer, als sie es noch vor drei Jahren waren. Für vier von fünf Betrieben gehört es zu den wichtigsten Aufgaben, dieser wachsenden Komplexität in Zukunft erfolgreich Herr zu werden.[71]

Viele Fragen bleiben im Management unbeantwortet und sind Ursache für unkalkulierte Risiken in der Wertschöpfungskette.

Handeln tut wahrlich not: Firmen beschaffen Waren und Güter doppelt und dreifach, weil es hier eine Abteilung gibt, die ein bisschen Einkauf macht, und dort noch zwei weitere – denn „einkaufen" kann ja jeder ... Strategische Geschäftseinheiten oder Tochtergesellschaften beschaffen unabhängig voneinander zunehmend in Niedriglohnländern wie China und Indien, aber sie haben nicht das notwendige Potenzial, derart große Beschaffungsmärkte professionell zu bearbeiten und gezielt ausgewählte Lieferanten in die eigene Wertschöpfung zu integrieren. Sie schließen oft genug ohne Abstimmung endlose Reihen von Verträgen und Vereinbarungen mit Lieferanten oder Kunden ab, informieren intern nicht und kontrollieren ebenso wenig, ob die darin ausgehandelten Konditionen wirklich eingehalten werden. Verschärft wird diese Situation, wenn die Unternehmensorganisation zugleich zergliedert wird, und zwar sowohl in geografischer als auch in funktionaler Hinsicht: Da werden Dienstleistungen wie IT, Buchhaltung oder Personalwesen ausgelagert, wachsende Teile der Produktion wandern ins Ausland ab, die Abhängigkeit von den Lieferanten steigt. Man muss sich vor Augen führen, von welchen Dimensionen hier die Rede ist: Ein Konzern wie

---

71 PriceWaterhouseCoopers: „Neue Phase der Globalisierung stellt Firmenchefs vor neue Herausforderungen", Pressemeldung vom 25.1.2006

Volkswagen, Europas größter Autobauer, steuert pro Jahr ein Beschaffungsvolumen von 72 Milliarden Euro[72]; ein Stromversorger wie RWE zählt 700.000 Bestellpositionen in seinem elektronischen Einkaufskatalog. Dann stellt sich eine Ahnung davon ein, wie wichtig es ist, vor allem im Einkauf informiert zu sein und den Überblick zu behalten – so wie der Scheinzwerg im Märchen.

Das Tor steht den „schwarzen Rittern" weit offen
Was ist beispielsweise, wenn plötzlich ausgerechnet ein Zulieferer ausfällt, weil er in Schwierigkeiten steckt oder sogar Insolvenz angemeldet hat, von dessen Komponenten ein Unternehmen aber abhängig ist? Wenn ein Hersteller auf diesen GAU nicht eingestellt ist, reißt im schlimmsten Fall seine Wertschöpfungskette ein. Endprodukte können nicht zusammengebaut werden, Händler und Kunden werden mit längeren Wartezeiten vertröstet – und wandern zur Konkurrenz ab. Gibt es Lieferanten, auf die der Einkauf ausweichen könnte? Auf welchen Märkten ließen sich die fehlenden Komponenten schnell und preiswert beschaffen? Wer dafür nur ein Schulterzucken übrig hat, handelt verantwortungslos. Und doch: Nicht einmal jedes zweite Unternehmen hat für strategisch wichtige Beschaffungen einen Notfallplan in der Schublade.[73] Auf dem Stahlmarkt gleicht das einem regelrechten Vabanquespiel: Durch die dramatisch gestiegenen Preise haben die Unternehmen finanzielle Handlungsspielräume erhalten, die Aufkäufe und Fusionen nach sich zogen. Am Ende sind Giganten entstanden, die schonungslos die Kleineren vom Markt fegen. 2006 flossen unvorstellbare 126 Milliarden Dollar in die Akquisition von Wettbewerbern.[74]

Tückisch ist auch der sogenannte Peitscheneffekt, im Fachjargon Bull-Whip-Effekt genannt. Auslöser sind in der Regel Veränderungen in der Nachfrage bei den Endkunden, die sich in der Wertschöpfungskette rückwärts aufschaukeln. Steigt – einmal angenommen – die Nachfrage, bestellt der Einzelhandel beim Großhandel vorsorglich mehr, um einen Versorgungsengpass für seine Kunden zu vermeiden. Der Großhandel wiederum beschafft größere Mengen beim Hersteller, der sicherheitshalber die Produktion ankurbelt und die Bestellungen bei seinen Zulieferern erhöht. Die Folge: Diese Hamsterkäufe führen zu einem völlig falschen Bild der tatsächlichen Nachfrage aufseiten des Endkunden. Lagerbestände werden erhöht, um das Risiko zu vermeiden, dass die künftige Nachfrage nicht befriedigt werden könnte. Das treibt die Kapitalbin-

---

72 Volkswagen AG, Geschäftsbericht 2007, Seite 150
73 A.T. Kearney: „Vom Kostensenker zum Werttreiber – Weltweite Studie prognostiziert Wandel im Beschaffungsmanagement", Pressemeldung vom 1.3.2005
74 Bundesanstalt für Geowissenschaften und Rohstoffe:„Kurzbericht zur Konzentration in der Weltbergbauproduktion", Februar 2007. Zum Download unter http://www.bmwi.de (Stand 17. März 2008)

dungskosten in die Höhe. Hauptursache des Problems ist ein mangelhafter Informationsfluss zwischen den Beteiligten der Wertschöpfungskette: Jede Partei kennt nur den Bedarf, den ihr der direkte Kunde meldet, und erstellt auf dieser Basis ihre Prognose für den eigenen Bedarf. Verschärft wird dieser Effekt noch durch Rabatte oder Staffelpreise, die einen zusätzlichen Anreiz für Bestellungen in großen Mengen bilden. Dies verzerrt das Bild vom tatsächlichen Bedarf auf dem Endkundenmarkt umso mehr. Die Lager füllen sich, aber Hersteller und Händler bleiben auf ihren Beständen sitzen und bestellen vorerst nicht mehr nach – steigt dann der Bedarf erneut sprunghaft, kommt es plötzlich zu Engpässen in der Versorgung. Kunden bekommen nicht mehr die gewünschte Ware und wenden sich verärgert ab.

Mehr denn je gilt es, über Schwankungen auf den Märkten und Veränderungen in der Nachfrage rechtzeitig informiert zu sein.

Der Peitscheneffekt zeigt besonders deutlich, wie wichtig es ist, den Informationsfluss innerhalb der Wertschöpfungskette zu verbessern. Es kommt darauf an, das Verhalten von Kunden, Händlern und Lieferanten richtig einzuschätzen und mit ihnen, so weit es geht, in einem Netzwerk und in Echtzeit Informationen auszutauschen. Das Ziel: Nachfrageschwankungen schnell zu erkennen und immer auf dem Laufenden zu sein über voraussichtliche Lieferzeiten, tatsächlich nötige Lagerbestände und drohende Schwierigkeiten in der Produktion. Hier setzt zum Beispiel das sogenannte Vendor Managed Inventory an, zu Deutsch etwa: lieferantengesteuerte Bestandsführung, das bereits von vielen Unternehmen angewendet wird. Der Lieferant kontrolliert regelmäßig den Lagerbestand bei seinem Kunden und steht in der Pflicht, stets eine ausreichende Versorgung mit Produkten zu gewährleisten. Er orientiert sich dabei an den Verbrauchs- oder Abverkaufszahlen, die ihm der Kunde elektronisch übermittelt. Der Vorteil dieser Vorgehensweise: Das Lager ist immer ausreichend gefüllt, da die Disposition durch den Lieferanten erfolgt, und die Endkunden bekommen die gewünschte Ware sofort beziehungsweise termingerecht und zeigen sich entsprechend zufrieden.

Die globalen Einflussgrößen verändern sich rasant

Von immenser Bedeutung ist das Wissen um künftige Marktentwicklungen. Als besonders anschaulich hierfür erweist sich erneut die Volatilität der Rohstoffmärkte. Wer hätte sich Anfang 2003 ausgemalt, dass Rohstoffpreise binnen zwei Jahren in Deutschland um zwei Drittel steigen würden? Und doch ist es passiert. Allein Stahl verteuerte sich 2005 um 71 Prozent. Die Ursache hierfür liegt in den aufstrebenden Märkten Asiens, Osteuropas und Lateinamerikas. Der Rohstoffhunger Indiens und Chinas etwa kennt keine Grenzen. Die Volksrepublik ist zum weltweit größten Importeur von Rohstoffen geworden. Mehr als 20 Jahre lang waren Kapazitätserweiterungen bei den Minen kein Thema – heute kommt die Förderung von Erz, Kupfer oder Zinn kaum noch der Nachfrage hinterher. Bei den Agrarrohstoffen ist die Situation kaum entspannter: Extreme Wetterschwankungen reichen, und schon ist die Blüte schwach und die Ernte fällt schlecht aus. Funda Tarhan, Analystin bei ABN Amro, hat das so formuliert: „Da wir alle keine Landwirte sind, ist es enorm schwierig, zum Beispiel den Einfluss der Witterung auf die Rohstoffpreise konkret einzuschätzen."[75] Beim Kaffee sind aus diesem Grund von Monat zu Monat massive Preisänderungen möglich. Wie massiv, zeigte exemplarisch das Jahr 1994. Damals lag der Preis für das Pfund Kaffee im September bei knapp 200 Cent – und damit mehr als 200 Prozent über dem Januarpreis.[76] Glücklich, wer rechtzeitig über dergleiche Risiken informiert ist.

Es wird immer schwieriger und komplexer, das nötige Wissen bereitzustellen – und das auch noch rechtzeitig.

Es geht also mehr denn je darum, das nötige Wissen zur rechten Zeit am rechten Ort zu haben. Aber viel zu oft sind die entscheidenden Informationen über Produkte, Märkte und valide Prozesse erst verfügbar, wenn es längst zu spät ist. Intransparenz und mangelnde Klarheit über die Beschaffungsabläufe sind der größte Feind jedes Unternehmens.

Wissen, so stellt sich die Situation in den meisten Unternehmen dar, gehört zu den sträflich vernachlässigten Ressourcen. Die Crux: Bei Wissen handelt es sich um einen „Vermögenswert, der unsichtbar ist und in der Bilanz eines Unternehmens in der Regel nicht auftaucht", so das Bundeswirtschaftsministerium (BMWi).[77] Dabei habe es heute schon einen Anteil von 60 Prozent an der Gesamtwertschöpfung eines Unternehmens, Tendenz steigend.[78] Aber Wissensinseln liegen verstreut über die einzelnen Einheiten, Datenbanken werden im Lauf der Zeit zu Datenfriedhöfen, um die sich niemand mehr kümmert. Vieles hängt vom Zufall ab: Hier ist man bei einer Recherche nebenbei auf eine Information gestoßen, dort hat man auf dem Flur oder bei den Nachrichten etwas aufgeschnappt. 35 Prozent seiner Arbeitszeit, hat das BMWi herausgefunden, verwendet der durchschnittliche Arbeitnehmer damit, Wissen zu finden.[79] Es wird immer schwerer, der Informationsflut Herr zu werden: Dutzende von

---

75 @cri: „Kaffee zeigt die ‚wilde Volatilität' der Agrar-Rohstoffe." Online-Ausgabe der *FAZ* vom 12.1.2007. http://www.faz.net/ (Stand 17. März 2008)
76 Ebd.
77 BMWi: „e-f@cts – Informationen zum E-Business: Wissensmanagement", Ausgabe 10, Februar 2006, Seite 2
78 Ebd., Seite 3
79 Ebd.

E-Mails, die es jeden Tag zu bearbeiten gilt, Zeitschriften und Handbücher, die auf den Schreibtisch flattern oder die vielen abonnierten Newsletter setzen jeden einzelnen Mitarbeiter unter Stress. Denn die Mengen an Informationen wollen bewertet und gewichtet werden. Erst so wird aus Information Wissen.

Hinzu kommt, dass Wissen immer schneller veraltet, je mehr und je schneller die Wirtschaft Neuerungen auf den Markt wirft. Ein Blick auf die Entwicklung der Produktlebenszyklen zeigt: Wo die Industrie früher vielleicht in Jahren maß, wird heute in Monaten gerechnet. Siehe Automobilmarkt: Der durchschnittliche Produktlebenszyklus europäischer Autos ist allein zwischen 1990 und 2000 um 30 Prozent auf unter sieben Jahre gesunken[80], die Zahl der Serienanläufe gleichzeitig dramatisch gestiegen. Siehe Daimler-Chrysler: Gab es in den acht Jahren zwischen 1984 und 1992 noch sieben Anläufe, so waren es zwischen 2001 und 2005, also binnen vier Jahren, schon zehn.[81] Eberhard Reichert, Executive Vice President Siemens Business Services, hat dies die „Economy of Speed" genannt, die an die Seite der Economy of Scales getreten sei.[82] Es wird nicht mehr nur „just in time" produziert, heute geht das „on demand", auf Abruf also. Die Folge für den einzelnen Mitarbeiter: Ihm steht immer weniger Zeit zur Verfügung, um das nötige Wissen für seine Arbeit zusammenzutragen. Das gilt für den Einkauf ebenso wie für Forschung und Entwicklung und selbst den Vertrieb.

Es stellt sich das Gefühl ein, dem Wissen immer hinterherrennen zu müssen. Dabei ist es noch leicht, wenn es sich um das sogenannte explizite Wissen handelt, Faktenwissen also, das sich vergleichsweise einfach erfassen lässt: Handbücher gehören dazu, aber auch Präsentationen oder E-Mails. Was aber ist mit dem „impliziten", dem Erfahrungswissen, das in jeder Firma schlummert? Ist jemand krank oder kündigt und geht zur Konkurrenz, so ist dieses Wissen nicht verfügbar oder sogar für immer verloren. Implizites Wissen ist ein flüchtiges Gut.

Vorhandene Potenziale sichern und nutzen
Ausgehend von der Überlegung, dass die Informationen, die in einem Unternehmen zusammenfließen, jedem Mitarbeiter zu jeder Zeit in der passenden Form zur Verfügung stehen müssen, ist ein Wissens- oder Informationsmanagement (neudeutsch: Knowledge Management) notwendig. Die Grenzen zwischen den Begriffen sind flie-

---

80 Michaela Neuner: „Potenzialcheck Produktneuanlauf' – Analyseinstrument für das Anlaufmanagement von Anlagen und Prozessen". In: innovations-report vom 27.2.2004. Online unter http://www.innovations-report.de (Stand 17. März 2008)
81 Siegfried Roth: „Informatisierung in der Automobilindustrie", Vortrag, Darmstadt, 28.1.2005. Online unter http://www.informatisierung-der-arbeit.de/ (Stand 17. März 2008)
82 Eberhard Reichert: „Was Siemens weiß", Interview in BerliNews, 23.7.2001. Zum Download unter http://www.berlinews.de/ (Stand 17. März 2008)

ßend. Der Begriff Wissensmanagement greift jedoch weiter, denn es geht um mehr als die bloße Nutzung elektronischer Werkzeuge im Beschaffungsprozess, also elektronische Kataloge, Lösungen für den Ausschreibungsprozess wie für Auktionen, oder auch Tools für das Lieferantenmanagement, wie sie in zunehmendem Maße den Stand der Technik in den Unternehmen darstellen. Interessant: Kleine und mittelständische Unternehmen treiben den Ausbau solcher Lösungen konsequenter voran als die „Großen", wie eine aktuelle Studie herausgefunden hat.[83]

E-Tools sind wichtig, aber nicht alles

Es geht auch um mehr als die Integration auf einer gemeinsamen Plattform. Bei E-Procurement, das fälschlicherweise als Überbegriff für die verschiedensten elektronischen Beschaffungsverfahren in aller Munde ist oder vielmehr war, handelt es sich um eine klassische Form des Informationsmanagements. Es zählt zur Gruppe der Lösungen, die standardisierte Informationen über Produktkataloge transparent darstellen. Das Informationsnetz über Material-, Wissens- und Finanzströme wird heute aber viel weiter gespannt und ist meist über Web-Lösungen mit dem der Lieferanten verbunden. Hierüber laufen etwa Ausschreibungen, alle Arten des Lieferantenmanagements sowie Bestellvorgänge und Rechnungsabwicklungen ohne Medienbruch. Die Anbieter von E-Procurement-Lösungen haben sich in der Vergangenheit regelrecht überschlagen bei der Bezifferung möglicher Einsparpotenziale. Tatsache ist, dass diese Potenziale von Unternehmen zu Unternehmen und von Warengruppe zu Warengruppe sehr unterschiedlich sind und nur dann erschlossen werden können, wenn die Systeme auch von allen genutzt werden. Man sollte meinen, dass dies eine Selbstverständlichkeit ist – nicht so im Einkauf. Allerdings ist es weniger die Einsparung sogenannter Prozesskosten, die ausschlaggebend für E-Procurement sein sollte, sondern schlichtweg die Schaffung von Transparenz und damit unternehmensweite Compliance, also die Einhaltung von Vorgaben im Einkauf. Und genau dies sicherzustellen, muss im Interesse der Unternehmensleitung liegen.

Sogar Instrumente zur Lieferantenbewertung oder zur gemeinsamen Projektarbeit, etwa in der Entwicklung, lassen sich heute in E-Collaboration-Plattformen integrieren. Derartig komplexe Formen des elektronischen Austauschs jedoch gehen bereits weit über das reine Informationsmanagement hinaus. Umfassende Anwendungen ermöglichen heute Supplier-Relationship-Management-Systeme wie etwa SAP-SRM oder entsprechende Angebote anderer Anbieter wie beispielsweise Oracle. Diese Lösungen bieten darüber hinaus auch die Möglichkeit zur Integration mit anderen Informa-

---

83 BME: „Stimmungsbarometer Elektronische Beschaffung 2007", Seite 3. Zum Download unter http://portal.bme.de/ (Stand 17. März 2008)

tionsmanagement-Systemen wie dem Enterprise Resource Planning (ERP) oder dem Product Lifecycle Management (PLM).

Nicht beantwortet bleiben damit jedoch etwa so wesentliche Fragen wie die, wo auf der Welt gerade Überangebote oder Knappheit bei einem bestimmten Gut vorliegen, wie flexibel Lieferanten bei Versorgungsengpässen sind, ob ein Lieferant gerade konkurrierende Entwicklungen vorantreibt oder ob ein Konkurs droht. Eine solche weitergehende Pflege von Lieferantenbeziehungen nutzt zusätzliche Quellen und neue Formen des Informationsaustauschs. Allerdings lässt sich ein so vielschichtiges Wissensmanagement ohne ein durchgehendes informationstechnisches Rückgrat nicht realisieren.

Effizientes Wissensmanagement fördert vorhandene Wissensquellen zutage und macht sie unternehmensweit verfügbar.

Der Einkauf ist geradezu prädestiniert für Wissensmanagement. Warum? Weil im Einkauf mehr als 80 Prozesse auf den unterschiedlichsten Ebenen bekannt sind. Das fängt bei der Bestellabwicklung oder Rechnungsprüfung auf der operativen Ebene an, geht auf der taktischen Ebene weiter mit der Bedarfsermittlung, den Ausschreibungen oder auch dem Vertragsmanagement und hört mit der Einkaufsstrategie, der Analyse der Versorgungsmärkte und Make-or-Buy-Entscheidungen auf der strategischen Ebene noch lange nicht auf. Hinter jedem dieser Prozesse steckt Wissen, das verfügbar gemacht werden muss. Mehr noch: Ohne funktionierendes Wissensmanagement wäre der strategische Einkauf in einem Unternehmen nicht entscheidungsfähig. Um Strategien entwickeln zu können, benötigt er valide Daten aus der operativen und taktischen Ebene. Das ist nicht anders als im Fußball: Der Trainer kann seine Spieler nur dann optimal einsetzen, wenn er jeden einzelnen Spieler seiner eigenen Mannschaft und des Gegners sowie dessen besondere Verhaltensweisen genau kennt. Letzten Endes dreht sich alles um die eine Frage: Wie muss ich meine Spieler einsetzen, um mit meiner Strategie ans Ziel zu kommen? Ohne das nötige Wissen kommt man auch auf dem Rasen nicht weit. Mit Blick auf den Einkauf bedeutet das erstens *Transparenz*, etwa bei Absatz- und Beschaffungsmärkten – die sogenannte Market Intelligence –, bei Lieferanten oder auch Warengruppen. Zweitens *einheitliche* Informationen, wie über Ausgaben für Beschaffungen, Warengruppenbestände oder laufende Verträge. Und drittens einen verlässlichen Blick in die Zukunft: Bedarfsplanungen, verfügbare Budgets und auch Spezifikationen neuer Produkte müssen im Handumdrehen aufrufbar sein.

Abb. 14 Führende Einkaufsorganisationen bilden zunächst ihren Prozessrahmen, bevor sie IT-Systeme implementieren

Querschnitts-prozesse der Wertschöpfg.	Leistungs-prozesse	Verwaltungs-prozesse	Logistik-prozesse	Finanz-prozesse	Verwaltungs-spezifische Prozesse

Strategische Prozesse	Beschaffungs-strategie/-steuerung	Bedarfs-management	Warengrup-pen-Portfolio-managemt.	Markt-analyse	Lieferanten-Portfolio-managemt.	Make-or-Buy
Taktische Prozesse	Bedarfs-spezifikation	RfX	Verhandlg./Vertrags-abschluss	Vertrags-management	Lieferanten-management	Lieferanten-Phase-out
Operative Prozesse	Anforderung und Geneh-migung	Bestellung	Auftragsbe-stätig./-nach-verfolgung	Lieferung und Waren-eingang	Rechnungs-überprüfg./Zahlung	Reklama-tionsmana-gement

Auswirkung / Kontrolle

Performance-prozesse	Ausgaben-management	Compliance-monitoring	Performance-messung	Berichts-wesen	Risiko-management

Basis-prozesse	Stammdaten-management	Katalog- und Content-management	Wissens-management	Internes Kun-denbeziehungs-management	Lieferanten-integration (IT/physisch)

Prozessvielfalt im Überblick: Heute steuert der Einkauf alle Beschaffungsaktivitäten über rund 80 einzelne Prozesse, die unterschiedlichste Informationen bereitstellen. Durch ein strategisches Prozess-Framework wird der Einkauf in die Lage versetzt, sukzessive alle Daten in Informationen umzuwandeln, um dieses dann durch eine Plattform unterstützen zu lassen.

Bestandsaufnahme tut not

Effizientes Wissensmanagement beginnt mit einer „Ortsbestimmung" des vorhandenen Wissens: Seien es Experten in einem Unternehmen, deren Know-how wie ein Leuchtturm das vieler anderer Kollegen überragt, seien es rege Kontakte zu besonders innovativen Lieferanten oder auch das betriebliche Vorschlagswesen mit seinen kreativen Mitarbeitern – aus all diesen Quellen sprudeln Ideen, die für das Unternehmen fruchtbar sein können. Doch es ist nicht damit getan, dieses Wissen mit geeigneten Software-Tools zu speichern – wie mit Dokumenten-Management-Systemen oder auch Data-Warehouses –, es muss auch nutzbringend verteilt und verfügbar gemacht werden. Vorhandenes Wissen muss denjenigen erreichen, der es wirklich braucht. Groupware für die Online-Zusammenarbeit im Team, Foren und Chats in einem geschlossenen Firmennetz, dem Intranet, sind nur einige Möglichkeiten, wie dies sichergestellt werden kann.

**Beispiel Dorma:
Verteiltes Wissen in einem Weltkonzern muss gebündelt und verfügbar gemacht werden.**

Ein eindrucksvolles Beispiel für effizientes Wissensmanagement gibt Dorma ab. Binnen eines Jahres läutete das Unternehmen mit seinem „Sourcing Collaboration Portal" eine Zeitenwende im Einkauf ein. Wo sich früher Bedarfsmeldungen noch auf Papier auf den Weg machten oder Preise mit viel Aufwand in Excel-Listen aufbereitet werden mussten, läuft heute alles auf Knopfdruck: ob Bedarfsermittlung, Ausschreibungen, die Ausarbeitung von Verträgen oder auch Wertanalysen, um Spielräume für Kostensenkungen und Leistungsverbesserungen bei Lieferanten auszuloten. Spektakulär sind die Ergebnisse bei den Durchlaufzeiten: Dauerte die Ausschreibung von A-Produkten bei Dorma von der Bedarfsermittlung bis zur Verhandlung mit den Lieferanten früher im Schnitt 25 Tage, so sind es heute gerade einmal fünf. Und: „Von einem Euro, den wir in die neue Lösung gesteckt haben, bekamen wir allein im ersten Jahr ein Vielfaches an Einsparungen zurück", freut sich Dormas Einkaufschef Jürgen Obergfell. So eine Lösung ist es wert, genauer betrachtet zu werden, zumal sie vom Einkaufsleiterforum Epcon ausgezeichnet worden ist.

Dormas Kerngeschäft ist die Türtechnik. Im täglichen Leben hat man es fast überall mit Dorma-Produkten zu tun. Denn die Sauerländer aus dem beschaulichen Ennepetal dürfen sich Weltmarktführer nennen, wenn es um Raumtrennsysteme, Glasbeschlagsysteme oder automatische Türsysteme geht, also Dreh- oder Schiebetüren. Mit 69 Gesellschaften und einer Präsenz in 45 Ländern geht auch bei Dorma die Sonne nicht unter: Das Unternehmen produziert im Osten der USA und im brasilianischen São Paulo, auf der Arabischen Halbinsel, in Singapur und Malaysia, in Australien und selbst in Neuseeland, von den vielen europäischen Standorten ganz zu schweigen. Ebenso weit spannt sich das Vertriebsnetz: Es reicht von Mexiko über Europa und Südafrika bis nach Asien und Australien. Das Bundeskanzleramt ist ebenso Kunde von Dorma wie der Burj Dubai: Im höchsten Gebäude der Welt sollen an die 6000 Türen mit Technik von Dorma gesichert werden. Fazit: „Dorma ist eine Weltmarke", so Jürgen Obergfell stolz.

Doch der Erfolg barg in der Vergangenheit auch Risiken in sich: Denn die Westfalen, die im Jahr[84] rund 838 Millionen Euro Umsatz erwirtschaften, liefen vor Beginn der neuen Ära Gefahr, in ihrem Konzerneinkauf irgendwann den Überblick zu verlieren. Mit dem Erwerb neuer Unternehmenseinheiten stieg in den letzten Jahren nicht

---

[84] Geschäftsjahr 2006/2007 (per 30.6.)

nur die Zahl der Einkaufsorganisationen, sondern auch die Vielfalt der Prozesse und Plattformen, über die der Einkauf abgewickelt werden musste. Je heterogener sich die Landschaft der informationstechnischen Systeme gestaltete, desto mehr Schritte mussten von Hand erledigt werden. Wissen, das über alle fünf Kontinente verstreut war, konnte nicht systematisch genutzt werden. Es ließ sich schlichtweg nicht abrufen und somit als Mehrwert für Dorma und auch den strategischen Wettbewerbsvorteil nicht nutzen.

Obsolete Prozesse
Im Beschaffungsprozess selbst taten sich ebenfalls Mängel auf, allen voran die zahlreichen Medienbrüche. So konnten Lieferanten Produktspezifikationen nicht direkt online bei Dorma herunterladen – heute eine Selbstverständlichkeit. Es gab keine einheitlichen elektronischen Vorlagen für Ausschreibungen oder Bedarfsermittlungen, Preise für eingekaufte Materialien mussten umständlich manuell in Listen erfasst werden. Damit nicht genug: Die Materialgruppen-Management-Teams (cross-funktionale Teams, bestehend aus Mitarbeitern des Einkaufs, der Entwicklung, der Produktion sowie der Qualitätssicherung), die sich inzwischen bei Dorma weltweit verteilten, kauften ein, ohne sich untereinander abzustimmen und den Bedarf zu bündeln. Aufgabe eines solchen Teams, das sich aus strategischen Einkäufern und Experten aus unterschiedlichen Geschäftsbereichen zusammensetzt, ist es, zu den bestmöglichen Gesamtversorgungskosten Artikel aus einer bestimmten Warengruppe zu beschaffen. Dort wird auch entschieden, ob die Zahl der Lieferanten steigen oder sinken soll, ob sich für eine Warengruppe gar Single Sourcing empfiehlt, also die Beschaffung über einen einzigen Lieferanten, oder welche Taktiken der Einkauf bei Ausschreibungen anwenden soll, um sich in eine günstige Verhandlungsposition zu bringen. Obergfell: „Der Wettbewerbsdruck zwang uns immer mehr, bei den Innovationen zuzulegen und Kosten auf Dauer zu senken, aber die Synergien, um diese Ziele zu erreichen, blieben bis dato bei uns ungenutzt."

Am Anfang steht eine ganz neue Ausrichtung bei den Prozessen und in der Organisationsstruktur.

Doch dann wurde alles anders. Mit dem Sourcing Collaboration Portal entstand im Einkauf der Arbeitsplatz der Zukunft – eine Plattform, mit der sämtliche Einkaufsvorgänge im Konzern online gesteuert werden können. Heute bietet das Portal den Einkäufern von Dorma drei entscheidende Vorteile: Es bildet die taktischen Prozesse von der Bedarfsermittlung bis zum Lieferantenmanagement ab, es bringt Einkäufer und Lieferanten in der Ausschreibungsphase zusammen und es gibt dem einzelnen

Einkäufer die Möglichkeit, so einfach wie möglich auf alle Anwendungen zuzugreifen, die er braucht.

Dabei stand auch hier am Anfang erst einmal eine gigantische Bestandsaufnahme, schließlich musste das gesamte einkaufsrelevante Wissen bei Dorma erfasst werden. Das setzte an bei den Einkäufern und ihren Aufgaben, ging weiter bei den Lieferanten und den Warengruppen, die Dorma über sie beschafft, umfasste sämtliche Produktspezifikationen, die SAP-Module für Materialwirtschaft und Finanzwesen und mündete bei den zahlreichen Verträgen, die im Konzern mit den unterschiedlichsten Lieferanten, Partnern und Kunden existieren. Hinzu kam, dass alle bestehenden Prozesse im Einkauf einer gründlichen Analyse unterzogen und den neuen, spezifischen Wettbewerbsanforderungen angepasst werden mussten. Auf dieses „Reengineering" folgte der Umbau der Einkaufsorganisation, um deren reibungsloses Funktionieren sicherzustellen und zu gewährleisten, dass auch wirklich alle Mitarbeiter im Einkauf inklusive der Schnittstellen eingebunden sind. Die Einführung einer Wissensmanagement-Lösung ist ohne echtes Change Management nicht denkbar. Das bedeutete bei Dorma unter anderem, dass die Zusammensetzung der Materialgruppen-Management-Teams völlig neu definiert wurde. So gibt es heute beispielsweise ein Team für Türschließsysteme, das über verschiedene Warengruppen und Regionen hinweg zusammenarbeitet. Erst als diese Voraussetzungen erfüllt waren, war auch die Grundlage für die Einrichtung einer technischen Plattform geschaffen, mit der alle Einkäufer einheitlich arbeiten können.

Wissensmanagement bei Dorma: Den Medienbrüchen wurde ein Ende gesetzt und ein neuer Umgang herrscht zwischen Einkauf und Lieferanten.

Schon allein die Bedarfsermittlung läuft jetzt völlig ohne Medienbrüche ab: Will der zentrale Einkäufer, der sogenannte Lead Buyer, den Bedarf an Artikeln einer bestimmten Warengruppe im gesamten Unternehmen erfassen, so kann er jetzt alle zuständigen Bedarfsträger aus der Einkäuferdatenbank nach deren Zuständigkeit für Warengruppen filtern und für seine Ermittlung identifizieren. Er öffnet eine Bedarfsmappe, lädt aus seinem ERP-System die Artikel der gewünschten Materialgruppe hoch, wählt aus, welche Artikel ausgeschrieben werden sollen – nur A-Teile, A- und B-Teile oder einzelne vorher festgelegte Artikel. Er kann sich den Verbrauch anzeigen lassen oder, wenn vorhanden, die Planmenge für die nächsten Monate als Entscheidungshilfe für die Ausschreibungsmenge. Danach sucht er aus der Einkäufer-Datenbank alle Kollegen weltweit, die ebenfalls diese Warengruppe einkaufen, und veröffentlicht die Bedarfsmappe im Portal. Die Beschaffungsträger erhalten automatisch durch die Veröffentlichung eine kurze E-Mail mit dem Hinweis auf die Bedarfsmappe und der Bitte, diese mit ihren Bedarfen zu füllen.

Haben alle Bedarfsträger ihre Meldungen abgegeben, wird die Mappe geschlossen und automatisch eine Auswertung vom System erstellt. Daraufhin wandelt der Lead Buyer die Bedarfsmappe in eine Request for Quotation (RfQ – Preisanfrage) um. Aus der Lieferanten-Datenbank wählt er die registrierten Lieferanten entsprechend der angefragten Materialgruppe aus, stimmt sich mit den weltweiten Einkäufern ab, welche dieser Lieferanten an der RfQ teilnehmen sollen, und stellt sie per Mausklick in die RfQ ein. Durch die Veröffentlichung der RfQ erhalten die Lieferanten automatisch eine E-Mail mit der Bitte, ihre Preise abzugeben. Dazu gehen die Lieferanten mit ihrem Passwort in die Sourcing Solution (Ausschreibungsplattform) und können Zeichnungen, Dokumente und die Teile auf Excel herunterladen, um die RfQ besser zu bearbeiten. Wenn die RfQ beendet ist, kreiert das System automatisch einen Preisvergleich mit allen abgegebenen Preisen. Danach wertet der Lead Buyer den Preisvergleich aus und schließt den Prozess ab, indem er entweder einem oder mehreren Lieferanten einen Zuschlag erteilt oder eine Auktion unter den dazu definierten Lieferanten startet. Auch hier wird die RfQ vom Lead Buyer umgewandelt in eine Request for Bids (RfB – Aufforderung zur Gebotsabgabe). Bei der Auktion gewinnt das attraktivste Gebot. Danach können die Einkäufer die endgültigen Preise wieder in ihr ERP-System uploaden und sparen sich die manuelle Preispflege.

Auch eine automatisierte Berechnung der Total Cost of Ownership (TCO) beinhaltet die Sourcing Solution. Zur schnelleren Entscheidung, welcher Lieferant aus welchem Land unter Betrachtung sämtlicher TCO-Werte der günstigste ist. Nicht der Einstandspreis zählt, sondern der gesamte Wertbeitrag für DORMA.

Schon in den ersten fünf Monaten nach Start des Portals konnte Dorma dank der hohen Transparenz, die dieses Prozedere mit sich bringt, bei einem Ausschreibungsvolumen von 5 Millionen Euro insgesamt 1 Million Euro an Beschaffungskosten einsparen. Unterstützt werden die Einkäufer durch die Knowledge-Management-Plattform. Dort sind alle Informationen und Tools für die tägliche Arbeit hinterlegt. So bietet etwa die Knowledge-Management-Plattform die gezielte Suche von Einkäufern nach ihrer Zuständigkeit für Regionen und Warengruppen. Auch sämtliche Verträge, die das Unternehmen abgeschlossen hat, sind hier hinterlegt, lassen sich zentral abrufen und miteinander vergleichen. Dadurch eröffnen sich bislang unbekannte Potenziale zur Verbesserung von Einkaufskonditionen. Die Plattform gibt auch Auskunft darüber, in

Abb. 15 Durchgehende Prozesse

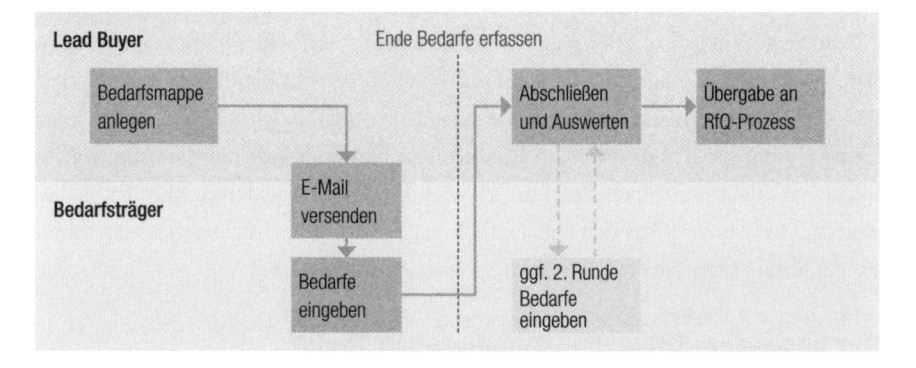

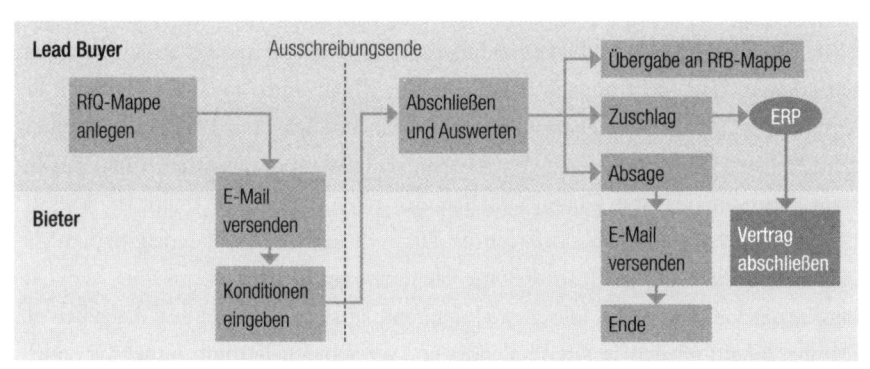

Lead Buyer — Ende Bedarfe erfassen
- Bedarfsmappe anlegen → Abschließen und Auswerten → Übergabe an RfQ-Prozess

Bedarfsträger
- E-Mail versenden
- Bedarfe eingeben
- ggf. 2. Runde Bedarfe eingeben

Lead Buyer — Ausschreibungsende
- RfQ-Mappe anlegen → Abschließen und Auswerten → Übergabe an RfB-Mappe / Zuschlag → ERP / Absage

Bieter
- E-Mail versenden
- Konditionen eingeben
- E-Mail versenden
- Ende
- Vertrag abschließen

Durch die elektronische Prozessunterstützung und die passenden Schnittstellen werden Informationen sekundenschnell an die richtigen Ansprechpartner verteilt – ohne Medienbrüche und Zeitverzug. (In Anlehnung an: Dorma)

welchem Maß einzelne Verträge genutzt werden. Obergfell: „Wir wissen mit wenigen Klicks sofort, wann Bestellungen nicht über einen bestehenden Rahmenvertrag gelaufen sind, und können dies für die Zukunft vermeiden." Darüber hinaus stehen auf der Knowledge-Management-Plattform Informationen wie Stammdaten über Produkte von Dorma zur Verfügung, Links zu aktuellen Börsennachrichten, wie zur Entwicklung auf den Rohstoffmärkten, oder auch Auskünfte über die Beschaffungsvolumina, die mit einzelnen Lieferanten erreicht werden.

Das interaktive Einkaufshandbuch

Als weiteres wichtiges Hilfsmittel steht das Handbuch den Materialgruppen-Management-Teams bei der Prozessabwicklung zur Seite: Alle Inhalte sind nach Kategorien wie Strategie, Organisation, Services oder Richtlinien sortiert und logisch miteinander verlinkt. Führt ein Einkäufer gerade eine Bedarfsermittlung durch oder stößt er eine Ausschreibung an, so kann er die hierfür erforderlichen Anwendungen direkt im

Handbuch aufrufen. Zu diesem Zweck gibt es eigens eine Toolbox, die als Vorlagenmanager dient. Auch Vorlagen für Make-or-Buy-Entscheidungen, die Berechnung der Gesamtversorgungskosten (Total Cost of Ownership) oder für Wertanalysen finden sich hier. Darüber hinaus dokumentiert und erläutert das Handbuch weltweit standardisierte Einkaufsprozesse und -vorgaben. Und: Das Handbuch lebt, das heißt, jeder Einkäufer hat die Möglichkeit, im Rahmen der ihm zugewiesenen Nutzungsrechte Inhalte zu ergänzen, zum Beispiel mit eigenen Erfahrungsschilderungen, oder zu bewerten. Der Nutzer kann sich automatisch per E-Mail benachrichtigen lassen, wenn für ihn interessante Inhalte geändert oder erneuert worden sind.

Der besondere Clou: die „Collaboration Tools"
Dabei handelt es sich um Anwendungen, mit deren Hilfe die Einkäufer bei Dorma über Wertschöpfungs- und Unternehmensgrenzen hinaus online zusammenarbeiten können. Und nicht nur die Einkäufer: Auch Lieferanten und Partner haben die Möglichkeit, sich auf der Plattform einzuwählen. In Chats und Foren zu den unterschiedlichsten Themen können die Teilnehmer ihr Wissen austauschen und per Instant Messaging sofort in Kontakt miteinander treten. Wer gerade online ist, zeigt die „Buddy-Liste". Zentrale Plattform für die Zusammenarbeit der Materialgruppen-Management-Teams sind die Team-Rooms. Hier stimmen sich die Teams über Verhandlungen mit Lieferanten ab, tauschen Dokumente aus und arbeiten ihre Aufgaben ab. Darüber hinaus pflegen sie ihren Kalender und vereinbaren Termine. Jürgen Obergfell: „Durch die Team-Rooms haben wir den vollen Überblick über alle Aktivitäten in einer Warengruppe."

Ein weiteres Plus: Der einzelne Einkäufer wird unabhängig von seinem Schreibtisch, weil er mit jedem Rechner, der über einen Online-Anschluss verfügt, auf seinen „Arbeitsplatz" zugreifen kann. Dies hat bei Dorma dazu geführt, dass heute Mitarbeiter aus dem strategischen Einkauf weltweit zu den einzelnen Standorten des Konzerns reisen, um dort als Task Forces vor Ort mit ihrem Wissen und ihrer Kompetenz bei besonders kniffligen Aufgaben zu helfen. Sie wählen sich ins Sourcing Collaboration Portal ein und können – neben dem Sondereinsatz – ihr reguläres Tagesgeschäft weiter verfolgen.

Die Sicherheit der Informationen
Der Zugriff auf den Team-Room ist nach einem abgestuften Rollenkonzept geregelt. So dürfen auch Lieferanten in den Team-Room eintreten, ohne vertrauliche Dokumente einsehen zu können. Dafür finden sie hier sämtliche Ausschreibungsunterlagen, Projektdokumentationen und können sich aktuelle Einkaufsrichtlinien oder auch neue

Produktzeichnungen und -spezifikationen herunterladen. Dass die Lieferanten Zugang zum Team-Room haben, eröffnet den Einkäufern einen zusätzlichen Vorteil: So können sie eng mit den Lieferanten zusammenarbeiten, sie schon in der Produktentwicklungsphase einbeziehen oder mittels einer Wertanalyse mit ihnen gemeinsam bewerten, wo bei gleichbleibender Qualität die Gesamtversorgungskosten noch optimiert werden können. Alle hierfür erforderlichen Informationen lassen sich im Team-Room zwischen Einkauf und Lieferant austauschen.

Zielgruppenorientiertes Einkaufsreporting

Das Sourcing Collaboration Portal von Dorma ermöglicht auch dies: Im Mittelpunkt steht dabei der „Global Spend Cube" als zentrale Anwendung. Damit kann der Einkauf 95 Prozent aller Beschaffungskosten auswerten, und zwar unter verschiedenen Blickwinkeln: Materialgruppen, einzelne Artikel, Lieferanten, eine bestimmte Division oder eine Region. Sinn und Zweck der Anwendung ist es, aufgrund der Erkenntnisse Synergien zu schaffen, durch Bedarfsbündelungen beispielsweise oder Standardisie-

b. 16 **Einkaufsreporting als Basis für die strategischen und taktischen Einkaufsaktivitäten**

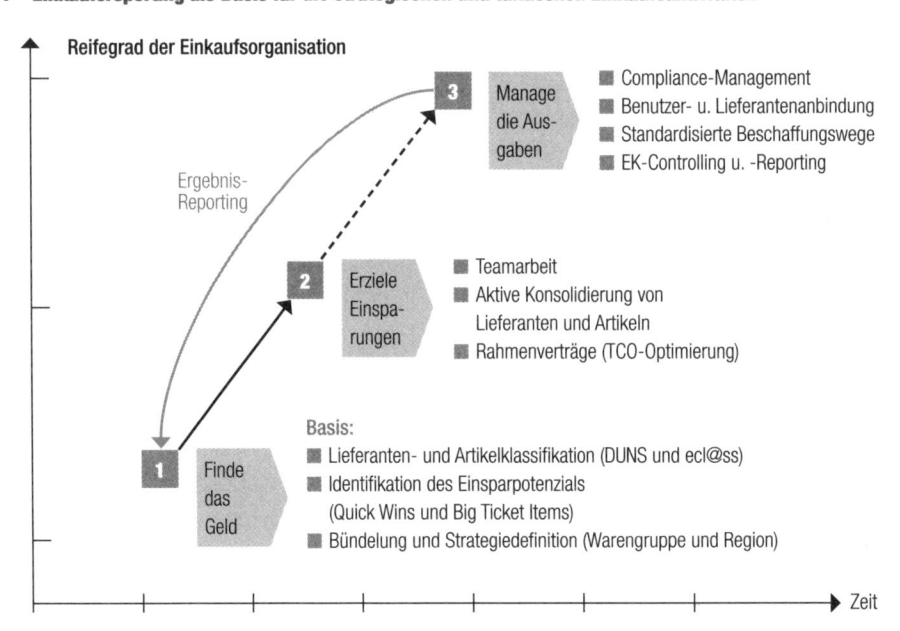

Reifegrad der Einkaufsorganisation

3 Manage die Ausgaben
- Compliance-Management
- Benutzer- u. Lieferantenanbindung
- Standardisierte Beschaffungswege
- EK-Controlling u. -Reporting

Ergebnis-Reporting

2 Erziele Einsparungen
- Teamarbeit
- Aktive Konsolidierung von Lieferanten und Artikeln
- Rahmenverträge (TCO-Optimierung)

1 Finde das Geld

Basis:
- Lieferanten- und Artikelklassifikation (DUNS und ecl@ss)
- Identifikation des Einsparpotenzials (Quick Wins und Big Ticket Items)
- Bündelung und Strategiedefinition (Warengruppe und Region)

→ Zeit

Die drei Ebenen des Global Spend Cube: Mithilfe dieser Anwendung kann der Einkauf bei Dorma alle einkaufsrelevanten Daten weltweit zusammentragen und analysieren. Anhand der Erkenntnisse können die Materialgruppen-Management-Teams ihre Beschaffungsstrategien ausrichten. Durch das Reporting der Ergebnisse wird die Richtigkeit einer Strategie immer wieder einer Prüfung unterzogen. (In Anlehnung an: Dorma)

rungen bei den Materialien, sowie die Einhaltung von Vorgaben sicherzustellen. Der Global Spend Cube erfasst drei Dimensionen: Finde das Geld (strategische Ebene) – Erziele Einsparungen (taktische Ebene) – Manage die Ausgaben (operative Ebene). Im ersten Schritt identifiziert der strategische Einkäufer die Einsparpotenziale, indem er eine Bestandsaufnahme der Lieferanten und zu beschaffenden Artikel macht, sie nach Warengruppen und Regionen sortiert und etwa Redundanzen ausfindig macht sowie klare, messbare Ziele definiert. Im zweiten, taktischen Schritt, wenn es um das Erzielen von Einsparungen geht, muss man Nägel mit Köpfen machen, sprich: das Soll, also die tatsächlich erforderlichen Lieferanten und Artikel bestimmen und Rahmenverträge über diese Artikel mit den ausgewählten Lieferanten abschließen. Das Ziel: Die Optimierung der Total Cost of Ownership. Auf der dritten, operativen Ebene schließlich geht es darum, die Einhaltung der vereinbarten Konditionen zu kontrollieren, die Vertragsnutzungsquote hoch zu halten, Preisentwicklungen oder auch Durchlaufzeiten von der Anforderung bis zum Rechnungseingang aktiv zu steuern und somit operativ den Cashflow zu beeinflussen.

Diese Erkenntnisse wiederum werden „nach oben" berichtet, um die Grundlage für einen Abgleich zwischen den Zielvorgaben und den tatsächlichen Einsparpotenzialen zu schaffen. Man sieht: Die Herausforderung besteht bei weitem nicht nur darin, das geeignete System auszuwählen und zu implementieren. Die eigentliche Führungsaufgabe ist es, die neuen Prozesse durchgängig und flächendeckend zur Anwendung zu bringen.

Die richtige Auslegung und die unternehmensweite Akzeptanz von Wissensmanagement sichern den Erfolg in der Praxis.

Für die Erfolgsbilanz einer Wissensmanagement-Lösung gibt es unterschiedliche Gradmesser: Der Return on Investment etwa reicht bis zum Verhältnis eins zu zehn, in Einzelfällen sogar eins zu fünfzehn. Doch auch die Akzeptanz und Einhaltung von Prozessen und die Nutzung der Systeme bei den Mitarbeitern im Einkauf ist ein Indikator für den Erfolg: Bei Dorma arbeiteten binnen eines halben Jahres 96 Prozent regelmäßig mit dem neuen Portal. Die Motivation mitzumachen steigt rapide. Nutzen die Einkäufer bei klassischen Lösungen, die nicht viel mehr hergeben als die Beschaffung über elektronische Kataloge, im Schnitt gerade einmal ein Fünftel aller Leistungsmerkmale, so steigt der Nutzungsgrad bei Best-Practice-Systemen auf über 80 Prozent. Und schließlich wirkt sich ein funktionierendes Wissensmanagement auch auf die Kunden aus. 90 Prozent zeigen sich mit dem Unternehmen, seinem Einkauf und dessen Leistungen hinterher sehr zufrieden.

Wissensmanagement lohnt sich im Übrigen nicht nur für größere Unternehmen wie Dorma, sondern gewissermaßen von klein auf. Denn je früher eine Firma beginnt, ihr Wissen aktuell und jederzeit abrufbereit zu halten, desto solider ist die Basis, wenn sie später wächst und expandiert. Viele, vorzugsweise große Unternehmen machen jedoch den Fehler, dass sie das Informationssystem, das dem Wissensmanagement künftig als Rückgrat dienen soll, ausschließlich in die Hände ihrer IT-Abteilung legen. Wenn aber die Einheiten, die später mit den Systemen arbeiten sollen, nicht in die Entwicklung und Planung einbezogen werden, gehen die Leistungsmerkmale hinterher am tatsächlichen Bedarf vorbei. Da wird dann schnell mit Kanonen auf Spatzen geschossen, weil das Informationssystem vollkommen überdimensioniert ist. Jeder kennt das Problem von seinem Handy: Wie viele Funktionen, die der kleine Allzweckapparat mittlerweile anbietet, nutzt der durchschnittliche Besitzer wirklich? Blinde Technikbegeisterung schert sich nicht darum, was der Kunde tatsächlich benötigt – geht dafür aber ins Geld. Es gibt genügend Fälle in der deutschen Wirtschaft, wo Tausende von Mann-Tagen und Millionenbeträge in ein neues Wissensmanagementsystem im Einkauf investiert wurden, bis schließlich jemand die Frage stellte: Brauchen wir das alles überhaupt?

Wissensmanagement funktioniert nur mit der entsprechenden Unternehmenskultur.

Es ist Aufgabe der Geschäftsleitung, den Mitarbeitern zweierlei klarzumachen: Wir wollen den Wissensaustausch, und für seine Offenheit muss niemand mit unliebsamen Konsequenzen rechnen. Dies im Bewusstsein der Beschäftigten zu verankern braucht Zeit. Es gilt also vor allem, das Festhalten an Herrschaftswissen, Kästchendenken und Bereichsegoismen zu überwinden. Oft genug scheitert der Austausch von Informationen ganz einfach an der mangelnden Bereitschaft, sich für ein Projekt zu engagieren. „Das stammt nicht von mir oder meiner Abteilung, also kümmert es mich nicht" ist die fatale Einstellung, die eine erfolgreiche Zusammenarbeit und den Austausch im Unternehmen dann blockiert. Noch viel zu oft sieht sich der einzelne Mitarbeiter oder Bereich als Alleinstellungsmerkmal – neudeutsch: USP (Unique Selling Proposition) – der Firma. Diese Sichtweise paart sich nicht selten mit der Angst, häufig älterer Kollegen, plötzlich ersetzbar zu werden, wenn sie ihr sorgsam gemehrtes und gehütetes Wissen mit anderen teilen. Der Magdeburger Maschinenbauinformatiker Prof. Sándor Vajna formulierte das in einem Interview so: „Wir sind definiert durch unser Wissen. Geben wir es ab, braucht man uns vielleicht nicht mehr."[85] Dabei müsste gerade älteren Mitarbeitern bewusst

---

[85] Burkhard Strassmann: „Schürfen in der Datenhalde." In: Online-Ausgabe 4/2002 der *Zeit*. http://www.zeit.de/ (Stand 17. März 2008)

sein, wie wertvoll ihre langjährigen Erfahrungen sie für den Arbeitgeber machen. Hier sitzt das bereits angesprochene implizite Wissen eines Unternehmens, das so schwer erfassbar ist. Abgesehen davon muss sich jeder darüber klar werden, dass er selbst ja erheblich vom Wissensmanagement profitiert. Netzwerker, die stets Zugriff auf die für sie relevanten Informationen haben, sind erfolgreicher als der herkömmliche Einzelkämpfer.

Wissen ist Macht – dieser Satz behält seine Gültigkeit nach wie vor, aber diese Macht muss dem Unternehmen als Ganzem zugute kommen und darf nicht der persönlichen Profilierung dienen. Wissensaustausch, das ist die Quintessenz dieser Betrachtung, muss über alle Bereiche hinweg zur Selbstverständlichkeit werden, er muss den Mitarbeitern in Fleisch und Blut übergehen.

Beschaffung auf Weltklasseniveau: Win-Win-Situation für Einkäufer und Lieferanten ist auch eine Referenz.

Ein Aspekt wird noch viel zu sehr vernachlässigt, wenn die Rede von den Vorteilen ist, die Wissensmanagement mit sich bringt. Der aktive Einkäufer gewinnt die nötige Zeit und das Know-how, um die Beziehungen zu seinen Lieferanten zu intensivieren. Denn die Zeiten sind vorbei, als der Einkäufer wie ein Kronprinz darauf warten durfte, dass der Lieferant ihm seine Aufwartung macht. Heute muss sich der Einkauf zu den Lieferanten bewegen. So in der Automobilindustrie: Mehr als zwei Drittel aller Patente stammen hier bereits von den Lieferanten, ebenso viel machen inzwischen die Vorleistungen in der Produktion aus. Enge und gute Beziehungen zu Lieferanten sind heutzutage wichtiger denn je. Es geht um die Sicherstellung der Versorgung für das eigene Unternehmen und die optimale Bestimmung der richtigen Wertschöpfungstiefe. Können Hersteller und Lieferant gemeinsam neue Produkte entwickeln, die der Markt erwartet? Sind bestimmte Produktkomponenten noch sinnvoll? Welche Kostenvorteile haben sich mit welchen Lieferanten eingestellt? Ein Einkauf, dessen Rolle sich noch auf das Bestellen, Ausschreiben und vielleicht Verhandeln von Verträgen beschränkt, kann solche Fragen nicht beantworten. Wenn Hersteller und Lieferant immer mehr Partner auf einer Augenhöhe werden, muss der Einkauf für diese neuen Herausforderungen den Rücken freihaben. Das nötige Wissen muss schnellstmöglich bereitstehen und nicht erst nach stundenlangen Recherchen.

Gemeinsame Initiative von Einkaufschefs

Wissen ist ein, wenn nicht der entscheidende „Rohstoff" des Einkäufers. Vor diesem Hintergrund hat unter Moderation von Ulrich Piepel von RWE eine Gruppe von Einkaufschefs wie Silvius Grobosch von ThyssenKrupp, Jonny Schmidt von Evonik, Volker Pyrtek von der Deutsche Telekom AG, Hugo Eckseler von Deutsche PostWorldNet und vielen anderen die Initiative ergriffen, um gemeinsam mit SAP die Entwicklung zukunftsorientierter Einkaufslösungen nach vorne zu treiben. Diese unternehmensübergreifende Zusammenarbeit zeigt, dass die Bedeutung des Themas erkannt wurde und die Entwicklung des Einkaufs in Zukunft nicht unerheblich von der Verfügbarkeit des Wissens bestimmt sein wird.

Effizientes Wissensmanagement ist aber auch ein Signal an die Lieferanten: Seht her, wir sind Weltklasse im Einkauf! Wissensmanagement wird so zum Imagefaktor. Wer seine Lieferanten über die entsprechenden Schnittstellen optimal in seine Wertschöpfungskette integriert und sich intensiv mit ihnen austauscht, wird bald zum begehrten Partner, weil er für reibungslose Prozesse und Zuverlässigkeit steht. So ein Unternehmen hat ein Lieferant gerne als Kunden und somit als Referenz. Und welcher Hersteller möchte sich umgekehrt nicht in der bequemen Lage finden, aus den besten Lieferanten am Markt wählen zu können? Wissensmanagement gedeiht dann schnell zur zukunftsträchtigen Win-Win-Situation.

Management Summary

Mangelnder Informationsfluss zwischen den Beteiligten der Wertschöpfungskette kann zu verzerrten Bedarfsprognosen und damit zu überhöhten Lagerbeständen oder zu Lieferengpässen führen. Daher stellt die vorausschauende Information über Bedarfsentwicklungen und Marktschwankungen – die Market Intelligence – die Basis des notwendigen Wissens dar. Das gilt sowohl für die Absatz- wie für die Beschaffungsmärkten einschließlich der Rohstoffmärkte. Die Flut an Informationen und ihr rasches Veralten mit den immer kürzer werdenden Produktlebenszyklen macht es für den Einzelnen immer schwieriger, sie zusammenzutragen, zu bewerten und zu gewichten. Erfahrungswissen im Unternehmen ist kaum greifbar und abrufbar. Oft weiß, vor allem bei Unternehmen mit zahlreichen verteilten Standorten, die Rechte nicht, was die Linke tut. Das gilt für Vertragsabschlüsse, für aktuelle Produktentwicklungen, für den Stand der Planung, für laufende Ausschreibungen oder für Standards bei Qualität oder Umweltanforderungen. Die Konsequenz: Ein zentrales Wissens- oder Informationsmanagements (Knowledge Management) muss her, auf das alle Standorte ohne Medienbrüche zugreifen können. Das Unternehmen Dorma hat mit seinem „Sourcing Collaboration Portal" eine beispielhafte Lösung geschaffen. Das Portal bildet die taktischen Prozesse von der Bedarfsermittlung bis zum Lieferantenmanagement ab, es bringt Einkäufer und Lieferanten in der Ausschreibungsphase zusammen und es gibt dem einzelnen Einkäufer die Möglichkeit, auf alle Anwendungen zuzugreifen, die er braucht. Die erhöhte Transparenz führte in weniger als einem halben Jahr zu Einsparungen in einer Größenordnung von 20 Prozent der Beschaffungskosten. Ganz wichtig: der Zugang von Lieferanten zu bestimmten Bereichen der Information. Dies ermöglicht ihre Einbindung schon in der Produktentwicklungsphase oder erlaubt beispielsweise über Wertanalyse gemeinsame Kostenoptimierungen. Selbstverständliche Folge: Auch das Einkaufsreporting wird einfacher, da sich 95 Prozent der Beschaffungskosten über die zentrale Informationsvorhaltung auswerten lassen. Die richtige Auslegung eines solchen Systems sollte allerdings nicht nur in die Hände der IT-Abteilung gelegt werden, denn die Beteiligung der Betroffenen an einem solchen Projekt sorgt für die Akzeptanz und damit die effiziente Anwendung. Reibungslose, schlanke Prozesse machen ein Unternehmen auch zum begehrten Partner der Lieferanten – so wird Wissensmanagement zugleich zum Imagefaktor.

Kapitel 9

Nur die Besten werden die Herausforderung bewältigen

Wie die Qualifizierung der Einkäufer von morgen aussehen muss

Einer prekären Lage wirksam vorbeugen: Dramatische Kompetenzlücken – Budgets und Kompetenzprofile – Karriereanreize als Motivation – Systematischer Aufbau von Weiterbildung – Produktivitätssteigerung durch mehr Fachkompetenz, Methodenkompetenz, Sozialkompetenz – Trainingsmodelle

Der König aus dem Märchen hatte sich überzeugen lassen, dass nur die Edelsten in der Lage sein würden, die zum Wohlergehen des Landes benötigten Schätze zu finden und heimzubringen. Hierzulande setzt sich zwar zunehmend die Einsicht bei den Chief Purchasing Officers durch, dass sich hoch qualifizierte Mitarbeiter für den Einkauf interessieren müssen. Doch wie groß ist das Bestreben der Unternehmenschefs, gute Leute als Entscheider im Einkauf zu bekommen? Und gibt es die überhaupt in ausreichender Zahl? Oder wie Josip Tomasevic, Leiter Konzerneinkauf der Claas Gruppe, es sagt: „Wie machen wir den Einkauf sexy? Die Herausforderungen der Zukunft können nur mit Top-Leuten in Angriff genommen werden." Dabei geht es nicht einmal nur um die Verfügbarkeit von Bewerbern für die Topjobs. Denn dem Einkauf fehlen die guten Leute auf allen Ebenen.

Die dramatische Erkenntnis der Insider lautet: Die Handlungsfähigkeit im Einkauf ist in Frage gestellt. Das Thema ist kurz- wie mittelfristig hochbrisant. Eine 2007 von Nicole Gaiziunas und Thorsten Schiefer unter 40 führenden international agierenden Unternehmen durchgeführte Untersuchung[86] kommt zu dem Ergebnis, dass in den nächsten drei Jahren mit enormen Personalengpässen im Einkauf zu rechnen ist. Ohnehin erwarten die Studienteilnehmer eine Recruiting-Lücke von etwa 15 Prozent gegenüber dem Bedarf, selbst wenn in notwendigem Umfang Einkäufer geschult würden. Doch die Befragten befürchten, dass ohne aus-

---

86 Nicole Gaiziunas, Thorsten Schiefer: „QUEST – Qualification, Education and Strategy", BrainNet-Unternehmenspublikation, Bonn, 2007

reichende Qualifizierung die Hälfte der Einkaufsmitarbeiter den künftigen Anforderungen nicht mehr gewachsen sein wird. Man stelle sich diese Zahl einmal übertragen auf den Vertrieb vor! Ebenso dramatisch kommen die Nöte in der bereits erwähnten Risikostudie zum Ausdruck: 200 Entscheidungsträger im Einkauf internationaler Unternehmen schätzen den „Mangel an qualifizierten Mitarbeitern" mit einem Anteil von 23 Prozent als das zweitgrößte Risiko ein. Nur die volatilen Rohstoffpreise betrachten sie als eine noch größere Gefahr.

Eigentlich müsste also allenthalben das Management den Notstand ausrufen und rasch Maßnahmen einleiten. Im krassen Gegensatz dazu steht allerdings der Stellenwert, der der Qualifizierung von Einkäufern gegenwärtig eingeräumt wird. Das lässt sich ganz einfach an den verfügbaren Budgets festmachen. Betragen die Gesamtkosten für Weiterbildung pro Vertriebsmitarbeiter im Schnitt 7.200 Euro im Jahr, so beläuft sich dieser Wert für einen Einkaufsmitarbeiter auf 876 Euro, gerade einmal 12 Prozent! Selbst Mitarbeiter von Logistik- und Produktionsabteilungen haben mit Summen zwischen 4.200 und 4.600 Euro pro Jahr mehr Möglichkeiten.[87]

Die Aufgaben und das Umfeld wandeln sich rasant, daher ist Qualifizierung ein Element von Change Management.

Es geht um nichts Geringeres als die Entwicklung der ehemaligen „Einkäufer" zu Managern der gesamten Wertschöpfungskette. Selbstverständlich ist in einer großen Zahl von Unternehmen eine Hauptfunktion des Einkaufs längst das Managen des Lieferantennetzwerks. Doch nicht nur den Mittelstand bedrängt die Veränderung der Wertschöpfungsstrukturen durch die zunehmende Komplexität, die sich aus den globalen Zuliefernetzen ergibt. Die weiter sinkende Wertschöpfungstiefe stellt auch Großunternehmen und Konzerne vor neue operative und strategische Anforderungen. Aus den vorangehenden Kapiteln lässt sich nachvollziehen, dass Einkaufsmanager heute eine Vielzahl von Entscheidungen treffen müssen oder zumindest an ihnen beteiligt sind, die früher nicht zu ihren Aufgaben gehörten. Diese enge Zusammenarbeit mit fast allen Unternehmensbereichen lässt den Einkauf zur Querschnittsfunktion über das gesamte Unternehmen werden. Er muss nicht nur die Unternehmensstrategie verstehen, er soll sie mitgestalten. Er führt funktionsübergreifende Teams und ist Risiko- und Asset-Manager mit erheblichem Einfluss auf die für den Unternehmenswert relevanten Kennzahlen. Er muss ein globales Verständnis für Märkte und ihre Trends

---

87 Ebd., Seite 19

entwickeln und aktiv dazu beitragen, in Abstimmung mit den Unternehmenszielen die eigene Wertschöpfung optimal im Sinne der Supply Chain mit der der Lieferanten zu verzahnen. All das bringt einen Wandel der organisatorischen Strukturen und die Definition und Einführung neuer Schnittstellen und Prozesse mit sich, die aktiv gemanagt werden müssen. Damit die Einkaufsmitarbeiter ihrer neuen Rolle gerecht werden können, benötigen sie ein breites, multidisziplinäres Know-how – auf unterschiedlichen Ebenen. Da sie dies nicht in ausreichendem Maße besitzen, muss Qualifizierung aktiv betrieben werden.

Wo liegen die wichtigsten Ansatzpunkte?
Vier der Hauptursachen für die prekäre Situation stellen sich den Einkaufschefs folgendermaßen dar: 1. Die Veränderung in der Rolle des Einkaufs ist zuallererst bedingt durch den wachsenden *weltweiten Wettbewerb* auf dem Beschaffungsmarkt. (95 Prozent sehen diesen Zusammenhang). 2. Gerade weil klar ist, dass die *Verantwortung für die gesamte Supply Chain* weiter zunehmen wird, muss sich die fachliche Kompetenz des Einkaufs auch inhaltlich auf Bereiche wie Marketing, Produktentwicklung oder Finanzen erstrecken. (60 Prozent teilen diese Meinung.) 3. In den letzten Jahren ist die Einsicht in die zunehmende Bedeutung des Einkaufs zwar deutlich gestiegen. Dennoch betrachtet es immer noch ein großer Teil der CPOs als Notwendigkeit, den *Strategischen Einkauf als Konzept erst durchzusetzen* und als Querschnittsfunktion im Unternehmen mit dem entsprechenden Gewicht bei den zu treffenden Entscheidungen zu etablieren. (60 Prozent erkennen diese Notwendigkeit.) 4. Hinzu kommen immer *anspruchsvollere Programme zur Kostensenkung*, die sämtliche Teilnehmer der Wertschöpfungskette im Unternehmen betreffen und deshalb hoch qualifizierte Mitarbeiter brauchen. (30 Prozent sehen darin eine Schwierigkeit.)

Die Nöte sind bekannt, und der erforderliche Wandel ist keine Herausforderung der Zukunft, sondern ein sehr gegenwärtiger Handlungsbedarf. Die Lösung der hier beschriebenen Probleme ist eben nicht nur wichtig, sondern – vor allem – auch dringend. Das ist zumindest den CPOs klar, wie eine Befragung des Beratungs- und Forschungsunternehmens Aberdeen Group bei leitenden Einkaufsmitarbeitern aus 200 Unternehmen deutlich macht. Wenn es um die „Strategische Agenda von CPOs" geht, steht danach die Kompetenzsteigerung der Einkaufsmitarbeiter auf der Hitliste der wichtigsten Ziele an oberster Stelle.[88]

---

[88] Aberdeen Group: „The CPO's Strategic Agenda: Managing People, Managing Spend", (Studie), November 2006, Seite 3.

Auch Qualifizierung braucht sofort wie langfristig Management Attention und strategische Ausrichtung.

Der Erfolg der Maßnahmen hängt allerdings nicht nur davon ab, dass die entsprechenden Budgets oder die zeitlichen Kapazitäten bereitstehen, sprich: Mitarbeiter für Qualifizierungsmaßnahmen freigestellt sind. Es ist eben nicht damit getan, für eine Weile abends einen Sprachkurs anzubieten oder wieder mal ein E-Learning-Programm für das neueste Tool ins Intranet zu stellen oder die Teilnahme am jüngsten SAP-Online-Kurs zu Procure-to-Pay zu genehmigen. Die beiden wesentlichen Erfolgsfaktoren sind auch hier die Aufmerksamkeit der Unternehmensleitung und die Ausrichtung systematischer Qualifizierungsprogramme an der definierten Einkaufsstrategie.

Wettbewerbsfaktor Qualifizierung

Die Gefahr, dass ein ganzer Funktionsbereich, dessen Bedeutung für den Unternehmenserfolg ständig wächst, handlungsunfähig zu werden droht, macht Qualifizierung unmittelbar zum Wettbewerbsfaktor. Entsprechend weit oben auf der Agenda des Top-Managements muss das Thema zu finden sein. Starke und vor allem anhaltende Signale aus der Führungsetage und die Einbindung der Qualifizierung in das Change Management führen in eine Kultur der Veränderung mit dauerhafter Wirkung. Denn hier wie da kommt es darauf an, Veränderungsprozesse zu planen, professionell durchzuführen und abzusichern. Das setzt jedoch nicht nur langfristige Strategien für die Qualifizierung voraus, die sich an den Zielen des Wandels orientieren.

Was dabei leicht vergessen wird, ist die notwendige Weiterentwicklung der Job-Descriptions auf den verschiedenen Ebenen der Einkaufsorganisation. Denn die Sprossen der Karriereleiter, die Besserqualifizierte mit einem breiteren Kompetenzspektrum erklimmen können, gehören zum Belohnungssystem. Schließlich will der ordentlich gewachsene Scheinzwerg – um noch einmal das Bild aus unserem Märchen aufzugreifen – irgendwann auch die Chance haben, die Prinzessin zur Frau zu bekommen.

Heutige Qualifizierung besteht, so sie denn überhaupt stattfindet, aus eher disparaten Einzelaktionen zu Standardthemen. Nur in zirka 10 Prozent der Unternehmen gibt es ein Qualifizierungsprogramm, und in 30 Prozent suchen sich die Mitarbeiter ihre Trainings selber aus. Dies kann schon mal dazu führen, dass im Einzelfall auch

Ab. 17   **Gängige Weiterbildungsmodelle reichen nicht mehr aus**

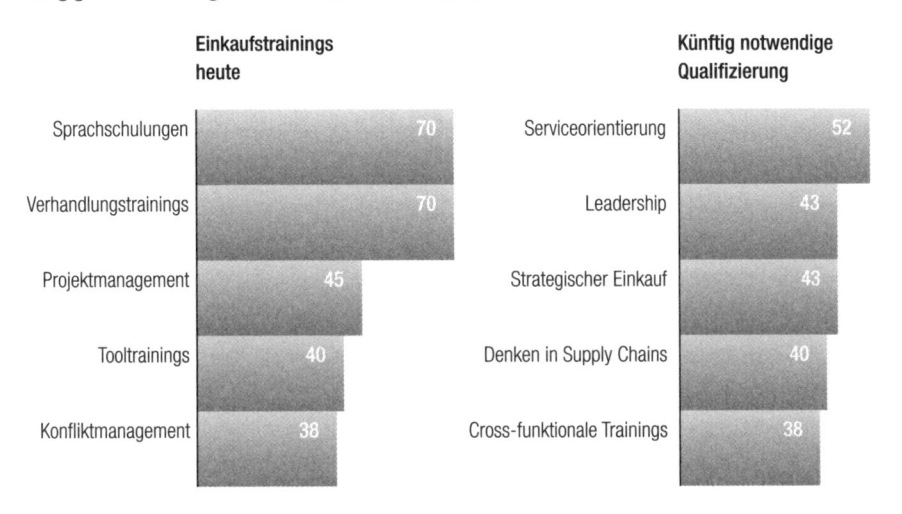

Einkaufstrainings heute		Künftig notwendige Qualifizierung	
Sprachschulungen	70	Serviceorientierung	52
Verhandlungstrainings	70	Leadership	43
Projektmanagement	45	Strategischer Einkauf	43
Tooltrainings	40	Denken in Supply Chains	40
Konfliktmanagement	38	Cross-funktionale Trainings	38

So beurteilen die befragten Einkaufschefs die heutige Realität und die relevanten Inhalte künftiger Bildungsmaßnahmen für Einkaufsmitarbeiter. (Nennungen in Prozent, Mehrfachnennungen möglich.)

„Töpfern auf Kreta" als Weiterbildungsangebot in den Katalog kommt, wie am Beispiel eines großen deutschen Handelsunternehmen zu sehen war. In fast drei Vierteln der Unternehmen sind zudem die CPOs die Treiber für die Weiterbildung ihrer Mitarbeiter, und nur in 23 Prozent die Personalentwickler aus der HR-Abteilung des Unternehmens.[89]

Nicht genug geeignete Bildungsangebote und ...

Doch allmählich setzt sich ein Trend durch: Die Abkehr von den tradierten Modellen und die Hinwendung zu prozess- und handlungsorientierter Weiterbildung beginnen zu greifen. Denn Sprachkenntnisse machen noch keine Globalisierung, sie sind lediglich eine conditio sine qua non. Entsprechend entwickeln sich auch die Anforderungen an die Angebote auf dem Bildungsmarkt. Besonders mittelständische Unternehmen haben Grund zu Klage. „Allgemeine Trainingsanbieter überfluten uns mit Angeboten, doch in der Regel ist nichts Passendes dabei. Der Mittelstand braucht individuelle und maßgeschneiderte Lösungen, die dann verfügbar sind, wenn sie gebraucht werden und schnell Wirkung zeigen," sagte dazu Jörg Stolz, Leiter Einkauf und Materialwirtschaft der Reifenhäuser-Gruppe, einem weltweit führenden Kunststoffmaschinenhersteller.

[89] Nicole Gaiziunas, Torsten Schiefer: „QUEST – Qualification, Education and Strategy", BrainNet-Unternehmenspublikation, Bonn, 2007, Seite 20f.

... nicht genug geeignete Mitarbeiter

Dazu kommt ein eher heikles Problem, nämlich das der Eignung und der Motivation der Mitarbeiter. „Wir verkaufen uns unter Wert", ist von Einkaufsleitern zu hören. Und: „Ein gemeinsames Selbstverständnis muss her, sonst werden wir nie ernst genommen!" Oder gar: „Meine Aufgabe ist es, Einkäufer zu qualifizieren, die nicht geeignet sind und auch nicht wollen." (Verständlich, dass der Sprecher ungenannt bleiben möchte.) Und das, wo zu Beginn jeder systematischen Qualifizierung die Frage beantwortet werden muss, wer denn überhaupt hierdurch in die Lage versetzt werden kann, die neuen Anforderungen zu bewältigen. Denn es ist leider eine Tatsache, dass auch Qualifizierung nicht für jeden ein probates Mittel ist, sich auf eine Zukunft im Einkauf vorzubereiten. Für manchen mag ein anderer Aufgabenbereich vielleicht eher seine Bestimmung sein. Nur durch attraktive Karrieremöglichkeiten können mehr geeignete Mitarbeiter motiviert werden, sich für eine Laufbahn im Einkauf überhaupt zu interessieren und entsprechend zu qualifizieren.

Ganzheitliche Qualifizierungsprogramme für die Einkäufer der Zukunft laufen in vier Phasen ab. Die Schritte, in denen eine effiziente Weiterbildung vor sich geht, sind die gleichen wie beim Change Management.

Bestandsaufnahme

Was müssen die Einkäufer denn können? Zunächst werden die Kernkompetenzen definiert und beschrieben und dann zu Kompetenzprofilen für alle Hierarchieebenen zusammengefasst. Jedes Unternehmen wird für sich beispielsweise die Frage nach dem Fokus der Qualifizierung etwas anders beantworten. Ein Profil könnte so aussehen: Der Einkäufer auf der strategischen Ebene soll in der Lage sein, das volle Potenzial neuer Märkte zu erkennen und zu nutzen (Markterschließung); er soll Kosten senken, Lieferanten qualifizieren und entwickeln (Lieferantenmanagement); er soll die Rolle als Gestalter von Wertschöpfung sichtbar wahrnehmen und seine Position im Unternehmen ausbauen; er soll den Willen zu mehr Verantwortung entwickeln (Ergebnisorientierung). Nun lässt sich analysieren, inwieweit die vorhandenen mit den benötigten Kompetenzen übereinstimmen, der Ist-Zustand beurteilen und so die Qualifizierungslücken erkennen. Kompetenzprofile dürfen dabei keinesfalls Gesinnungsaufsätze in wohlklingender Prosa oder Wunschzettel jenseits jeglicher Machbarkeit sein. Wichtig sind strukturierte Kriterienkataloge, die sich zum einen direkt aus der Einkaufsstrategie ableiten und die zum anderen auch messbar sind. Denn sonst ist ein Vergleich von Anforderungen und Ist-Zustand sinnvoll gar nicht möglich.

Qualifizierungsdesign
Aus der Analyse des Ist-Zustandes und der benötigten Kompetenzprofile lassen sich die Ziele der Weiterbildung ableiten. Ein Programm für High Potentials im strategischen Einkauf, also zu entwickelnde künftige Top-Entscheider, kann beispielsweise folgende Lernziele umfassen: Bereichsübergreifend denken und handeln; Beschaffungsmärkte kennen und erschließen; Methoden der Prozess-, Kostenstruktur- und Risikoanalyse, des Vertragsmanagements und des Projektmanagements beherrschen; sich an Best Practice orientieren oder Benchmarkings intern und extern durchführen; aktives Networking und Teamarbeit betreiben. Nicht ganz unkritisch ist die Auswahl derjenigen Leistungsträger im Unternehmen, die eine solche Maßnahme durchlaufen sollen (siehe oben). Es empfiehlt sich, dass im Planungsstadium der Maßnahmen die Abteilungsverantwortlichen und HR gemeinsam, gegebenenfalls auch mit den Trainern, anhand geeigneter Kriterien diese Auswahl treffen. Typischerweise wird sich das Programm aus mehreren Modulen zu den einzelnen Lernzielschwerpunkten aufbauen. Hierfür gilt es nun, den richtigen Anbieter zu finden und in Zusammenarbeit mit ihm das Konzept zu entwickeln. Weiterbildungsprofis greifen dabei nicht nur auf fertige Lerneinheiten zurück, sondern erarbeiten auf der Basis ihrer Erfahrung Trainings, die auf die spezifischen Bedürfnisse des Unternehmens zugeschnitten sind.

Allerdings sollte der Wunsch nach einem individuellen Zuschnitt auf das Unternehmen nicht dazu führen, dass Einkauf jedes Mal „neu erfunden" wird, vor allem deshalb, weil der Trainer zwar ein guter Didaktiker ist, aber häufig erst einmal selbst lernen muss, was Einkauf eigentlich ist. Es muss festgelegt werden, ob die Lernenden die Einheiten in Gruppen absolvieren sollen oder ob einige auch für Einzel-Coachings infrage kommen. Lerngruppen können aus Mitgliedern mit ähnlichem Praxishintergrund bestehen oder sich cross-funktional zusammensetzen, eventuell sogar in Kooperation mit anderen Unternehmen. Ganz wesentlich ist es in der Phase des Qualifizierungsdesigns, eine realistische Zeitplanung für die Durchführung des Programms aufzusetzen. Die Maßnahmen sind erst mit Abschluss der Nachhaltigkeitsphase beendet. In dieser Zeit wird in Workshops das Erlernte vertieft, gefestigt oder aufgefrischt, und es findet die Überprüfung des Lernerfolgs statt. Dies erfolgt am besten in der Form einer arbeitsplatznahen Qualifizierung. Trainingsinhalte werden an konkreten Beispielen täglicher Herausforderungen angewendet und ihr Nutzen dokumentiert.

Durchführung
Wie Qualifizierungsmaßnahmen in der Praxis aussehen können, ist weiter unten anhand von konkreten Beispielen nachzulesen. Seriöse Anbieter begleiten die strategische Qualifizierung mit einem Qualifizierungsmanagement. Es beinhaltet den Einsatz von

sogenannten Bildungscontrolling-Tools, die unter anderem Voraussagen darüber erlauben, ob eine Maßnahme tatsächlich wirksam ist und ob sie sich für das Unternehmen rechnen wird. Das Qualifizierungsmanagement schließt Unterstützungsmaßnahmen wie regelmäßige Coachings ein. Deren Sinn besteht darin, das Gelernte mit Blick auf die Zielsetzung und auf die inzwischen erreichten Fortschritte zu reflektieren und den Transfer in die Praxis sicherzustellen. Zu effektiven Trainings gehört es auch, die Richtung dann neu zu bestimmen, wenn ein Baustein nicht mehr passt oder neue Anforderungen ins Blickfeld kommen. Das liegt im Interesse aller Beteiligten, der Lehrenden wie der Lernenden, denn so werden neue Trends rechtzeitig erkannt und können in die Trainings einfließen.

Kontrolle
Feedback-Tools sind Instrumente, mit denen sich der Erfolg einer Qualifizierungsmaßnahme evaluieren und damit die Qualität und Wirtschaftlichkeit kontrollieren lassen. Ihr Einsatz sollte von vornherein zeitnah eingeplant werden, und zwar aus zwei Gründen: Erstens ist die Feedback-Wirkung für Trainer wie für Teilnehmer umso größer, je geringer der Zeitabstand zum Training ist. Und zweitens erhöht „schon das Wissen um die Tatsache, dass ein Bildungscontrolling durchgeführt wird, (...) das Engagement sowohl auf der Seite der Dozenten als auch auf der der Teilnehmer."[90] Beim Einsatz von Feedback-Tools geht es um mehrere Aspekte. Gemessen wird zumeist die Zufriedenheit der Lernenden selbst; dazu der eigentliche Lernerfolg – also das Erreichen der Lernziele; der Transfererfolg – also die Umsetzung in der betrieblichen Praxis; der Nutzen in der Geschäftspraxis und schließlich der Beitrag zur Wertschöpfung (Return-on-Investment)[91]. Feedback-Schleifen sind aber auch wirksame Mittel zur Festigung des Gelernten und funktionieren als positive Verstärkung. Dadurch erzeugen sie Motivation, denn je besser der Lernende abschneidet, desto mehr wird er sich auch in Zukunft in Trainings engagieren. Welche der etablierten Tools zum Einsatz kommen, hängt davon ab, worin die Qualifizierungsmaßnahmen bestehen und wie langfristig sie für das Unternehmen konzipiert werden. Schließlich finden in dieser Phase auch die Wiederholungstage statt, um das Gelernte aufzufrischen und um die – erwünschte – Netzwerkfunktion der Lerngruppe zu festigen. Ein Bewertungs- und Belohnungssystem gehört zur dauerhaften Wirksamkeit von Qualifizierung und vor allem zur Motivation: Anstrengung muss sich auszahlen.

---

90 Edgar Heinen: „Kosten-Nutzen-Rechnung von Bildungscontrolling mit mobilen Abfragesystemen."
In: *Praxishandbuch Bildungscontrolling für exzellente Personalarbeit*, USP Publishing, 2005.
Zum Download unter http://www.mobited.de (Stand 17. März 2008)
91 Dieter Euler: „Qualitätsentwicklung in der Berufsausbildung." In: Heft 127 der Bund-Länder-Kommission für Bildungsplanung und Forschungsförderung, 2005. Zum Download unter http://www.blk-bonn.de/ (Stand 17. März 2008)

In drei Kategorien muss der Sachverstand aufgebaut werden: Fachkompetenz, Sozialkompetenz und Methodenkompetenz.

Welche Auswirkungen auf den Qualifizierungsbedarf und seine Inhalte lassen sich nun aus dem Wandel der Aufgaben von Einkaufsmitarbeitern ableiten? Da ist zunächst einmal der Mitarbeiter auf der operativen Ebene, der ja – nach wie vor – sein „Handwerkszeug" sicher beherrschen muss. Nicht ohne Grund sieht hier aber nur ein Fünftel der Teilnehmer an der Quest-Studie akuten Handlungsbedarf, denn viele Prozesse in der Einkaufsabwicklung sind in den letzten Jahren bereits stark standardisiert und automatisiert worden. Daher geht es hier im Wesentlichen darum, mit der technischen Entwicklung, vor allem der diversen elektronischen Werkzeuge, Schritt zu halten. Das ist bei immer komplexeren, bereichs- und eben auch unternehmensübergreifenden Prozessen anspruchsvoll genug.

Die größere Anforderung liegt jedoch in den strategischen Themenfeldern. Befragt danach, was ihnen in der Zukunft bei der Qualifizierung am meisten am Herzen liegt, steht für die CPOs ganz oben (siehe Abb. 17) die stärkere Serviceorientierung im Einkauf, gefolgt von der Fähigkeit, Führungsrollen zu übernehmen (Leadership), beides also Fragen von Verhaltensweisen und Einstellungen. Erst dann folgen Sachthemen wie die Einführung des Strategischen Einkaufs und das Denken in Supply Chains.[92]

Der Einkäufer muss künftig in einem viel höheren Maße als bisher kreativ, prozessorientiert und vernetzt denken. Er muss Informationen über Best Cost Countries nicht nur auffinden, sondern auch beurteilen und umsetzen können. Er muss in der Lage sein, mit dem schwäbischen Zulieferer ebenso zu verhandeln wie mit dem höflich lächelnden Mann aus Shanghai in seinem ganz anderen Englisch. Die steigende Verantwortung für die gesamte Supply Chain verlangt, dass der Einkäufer die Leistungsfähigkeit eines Lieferanten und seine Entwicklung nicht nur preislich beurteilt. Technische und innovative Aspekte sind zu erfassen, Qualität, Verfügbarkeit und Zuverlässigkeit gilt es ebenso zu bewerten und vorausschauend nutzbar zu machen, wie die finanzielle Solidität einzuschätzen. Und immer wieder wird betont, dass der Einkäufer im eigenen Hause einen Status braucht, der ihn als akzeptierter Gesprächspartner für alle an der Wertschöpfung Beteiligten gefragt sein lässt und ihn in wichtige Weichenstellungen einbezieht.

---

[92] Nicole Gaiziunas, Thorsten Schiefer: „QUEST – Qualification, Education and Strategy", BrainNet-Unternehmenspublikation, Bonn, 2007, Seite 23

Exkurs   Shared Services: Der Kollege ist der Kunde

In der jüngeren Zeit macht ein Konzept zunehmend von sich reden, das ganz explizit den Dienstleistungsgedanken in den Fokus nimmt: Shared Services Centers. Bereits in vielen Unternehmen ist die Form der sogenannten transaktionalen Shared Services Centers etabliert, etwa in der Form von Buchhaltungszentren in Osteuropa oder Portugal, aber auch bei IT, Callcenter, Gebäudemanagement und ähnlichen Aufgaben zur Unterstützung des Tagesgeschäfts. Die Unternehmen machen sich eine „hybride" Struktur zunutze: Einerseits wird eine Funktion zentral aufgesetzt, die sich andererseits die Geschäftsbereiche teilen, indem sie von überall her und nach Bedarf darauf zugreifen können. Damit sind die Geschäftsbereiche auch gleichzeitig Auftraggeber – also Kunden – dieser Dienstleistungszentren. An den genannten Beispielen lässt sich ablesen, dass diese Einheiten nicht unbedingt unternehmenseigene Dienstleister sein müssen, sondern als Profit-Center auch an Spezialisten ausgelagert werden können. Zu den möglichen Einsparungen bei administrativen Kosten durch Shared Services heißt es in einer Studie von A. T. Kearney: „International agierende Unternehmen geben in der Regel etwa 3 Prozent ihrer Umsatzerlöse für Verwaltungsprozesse aus. Diese Kosten können um 20 bis 25 Prozent gesenkt werden, was einer Verbesserung der Umsatzrendite um 1 Prozent entspricht."[93]

Bezogen auf die Beschaffungsfunktionen kann es durchaus von Interesse sein, gebündelte und standardisierte Prozesse, etwa bei der Bestellabwicklung oder der Rechnungsprüfung, in internen oder externen Shared Services Centern zusammenzufassen. Heute findet jedoch, wie unter zahlreichen Gesichtspunkten in den vorangehenden Kapiteln aufgezeigt, eine starke Verlagerung zur strategischen Verantwortung des Einkaufs für die gesamte Supply Chain und damit den Unternehmenserfolg statt. Insofern stellt sich die Frage, in welchem Kontext dies zur seit ein paar Jahren gerne geführten Diskussion über die Integration des Einkaufs in ein Shared Service Center passt. Klar ist, dass beides zusammen nur funktioniert, wenn es dabei nicht nur um die effiziente Abwicklung von Bestelltransaktionen geht, sondern vor allem um einen anderen Ansatz: Expertenwissen wird gebündelt, an kompetenter Stelle vorgehalten und den Geschäftsbereichen entsprechend deren Bedarf zugänglich gemacht. Daher wird in diesem Zusammenhang auch von expertisebasierten Service Centers gesprochen.[94]

---

93 A. T. Kearney: „Shared Services schaffen die Basis für Outsourcing",
   Pressemitteilung vom 19. April 2004
94 Ronald Bogaschefwsky, Klaus Kohler: *Die Automobilindustrie auf dem Weg zur globalen Netzwerkkompetenz*,
   Springer Verlag, Berlin 2007, Kapitel Organisationsformen des globalen Einkaufs

Darin übernimmt der Einkauf die Rolle des Gestalters etwa von Prozessstandards, Einkaufsrichtlinien oder der IT-Umgebung. Bei bereichsübergreifenden Projekten, beispielsweise im Global Sourcing, bei der Standortsuche oder bei der Lieferantenbewertung, wird er zum Berater der beteiligten Geschäftsbereiche. Ein so strukturierter Einkauf braucht in großen und international agierenden Unternehmen zwar eine zentrale Steuerung, muss jedoch räumlich nicht nur an einer Stelle organisiert sein. Je nach Schwerpunkt der dort zusammengefassten Fachkompetenz kann ein Teilbereich in der Nähe des Geschäftsfelds, das sein interner Kunde ist, angesiedelt sein, oder aber in der Nähe eines interessanten Beschaffungsmarktes. Eigentlich liegt „das Organisationsmodell des Shared Services Centers von seiner Grundidee sehr nahe am Zentraleinkauf".[95] Mit dem Unterschied, dass in dieser zentral-dezentralen „Hybridorganisation" der Fokus auf den internen Auftraggeber eine gänzlich neue Ausrichtung bedeutet. Zu Recht stellt sich genau an diesem Punkt die Frage: „... ob ein Zentralbereich nicht auch dienstleistungsorientiert mit dem Anspruch, immer besser als der Markt oder die Konkurrenz zu sein, geführt werden kann und damit mit dem Konzept des Shared Services Centers im Bereich der Beschaffung nicht doch ‚alter Wein in neuen Schläuchen' verkauft wird".[96]

In jedem Fall sollte der Aufbau eines Shared Service Centers im Einkauf erst in zweiter Linie darauf abzielen, die Transaktionskosten zu senken. Im Mittelpunkt steht die Frage, wie sich sich konzernweit Mengen und Wissen in einer Form aggregieren lassen, dass sich daraus Wettbewerbsvorteile entwickeln. In der einen oder anderen Warengruppe kann Outsourcing durchaus sinnvoll sein, bei strategisch relevanten Einkaufssegmenten ist jedoch große Zurückhaltung zu empfehlen. Des Weiteren ist klar abzugrenzen, welche Entscheidungen der interne Kunde trifft und welche das Shared Service Center. Es ist nicht leicht, auf einen Seite die Kostenverantwortung zu tragen und governance-relevante Entscheidungen zu treffen, und es auf der anderen Seite dem internen Kunden immer recht machen zu wollen. Eine zentrale Forderung der CPOs an die Qualifizierung richtet sich aber gerade darauf, die Einkaufsmitarbeiter in die Lage zu versetzen, sich dienstleistungsorientiert zu verhalten. Denn unabhängig von der Organisationsform hat sich das Verständnis durchgesetzt, dass die Kollegen in den Geschäftsbereichen die internen Kunden des Einkaufs sind.

[95] Ebd., Seite 157
[96] Ebd., Seite 158

Das bedeutet für die Kompetenz des strategischen Einkäufers von morgen, er muss in drei Feldern zulegen: Da ist zunächst *Fachkompetenz* auf- und auszubauen, beispielsweise hinsichtlich eines Global Sourcing, hinsichtlich der Marktkenntnis (siehe Praxisbeispiel), hinsichtlich des technischen Know-hows und natürlich des Vertragsrechts. Bei der *Sozialkompetenz* gilt es, Verhandlungsfähigkeit, Führungs- und Teamfähigkeit sowie Kommunikations- und Konfliktfähigkeit weiterzuentwickeln. Und auf dem Gebiet der *Methodenkompetenz* geht es um konkrete Ansätze wie Projekteinkauf, Lieferantenentwicklung, Auswahl und Einsatz von geeigneten Einkaufstools sowie die Beherrschung von Analysetechniken.

**Praxisbeispiel Fachkompetenz:
Beim Workshop eines
Softwarehauses wird Marktkenntnis erarbeitet.**

Angesichts der großen Herausforderungen, die sich aus der rasanten Veränderung in den Aufgaben ergeben, werden häufig ganz offensichtliche Lücken in den fundamentalen Fähigkeiten und Fertigkeiten der Einkäufer übersehen oder schamhaft verdrängt. Dies gilt durchaus nicht nur für kleine oder mittlere Unternehmen, die nicht zu den Marktführern auf ihrem Gebiet zählen. Die Praxis hat gezeigt, dass Top-Unternehmen, auch ganz unabhängig von ihrer Größe, genauso davon betroffen sind. Dabei gibt es hier nichts, wofür man sich zu schämen hätte, denn auch die erforderlichen Basiskenntnisse haben sich in den letzten Jahren fundamental verändert. Solch eine grundlegende Kompetenz, die Voraussetzung für fast alle Prozesse im Einkauf ist, stellt die Beschaffungsmarktforschung samt Analyse und Bewertung dar, die zusammenfassend am besten mit dem englischen Begriff Market Intelligence bezeichnet wird. Dies gilt umso mehr für international operierende Unternehmen, denn für sie reichen Verbands- und IHK-Informationen oder Branchendienste längst nicht mehr aus. Eigene Recherchen ebenso wie die Nutzung fremder Quellen oder die Integration eigener Einkaufsbüros vor Ort müssen plötzlich die ganze Welt abdecken. Beispielhaft für die enorme Palette an Trainings soll an dieser Stelle ein Workshop näher beschrieben werden, mit dem ein europäisches Softwarehaus mit Schwerpunkt Business-Software im Sommer 2007 diesem Manko zu Leibe rückte. Es war Teil einer umfangreichen Qualifizierungsoffensive, in dessen Mittelpunkt die Einführung standardisierter Prozesse stand.

Wer nun vermutet, die Teilnehmer hätten vor allem die Tricks effizienter Internetrecherche erlernt, oder sie wären mit einer Empfehlungsliste der besten Quellen heimgegangen, sieht sich getäuscht. (Natürlich gab es so etwas auch, jedoch können derartige Empfehlungen nur beispielhaft ausfallen und nicht allgemeingültig für alle Marktforschungsvorhaben zusammengestellt werden.)

Selbsterkenntnis ist gefragt

Das größte Hemmnis besteht nämlich darin, dass eigentlich niemand so recht weiß, was er oder sie genau sucht, weil das eigene Interesse nicht eindeutig definiert ist. Im Gegensatz zum verbreiteten Verständnis, dass es bei Market Intelligence um die Suche nach Information geht, liegt der Aufgabe in Wirklichkeit ein Problemlösungsansatz zugrunde. Daher ist es auch nicht das primäre Ziel einer solchen Qualifizierungsmaßnahme, die Effizienz in der Suche zu erhöhen. Erst an zweiter Stelle rücken die richtigen Quellen, Werkzeuge und Methoden in den Fokus. Ein anderer Stolperstein ist das Recherche-Fieber, das dazu verleitet, „vom Stöckchen aufs Hölzchen" zu kommen und sich im Dschungel vermeintlich interessanter Verweise zu verzetteln. Es ist unabdingbar, dass Mitarbeiter ein aktives und bewusstes Zeitmanagement erlernen und betreiben. Marktforschungsprojekte werden meist ad hoc gestartet. Das führt direkt in eine weitere Falle: Erkenntnisse über Fakten und Methoden werden selten systematisch in einen gemeinsamen Wissenspool eingespeist. So wird unnötig häufig „das Rad neu erfunden", Projekte werden komplett oder unter Teilaspekten erneut aufgesetzt. Und schließlich wissen Einkäufer tatsächlich oft nicht, wo die relevanten Quellen, wie etwa Produkt- oder Lieferanten-Datenbanken oder Anbieter von Finanzinformationen, zu finden und wie sie zu nutzen und zu bewerten sind. Dies gilt vor allem dann, wenn die Analyse einen Fokus mit verschiedenen Ländern in mehreren Kontinenten hat.

Was wird eigentlich gesucht?

Folglich lernten die Teilnehmer am Market-Intelligence-Workshop zunächst, die Zielsetzung von Marktforschung zu benennen. Im nächsten Schritt war die Vorgehensweise für ein konkretes Projekt zu klären. An erster Stelle stand hier wiederum, die Zielsetzung möglichst genau zu beschreiben. Dazu übten die Teilnehmer an einem einfachen Beispiel, ein Problem sorgfältig zu analysieren, seinen Zweck und Umfang zu definieren und einen Zeitplan aufzustellen. Nun ließ sich ein Forschungsdesign aufsetzen. Dabei lernten die Teilnehmer, den Informationsbedarf zu strukturieren, beispielsweise die Kriterien für die Lieferantenauswahl festzulegen. Als Nächstes musste eine Make-or-Buy-Entscheidung getroffen werden. Also erfuhren die Kollegen, wie man die Relevanz und die Güte fertiger Reports beurteilt und wann es sich demgegenüber rechnet, ein eigenes Research-Projekt aufzusetzen. Bei der Entscheidung für den zweiten Fall waren nun die notwendigen Checklisten und gemeinsame Formulare zu entwickeln. Erst im dritten Schritt trat die eigentliche Informationsbeschaffung ins Blickfeld. Dazu informierten sich die Teilnehmer über bewährte Anbieter fertiger Reports wie marketresearch.com. Sie lernten den Nutzen von Primärquellen kennen, vom persönlichen Gespräch mit Brancheninsidern über institutionelle Quellen bis hin zu Fachportalen wie euromonitor.com, Hersteller- oder Produktverzeichnissen wie firmendatenbank.de oder Blogs im Netz. Die Suchstrategien und die benutzten Quellen unterscheiden sich dadurch, welche Information gefunden werden soll: Das können Materialien, Komponenten oder Lieferanten sein, Branchen- und Finanzinformationen oder auch Regionalinformationen, beispielsweise in Form von statistischem Material. Die eigentliche Recherche endet damit, die gefundenen Daten anhand der zuvor festgelegten Kriterien zu analysieren und zu interpretieren.

Die Ergebnisse sollen als Basis fundierter Entscheidungen für alle verfügbar sein, die sie benötigen. Dazu erhielten die Teilnehmer abschließend Unterstützung für die Aufbereitung, die Darstellung und die *Präsentation* ihrer Resultate. Die potenziellen Nutzer von Market Intelligence müssen in die Lage versetzt werden, Informationen so aufzufinden, dass sie nach Thema, Aktualität und Umfang ihrem Bedarf entsprechen. Es gibt Inhalte, die nur einem bestimmten Nutzerkreis zugänglich sein sollten, andere, die für alle Mitarbeiter im Intranet abrufbar, und wieder andere, die auch für Externe, beispielsweise auf der Lieferantenplattform, erhältlich sein dürfen. Besonders wichtige oder aktuelle Erkenntnisse sollten aktiv, etwa per E-Mail, den Interessierten mitgeteilt oder angekündigt werden. Diese Bereitstellung sollte idealerweise im unternehmensweiten Wissensmanagement eingebunden sein.

Aufwand und Nutzen

Am Ende der Veranstaltung wurden die Teilnehmer danach befragt, welchen Nutzen sie aus diesem Training für sich persönlich gezogen haben. Typische Aussagen lauteten: „Erst habe ich gedacht, wenn ich das alles anwende, habe ich für nichts anderes mehr Zeit. Aber jetzt glaube ich, dass sich die Instrumente einfach einschleifen müssen, und dann sind sie wirklich eine große Hilfe zur Leistungssteigerung." Oder: „Das größte Aha-Erlebnis für mich war die Einsicht, dass ich deshalb manchmal nur schwer relevante Informationen finde, weil ich gar nicht wirklich weiß, wonach ich suche und wozu ich suche." Ein Abteilungsleiter meinte: „Die strukturierte Vorgehensweise mit den formalisierten Schritten hatte ich zunächst mit großer Skepsis als unnötig aufgeblasen und bürokratisch betrachtet. Jetzt habe ich sie als die größten Effizienzhebel für die Herstellung einer verlässlichen Entscheidungsgrundlage begriffen und kann sie bei der Planung eines MaFo-Projekts bewusst einsetzen." Und der Initiator des Programms, zu dem das beschriebene Beispiel gehört, ist sich heute sicher: „Der unmittelbar für alle internen Kunden des Einkaufs erkennbare Nutzen klarer, standardisierter Prozesse und die verwertbar bessere Market Intelligence hat unser Standing in den Unternehmensbereichen deutlich erhöht." Jetzt mag der eine oder andere sagen, dass

Market Intelligence im Einkauf eines großen Software-Unternehmens weniger wichtig ist, da die Anzahl der Warengruppen nicht so hoch ist. Das stimmt zwar, aber dafür ist Softwareentwicklung und -vertrieb in diesem Fall ein globales Geschäft mit einem hochkomplexen Dienstleitungs-Portfolio.

Beispiel Methodenkompetenz bei MLP: Leistungssteigerung entsteht auch aus mehr Selbstvertrauen.

Ähnlich funktioniert die Weiterbildung bezogen auf eine Stärkung der grundlegenden Verfahrensweisen. Nach einigen Jahren der Weiterbildungs-„Abstinenz" hatte sich der Finanzdienstleister MLP entschlossen, die entstandene Lücke an Basis-Know-how durch entsprechende systematische Trainings zu schließen. Jan-Eike Schumacher, Bereichsleiter Einkauf und allgemeine Verwaltung MLP Private Finance, war von vornherein von der absoluten Notwendigkeit der Maßnahme überzeugt: „Eine Steigerung der Performance ohne strategische Qualifizierung ist fast nicht machbar. Durch richtige Qualifizierung wird der Einkauf einen weiteren Mehrwert für MLP darstellen." Ausgangspunkt war zunächst das Selbstverständnis von der Rolle des Einkaufs zu Beginn der Maßnahmen, vor allem aber davon, wo er drei Jahre später stehen sollte und wollte. Daraus leiteten sich die Vorgaben für die Schulungen ab: Wie operieren wir? Wie standardisieren wir? Die Aufgabenstellung war damit klar und die eingesetzten Module reichten von „Excel für Einkäufer" über effektive Kostensenkung und Einkaufscontrolling bis zum grundlegenden logischen Vorgehenstraining. Heute sind für die Mitarbeiter die Methoden, der Ablauf und die Erfolgsfaktoren beispielsweise in der Datenanalyse und der Portfoliotechnik geläufig, Mind-Mapping und Logikbäume keine Fremdwörter mehr. Selbstverständlich setzen sie die erlernten strategischen Analysen bei der Lieferantenvorauswahl und die operativen Techniken in der konkreten Verhandlungsvorbereitung ein. Nach dem konkreten Nutzen für die eigene tägliche Praxis befragt, nannten die Teilnehmer vor allem den Gewinn an Selbstvertrauen. Sie verfügen nach eigener Überzeugung nun über „belastbare Verfahren" zur Entscheidungsfindung und arbeiten effizienter.

Die Modelle ändern sich: Der Kollege wird zum Trainer.

Bei den beschriebenen Beispielen handelt es sich um klassische Instrumente der Weiterbildung wie Seminare, Workshops oder Fachvorträge, eingebettet in eine ganze Serie von Qualifizierungsmaßnahmen. Sie wurden durchgeführt von Weiterbildungsfachleuten mit einer Gruppe von Teilnehmern von eher ähnlichem Tätigkeitsschwerpunkt und ihrer Führungsebene. Mangels adäquater Angebote auf dem Bildungsmarkt, was allenthalben beklagt wird, fungieren de facto in vielen Unternehmen Kollegen als Trainer. Das können ebenfalls Mitarbeiter aus Einkaufsabteilungen sein. Seit geraumer Zeit trifft man jedoch – ganz im Sinne der bereichsübergreifenden Aufgabenentwicklung – selbstorganisierte interne Weiterbildungsveranstaltungen an, bei denen sich Mitarbeiter aus verschiedenen Unternehmensbereichen gegenüberstehen, um voneinander zu lernen. Diesen Ansatz haben inzwischen auch die Profis für sich entdeckt und weiterentwickelt. Eine der gefragtesten Formen professioneller Trainings ist inzwischen die cross-funktionale Zusammensetzung der Lerngruppen. Das können Teams aus dem Einkauf sein, die auf die Produktentwickler stoßen oder auf die Leute aus dem Rechnungswesen.

Der Renner derzeit: „Einkauf trifft auf Verkauf." Dabei lernen die Vertriebsmitarbeiter, sich bewusst in die Einkaufsrolle zu versetzen und umgekehrt. Das Ziel ist auch hier, die Performance auf beiden Seiten zu steigern. Als besonders nützlich hat sich ein modulares Konzept erwiesen. Die Grundlage bilden zunächst Einheiten zur Basisqualifikation für Einkäufer und Vertriebler je nach Erfordernis. Dazu gehört der Einblick in verschiedenartigen Aufgabenstellungen. Dann lernen die Mitarbeiter, sich durch einen Perspektivenwechsel in die andere Rolle zu versetzen. Und damit es nicht bei der „Trockenübung" bleibt, ist das Herzstück einer solchen Maßnahme das Simulationstraining, in dem die Teilnehmer die Unterschiede mit einem realen Gegenüber in Verhandlungssituationen trainieren. Ein wesentlicher Teil üblicher Fortbildungen für Verkäufer basiert ja gerade auf der Einsicht, dass Verhandlungen nur zu einem Bruchteil rational entschieden werden und weit überwiegend durch Emotionen geleitet sind – auch wenn das kaum jemand wahrhaben will. Ein Angebot an Expertenworkshops mit Fachvorträgen zu Themen, die anhand aktueller Fragen aus dem Tagesgeschäft bestimmt werden, begleitet die Maßnahme. Im späteren beruflichen Alltag können Coachings den „Einkaufs- und Vertriebsinstinkt" vertiefen.

Es liegt auf der Hand, dass bei einem solchen methodischen Ansatz von Simulation und Rollenspiel nicht nur Fachkenntnisse transportiert werden, sondern besonders die Sozialkompetenz der Teilnehmer erweitert wird. Es werden ganz konkret Verhaltensweisen, auch in Konfliktsituationen, geübt und Denkmuster aufgebrochen. In die gleiche Richtung, nämlich die Abteilungsscheuklappen abzulegen, zielt ein weiteres Konzept: *kooperative Lernformen* in unternehmensübergreifenden Lerngemeinschaften. Sie sind noch nicht allzu weit verbreitet, doch Experten sehen darin ein großes Potenzial. In geeigneten Zusammensetzungen richten Mitarbeiter den Blick über den Tellerrand auf andere Arbeitsweisen und Ansätze: Wie macht ihr denn das, wie machen wir das? Es ist der klassische informelle Erfahrungsaustausch, der hier organisiert wird. Der Vorteil solcher Lernformen ist, dass man von seinesgleichen am ehesten prozess- und lösungsorientiertes, aktuelles Wissen anzunehmen bereit ist. Schwierigkeiten gibt es eher in der Akzeptanz aufseiten der Personalentwickler – Zertifikate werden hier nämlich nicht verteilt.

Wer qualifiziert den CPO?
Eine Sonderstellung nimmt die Qualifizierung der Einkaufschefs ein. Sie sollen eine funktionierende Supply Chain unter sich rasant wandelnden Bedingungen sicherstellen und ihre Organisation stetig weiterentwickeln. Dazu brauchen auch die CPOs neue Kompetenzen, Wegweiser in die neuen internationalen Märkte und Best-Practice-Vorbilder. Je weiter oben, desto weniger Rückmeldung gibt es. Außerdem: Allgemeine Management-Trainings helfen den Entscheidern im Einkauf nicht wirklich weiter, denn sie bieten nicht genug spezifische Inhalte. Daher trifft in gewisser Weise die Aussage, dass die Kollegen die Trainer sind, auch auf die obersten Entscheider zu. Denn tatsächlich findet Weiterbildung für die Einkaufschefs heute vorwiegend im Austausch mit ihresgleichen, in Netzwerken und bei Kongressen, statt und ist ansonsten der Eigeninitiative durch Studium der Fachliteratur überlassen. Tatsächlich gibt es in 68 Prozent der in der Quest-Studie befragten Unternehmen für CPOs weniger als fünf Qualifizierungstage pro Jahr. Eine Lösung für dieses Problem kann im Coaching liegen. Allerdings setzt dieser Ansatz voraus, dass der Coach jemand mit entsprechender eigener Erfahrung ist, der auf Augenhöhe seine Aufgabe im Hintergrund wahrnimmt, dabei jedoch keine eigenen Ambitionen verfolgt.[97]

Dass Qualifizierung vom Einkäufer bis zum CPO zwingend notwendig ist, hat das Supply Management Institute (SMI) an der European Business School (EBS) unter Leitung von Christopher Jahns bereits vor Jahren erkannt. Hier wird Unternehmen ein breites Portfolio aufeinander abgestimmter Qualifizierungsmaßnahmen angeboten, und das mehrsprachig unter Einbezug internationaler Lehrstühle in China, Indien, Russland und USA sowie gestandenen Praktikern und Führungskräften, die ihre Erfahrungen strukturiert vermitteln. Der Erfolg des SMI in den letzten Jahren hat gezeigt, das auch im Top-Management zunehmend klar wird, dass Top-Ergebnisse des Einkaufs nur mit Top-Mitarbeitern erreicht werden können.

---

[97] Umfangreiche Einführung ins Thema Coaching: Christopher Rauen (Hrsg.): *Handbuch Coaching*, Verlag Hogrefe, 3. Auflage 2005

Management Summary

Im doppelten Sinne gilt: Nur eine an der Strategie ausgerichtete Qualifizierung macht den Einkauf fit für den Wandel. Damit sind einmal die an der Unternehmensstrategie ausgerichtete Einkaufsorganisation selbst und ihre entsprechend neu definierten Job-Descriptions gemeint. Zum anderen ist die Rede von der daran wiederum orientierten Ausrichtung kurz- und langfristiger Bildungsmaßnahmen. Professionelle Personalentwicklung erkennt den Ist- und den Soll-Zustand der Kompetenz der Einkäufer und schließt vorhandene Qualifizierungslücken. Qualifizierung betrifft alle Hierarchieebenen und sowohl fachliche, soziale als auch Methodenkompetenzen. Ausreichende Zeit- und Finanzbudgets sind Voraussetzung, ebenso wie der systematische Aufbau von Programmen zur Qualifizierung. HR muss die Einkäufer stärker in den Blick nehmen und die Initiative nicht nur den CPOs überlassen. Und: Erfolgskontrolle, auch unter ROI-Gesichtspunkten, ist möglich. Sowohl die Angebote von Weiterbildungsprofis als auch Kollegentrainings taugen als Bildungsmaßnahmen. Können und Motivation stehen in einer Wechselwirkung: Mitarbeiter, die sich den Anforderungen gewachsen fühlen, sind leistungsbereiter und stärker im Team. Letztlich wird dadurch das oberste Ziel erreicht: Die Produktivität der Einkaufsorganisation zu steigern und zukunftsfest zu machen.

Kapitel 10

Die Tücken des Zusammengehens

Den Einkauf rechtzeitig in den Post-Merger-Prozess einbinden

Die Betroffenen an der Integration beteiligen: Wertsteigerung statt Wertvernichtung – Realistische Einschätzung von Synergiepotenzialen – Die echten Kostenblöcke im Visier – Corporate-Purchasing-Strukturen – Optimierung von Warengruppen und Lieferantenportfolio – Transparenz und Vertrauen – Gefahr der Abwanderung von Know-how – Integration durch cross-funktionale Teams

Der König aus dem Märchen, so war zu lesen, herrscht über ein imposantes Reich. Und viele Könige hören gern die anerkennenden Worte, dass auf ihrem Herrschaftsgebiet die Sonne wohl nicht untergehe. Es ist nicht bekannt, wie die immense Größe des Märchenlandes entstanden ist – viele Möglichkeiten gibt es allerdings nicht: Da wäre die Annektierung von Nachbarstaaten denkbar, der ein Einmarschieren von Armeen, heftige und blutige Schlachten mit großen Verlusten und schließlich ein Sturz bisheriger Herrscher vorausgehen. Natürlich, friedliche Zusammenschlüsse soll es in der Geschichte tatsächlich auch gegeben haben, aus politischen, religiösen oder wirtschaftlichen Gründen.

Eigentlich hat sich an diesen Formen der freiwilligen oder erzwungenen Verbandelungen bis heute nichts geändert; auch nicht in der Wirtschaft. Es gibt feindliche Übernahmen, an deren Ende ein Unternehmenschef, wenn nicht sogar die gesamte bisherige Vorstands-etage gestürzt ist; es gibt „weiße Ritter", um gerade dies zu verhindern, und „Poison Pills", um eine feindliche Übernahme möglichst schmerzhaft zu gestalten. Martialisch klingt das nach wie vor. Entfällt jedoch der feindliche Akt und tritt an seine Stelle ein mehr oder minder erheblicher Geldbetrag, dann erleben wir eine Akquisition. Sehen dagegen die Herrscher von heute ein, dass ihr Reich aus eigener Kraft auf Dauer keine Überlebenschance mehr hat, wird aus einer zunächst strategischen Zusammenarbeit mit einem ebenbürtigen Partner bald eine Fusion hervorgehen, gern als „Merger of Equals" kommuniziert. Allerdings ist zu beobachten, dass viele dieser Fusionen nicht zu den Zielen führen, die sich die Strategen vorgenommen haben.

Das Ziel von Mergers & Acquisitions ist es, den Wert des eigenen Unternehmens auf Dauer zu steigern.

Doch wer über das Scheitern eines Zusammenschlusses von Unternehmen reden möchte, muss vorab die Intentionen eines Mergers definieren. Und diese sind so vielfältig wie die Gründe für einen Misserfolg: Unternehmen werden gekauft oder gehen zusammen, weil die Shareholder eine Erfolgsstory sehen wollen, die einen Anstieg des Aktienkurses impliziert. Gerade Übernahmen dienen aber auch als Abwehrmaßnahmen gegenüber mächtigen Konkurrenten; denn so wird das kaufende Unternehmen mit einem Schlag zunächst wenig attraktiv, muss es doch die Kosten der Übernahme und Integration tragen. Mergers & Acquisitions ermöglichen die schnelle Steigerung von Marktanteilen im Kerngeschäft und die Umlenkung von Preis-Wettbewerb in Wertsteigerung; sie lassen Eintrittsbarrieren überwinden und Kosten der Produktentwicklung sinken. Dabei kommt es noch nicht einmal darauf an, ob beide Unternehmen im gleichen Markt tätig sind, die sinnvolle Kombination von Kernkompetenzen – erworben in unterschiedlichen Marktsegmenten – kann innovative Lösungen erzeugen, die dann wieder in zusätzliches Wachstum transformiert werden.

Unterm Strich kann als Ziel von M&As nur eines gelten: den Wert des Unternehmens zu steigern. Das Beispiel der gescheiterten „Hochzeit im Himmel" (Schrempp) von Daimler und Chrysler zeigt sehr gut auf, dass eben genau dies nicht erreicht wurde. Der historische Höchststand der Aktie betrug Mitte 1999 genau 94,75 Euro. Von da an ging es bergab. Anfang 2003 war der Wert in nahezu einem Rutsch auf 23,94 Euro gesunken – und zwischenzeitlich ein Unternehmenswert in Milliardenhöhe an der Börse quasi vernichtet. Interessant in diesem Zusammenhang ist, dass gerade im diesem Fall immer wieder mit Stolz darauf verwiesen wurde, dass an dem Deal nur sehr wenige Personen beteiligt waren. Das war zwar unter börsenrechtlichen Aspekten angebracht, hat aber auch die spätere Integration extrem erschwert, da erst nach Vollzug die entscheidenden Funktionsträger in die Durchführung involviert wurden. Hier den richtigen Spagat zu finden ist zugegebenermaßen außerordentlich schwierig.

Erschreckend ist zudem, dass es augenscheinlich keine Lernkurve bei etlichen akquirierenden Unternehmen gibt. Bei vielen Käufern laufen Prozesse und Methoden nach immer demselben Schema ab: Heerscharen von Strategie-, Finanz- und Rechtsberatern sowie Investmentbanken sind bei der Due Diligence involviert, oft aber nicht die Verantwortlichen für die Umsetzung der Akquisitionshoffnungen in Resultate.

Exkurs: Wertvernichter M&A

Vor allem in den neunziger Jahren des zurückliegenden Jahrhunderts stieg die Zahl der „Mergers & Acquisitions" (M&A) stark an. Während sich 1992 die Zahl der Fusionen und Übernahmen weltweit auf 7600 belief und ein Volumen von 250 Milliarden Dollar umfasste, war sie 1998 auf 24.000 Transaktionen und 2300 Milliarden Dollar angestiegen.[98] Ihren ersten Höhepunkt fand die M&A-Welle im Jahr 2000 mit einem Volumen von über 3500 Milliarden Dollar – dann folgte der Zusammenbruch der New Economy und damit auch ein jäher Stopp der Unternehmenszusammenschlüsse. In den fünf folgenden Jahren stieg das Transaktionsvolumen nur langsam wieder an. Ende 2006 hatten dann wieder Unternehmen im Wert von 3600 Milliarden Dollar den Besitzer gewechselt.[99]

Kaum eine Branche, die nicht im Übernahme-Fieber war: Ob Automobil, Banken, Chemie, Medien, Mineralöl, Pharma oder Telekommunikation. Die spektakulärsten beherrschten über Wochen die Schlagzeilen – nicht nur der Wirtschaftszeitungen –, wie etwa der Übernahmekampf von Mannesmann gegen Vodafone mit einem Volumen von 180 Milliarden Euro in Europa oder die amerikanische Fusion von AOL und Time Warner mit 165 Milliarden Dollar. Auch die Zusammenschlüsse von Glaxo Wellcome und SmithKline Beecham (76 Milliarden Dollar), von Royal Dutch Petroleum mit Shell Transport & Trading (74,5 Milliarden Dollar) oder von AT&T mit BellSouth (67 Milliarden Dollar)[100] gehören zu den Megadeals des neuen Jahrtausends. Hierzulande hat zudem die Fusion von Daimler-Benz und Chrysler bis in die jüngste Zeit für Diskussionsstoff gesorgt. 1998 zahlte Daimler-Benz 36 Milliarden Dollar für Chrysler; 2000 kam ein Anteil von 37,5 Prozent am japanischen Autohersteller Mitsubishi für im Vergleich überschaubare 2,5 Milliarden Euro dazu. Auf diese Weise wollte Daimler-Chef Jürgen Schrempp die „Welt-AG" gründen – sie scheiterte bekanntermaßen mit Pauken und Trompeten. Heute sind die Stuttgarter nur noch mit 19,9 Prozent im Boot – und heißen wieder Daimler AG, um sicherlich wieder an die Erfolge früherer Tage anknüpfen zu können. Denn neben der Konzentration auf das Kerngeschäft – den Bau hochwertiger PKW und LKW – wurden auch sinnvolle organisatorische Änderungen im Einkauf realisiert, die die Umsetzung konzernweiter

---

98 Stephan A. Jansen: *Mergers & Acquisitions: Unternehmensakquisitionen und -kooperationen: Eine strategische, organisatorische und kapitalmarkttheoretische Einführung.* Gabler Verlag, Wiesbaden, 2000, Seite 33
99 Tim Bartz: „Fusionsjahr 2006 schlägt alle Rekorde." In: Online-Ausgabe der *Financial Times Deutschland* vom 5.12.2006. http://www.ftd.de (Stand 18. März 2008)
100 MANDA Institut für Fusionen, Akquisitionen und Allianzen: „Top Fusionen & Akquisitionen (M&A)." Online unter http://www.manda-institute.org/de/statistiken-top-m&a-deals-transaktionen.htm (Stand 25. März 2008)

Einkaufsstrategien ermöglichen können. Bei allen Unterschieden der Beschaffung für das PKW- und das LKW-Segment gibt es im Bereich des direkten Einkaufs deutliche Überschneidungen bei den Lieferanten, und bei indirekten Einkaufsvolumina (Produkten und Dienstleistungen, die nicht direkt in den Automobilen verbaut werden) zeigt Daimler seit einigen Jahren, dass hier ein konzernweites Vorgehen sinnvoll ist. Des Weiteren wird eine gemeinsame Betrachtung des Einkaufs über den gesamten Konzern strategische Optionen möglich werden lassen, die langfristig zu einer verbesserten Wettbewerbsposition führen können.

Nach einer Studie der Wirtschaftsprüfungsgesellschaft Ernst & Young kann „jede zweite Transaktion als wertvernichtend eingestuft werden, nur jede dritte führt zu einer erheblichen Wertsteigerung für das Unternehmen". Untersucht wurden 189 M&As börsennotierter Unternehmen seit 1992, dazu 147 Unternehmen und 53 Stakeholder befragt.[101] Zu ähnlich niederschmetternden Ergebnissen kommen etliche Studien international renommierter Beratungsgesellschaften der Jahre davor.[102] Die Gründe für das Scheitern liegen allerdings wohl nicht mehr in der falschen Unternehmens- oder Akquisitionsstrategie der Käufer, was man oftmals in den neunziger Jahren des 20. Jahrhunderts und somit während der heißen Phase der New Economy noch unterstellen konnte. Aus der selbstkritischen Sicht der Unternehmen erleiden sie heute Schiffbruch, weil das Management der Integration schlicht mangelhaft verläuft und die Vorbereitungen der Transaktion unzureichend sind. Ein wesentlicher Grund hierfür ist vor allem, dass die für die Umsetzung der Synergiepotenziale verantwortlichen Manager nicht frühzeitig mit ihrer Kenntnis eingebunden werden. Dies gilt insbesondere auch für den Einkauf.

---

[101] Ernst & Young: „Handeln wider besseres Wissen" (Studienbericht), September 2006. Zum Download unter http://www.ey.com/ (Stand 18. März 2008)
[102] Paul A. Pautler: „The Effects of Mergers and Post-Merger Integration", Business Review Paper, 2003. Zum Download unter http://www.ftc.gov/ (Stand 18. März 2008)

Synergieeffekte und Einsparpotenziale müssen vor allem realistisch eingeschätzt und nicht allein durch die Controller bestimmt werden.

Denn: Im Selbstverständnis der Strategen und Finanzexperten eines Unternehmen sind M&As während der Vorbereitung, der Anbahnung sowie in der heißen Phase der Verhandlungen vor allem „ihr Geschäft". Skalen- und Synergieeffekte, Kosten- und Personaleinsparungen, die Integration der IT-Systeme und die Einsparmöglichkeiten im dann gleichfalls zusammengeführten Einkaufsbereich – dies alles wird teilweise nur mit dem Rechenschieber der Investmentbanker kalkuliert und am grünen Verhandlungstisch festgelegt. Nach dem „closing" des Zusammenschlusses dürfen endlich die betroffenen Bereiche ran und zusehen, wie sie die festgelegten Ziele auch erreichen. Um Missverständnissen vorzubeugen: Natürlich ist es überaus wichtig, dass die Verträge zu einer Fusion oder Übernahme wasserdicht auf alle rechtlichen Aspekte sauber abgeklopft sind. Ebenso hohe Priorität haben die Finanzkennzahlen, wie zum Beispiel der Verschuldungsgrad, und in Folge derer auch ihre Kommunikation gegenüber der Öffentlichkeit, den Shareholdern und den internationalen Finanzaufsichtsbehörden. Und selbstverständlich ist es zwingend, dass alle börsenrechtlichen Vorschriften eingehalten werden. Doch es wäre ein Pyrrhus-Sieg, wenn sich in den folgenden Jahren herausstellte – wie es häufig der Fall ist –, dass die Synergieeffekte und Einsparpotenziale so gar nicht realisiert werden können, wie sie im Vorfeld festgelegt wurden, da hierfür jeweils unterschiedliche Akteure die Verantwortung haben.

Abb. 18 Die Strategie der Wertschaffung hängt von der Realisierung von Synergien ab

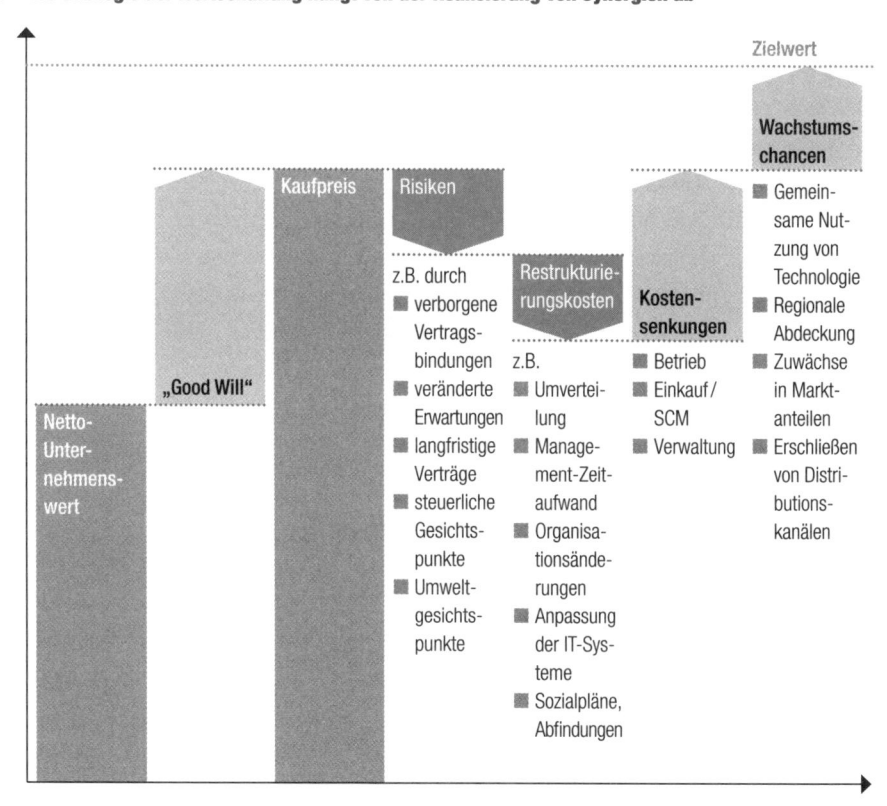

Eine Steigerung des Unternehmenswertes – also das eigentliche Ziel eines Mergers – ist nur möglich, wenn die Synergieeffekte während der nun gemeinsamen Zukunft auch wirklich realisiert werden können.

Wer das Finanzgerüst einmal aus diesem Blickwinkel anschaut, wird feststellen, dass der Gestaltungsspielraum, der über Wohl und Wehe eines Zusammenschlusses entscheidet, relativ eng umrissen ist. Und er wird erkennen, dass es vor allem auch der Einkauf ist, der diese wenigen Handlungsoptionen nutzen kann. Wie das Schaubild zeigt, ist die Differenz zwischen dem eigentlichen Wert des Unternehmens und seinem tatsächlichen Kaufpreis jener „Good Will", den die bisherigen Eigentümer als Aufpreis für das Zustandekommen des Geschäfts verlangen. Im besten Fall steckt hinter dem „Good Will" eine starke Marke, deren Rechte mit erworben werden. Oder es ist eine gesunde Kundenstruktur, die hervorragend ausgebaut werden kann. Auch Produkte, die kurz vor der Markteinführung stehen, rechtfertigen einen Aufpreis. In kritischen Fällen ist der „Good Will" nur eine Barabfindung für die bisherigen Eigentümer, damit sie dem Geschäft zustimmen.

Auf der anderen Seite stehen die Risiken und Kosten eines Zusammenschlusses. Vor allem geht es um Risiken, die während der Due-Diligence-Phase nicht erkennbar waren und daher nicht in entsprechenden Garantien des Verkäufers abgedeckt sind: Verträge, die nicht gekündigt werden können, oder Verpflichtungen, denen man sich nicht entziehen kann – und das, obwohl ein gemeinsames Unternehmen keinerlei Verwendung hierfür hat. Versteckte Risiken liegen auch in der plötzlichen Veränderung einer als sicher eingeschätzten Situation; das kann ein politischer Wandel sein, eine steuerliche Veränderung oder auch Ansprüche, die von einer breiten Öffentlichkeit eingefordert werden, zum Beispiel beim Umweltschutz, oder aber auch der überraschende Ausfall von wichtigen Lieferanten in der Supply Chain. Hinzu kommen die Restrukturierungskosten des Zusammenschlusses: Abteilungen müssen zusammengelegt oder verlegt, neue IT-Systeme eingerichtet oder Querschnittsbereiche in der Verwaltung neu organisiert werden. Dies bedeutet Zeit, Arbeitskraft und viel Geld.

Synergien bei den großen Ausgaben suchen

Sollen diese Kosten und Risiken den Zielwert der Transaktion nicht angreifen, müssen sie durch kostensenkende Maßnahmen über alle Bereiche hinweg abgefedert werden. Nur so tragen die in Aussicht gestellten Wachstumsziele – ob nach geografischen Aspekten, Marktanteilen, dem Ausbau von Vertriebskanälen oder durch innovative Technologien – auch tatsächlich zur Prosperität des Unternehmens bei. Doch in den meisten Unternehmen macht das operative Geschäft oder die Verwaltung nicht den größten Kostenblock aus; den mit Abstand bedeutendsten Anteil nimmt in vielen Fällen – wie schon mehrfach beschrieben – das externe Einkaufsvolumen ein. Nach dem Restrukturierungsprozess deutscher Firmen in den zurückliegenden Jahren liegen auch die Personalkosten auf einem Niveau, welches sich – abgesehen wiederum von der kompletten Verlagerung der Wertschöpfung an Lieferanten – nur noch graduell senken lässt. Selbst die gefürchteten Entlassungen bei Zusammenschlüssen zeigen weniger Wirkung, erzeugen sie doch höchstens einen Einmaleffekt, der bei Saldierung gegen die Kosten der Sozialpläne geringer ausfällt, als vielfach vermutet. Dies unterstreicht, welchen strategischen Stellenwert der Einkauf gerade bei Fusionen und Übernahmen eigentlich habe sollte, während er am Verhandlungstisch tatsächlich nur eine untergeordnete Rolle spielt.

**Praxisbeispiel Handel:
Corporate Purchasing von Pharmagroßhändler Celesio unterstützt europaweite Akquisitionsstrategie.**

Dass es auch anders geht, zeigt das Beispiel des Pharmaunternehmens Celesio. Die börsennotierte und sich seit Jahren bestens entwickelnde Gesellschaft mit heutigem Stammsitz in Stuttgart hat sich auf die Distribution von Arzneimitteln spezialisiert und sich dazu international breit aufgestellt. Die Celesio AG, die bis zum Jahr 2003 unter dem Namen „Gehe AG" firmierte, ist einerseits im Pharmagroßhandel führend und beliefert Apotheken in zwölf europäischen Ländern, allen voran in Frankreich, Deutschland, Italien und Großbritannien. Andererseits betreibt das Unternehmen in vielen dieser Länder eigene Apotheken – besonders ist es in Großbritannien engagiert –, ein Geschäftsfeld, das in Deutschland aufgrund gesetzlicher Regelungen weitgehend noch nicht existiert. Im April 2007 hat Celesio 90 Prozent der Internet-Apotheke DocMorris gekauft. Und das war nicht die erste Übernahme der Stuttgarter: Bereits seit Ende der siebziger Jahre wächst das Unternehmen durch Zukäufe kontinuierlich und ist mit den Ländergesellschaften zum führenden Pharmahändler Europas geworden. Der Konzern kann somit auf eine langjährige Erfahrung bei der Integration der erworbenen Firmen blicken.

Die zum Teil sehr restriktiven Gesetze und Bestimmungen für Pharmazeutika in den jeweiligen Ländern haben allerdings dafür gesorgt, dass Celesio ein sehr dezentral organisierter Konzern bleibt. So gibt es in den Tochterunternehmen ländereigene Bereiche für den Einkauf von Präparaten, um den gesetzlichen Vorgaben für den Pharmahandel Genüge zu tun. Dem Bereich „Corporate Industry Relations/Corporate Purchasing" von Celesio obliegt es über diese nationalen Konditionen hinaus, zusätzliche übergeordnete Verträge zu verhandeln, Strategien zu entwickeln und in Abstimmung mit den lokalen Gesellschaften umzusetzen. Ebenso werden hier Tools wie internationale Produkt- und Lieferantendatenbanken entwickelt und zudem eine

Reihe von internen Dienstleistungen für alle Celesio-Geschäftsbereiche und auch die Kunden angeboten – zum Beispiel Maßnahmen im Kampf gegen gefälschte Medikamente.

Der internationale Einkauf von Celesio wird – wo es von der Unternehmensleitung für angemessen und notwendig erachtet ist – bei Mergers & Acquisitions „von Beginn des Prozesses an ein gewichtiges Wort mitreden", wie der Verantwortliche im Unternehmen, Maurice Dantès, betont. Das war nicht immer so: Erst mit seinem Antritt 2001 etablierte sich im Unternehmen ein „Corporate Purchasing", das auch in den Integrationsprozess bei Firmenzukäufen frühzeitig involviert ist. Heute wird Dantès' Bereich bereits während der Due-Diligence-Phase und parallel zu jenen Spezialisten hinzugezogen, die sich um die Vereinheitlichung der technischen Prozesse kümmern. „Wir haben kein Standard-Rezept, das wir bei Übernahmen anwenden", so Dantès, „aber die Vorgehensweise ist in einem hohen Maße strukturiert und wird an die jeweiligen Merger & Acquisition-Projekte angepasst." Dazu gehört, dass die Projektleitung für einen Firmenzusammenschluss direkt bei einem Celesio-Vorstand angesiedelt ist. Diesem steht ein Mitglied der zweiten Führungsebene zur Seite, das für diesen Zeitraum weitestgehend von anderen Aufgaben freigestellt wird.

Die Bedeutung von Sozialkompetenz nicht unterschätzen

Auch der Erwerb gleich zweier Pharma-Distributionsfirmen in Dänemark ging so vonstatten. Eine nationale Integration wurde forciert, parallel hierzu erfolgte die Zusammenführung mit Celesio. Für die verantwortlichen Mitarbeiterinnen und Mitarbeiter in Dantès' Einkaufsdepartment erforderte das dänische Projekt diesmal gleich doppelte Aufmerksamkeit, ja sogar Behutsamkeit. „Zu Beginn ist es das Wichtigste, dass wir uns in den Kollegen hineindenken, der dort im Einkaufsbereich des akquirierten Unternehmens arbeitet, wir müssen in seine Schuhe hineinschlüpfen", beschreibt Dantès die Anforderung an sich und seine Mitarbeiter. Vor allem der erste Kontakt mit den neuen Kollegen sei überaus wichtig, „der muss so erfolgreich wie nur irgend möglich sein". Soziale Kompetenz ist da gefragt, aktives Zuhören – oder wie Dantès das ausdrückt: „die Ohren groß aufstellen" –, um den neuen Kollegen ein hohes Maß an Sicherheit zu geben, sie zu beruhigen und ein von Vertrauen geprägtes Verhältnis aufzubauen. Dazu gehört auch die Versicherung, dass Celesio grundsätzlich mit den lokalen Akteuren weiter zusammenarbeiten will.

Dies ist nicht die Regel, wenn man sich die Einkaufsbereiche fusionierter Unternehmen in der Post-Merger-Phase anschaut. Ein gut durchgeführter Merger bietet dem Einkauf nämlich auch immer die Chance, das durchschnittliche Qualifikationsniveau seiner

Mannschaft zu verbessern, wenn er bereit ist, im Rahmen eines fairen Assessments die jeweils leistungsfähigsten Mitarbeiter beider Unternehmen in die Verantwortung zu nehmen. Nur wenn die Qualität der Mitarbeiter zum Maßstab der Auswahl wird, sehen die Mitarbeiter des übernommenen Unternehmens eine Chance für ihre persönliche Entwicklung und haben damit eine entsprechende Motivation für die Umsetzung der angestrebten Synergien. Hier liegt oft die eigentliche Chance einer Akquisition aus Einkaufssicht, denn Preisvergleiche zeigen immer wieder, dass nicht der größte oder der durch Akquisitionen groß gewordene Akteur die besten Preise hat, sondern derjenige mit den besten Mitarbeitern im Einkauf.

Die Integration bisher einzeln agierender Einkaufsbereiche erfordert enorme Detailarbeit.

Die Situation stellt sich bei Unternehmen im produzierenden Gewerbe – also mit hohen Einkaufsvolumina bei Rohstoffen und Komponenten – nur unwesentlich anders dar als bei einem Handelsunternehmen wie Celesio. Auch hier kommt es darauf an, zum einen die internen Prozesse der bisher einzeln agierenden Einkaufsbereiche strategisch richtig zu verzahnen und zum anderen die Zusammenarbeit mit den unterschiedlichen Lieferanten auf eine neue Basis zu stellen. Dazu ist eine Vielzahl verschiedener Aspekte zu prüfen.

Gerade wenn die Fusionspartner aus derselben Branche stammen (und sich nicht auf eher unterschiedlichen Feldern des Marktes ergänzen werden), kommt diesem Vorgang eine besonders wichtige Rolle zu. Gleich zu Beginn stellt sich den Mitarbeiter-Teams im Einkauf die ganz praktische Frage, ob die Produkte des einen wie des anderen Unternehmens auf einer vergleichbaren und damit austauschbaren Basistechnologie fußen. Wenn etwa die Steuerungselektronik eines Fahrzeugs eine bestimmte Stromzufuhr benötigt, kann sie nicht ohne Weiteres mit einer anderen Batterie versorgt werden, die bei den Produkten des bisherigen Wettbewerbs eingesetzt wurde. Dann: Haben beide Unternehmen dasselbe Verständnis von der Zusammensetzung ihrer Warengruppen? Je komplexer die Produkte oder je unterschiedlicher die Fertigungstiefe und damit auch die Warengruppen sind, desto umfassender ist die Basisarbeit, die von diesem Punkt an von den Einkäufern geleistet werden muss. Es ist deshalb sinnvoll, jede Warengruppe als ein eigenständiges Projekt zu betrachten, das von einem bereichsübergreifenden Team bearbeitet wird, welches wiederum seine genau definierten Ziele und die damit verbundenen Aktivitäten kennt. Der Leiter kommuniziert die Ergebnisse an die nächsthöhere Ebene, dort werden sie mit den Erkenntnissen anderer Teams kumuliert und kaskadenartig weitergegeben.

Abb. 19 Sechs Schritte zu einem gemeinsamen Vorgehen im Einkauf nach einem Merger

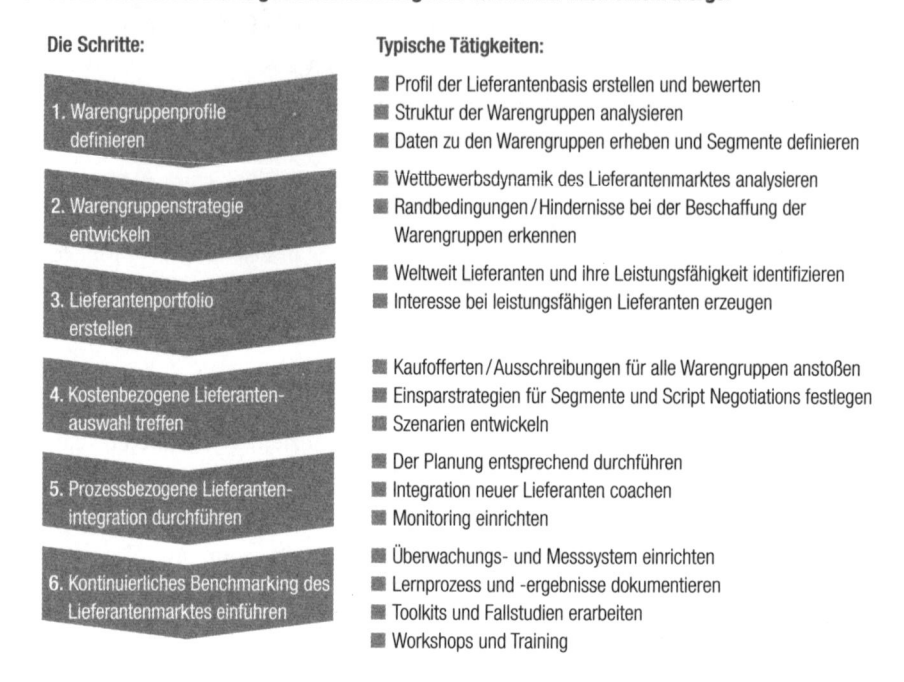

Die Schritte:	Typische Tätigkeiten:
1. Warengruppenprofile definieren	■ Profil der Lieferantenbasis erstellen und bewerten ■ Struktur der Warengruppen analysieren ■ Daten zu den Warengruppen erheben und Segmente definieren
2. Warengruppenstrategie entwickeln	■ Wettbewerbsdynamik des Lieferantenmarktes analysieren ■ Randbedingungen/Hindernisse bei der Beschaffung der Warengruppen erkennen
3. Lieferantenportfolio erstellen	■ Weltweit Lieferanten und ihre Leistungsfähigkeit identifizieren ■ Interesse bei leistungsfähigen Lieferanten erzeugen
4. Kostenbezogene Lieferantenauswahl treffen	■ Kaufofferten/Ausschreibungen für alle Warengruppen anstoßen ■ Einsparstrategien für Segmente und Script Negotiations festlegen ■ Szenarien entwickeln
5. Prozessbezogene Lieferantenintegration durchführen	■ Der Planung entsprechend durchführen ■ Integration neuer Lieferanten coachen ■ Monitoring einrichten
6. Kontinuierliches Benchmarking des Lieferantenmarktes einführen	■ Überwachungs- und Messsystem einrichten ■ Lernprozess und -ergebnisse dokumentieren ■ Toolkits und Fallstudien erarbeiten ■ Workshops und Training

Die gemeinsamen neuen Prozesse auf der Basis eines systematischen Vorgehens zu entwickeln stellt zwar einen erheblichen Aufwand dar, hilft aber, Synergiepotenziale auch tatsächlich auszuschöpfen.

Aufgabe für das Team einer jeden Warengruppe ist es, Anforderungen an die Produkte und damit auch an die Lieferanten zu definieren, die entsprechenden Daten zu erheben und die Ergebnisse hieraus zu analysieren. Auf diese Weise lässt sich später ein Profil erstellen, dem die Lieferanten entsprechen müssen. Im Vorfeld sind die Randbedingungen abzuklopfen und jene Parameter zu bestimmen, die bei der Lieferantenauswahl zum Tragen kommen: Bewegen sich die Lieferanten in einem wettbewerbsintensiven und somit dynamischen Markt, der womöglich Preise und schwankende Qualitäten beeinflusst? Müssen die Lieferanten über das Know-how verfügen, die Technologie für die Komponenten eigenständig weiterzuentwickeln, ist also die Fähigkeit des Zulieferers als Innovationspartner gefragt? Eine Frage, die auch in enger Abstimmung mit den Bereichen Forschung & Entwicklung im Unternehmen beantwortet werden muss. Sollen lokale Lieferanten das Portfolio beherrschen oder soll im Rahmen eines Best Cost Country Sourcing ein globales Lieferantennetzwerk aufgebaut werden – Letzteres mit all den Vorteilen und Risiken, die hiermit verbunden sind? Erhebliche Preisvorteile müssen beispielsweise einer komplexeren Logistik, einer aufwändigeren Lieferantensteuerung sowie Ausfall- und Währungsrisiken klar gegenübergestellt werden.

Es geht nicht nur um Quick Wins

Hiernach ist es den Einkäufern möglich, robuste Kennziffern für ihre Warengruppen und die Auswahl ihrer Lieferanten festzulegen. Eines der Ziele dabei ist natürlich auch, die Zahl der Kaufteile und Lieferanten zu verringern, um die Einsparquote in dem dann fusionierten Unternehmen spürbar durch wachsende Mengeneffekte bei steuerbarer Komplexität zu erhöhen. Gerade dies ist aber bei den sogenannten sachnummernbezogenen Warengruppen, also jenen Materialien, die direkt in die Produktion einfließen oder dort weiterverarbeitet werden, nur nach einem Zeitvorlauf umzusetzen. Ähnlich dem gerade erwähnten Beispiel der Steuerungselektronik können etwa pneumatische Komponenten in Maschinen oder Zubehörteile in einem Fahrzeug oftmals erst für das Nachfolgeprodukt so angepasst werden, dass sie bei einem Großteil oder sogar der gesamten Produktpalette einzusetzen sind. Dabei können je nach Produktlebenszyklus sogar einige Jahre vergehen. Gerade im Bereich der Automobilzulieferindustrie ist zu berücksichtigen, dass in Abhängigkeit der vertraglichen Konstruktion jede bauliche Veränderung eines Bauteils der Zustimmung der Kunden bedarf und teilweise auch die erzielten Einsparungen teilweise oder ganz an den Kunden weiterzureichen sind. Dies reduziert einerseits das kurzfristige Einsparpotenzial und erfordert andererseits eine erhöhte Kreativität des Einkaufs als Moderator und Manager eines cross-funktionalen Teams, die angestrebten Potenziale dennoch zu realisieren.

Schneller lassen sich Synergien und Einsparpotenziale beim Gemeinkostenmaterial heben. Denn wenn es um den Lieferanten für die PCs in der Verwaltung des fusionierten Unternehmens geht, um die Fahrzeuge im Fuhrpark des Außendienstes oder die Fluggesellschaft, die für Dienstreisen vorrangig genutzt werden soll, können Einkäufer in diesen indirekten, auch als unkritisch bezeichneten Warengruppen die Gemeinkosten binnen zwölf bis 15 Monaten merklich senken. In diesem Bereich gehört es durchaus zum Lieferanten-Management, die Neuaufstellung und Erwartung einer Preisreduzierung gegenüber den identifizierten Firmen sehr direkt zu formulieren. Dabei ist vorab die Spannbreite der minimalen oder maximalen Forderungen zu analysieren und eine Fallback-Strategie zu entwickeln, für den Fall, dass der Lieferant von einer weiteren Zusammenarbeit unter den veränderten Parametern absieht. In jedem Fall steht hier eine kostenbezogene Auswahl des gemeinsamen Lieferanten noch mehr im Vordergrund, da ja beide Unternehmen bereits in der Vergangenheit sich für Lieferanten entschieden hatten, die sowohl den Produkt- als auch den Prozessanforderungen entsprachen. Diese Phase ist insofern wirklich spannend, da ein Vergleich der Einkaufspreise beider Organisationen teilweise erhebliche Abweichungen aufzeigt. Preisdifferenzen von 5 bis 15 Prozent und mehr sind keine Ausnahme, vor allem auch bei indirekten Einkaufsvolumina, also Zulieferprodukten und Dienstleistungen, die nicht in das Produkt selbst eingehen. In Post-Merger-Projekten im Einkauf ist immer wieder festzustellen, dass die von Dritten abgeschätzten Einsparungen aus der Due Diligence falsch waren, dass aber andererseits die Einsparungen am Ende zwischen 20 bis 45 Prozent der gesamten Synergien ausgemacht haben.

Bisherigen strategischen Lieferanten nicht zu forsch begegnen

Dagegen sollte denjenigen Firmen, deren Leistungsfähigkeit für die Zulieferung des gewichtigeren Produktionsmaterials identifiziert wurde, eine eher auffordernde und beratende Haltung entgegengebracht werden – vor allem, wenn sie im Rahmen des Supply Chain Managements zukünftig eine wichtigere Rolle im Produktionsablauf einnehmen oder ihre Innovationsfähigkeit beisteuern. Deren Integration in die Abläufe und Prozesse des fusionierten Unternehmens muss auch von den Einkäufern begleitet, das Erreichen der Ziele einem Monitoring unterzogen sowie der Lernprozess und seine Ergebnisse dokumentiert werden. Überwachungs- und Messsysteme geben zusätzlich Auskünfte, zum Beispiel über die Preisentwicklung oder die Warenströme, und ermöglichen so eine weitere Qualitätssicherung. Gemeinsam mit den Firmen werden anlässlich von „Lieferantentagen" Markttrends, aber auch Problempunkte der Zusammenarbeit offen und partnerschaftlich diskutiert.

Dazu ist es aber notwendig, dass die Mitarbeiter im Einkauf zu dieser Form des kooperativen Miteinanders befähigt werden. Sie müssen – obwohl sie oftmals keine Ingenieure sind – einerseits sämtliche technischen Aspekte der Produkte verstehen, und andererseits hoch qualifiziert ihre Aufgaben bei der Identifizierung und Bindung leistungsfähiger Lieferanten erfüllen. Zu beachten ist zudem, dass im Vorfeld eine abgestufte Kommunikationsstrategie entwickelt wird, in die auch der Bereich Unternehmenskommunikation involviert ist, um ein durchgängiges und konsistentes Auftreten gegenüber diesem Teil der internen wie externen Öffentlichkeit zu gewährleisten. Gerade Lieferanten-Netzwerke weisen im Fall einer Akquisition oder eines Mergers auf Kundenseite eine extrem hohe Kommunikationsdynamik auf, die nicht zu unterschätzen ist.

Ein gemeinsames Verständnis der Dinge herbeizuführen schafft ein gemeinsames „Schicksal".

Natürlich legen die Entscheider im Einkauf von Celesio großen Wert auf Fachkenntnisse und ein gutes Spezialistentum. Doch gerade im Fall des Pharmalieferanten, der in den vergangenen Jahren eine Vielzahl von Unternehmen akquiriert und erfolgreich integriert hat, sind die „Soft Skills" im Einkauf stark gefragt, besonders eine gehörige Portion Internationalität gepaart mit ausgeprägter sozialer Kompetenz. Dabei ist soziale Kompetenz kein Selbstzweck, sondern eine entscheidende Voraussetzung, um in einer unternehmensintern und -extern hoch vernetzten Welt erstklassige Ergebnisse erzielen zu können. Für die Mitarbeiter am Konzernstandort Stuttgart ist es nach den Worten von Einkaufschef Maurice Dantès wichtig, ihren Kolleginnen und Kollegen in den Beteiligungsgesellschaften durchaus mit Überzeugungs- und Durchsetzungskraft gegenüberzutreten. Gleichzeitig müssen sein Team und er in etwa sechs Monaten dafür sorgen, dass sich messbare Erfolge für die Beteiligten in den Ländern einstellen, damit auch ein „Wir-Gefühl" im Sinne des gemeinsamen Erfolgs entstehen kann; Dantès nennt dies das „Corporate Schicksal". Dazu werden Themenblöcke des Einkaufs identifiziert und anschließend priorisiert; ihre erfolgreiche Umsetzung hängt allerdings wiederum davon ab, wie sehr diese Themen zu eigenen Ideen der neuen Mitarbeiter geworden sind, die sie beherzt angehen. „Dies alles", sagt Celesios Einkaufsverantwortlicher Maurice Dantès, „kann nur zu einem gemeinsamen Ziel führen, wenn wir eines in den Vordergrund stellen: den gegenseitigen Respekt voreinander."

Identitätskrise

Eine wichtige Erkenntnis, die sich auch bei anderen Spezialisten für Post Merger Integration durchgesetzt hat. Gerade in den übernommenen Unternehmen „löst sich sehr häufig die bestehende Identifikation mit dem Arbeitgeber auf", hat Samy Walleyo von Ernst & Young bei Untersuchungen zu Erfolgen und den Gründen für das Scheitern von Fusionen herausgefunden.[103] Deshalb sei es für das Unternehmen wichtig, die neuen Ziele schnell sowie die getroffenen Maßnahmen nachvollziehbar zu kommunizieren. Gerade diese Transparenz und eine intensive interne Kommunikation sind maßgeblich für das Gelingen von Firmenzusammenschlüssen. „Wer rechtzeitig und glaubwürdig kommuniziert, was für eine Vision hinter der Übernahme steht und was er mit dem Unternehmen vorhat, vermeidet viel Unsicherheit", mahnt auch Gerhard Schewe, Professor für Betriebswirtschaftslehre an der Universität Münster.[104] Unsicherheit führt nicht nur zur „inneren Kündigung", sondern vielfach dazu, dass Mitarbeiter das Unternehmen tatsächlich verlassen. Untersuchungen haben ergeben, dass bei jeder fünften Transaktion die Käufer über einen signifikanten Anstieg der Fluktuation klagen.[105] Bisher wurde das Zusammentreffen verschiedener Unternehmenskulturen als Hauptursache für eine Vielzahl von Schwierigkeiten bei der Integration angeführt.

---

103 Stephan Zimprich: „Erfolgskiller Fusion." In: Online-Ausgabe der *Financial Times Deutschland* vom 21.6.2007. http://www.ftd.de/ (Stand 18. März 2008)
104 Ebd.
105 Michael Ungerath, Joachim Hoyningen-Huene: „PMI: Integrationserfolg zwischen Konsens und Durchsetzungskraft." In: „M&A", März 2005. Zum Download unter http://www.atkearney.de (Stand 18. März 2008)

Heutige Untersuchungen gehen davon aus, dass – neben zu geringer Management-Kompetenz in puncto Übernahmen – in erster Linie mangelnde Kommunikation durch die neue Führung und fehlende Transparenz ihrer Entscheidungen verantwortlich für eine geringe Kooperationsbereitschaft der Mitarbeiter sind. Vor allem die Führungsebene ist betroffen, wie Gerhard Schewe herausgefunden hat. „In den unteren Ebenen wird ein Wandel viel mehr als Chance für den Aufstieg wahrgenommen." [106]

Wer sich noch einmal vor Augen führt, dass der Einkauf bis zu 85 Prozent der Gesamtkosten eines Unternehmens beeinflusst, kann ermessen, welcher Verlust an Wissen um interne und externe Prozesse sowie an fachlichem Know-how ein Weggang aus diesem Bereich bedeutet – von der operativen Basis bis zur Ebene der Entscheider. Diese Mitarbeiter gilt es also, wenn sich konkrete Tendenzen zur Abwanderung zeigen, mit entsprechenden Maßnahmen aktiv weiter ans Unternehmen zu binden, sei es durch gezieltes Aufzeigen von Entwicklungsmöglichkeiten innerhalb der neuen Organisation oder sogar mit direkten finanziellen Anreizen.

**Praxisbeispiel Maschinenbau:
Strategische Neuausrichtung des
Einkaufs mit Topmanagement als
oberster Einkaufsinstanz.**
Als der deutsche Landmaschinenhersteller Claas 2003 die Mehrheit der Traktorensparte von Renault Agriculture übernahm, setzten die Westfalen zum größten Merger der Unternehmensgeschichte an. Das französische Unternehmen trug mit zu dieser Zeit 637 Millionen Euro auf einen Schlag ein Drittel zum Gesamtumsatz bei. Bisher war Claas vor allem im Markt für Mähdrescher, Feldhäcksler und Futtererntetechnik präsent und hat sich mit innovativen Technologien eine führende Position unter den Herstellern erarbeitet: Weltweit stammt jeder fünfte Mähdrescher und jeder zweite Feldhäcksler von Claas. Die leistungsfähigen Traktoren von Renault nahmen in Frankreich eine starke Stellung ein, die Claas zum Sprung in die weiteren europäischen Märkten nutzen wollte, weil Traktoren den Schlüsselfaktor für den Zugang zum Handel darstellen und großes Wachstumspotenzial versprechen. Durch den Einstieg in das Traktorengeschäft war das Unternehmen aus Harsewinkel zudem in der Lage, erstmals das Gesamtsystem aus Traktor plus Erntemaschinen anzubieten. Das Ziel war klar: Technologie-Führerschaft über das gesamte Ernte-System zu erreichen.

Das Management von Claas brauchte nicht lange, um festzustellen, dass ein entscheidender Hebel für die erfolgreiche Umsetzung der neuen Strategie beim Einkauf zu

---

[106] Stephan Zimprich: „Erfolgskiller Fusion." In: Online-Ausgabe der *Financial Times Deutschland* vom 21.6.2007. http://www.ftd.de/ (Stand 18. März 2008)

finden ist. Um dies zu unterstreichen, erklärte es sich deshalb zur obersten Einkaufsinstanz und initiierte im Rahmen des Mergers eine Neustrukturierung des Einkaufsbereichs hin zu einer Hybrid-Organisation. „Heute legt der Konzerneinkauf auf Holding-Ebene in erster Linie die Einkaufsstrategie fest, während es in den ergebnisorientierten Geschäftseinheiten jeweils einen dezentralen Einkaufsbereich gibt", erläutert Josip Tomasevic, Leiter Konzerneinkauf bei Claas, die neuen Verantwortlichkeiten. Wo es bisher einen Einkauf pro Business Unit gab, sind diese heute zu standort- und produktübergreifenden Teams avanciert, die eng mit den Mitarbeitern aus Forschung & Entwicklung, Produktmanagement, Produktion und Logistik sowie Qualitätssicherung und Controlling kooperieren.

„proFIT" definiert die Aufgaben

Die Integration der neuen Mitarbeiter aus Frankreich wurde durch die Tatsache erleichtert, dass Claas bereits vor der Fusion mit Renault eine Tochtergesellschaft im lothringischen Metz unterhielt. Unterschiede, wie eine in französischen Unternehmen übliche, eher zentralistische Organisation und ausgeprägte Hierarchien, wurden zunächst durch Schulungen und interkulturelle Trainings ausgeglichen. Den Weg zur neuen Einkaufsorganisation markierte eine von Tomasevic ins Leben gerufene Initiative mit dem Namen „proFIT" (Purchasing ReOrganisation for Fitness). Sie definierte die Anforderungen an den Einkauf: Dabei stand die Optimierung der eigenen Wertschöpfung durch ein systematisches Wertanalyse-Verfahren im Vordergrund. (Wertanalysen haben die Aufgabe, Kosten eines Produkts oder eines Prozesses aufzuspüren, die weder der Qualität, dem Gebrauch, der Lebensdauer, dem Ansehen noch der Verkaufskraft des Produkts dienen. Das systematische Wertanalyse-Verfahren ist durch die DIN 69910 genormt.) Im Rahmen des Lieferantenmanagements wurde die Internationalisierung der Beschaffung mit den Maßgaben des Best Cost Country Sourcing und die Integration von Systemlieferanten vorangetrieben. Letzteres sollte die durch den Merger gestiegenen Anforderungen an Produktinnovationen gewährleisten und gleichzeitig das Einkaufsvolumen senken, das im Produktionsprozess den umfassendsten Aufwandsblock darstellt. Die Verhandlungen mit Lieferanten orientierten sich an den Zielkosten des jeweiligen Produkts im Sinne der Gesamtkostenreduzierung.

Cross-funktionale Teams sorgen für Integration sämtlicher Beschaffungsaspekte.

Die neue Organisation beschränkte sich aber nicht nur auf den Zusammenschluss der beiden Einkaufsbereiche, sondern bereitete gerade auch die Integration der Technik vor. Die übergreifende Zusammenarbeit cross-funktionaler Teams sorgte für eine abgestimmte und standortübergreifende

Einkaufsstrategie für alle Warengruppen und damit für erhebliche Synergien. Denn die „proFit"-Organisation sah vor allem vor, dass pro Warengruppe von den Einkäufern ein „Lead Buyer" und aus dem Bereich Forschung & Entwicklung ein „Lead Engineer" bestimmt wurden. Durchaus von verschiedenen Standorten des Unternehmens aus bilden sie – gemeinsam mit ihren Kollegen aus den Bereichen Produktion, Vertrieb, Qualitätssicherung und Controlling – diese cross-funktionalen Teams. Während der „Lead Engineer" die funktionale Sichtweise einnimmt und seine Aufgabe im Technologie-Management und der Reduzierung komplexer Bauteile bei gleichzeitigem Ausbau des Innovationsabstands zum Wettbewerb sieht, betrachtet der „Lead Buyer" die Auswirkungen auf die Warengruppen und ihr Management. Die preiswirksame Bündelung des Einkaufsvolumens steht bei ihm im Vordergrund. Geht es allerdings um die Strategie, möglichst viele Komponenten baugleich über alle Produkte hinweg herzustellen, die Innovationskraft der Lieferanten erfolgreich zu managen und mit allen Maßnahmen zur Kostenreduzierung beizutragen, sind die Interessen von Einkauf und Technik absolut deckungsgleich.

Die „Lead Buyer" wurden von den – bisher für diesen Prozess federführenden – Einkaufsleitern an den Standorten bestimmt, die zudem heute als „Sponsoren" dieser Teams fungieren. „Damit sich Standorte bei der ein oder anderen Entscheidung nicht benachteiligt fühlen können, haben wir die Prämisse ausgegeben: ‚Projekt schlägt Linie'", so Tomasevic weiter. Die Leiter der auf diese Weise eng miteinander verbundenen Fachbereiche legen die einheitliche Einkaufsstrategie, die Ziele und Prioritäten der Beschaffung fest. Sie stellen auch den „Corporate Supply Council" (CSC) von Claas, die oberste Instanz der neuen „proFIT"-Organisation, dessen Entscheidung bindend ist. Als Leiter des Konzerneinkaufs steht Josip Tomasevic dem CSC vor. Für sich und seine Kollegen in dem Gremium hat er den Anspruch formuliert, „alle Entscheidungen glaubwürdig und in ihrer Konsequenz nachvollziehbar zu treffen". Argumente und nicht Hierarchie sind die Pfeiler der Durchsetzungskraft. Sollte es im CSC nicht zu einer Einigung kommen, sieht der Prozess vor, dass an diesem Punkt als nächste Eskalationsstufe die Geschäftsführung eingebunden wird. Sie verfügt nicht nur über ein Vetorecht, ihre Aufgabe ist es vielmehr, durch Schlichtung eine endgültige Entscheidung herbeizuführen.

Zwei Faktoren für den Erfolg des Mergers

Nach Meinung von Tomasevic waren zwei Punkte ausschlaggebend für die erfolgreiche Post Merger Integration von Claas und Renault Agriculture: Zum einen ist das die Vorgehensweise bei der Reorganisation hin zur cross-funktionalen Zusammenarbeit. „Wir haben sehr strukturiert die Mitarbeiter im Einkauf und ihre Chefs befragt. Die Erhebung des Status quo sorgt dafür, dass die Befragten sich in der Beschreibung des Ist-Zustandes wiederfinden. Auf diese Weise gelingt es dann, die Menschen dort abzuholen und mit ihnen gemeinsam ihre künftige Rolle zu definieren." Zum anderen hat das klare Bekenntnis des Top-Managements zur neuen Organisation und das Vorleben zum Gelingen beigetragen. Es war vor allem der Gesellschafter persönlich, der seinen Mitarbeitern gegenüber „den unmissverständlichen Willen, den Merger zum Erfolg zu führen" immer wieder betonte, wie Tomasevic zurückblickend berichtet. Und mit seiner Perspektive, wonach „die Wertschöpfung beim Zulieferer stattfindet", hat Helmut Claas zugleich deutlich gemacht, dass es die neue Einkaufsorganisation ist, die einen sehr wirkungsvollen Hebel für das Erreichen dieses Erfolgs darstellt.

Teamplayer Einkauf
Es ist also unabdingbar, dass die handelnden Personen – von den Mitarbeitern bis zur Führungsebene im Einkauf – behände die gesamte Klaviatur der Prozesse und Rahmenbedingungen einer Fusion beherrschen, um die Stellung des Einkaufs im Interesse der gesamten neuen Organisation wie im eigenen Interesse zu verbessern. Nur so werden sie zukünftig Teil jenes Teams sein, das mit den Strategen und Finanzexperten gemeinsam über Mergers & Acquisitions entscheidet. Dazu gehört eben auch die interdisziplinäre Zusammenarbeit mit den Unternehmensbereichen Forschung & Entwicklung, Produktion sowie mit Marketing und Vertrieb. Dies ermöglicht es dem Einkauf nicht nur, einen auf Dauer angelegten Beitrag zur Reduzierung der Produktions- und Gemeinkosten zu leisten, sondern seine Rolle bei Zusammenschlüssen als strategisch wichtiger, interner Partner zu steigern. Dann ist der Einkauf auch in der Lage, nicht nur die „für die Stimmung sicher wichtigen" – wie Maurice Dantès von Celesio es sagt – „Quick Wins" zu generieren, sondern realistische Synergieeffekte und für das Controlling nachvollziehbare, durchschlagende Einsparpotenziale zu heben.

Management Summary

Eigentlich sollten die Megadeals der letzten zehn, fünfzehn Jahre der Steigerung des Werts der beteiligten Unternehmen dienen. De facto aber mehren sich missglückte Mergers, die stattdessen Wert vernichten. Das liegt häufig an zu hoch gesteckten Erwartungen an das Synergiepotenzial. Manager scheinen zudem nicht aus den negativen Erfahrungen anderer Unternehmen in der operativen Phase des Mergers zu lernen. Skaleneffekte, Personaleinsparung, zusammengelegte IT und Administration, das alles sind zwar Einsparpotenziale, in vielen Firmen ist der Einkauf jedoch nicht Teil des M&A-Entscheidungs- und Strategieteams. Stattdessen ist der Einkauf vielmehr als „Erfüllungsgehilfe" für die Generierung der sogenannten Quick Wins zuständig, obwohl hier die großen Kostenblöcke bewegt werden. Erfolgreiche M&A-Transaktionen jedoch zeichnen sich durch eine frühe Einbindung des Einkaufs in den Gesamtprozess aus. An zwei Beispielen von international tätigen Unternehmen – einmal aus dem Handel und einmal aus der industriellen Fertigung – wird gezeigt, wie erfolgreiche Integration und strategische Neuausrichtung im operativen Post-Merger-Prozess funktionieren, wenn der Einkauf frühzeitig eingebunden ist. Denn er ist es, der zwischen 20 und 45 Prozent der Synergiepotenziale in der Post-Merger-Phase realisiert. Praxisnah werden die Schritte aufgezeigt, die dabei zu beachten sind, von den neu zu definierenden Warengruppenstrategien bis hin zum kontinuierlichen Benchmarking des neu bestimmten Lieferantenportfolios. Denn letztlich ist es der Einkauf, der im „neuen" Unternehmen die gesamte Wertschöpfungskette im Focus haben muss.

Kapitel 11

Amtsschimmel im Galopp

Professionalisierung von Beschaffungsstrukturen mitentscheidend für die Solidität der öffentlichen Haushalte

Durch Vergaberecht und Pfründendenken nicht behindern lassen: Beschaffungsvolumen der öffentlichen Hand – Disparate Einzelaktionen statt zentraler Systeme – Netter Versuch: „Öffentlicher Einkauf Online" – Überholte Vorschriften als Bremsklötze – Rotstift statt Kostenmanagement – Angst vor Machtverlust – Auf einem guten Weg: Deutsches Zentrum für Luft- und Raumfahrt, LH Bundeswehr Bekleidungsgesellschaft, Kassenärztliche Vereinigung Westfalen-Lippe

Es ist jedes Jahr das gleiche Trauerspiel. Wenn der Bund der Steuerzahler und der Bundesrechnungshof ihre Tätigkeitsberichte vorlegen, wird der Öffentlichkeit wieder einmal bewusst, in welchem Ausmaß Bund, Länder und Gemeinden Steuergelder für unnütze Ausgaben verschwenden. Das ist in Zeiten leerer Haushaltskassen so, das ist umso ausgeprägter, wenn sich diese Kassen wieder füllen. Dr. Karl Heinz Däke, Präsident des Bundes der Steuerzahler, bringt es auf den Punkt: „Lange wurden die angeblich leeren Kassen beklagt. So konnte man eigentlich davon ausgehen, dass die ‚gefühlte Ebbe' in den öffentlichen Kassen zu einem äußerst sorgfältigen Umgang mit den Steuergeldern hätte führen müssen. Dem war leider nicht so." Auf allen staatlichen Ebenen, so Däke, gebe es „Fehlplanungen, Kostenexplosionen, Luxus aus Steuergeld, teure Imagepflege und unnötige Reisen auf Steuerzahlerkosten oder schlicht sorglosen Umgang mit Steuergeldern". Besonders beklagenswert nach seiner Ansicht: die „Es ist ja nicht mein Geld"-Mentalität in Politik und Verwaltung. Däke: „Sie gilt es zu bekämpfen."[107]

Ähnlich poltert der Bundesrechnungshof: Würde man dessen Vorschläge für Minderausgaben und Mehreinnahmen berücksichtigen, käme man auf ein Plus von jährlich 2 bis 3 Milliarden Euro in den Kassen der öffentlichen Hand. Oft genug liegt der Fehler im Einkauf, wie die Beispielfälle der Behörde zeigen. So hat das Bundesgesundheitsministerium für seine IT-Systeme Geräte gemietet, obwohl es gleichwertige

---

[107] Statement von Karl Heinz Däke anlässlich der Pressekonferenz zur Vorstellung des Schwarzbuchs 2007 am 27.9.2007

Geräte für fast 500.000 Euro weniger hätte kaufen können. Eine ähnliche Panne ist dem Bundesministerium für wirtschaftliche Zusammenarbeit unterlaufen: 730 Arbeitsplatzrechner wurden für drei Jahre gemietet – mit einem Kauf hätte man 600.000 Euro sparen können. Auch im Bereich der Dienstleistungen liegt einiges im Argen. Stichwort Bundeswehr: Satte 17 Millionen Euro pro Jahr könnte die Truppe sparen, wenn sie für die sogenannte Kraftfahrgrundausbildung nicht eigene, sondern zivile Fahrschulen nutzen würde.[108]

Der Einkauf der öffentlichen Hand verfügt über ein riesiges Einsparpotenzial.

Wenn vom Einkauf in der öffentlichen Verwaltung die Rede ist, dann geht es um den stattlichen Betrag von über 250 Milliarden Euro pro Jahr. Das sind 12 Prozent des Bruttoinlandsprodukts der Bundesrepublik Deutschland. Dahinter stehen rund 30.000 Auftraggeber aus Bund, Ländern und Gemeinden und jedes Jahr mehr als eine Million Aufträge für Liefer-, Dienst- und Bauleistungen. Angesichts dieses Beschaffungsvolumens und der permanenten Diskussion über leere Kassen stehen die öffentlichen Verwaltungsträger unter Druck. Der Bund der Steuerzahler und der Bundesrechnungshof können nur mahnen und öffentlichkeitswirksame Rügen aussprechen. Doch was lässt sich wirklich verbessern? Keine Frage: Das Einsparpotenzial im Einkauf der öffentlichen Hand, da sind sich die Experten einig, ist riesig. Gut 10 Milliarden Euro Steuergelder könnten jährlich weniger oder für andere Zwecke ausgegeben werden. Selbstverständlich wird auch regelmäßig angemahnt, dass eine konservative Haushaltspolitik im Sinne der nächsten Generationen sei, denen man einen Schuldenberg nicht hinterlassen sollte. Dieser auf die Zukunft ausgerichtete Sinn für Verantwortung ist allerdings in großen Teilen des Einkaufs der öffentlichen Hand noch nicht angekommen. Der Einkauf in der öffentlichen Verwaltung, heute nicht mehr als reine Beschaffung, müsste konsequent optimiert und professionalisiert werden.

Das fängt schon bei der IT an. Schätzungen gehen davon aus, dass sich durch den Einsatz elektronischer Einkaufs- und Vergabesysteme bis zu 25 Milliarden Euro im Jahr sparen ließen. Der Grund liegt auf der Hand: Nach wie vor ist zu viel Papier in den Amtsstuben im Einsatz und zu viele Medienbrüche beeinträchtigen den Beschaffungsprozess. Der durchschnittliche Beschaffungsprozess dauert 140 Minuten. Kalkuliert man 40 Cent Lohnkosten pro Minute, so kommen 56 Euro zusammen. Bis zu 75 Prozent der Zeit könnte man einsparen, wenn die Beschaffung komplett elektronisch abgewickelt würde. Das wären dann Kosten von nur noch knapp

---

108 Bundesrechnungshof: „Bemerkungen 2006 zur Haushalts- und Wirtschaftsführung des Bundes."
Zum Download unter http://www.bundesrechnungshof.de/ (Stand 18. März 2008)

14 Euro. Die gewonnene Arbeitszeit ließe sich hervorragend für andere Aufgaben nutzen, zum Beispiel durch eine mittelfristige Umverteilung von Verwaltungsressourcen in moderne Bildungssysteme.

Abb. 20 **Aufteilung der Prozesskosten**

Aufwand pro Beschaffungsprozess bei Büro- und Verbrauchsgütern in Minuten
(Gesamtbearbeitungszeit: 140 Minuten, Durchlaufzeit: 16 Tage, Kosten: 56 Euro)

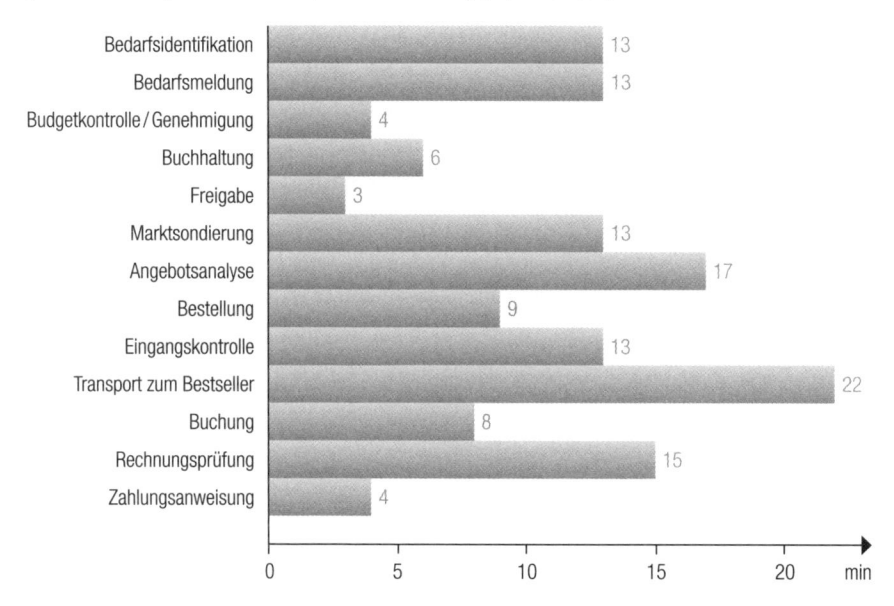

Tätigkeit	Minuten
Bedarfsidentifikation	13
Bedarfsmeldung	13
Budgetkontrolle / Genehmigung	4
Buchhaltung	6
Freigabe	3
Marktsondierung	13
Angebotsanalyse	17
Bestellung	9
Eingangskontrolle	13
Transport zum Bestseller	22
Buchung	8
Rechnungsprüfung	15
Zahlungsanweisung	4

Medienbrüche und Intransparenz führen in der öffentlichen Verwaltung zu teilweise dramatischen Durchlaufzeiten bei den Beschaffungsprozessen. (In Anlehnung an: Buchholz Fachinformationsdienst GmbH, Bexbach (Herausgeber): BFD-Infoline, 3/2004, Seite 2)

Andere Zahlen klingen noch drastischer: Mummert Consulting hat errechnet, dass eine Bestellung in der öffentlichen Verwaltung im Schnitt 180 Euro kostet. Schon eine einfache Order wie Büromaterial aus dem Katalog verschlinge rund 130 Euro. Die Veröffentlichung einer Ausschreibung für größere Güter schlägt sich mit durchschnittlich 244 Euro nieder. Bis zu 30 Prozent, so die Schätzung, könnten die Behörden sparen, wenn sie sich das Thema elektronische Beschaffung, also E-Procurement, zu eigen machen würden. Gut die Hälfte aller Waren und Dienstleistungen ließe sich demnach über derartige Systeme einkaufen. Allein die Kosten für die Veröffentlichung von Ausschreibungen sänken bei durchgehender elektronischer Bearbeitung um gut drei Viertel. Ein wesentlicher Faktor ist dabei die Zeit, die sich dank der Elektronik einsparen lässt: Der gesamte Vergabeprozess wird transparent und übersichtlicher.

Selbstverwaltung und föderative Strukturen beeinträchtigen die Effizienz im öffentlichen Einkauf.

Die Probleme, die für das Manko im öffentlichen Einkauf stehen, sind vielfältig. So muss man sich vor Augen führen, dass das Gros der Behörden noch vor wenigen Jahren eine Funktion „Einkauf" überhaupt nicht kannte, oder dass der Einkauf den sogenannten Inneren Diensten untergeordnet war und sich auf Güter in geringen Mengen beschränkte. Unter dieser Situation litt nicht nur die Qualifizierung der zuständigen Mitarbeiter, auch die Aufmerksamkeit vonseiten der Führungskräfte für das Thema Einkauf war denkbar gering. Das alles ist nicht einfach nur Vergangenheit – noch heute prägt dieses Bild die bittere Realität in der öffentlichen Verwaltung. Jede Professionalisierung des Einkaufs scheitert, wenn nicht ausreichend qualifizierte Mitarbeiter und Führungskräfte eingesetzt werden.

Erschwerend hinzu kommen zwei ganz wesentliche Punkte: Öffentliche Behörden und Träger verwalten sich selbst, wirtschaften somit weitestgehend autark und sind oftmals föderativ strukturiert. Beides ist einheitlichen Einkaufsstrategien, -strukturen und -prozessen nicht förderlich. Nicht selten verfolgen die Ressorts der öffentlichen Hand eine regelrechte Abgrenzungstaktik und entziehen sich mit ihrer Aufgliederung, etwa nach Bundesländern geordnet, jeglicher Konsolidierung und Messbarkeit in ihrer Effizienz. Die Folge: Synergieeffekte werden nicht genutzt, Organisationsstrukturen wie ein zentraler Einkauf haben keine Chance. Schlimmer noch: Jede Form von Zusammenlegung oder Einsparung wird von den Verantwortlichen nicht selten als Machtverlust regelrecht gefürchtet, selbst wenn identische Kernaufgaben betroffen sind. Wer hat die meisten Mitarbeiter, wer hat das meiste Geld? Um diese Fragen drehen sich die Sorgen der Abteilungsleiter. Das geht bis zu gewollter Nicht-Kompatibilität. Dass jede Behörde ihr eigenes IT-System hat, ist nicht die Ausnahme, sondern nach wie vor die Regel. Da geht Pfründendenken über die Vernunft. Dass aber von öffentlichem Geld die Rede ist, wird dabei allzu schnell vergessen.

Elektronische Plattformen sind im Ansatz gescheitert, weil auch hier wieder einmal Wildwuchs herrscht.

Freilich: Ansätze, die Situation im Einkauf zu verbessern, hat es – zumindest auf Bundes- und Länderebene – genügend gegeben. Doch wenn man sich die Bilanz von Projekten wie „Öffentlicher Einkauf Online" oder „Kaufhaus des Bundes" anschaut, müssen sie allesamt als gescheitert betrachtet werden. „Die Bürgerinnen und Bürger wollen Dienstleistungen möglichst schnell und unkompliziert in Anspruch nehmen. Deshalb kommt es darauf an, Vorgänge im Internet effizient zu gestalten", hatte auf der Cebit 2002 die damalige Staatssekretärin im Bundesinnenministerium Brigitte Zypries erklärt, als sie den Startschuss zu „Öffentlicher Einkauf Online" gab. Die Plattform galt als ein Leitprojekt im Rahmen der Initiative „Bund Online 2005", die sich zum Ziel gesetzt hatte, bis 2005 alle internetfähigen Dienstleistungen des Bundes – insgesamt mehr als 350 – online anzubieten. Auch der Einkauf von Produkten und Dienstleistungen sollte hier gebündelt und zentral abgewickelt werden. Die öffentliche Verwaltung, so die Erwartung, könne ihre Kosten für Beschaffung und Ausschreibungen signifikant reduzieren. Um unwirtschaftliche Doppelentwicklungen zu vermeiden, bot der Bund die Plattform auch den Vergabestellen der Länder und Kommunen an. Zypries: „Schließlich muss nicht jede Behörde in Deutschland die Beschaffung im Internet neu erfinden."

Haben sie aber bedauerlicherweise doch. Nicht allein, dass nur Bruchteile des jährlichen Beschaffungsvolumens von 250 Milliarden Euro überhaupt elektronisch abgewickelt werden, es macht auch jeder gewissermaßen sein eigenes Ding. Mitmachen beruht auf Freiwilligkeit. So hat jedes Bundesland sein Portal für die elektronische Vergabe von öffentlichen Aufträgen. Nicht anders halten es die öffentlichen Träger, wie im Gesundheitswesen. Jede Landesversicherungsanstalt hat ihre eigene Vergabeplattform. Abgesehen davon, dass angesichts des bereits angesprochenen Angebots des Bundes eigentlich unnützerweise Geld ausgegeben wird – die Leidtragenden sind die potenziellen Dienstleister und Zulieferer, bei denen es sich überwiegend um mittelständische Unternehmen handelt. Sie müssen sich im Dschungel der Portale zurechtfinden, um an öffentliche Aufträge zu kommen.

Hohe Erwartungen an die Verringerung von Verwaltungsaufwand durch E-Procurement wird von den Behörden enttäuscht.

Dass unter solchen Umständen die Effektivität und die Effizienz des Einkaufs leiden, bedarf kaum eigens der Erwähnung.

Eine unüberschaubare Vielzahl von Einkaufsstrukturen und -prozessen sowie unterschiedlicher IT-Landschaften ist die Folge – oft genug in ein und derselben Organisationseinheit. Elektronisch durchgängige Prozesse und einheitliche Datensätze: Fehlanzeige, genauso wie ein funktionierendes Einkaufscontrolling. Es ist nicht übertrieben, wenn man feststellt: Themen wie Transparenz, Planung, Reporting und Steuerung stecken im öffentlichen Einkauf noch nicht einmal in den Kinderschuhen.

One-Stop-Government

Dabei ist die Erwartungshaltung doch so hoch, wie nicht nur das Beispiel „Öffentlicher Einkauf Online" zeigt: Eine bundesweite Umfrage der MFG Baden-Württemberg, des Kompetenzzentrums des Landes für IT und Medien, unter 200 öffentlichen Einrichtungen und Kommunalverwaltungen im Jahr 2005 belegt, dass mehr als 50 Prozent der Befragten sich von E-Procurement weniger Verwaltungsaufwand erhoffen. Schon drei Jahre zuvor hatte sich Wolfgang Jacob, Chef der Plattform Virtueller Marktplatz Bayern, ähnlich optimistisch geäußert: Im Rahmen der Umstellung auf E-Procurement, zeigte er sich zuversichtlich, „werden sich die Behörden zu Serviceorganisationen wandeln, die dem Bürger rund um die Uhr Leistungen zur Verfügung stellen". Entlastung der Sachbearbeiter von Routineaufgaben, Kosteneinsparungen bei den Ämtern und kürzere Prozesse nannte Jacob als Hauptgründe für dieses Mehr an möglichem Service – „One-Stop-Government" in seiner Sprache. Dienstleistungs-, Einkaufs- und Verkaufsprozesse könnten mithilfe des Internets einfacher und schneller gestaltet werden. Auch der damalige Vorstandsvorsitzende des Bundesverbandes Materialwirtschaft, Einkauf und Logistik (BME) Ulrich Fricke betonte schon 2002: „E-Procurement verhilft zu geringeren Prozess- und Transaktionskosten und niedrigeren Einkaufspreisen; der Weg führt über eine zentralisierte, organisierte Zulieferkette (Supply Chain) über Preisvergleiche und Ausschreibungen." Im selben Jahr stellte SAP auf der Cebit in einer Musterbehörde ihre Lösung mySAP E-Procurement vor und verhieß mit ihr die lang erwartete Senkung von Prozesskosten in der Beschaffung der Verwaltung, höhere Geschwindigkeiten, mehr Transparenz und Qualität in den Prozessen.

Umso unverständlicher erscheint es, dass trotz alledem der öffentliche Einkauf heute – viele Jahre später – noch immer in der Misere verharrt. Eigene Einkaufsabteilungen gibt es nach wie vor viel zu selten in den Behörden. Und selbst wenn es sie gibt, beschaffen Fachbereiche oft so nebenbei, was sie benötigen; die Bauabteilung kauft Dienstleistungen im Facility Management, die Pressestelle holt sich eine Agentur an Bord, die Internen Dienste kümmern sich um Verwaltungsmaterial verschiedenster Art – „Maverick Buying" eben, wie das eigenmächtige Beschaffen an der Einkaufsabteilung vorbei in der Fachsprache genannt wird. Da darf man sich nicht wundern, wenn man ein Auge auf den Qualifizierungsstand der sogenannten Einkaufsverantwortlichen in diesen Abteilungen wirft. Methodenkompetenz wird dort in aller Regel klein geschrieben. Wirtschaftlichkeit scheint vielen ein Fremdwort zu sein oder beschränkt sich auf preiswertes Einkaufen. Themen wie die Total Cost of Ownership haben Exotenstatus.

Weil sich Einkäufer in Ämtern hinter dem Vergaberecht verstecken, gelangt eher der Rotstift zum Einsatz statt eines echten Kostenmanagements.

Stattdessen verstecken sich die Einkäufer in der Verwaltung hinter dem größten Klotz, der modernes Einkaufsmanagement hier am meisten behindert: dem Vergaberecht und der Rechtskonformität. Kauft jemand nicht rechtskonform ein, droht ihm im Handumdrehen ein Disziplinarverfahren. Kauft jemand nicht wirtschaftlich ein, bekommt er allenfalls einen Rüffel. Das führt dazu, dass sich der Einkauf eben nicht am Ergebnis, sondern am formalen Prozess ausrichtet. Öffentliche Aufträge, und das muss man den Betroffenen zugute halten, unterliegen nicht nur besonderen Anforderungen, sondern einem ganzen Berg an Richtlinien und Verordnungen. Da ist die VOL, die Verdingungsordnung für Leistungen, die VOB, die Verdingungsordnung für Bauleistungen, und die VOF, die Verdingungsordnung für freiberufliche Leistungen. Damit nicht genug: Zu beachten sind außerdem das Haushaltsrecht, das Gesetz gegen Wettbewerbsbeschränkungen, das Vergaberechtsänderungsgesetz, die Vergabeverordnung sowie die Richtlinien der EU, etwa zur europaweiten Ausschreibung bei Überschreiten der sogenannten Auftragsschwellenwerte. Was viele mit einkäuferischen Tätigkeiten betraute Mitarbeiter der öffentlichen Verwaltung vielleicht überraschen dürfte: Wollte man einen Tenor aus diesem Wust an Vorschriften herausfiltern, so käme man vor allem auf zwei in ihrem Kern unabdingbare Grundsätze – den Wettbewerbsgrundsatz, der besagt, dass möglichst viele Zulieferer ihre Angebote abgeben können sollen, und das Wirtschaftlichkeitsgebot, demzufolge für die Haushaltsführung nicht der niedrigste Preis entscheidend ist, sondern das insgesamt wirtschaftlichste Angebot. Ein einfacher Preisvergleich reicht nicht aus.

Ausreden nicht mehr gelten lassen

Ein Satz wie „Das können wir nicht tun wegen des Vergaberechts" dürfte lange nicht so häufig in Deutschlands Amtsstuben fallen, wie er es tatsächlich tut. Doch wie so oft in der Juristerei, so ist auch das Vergaberecht Auslegungssache. Wie kann ich die gleichen Leistungen zu günstigeren Kosten erbringen? – Eine solche Frage wird im Zweifelsfall halt einfach mit dem Rotstift statt mit Überlegungen zum Kostenmanagement beantwortet, weil es so bequem ist und weil das nötige Knowhow fehlt, um die Sache kompetent anzugehen. Vorgaben wie die EU-weite Ausschreibung von Projekten werden mithilfe des Paragraphendickichts umschifft, weil sie schlichtweg als Belastung erachtet werden. „Das ging früher auch ohne, also lassen wir es", könnte man diese Haltung etikettieren. Global Sourcing findet nicht statt. Öffentliche Unternehmen wie die LH Bundeswehr (siehe Beispiel weiter unten), die auch in Asien ausschreiben, bilden die absolute Ausnahme. Allerdings handelt es sich hierbei auch um eine Public-Private-Partnership, da sitzt das wirtschaftliche Denken sozusagen an der Wurzel.

Schlechte Karrieremöglichkeiten und die Angst vor Machtverlust behindern Veränderungen im öffentlichen Einkauf.

In Unternehmen wie diesen gibt es auch professionelle Einkäufer. Doch was sollte solche Leute animieren, in den öffentlichen Dienst zu gehen? Die Bezahlung nach BAT? Sicher nicht. Ein guter Einkäufer kann sich aussuchen, wo er Karriere machen will. In eine Behörde wird es ihn da kaum ziehen. Abgesehen davon setzt die öffentliche Hand nach wie vor ihre Priorität in die Besetzung vakanter Posten durch vorhandene, hauseigene Kräfte. Mit dieser Politik kann man keine Leistungsorientierung an Bord holen. Das Fazit: Wer heute in der Verwaltung als Einkäufer arbeitet, kennt sich in erster Linie in seinem Fachbereich aus und hat vielleicht noch eine Prise Vergaberecht mitbekommen, die zur Wahrung der Rechtskonformität ausreicht.

Widerstände und Ängste konterkarieren neue Prozesse

Auch E-Procurement kann an diesem Problem nichts ändern, solange es nur die bestehenden Strukturen elektronisch abbildet und keine organisatorischen und prozessualen Veränderungen mit sich bringt. E-Vergabe bedeutet eigentlich Transparenz und Schnelligkeit. Ein Vorgang benötigt dann nicht mehr zwölf, sondern vielleicht noch zwei – digitale – Unterschriften. Doch damit bedeutet E-Procurement auch, Vertrauen in das elektronische System und den Prozess zu entwickeln und dem einzelnen Einkäufer mehr Kompetenz zuzubilligen. Viele der bisherigen Schnittstellen werden schlichtweg überflüssig. Das setzt Ängste frei, vor allem die Angst, unwichtig zu werden, und damit Widerstände. Wenn mir weniger Mitarbeiter und vielleicht sogar weniger Mittel zur Verfügung stehen, weil die Prozesse mit E-Procurement verschlankt werden – habe ich dann nicht zwangsläufig weniger Macht im Haus? Wen kann es da noch ernsthaft in Erstaunen versetzen, dass so viele Projekte dieser Art in den vergangenen Jahren im Sande verlaufen sind?

Manchmal hilft der Blick über den Tellerrand, zum Beispiel nach Afrika. Man mag es kaum glauben, aber in Ländern wie Ghana steht das Thema öffentliche Beschaffung auf der politischen Agenda ganz oben und ist in der Budgetplanung strategisch fest verankert. Der Grund: Um weiterhin Gelder von den Vereinten Nationen und der Weltbank zu erhalten, müssen diese Staaten nachweisen, was mit diesen Mitteln geschieht. Das betrifft natürlich auch die Ausgaben für öffentliche Aufträge. In Ghana etwa gibt es ein unabhängiges „Public Procurement Board", eine Art zentralen Einkauf für das gesamte Land. Nicht auszuschließen, dass dieses Land mit seinen 22 Millionen Einwohnern in fünf bis zehn Jahren Best Practice zum Thema öffentlicher Einkauf in den Emerging Markets darstellt. Ghanas politische Elite verfügt über eine ausgesprochen gute ökonomische Ausbildung, steht der Professionalisierung des Einkaufs extrem aufgeschlossen gegenüber, und die hohen Beamten im dortigen Finanzministerium wie Anthony Osei und George Gyan-Baffour treiben dessen Verbesserung intensiv voran.

Wenn die Deutschen dieses Ziel für sich selbst abstecken wollen, müssen sie es schaffen, im Einkauf föderales und ressortgebundenes Denken zu überwinden. Gerade von einer notwendigen und grundlegenden Föderalismusreform kann der Einkauf erheblich profitieren, wenn es ihm gelingt, mit wachsender Transparenz Einkaufsvolumina zu bündeln und professionell am Markt zu platzieren. Dass dies möglich ist, sollen die folgenden Beispiele zeigen.

Es geht auch anders: Der Zentrale Einkauf beim DLR beschreitet neue Wege und erhebt die Wirtschaftlichkeit zum obersten Kriterium.

Beispiel Deutsches Zentrum für Luft- und Raumfahrt (DLR) mit Sitz in Köln. Stolze 6 Millionen Euro konnte das Forschungsunternehmen in einem Topf von insgesamt 130 Millionen Euro zusätzlich sparen, nachdem es seinen Einkauf gründlich umgekrempelt hatte. „Unser Einkauf", bilanziert dessen Leiter Berthold Schäfer, „wurde vom reaktiven Abwickler zum proaktiven Dienstleister, der die strategischen Einkaufsprozesse mitgestaltet." Das Credo, das die Kölner verfolgten: Nicht nur nach haushalts- und vergaberechtlichen Prinzipien vorgehen, sondern den Grundsatz der Wirtschaftlichkeit in den Vordergrund des Handelns stellen. „Dieses Konzept", gibt sich Schäfer überzeugt, „hat Vorbildcharakter in der öffentlichen Beschaffung."

Worum es dabei im Einzelnen geht: Der Einkauf bestand beim DLR ursprünglich aus typischen Beschaffungsstellen, von denen es an jedem der acht Unternehmensstandorte eine gab. Dabei handelte es sich meist um nicht mehr als die unkoordinierte Abwicklung von Bedarfsanforderungen. Zwar hatte das Einkaufsmanagement in den neunziger Jahren begonnen, Mitarbeiter dieser Beschaffungsstellen einkäuferisch auszubilden, und auch ein hauseigenes E-Procurement-System, das DLR-Kaufhaus, eingeführt, dennoch ergab eine Bestandsaufnahme eine Reihe von Defiziten im Einkauf. Dazu gehörten unter anderem ein fehlendes gemeinsames Verständnis zwischen der Zentrale und den Standorten über die Beschaffungsziele, Redundanzen in der Organisation, eine Vielzahl uneinheitlicher Beschaffungsprozesse sowie jede Menge unverbindlicher Rahmenverträge, die jeglicher Mengenfestlegung bei den Lieferanten entbehrten. Das E-Procurement-System wurde nur gering genutzt.

Es musste gehandelt werden. Der DLR-Vorstand verabschiedete ein umfangreiches Optimierungsprogramm. Die wichtigsten Punkte darin: Ein „Kompetenzcenter Einkauf" sollte die Einkaufsorganisation in Zukunft stärker zentral steuern. Darüber hinaus wurde, weil bislang in keiner Weise existent, ein Warengruppenmanagement eingeführt, um durch die Bündelung des Bedarfs und Standardisierungen in der Beschaffung Skaleneffekte und damit Kostensenkungen zu erzielen. Fast überflüssig zu sagen, dass das Ganze untermauert wurde durch eine eindeutige Definition der Einkaufsstrategie und begleitet von der durchgängigen Nutzung von IT-Systemen. Das Ziel: Prozesse wie die Bestellung im Katalog oder die Rechnungsprüfung zu automatisieren und zu vereinfachen sowie die Medienbrüche zu minimieren. Das Ergebnis: Von fast 20 Prozessen, die in einer Potenzialanalyse zu Beginn des Projekts im Einkauf ausgemacht wurden, blieben ganze vier übrig. Damit nicht genug, wurde diesen Prozessen von nun an ein „Prozesseigentümer" vorangestellt, also eine mit der nötigen Entscheidungsbefugnis ausgestattete Führungskraft, die von einem Prozessverantwortlichen unterstützt wird. Letzterer muss dafür Sorge tragen, dass die ihm zugeordnete Prozesskette möglichst ohne Unterbrechungen läuft.

Einführung von Warengruppenmanagement steht im Mittelpunkt der Neuordnung des Einkaufs.

Allein durch diese Prozessoptimierung sparte das DLR fortan mehr als 1 Million Euro an Personalkosten. Insgesamt wurden in der Lieferantenbuchhaltung 16,4 Personaljahre für neue Aufgaben frei, weil es deutlich weniger manuell zu erfassen gab. Hinzu kamen Senkungen bei den Einstandspreisen in Höhe von fast 5 Millionen Euro, die in erster Linie der Bedarfsbündelung zu verdanken waren. Von zentraler Bedeutung war dabei die Einführung des Warengruppenmanagements beim DLR. So wurden gleichartige Produkte und Dienstleistungen zu Warengruppen zusammengefasst. Insgesamt sieben solcher Gruppen mit einer Vielzahl von Untergruppen kamen so zustande, angefangen bei der Aus- und Fortbildung über IT-Hard- und Software, Mechanik und Büroeinrichtung bis hin zur Warengruppe Versicherungen. Um das Management dieser Warengruppen kümmern sich seitdem Warengruppenteams, die sich aus Vertretern der Bedarfsträger des DLR sowie des Einkaufs zusammensetzen.

Aufgabengerechte Strukturen

Dass sich mit diesen „Umbauten" das Organigramm des Einkaufs beim DLR insgesamt veränderte, liegt nahe. Unterhalb des Leiters Einkauf gibt es die drei Abteilungen „Dienstleistungen", „Materialwirtschaft" und die für Querschnittsaufgaben zuständige Abteilung „Prozesse und Verfahren". Schäfer: „Wir bewegten uns dadurch hin zu einem strategisch ausgerichteten Einkauf." Möglich gemacht habe diese Umstrukturierung vor allem die Automatisierung zahlreicher operativer Einkaufstätigkeiten wie etwa der Rechnungsprüfung, die den Weg geöffnet habe für neue Aufgabenstellungen – weniger Routine, mehr Strategie, so das Fazit. Aus Sicht des Einkäufers eine klare Abgrenzung zu den traditionellen, abwicklungsorientierten Beschaffungsabteilungen anderer öffentlicher Auftraggeber.

Die Reorganisation verlief freilich nicht ohne Hürden. Organisationskulturen, die zum Teil über viele Jahre gewachsen waren, mussten in die neue Zeit überführt werden. Von den 60 Mitarbeitern im Einkauf mussten 20 ihr Aufgabengebiet verlassen, um andere kaufmännische Funktionen beim DLR zu übernehmen. Berthold Schäfer erinnert sich: „Die Frage ‚Was soll weshalb erreicht werden?' mussten wir schlüssig und überzeugend beantworten." Vor allem die Tatsache, dass die Einkäufer an den einzelnen, bis dahin weitgehend selbstständig entscheidenden DLR-Standorten von nun an disziplinarisch dem zentralen Einkauf in Köln unterstellt waren, bedurfte einiger Argumentation.

Es war die Stunde des Change Management. „Drei Grundsätze waren für uns dabei unabdingbar", so Schäfer: „Keine betriebsbedingten Kündigungen, niemand wird gegen seinen Willen versetzt, und niemand hat hinterher weniger Geld in der Tasche." In Workshops und individuellen Mitarbeitergesprächen warb der zentrale Einkauf für das neue Programm und informierte die Betroffenen über die geplanten Veränderungen. Großes Gewicht nahm die Schulung ein. Gemäß eines eigens aufgestellten „curricularen Standards" qualifizierte das DLR die Mitarbeiter des Einkaufs für ihre neuen Aufgaben. Im Mittelpunkt dieser Qualifizierung: die Stärkung der strategischen Denkweise, sowohl bei den strategischen als auch den operativen Einkäufern.

LH Bundeswehr: Neben das Vergaberecht rücken privatwirtschaftliche Kriterien im Einkauf.

Ähnlich wie beim DLR war das Thema Warengruppen auch für die LH Bundeswehr Bekleidungsgesellschaft (LHBw), ebenfalls in Köln zu Hause, von zentraler Bedeutung, als es um die Reorganisation des Einkaufs ging. Hauptaufgabe der Public-Private-Partnership, an der der Bund sowie die beiden privatwirtschaftlichen Firmen Lion Apparel Deutschland und Hellmann Worldwide Logistics beteiligt sind, ist die Versorgung der Bundeswehr mit Bekleidung und persönlicher Ausrüstung. Zu diesem Zweck übernahm die LHBw von der Bundeswehr 21 Bekleidungszentren und Lager, 171 Bekleidungskammern und Warenbestände im Wert von 625 Millionen Euro. Seit März 2003 erbringt das Unternehmen seine Leistungen über seine Tochter LH Dienstbekleidung (LHD) auch im Drittkundengeschäft. In 21 Läden, mehreren Spezialkatalogen und einem Online-Shop hält die LHD ein Sortiment an Dienstbekleidung und Sport- und Freizeitartikel bereit. Außerdem bietet die LHD die Management-Dienstleistungen, die für die Bundeswehr erbracht werden, als modulare Service-Bausteine auf dem privaten Markt an.

„Wir haben eine nahezu einmalige Situation", erklärt Einkaufsleiter Martin Stehr. Auf der einen Seite beschäftige sich die LHBw für die Bundeswehr mit der öffentlichen Vergabe von Aufträgen, auf der anderen Seite habe die LHD mit privatwirtschaftlichen Ausschreibungen zu tun. Bis 2005 spiegelte der Einkauf diese Situation wider: Jedes Unternehmen hatte seinen eigenen Einkauf und sein eigenes Warenwirtschaftssystem. Ein durchgängiges Supplier Relationship Management (SRM) gab es nicht. Stehr: „Da konnte es passieren, dass wir mit denselben Lieferanten getrennte Beziehungen unterhielten oder für identische Artikel unterschiedliche Stammdatensätze führten." Synergien wurden nicht genutzt.

Heute ist das anders: Es gibt einen zentralen Einkauf sowohl für die LHBw als auch die LHD, der strikt nach Warengruppen gegliedert ist. Ob Schuhe für die Rekruten der Bundeswehr oder aber für einen privaten Kunden eingekauft werden müssen – der Vorgang liegt in der Hand von Experten, die sich in der Warengruppe bestens auskennen. In dem einen Fall arbeitet man nach den vergaberechtlichen Vorgaben, in dem anderen Fall wickelt man den Auftrag nach privatwirtschaftlichen Kriterien ab. Stehr: „Ganz gleich, wer der Kunde im konkreten Fall ist – die Prozesse, die beim Einkauf im Hintergrund ablaufen, müssen immer dieselben sein."

Einige Ergebnisse dieser Umstellung: Die Durchlaufzeiten von der Angebotsanfrage bis zur Auslieferung der bestellten Ware haben sich deutlich verkürzt. Die Konditionen mit Lieferanten wurden harmonisiert und standardisiert. Und, so Stehr: „Synergiepotenziale in beiden Geschäftsfeldern werden konsequent genutzt. Die Performance unserer Lieferanten im Hinblick auf Durchlaufzeiten und Lieferpünktlichkeit hat sich deutlich verbessert. Unsere Prozesse sind standardisiert und auf die unterschiedlichen Kundenanforderungen skalierbar." Der Einkauf sei jetzt – auch dank eines funktionierendem SRM und unterstützender IT-Systeme – jederzeit informiert, welche Lieferanten in welcher Form leistungsfähig seien, um auch auf kurzfristige Aufträge schnell reagieren zu können. Zuvor hatte es an der notwendigen Transparenz über Märkte, Lieferanten und Produkte ganz einfach gefehlt.

Der Einkauf bei den Kassenärztliche Vereinigungen verwirklicht erste Ansätze zur Nutzung von Synergien und Einsparpotenzialen.

Mangelnde Transparenz in den Beschaffungsvorgängen ist auch der Dorn, der Oliver Hegemann und seinen Kollegen vom Einkauf bei der Kassenärztlichen Vereinigung Westfalen-Lippe (KVWL) in Dortmund ins Auge sticht. „Jede KV beschafft heute für sich selbstständig", bemerkt Einkaufsleiter Hegemann. „Eine Bedarfsbündelung untereinander findet so gut wie nicht statt." So gut wie nicht heißt: Es gibt immerhin erste Ansätze, Synergien und somit Kosteneinsparpotenziale zu nutzen. So kaufen die Dortmunder inzwischen ihr Büropapier gemeinsam mit den Kollegen von der KV Nordrhein ein. Auch einzelne Kooperationen mit der KV Niedersachsen gebe es, aber: „Dahinter steht leider noch kein durchgehendes Bündelungskonzept", betont Hegemann. Gerade für die alltäglichen Verbrauchsmaterialien oder auch für IT-Ausrüstung biete sich die Zusammenarbeit im Einkauf der insgesamt 17 Organisationseinheiten in Deutschland geradezu an. Doch darunter sind immer noch Standorte, die – anstatt über einen Online-Shop zu bestellen – Lager mit den regelmäßig benötigten Gegenständen unterhalten. Die KVWL ist da schon weiter – bis zu einer Grenze von 1.500 Euro kann nahezu jeder Bedarf elektronisch bestellt werden, sei es Toner für den Drucker oder Elektro-Zubehör.

Auch mit der Einkaufskompetenz in den Kassenärztlichen Vereinigungen ist das so eine Sache. Meist sind es Fachleute aus den einzelnen Abteilungen, die unter anderem auch die Beschaffung übernehmen. Hegemann: „Das sind alles Experten für ihren Bereich, aber es fehlt an der nötigen einkäuferischen Qualifizierung." Das fange bei den zahlreichen Verästelungen des Vergaberechts an und gehe bis zum komplexen Thema Wirtschaftlichkeitsberechnung. An dieser Situation etwas ändern könnte da nur ein entsprechendes Bewusstsein in den Vorständen. Die oftmals eingefahrenen Wege im KV-Verwaltungswesen müssten von oben wieder eingeebnet und neu befahrbar gemacht werden. „Die Kassenärztlichen Vereinigungen werden immer mehr zu Dienstleistungszentren – von dieser Entwicklung darf der Einkauf als interner Dienstleister nicht ausgespart bleiben." Ein funktionierender Einkauf, ist Hegemann überzeugt, könne die Fachabteilungen von Aufgaben entlasten, die ihnen streng genommen nur lästig seien. „Dies hat inzwischen auch das Top-Management erkannt."

Öffentlicher Einkauf:
Mehr wirtschaftliches Denken und Handeln ist angesagt.

Die Beispiele zeigen vor allem eins: Wenn es darum geht, den Einkauf im Bereich der öffentlichen Verwaltung fit für die Zukunft zu machen, dann liegt die Verantwortung für eine erfolgreiche Umsetzung bei allen Beteiligten: der Politik, den Führungskräften in den Verwaltungseinheiten und den Mitarbeitern selbst. Ehrgeizige Projekte wie das des DLR oder der LH Bundeswehr können aber nur dann wirklich gelingen, wenn der Einkauf im Top-Management oberste Priorität genießt und wenn auf höchster Ebene der Wille zur Veränderung überhaupt gegeben ist. „Bottom-up" – also der Versuch, neue Wege über dezentrale Strukturen zu gehen – ist dabei der falsche Ansatz. Der Impuls muss von oben kommen. Die Kunst liegt letztlich darin, ein ausgewogenes „Hybrid-System" zu praktizieren – eine Struktur mit übergeordneter, zentraler Verantwortung auf der strategischen Ebene und mit nachgeordneten, dezentralen Aufgabenbereichen auf der taktischen und operativen Ebene. Nur so lässt sich ein Gleichgewicht zwischen dem drohenden administrativen Wasserkopf und föderativ bedingter Kleinstaaterei in den Behörden halten.

Darüber hinaus ist wirtschaftliches Denken und Handeln angesagt, sprich: Mehr Unternehmen des öffentlichen Rechts und mehr Public-Private-Partnerships müssen her. In solchen Modellen liegt ein gewaltiges Potenzial. Es ist noch lange nicht ausgeschöpft. Solide Haushaltskassen sollten jedoch jedem Einkaufsverantwortlichen die Sache wert sein. Schließlich geht es nicht nur um die Steuergelder der Bürgerinnen und Bürger, sondern auch darum, der kommenden Generation einen Staat zu hinterlassen, der nicht durch seine Verschuldung zur Bürde wird, sondern der auch gute Rahmenbedingungen bieten kann.

Management Summary

Zehn Milliarden sind kein Pappenstiel: So beziffern Experten das Einsparpotenzial im Beschaffungsvolumen der öffentlichen Hände, durch die immerhin 250 Milliarden Euro laufen, das sind 12 Prozent des Bruttoinlandsprodukts der Bundesrepublik. Die Rede ist übrigens von Steuergeldern. Kosten sparen und Kosten managen ist nicht das Gleiche. Was behindert einen effizienten Einkauf? Da ist einmal das Vergaberecht mit seinen Verordnungen. Doch viele Einheiten verstecken sich auch gern dahinter, um ihre Einflusssphäre zu bewahren. Mit einheitlichen IT-Systemen wäre schon viel gewonnen. Das dachte auch die Regierung und gab den Startschuss zu „Öffentlicher Einkauf Online". Dies führte zu einem neuen Dschungel, diesmal öffentlicher Portale, in dem sich die potenziellen Dienstleister nicht zurechtfinden. Doch auch innerhalb der gleichen Organisationseinheit gibt es zu viele Medienbrüche, immer noch keine zentralen Prozesse und keinen professionellen oder gar zentralen Einkauf. Der wird eher so nebenbei erledigt und bietet schon gar keine Anreize für eine Karriere und ein entsprechendes Engagement. Heute sind Entwicklungsländer Vorbild für die öffentliche Beschaffung, beispielsweise in Ghana mit seinem „Public Procurement Board". Doch auch in Deutschland können föderales und ressortgebundenes Denken überwunden werden. Es gibt neue Ansätze wie Public-Private-Partnerships, die mehr Effizienz in die Beschaffung bringen. Und es bewegt sich etwa, wie die Praxisbeispiele „Deutsches Zentrum für Luft- und Raumfahrt", „LH Bundeswehr Bekleidungsgesellschaft" und „Kassenärztliche Vereinigung Westfalen-Lippe" zeigen.

Kapitel 12

Was Chefs im Unternehmen ändern müssen

Einkauf als Teil der Unternehmensstrategie sichert profitables Wachstum

Veränderte Aufgaben erfordern geeignete Strukturen: Kapitalmarkt und Konkurrenzdruck – Neue Hebel der Wertgenerierung – Untaugliche „Zehn Gebote" – Einkaufspotenziale – Best in Class: Gelungene Transformation – Abnehmende Fertigungstiefe, steigende Beschaffungskosten – Wirklich Wichtiges im Wandel – „Erfolgsgleichung des Einkaufs" – Einkauf als Strategie

Die attraktive Verzinsung des eingesetzten Kapitals treibt das Top-Management um – im Mittelstand wie in den Konzernen. Händeringend wird nach neuen Strategien gesucht, den Unternehmenswert nachhaltig zu steigern und den zunehmenden Anforderungen zu begegnen. Denn: Der Kapitalmarkt wird immer kritischer und der Konkurrenzdruck verschärft sich weiter. Unternehmen müssen profitabel wachsen, wenn sie nicht auf die Verliererseite geraten wollen, wo immer häufiger die „schwarzen Ritter" lauern. Der weltweite Wettbewerb wird sich im langen Schatten von Megatrends wie

- der beschleunigten Globalisierung,
- wachsender Risiken,
- einer sinkenden Fertigungstiefe und damit
- steigender Anteile der Beschaffungsvolumina am Endprodukt

weiter massiv verstärken. Profitabel wachsen? Ja – aber wie, wenn die traditionellen Methoden des Kostenmanagements nach mehrfacher Anwendung ihre Wirksamkeit verlieren? Wir werden uns in den kommenden Jahren weniger darauf verlassen können, die Kostenposition von Unternehmen durch Abbau von Mitarbeitern zu verbessern. Wir müssen vielmehr davon ausgehen, dass qualifizierte Mitarbeiter zu einer extrem knappen Ressource werden. Der Wettbewerb der Unternehmen um diese wenigen wird zu eher wachsenden Kosten führen. Wenn also der Vertriebschef weiter mehr verkaufen, der Finanzchef die Bilanzrelationen optimieren, der Entwicklungsleiter ein brillantes Innovationsfeuerwerk zünden und der Marketingleiter noch erfolgreicher die Marktpositionierung gestalten sollen, so wird dies nicht ohne professionelle Einbindung der Lieferanten gehen. Und hierfür ist der Einkauf zuständig. So ist es nicht verwunderlich, dass langsam, aber stetig Top-Manager den Einkauf in ihren Fokus nehmen, denn schließlich ist es „einfacher und sinnvoller, eine Million im Einkauf zu sparen, als 15 Mitarbeiter zu entlassen".[109]

Die Losung muss heißen: Versteckte Gewinnpotenziale aufspüren und nutzen

Wo also finden sich noch unentdeckte Werthebel in der Wertschöpfungskette? Und wie müssen Unternehmenschefs Organisationsstrukturen ändern oder ihre Geschäftsmodelle anpassen? Die Antwort, die dieses Buch zu geben versucht, lautet: Im Einkauf und mit dem Einkauf. Denn wenn es stimmt, dass sich der Gewinn des Unternehmens bereits bei den Ausgaben für den Zulieferer mit entscheidet, erscheint eine gute Kapitalverzinsung ohne einen Spitzeneinkauf heute kaum noch möglich. Und wenn das so ist, muss die Unternehmensspitze die Beschaffung noch stärker als bisher zur Chefsache machen.

Wer nun sagt, das ist Schnee von gestern, hat nicht ganz Unrecht – zumindest vordergründig. Denn die Entdeckung des Einkaufs als strategischer Werthebel im Unternehmen ist längst in die Jahre gekommen. Bereits vor einem Vierteljahrhundert hatten der Leiter des Düsseldorfer McKinsey-Büros Peter Kraljic[110] und andere die Beschaffung in ihrer strategischen Bedeutung für Unternehmen auf die Agenda des Top-Managements gesetzt. Doch was ist seitdem passiert? Allzu oft sind in den vergangenen 25 Jahren Veränderungen im Ansatz stecken geblieben und viel zu lange wurde – und wird – der Einkauf bei Entscheidern eher als rein operativer Bestellabwickler und Preisdrücker denn als integraler Bestandteil der langfristigen strategischen Unternehmensplanung betrachtet. Nach einem Zwischen-Hype in Sachen E-Procurement und E-Sourcing um die Jahrtausendwende fielen die Strategen vieler Unternehmen wieder in den unternehmerischen Alltagstrott zurück.

Die „Zehn Gebote" der Einkaufsignoranz

Was Wunder, wenn heute in der täglichen Praxis wieder Parolen Platz greifen, die man längst auf der Schutthalde der Unternehmensstrategien wähnte. Die oft genug latente, noch öfter aber offen zur Schau gestellte „Einkaufsignoranz" von Entscheidern aus den unterschiedlichsten Unternehmensbereichen bis hin zum Top-Management – wie in der Einführung schon angerissen – lässt sich plastisch in den „Zehn Geboten" dieser unternehmerischen Beschaffungs-Ignoranz zusammenfassen, als da sind:

---

109 Harald Schwendner: „Lieber sparen, als Mitarbeiter entlassen."
In: *Industrieanzeiger* vom 30.10.2007, Seite 46.
110 Peter Kraljic: „Purchasing must become supply management."
In: *Harvard Business Review*, 1.9.1983, Seite 109ff.

- Unser Einkauf versteht zu wenig vom Geschäft.
- Ich habe mit dem Lieferanten schon alles besprochen. Sie sollen nur noch die Preise drücken.
- Unser Gewinn sinkt, wie viel können wir noch beim Lieferanten holen?
- Warum sollte sich der Kapitalmarkt für meinen Einkauf interessieren?
- Einkauf passt nicht in meine Matrix.
- Packen wir den Einkauf doch in Shared Services!
- Die Gewinnmarge dieses Produkts ist zu niedrig, der Lieferant soll die Preise senken, ohne etwas zu ändern.
- Dezentrale Ergebnisverantwortung heißt, jeder darf einkaufen, wie und bei wem er will.
- Was schert mich der Einkauf, wenn ich meinen Vertrieb im Griff habe.
- Bei der Weiterentwicklung unserer Strategie brauche ich unseren Einkauf nicht zu fragen.

Insidern ist klar, dass diese Liste beliebig erweiterbar ist. Sie wird ihnen oft genug von den lieben Kollegen aus den anderen, vom Top-Management „bevorzugten" strategischen Unternehmenseinheiten latent oder offen unter die Nase gerieben. Denn sie macht deutlich: Der Einkauf, genauer der strategische Einkauf, fristet in vielen, vor allem kleineren Firmen leider immer noch ein Mauerblümchendasein, und dies weil der Chef das Thema nicht in seinem Fokus hat. Hand aufs Herz: Welcher Vorstandschef könnte bei einer Analystenkonferenz auf Anhieb darlegen, wie viel Prozent seiner beeinflussbaren Gesamtkosten im Einkauf wieder ausgegeben werden und wie sich diese Zahl in den kommenden fünf Jahren entwickeln sollte? Welcher Finanzvorstand eines mittelständischen Unternehmens ist sich wirklich darüber im Klaren, dass im Durchschnitt „eine Reduktion der Einkaufskosten um 5 Prozent die gleiche Gewinnwirkung wie eine bis zu 50-prozentige Umsatzsteigerung" hat?[111] Gleichwohl, derartige Fragen werden bei Analystenkonferenzen noch zu selten gestellt und bei Hauptversammlungen weitgehend außen vor gelassen. Noch! Warum diese Frage nicht gestellt wird, bleibt ein Rätsel – wenn der Einkauf wirklich einer der Bereiche im Unternehmen ist, in denen Shareholder Value am schnellsten geschaffen werden kann. Allein der Blick auf ihre ständig steigenden Einkaufsvolumina müsste bei den Firmenchefs doch spätestens alle zwölf Monate beim Jahresabschluss ein Licht aufgehen lassen.

---

111 Holger Hildebrandt: „Wenn Geiz zum Bumerang wird." In: *Handelsblatt* vom 26.10.2007, Seite 22

Abb. 21 Einkaufsvolumina von Unternehmen (in Milliarden Euro 2006, 2007*)

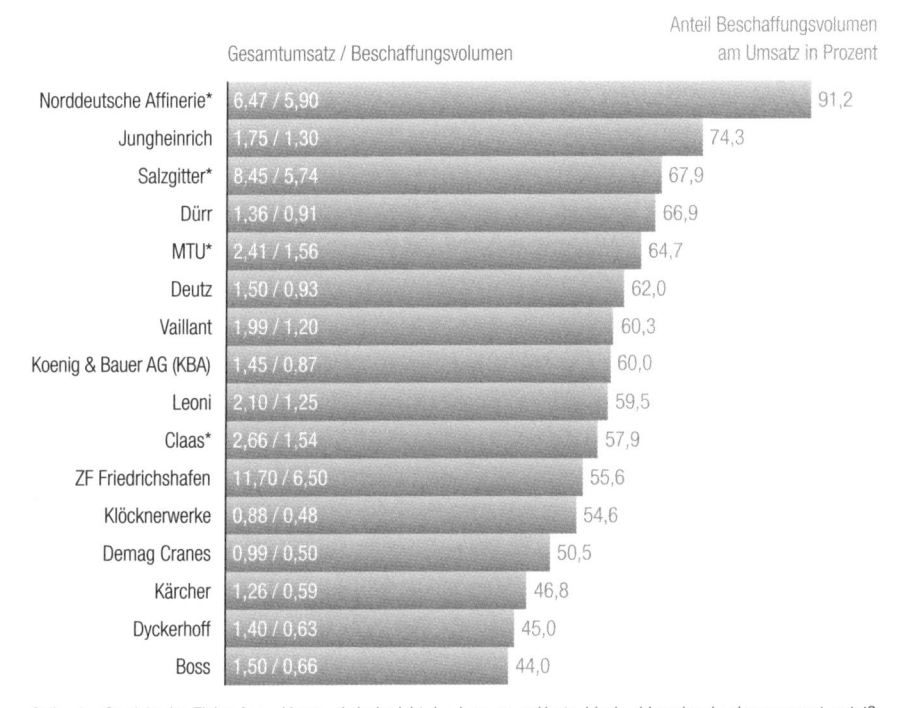

Unternehmen	Gesamtumsatz / Beschaffungsvolumen	Anteil Beschaffungsvolumen am Umsatz in Prozent
Norddeutsche Affinerie*	6,47 / 5,90	91,2
Jungheinrich	1,75 / 1,30	74,3
Salzgitter*	8,45 / 5,74	67,9
Dürr	1,36 / 0,91	66,9
MTU*	2,41 / 1,56	64,7
Deutz	1,50 / 0,93	62,0
Vaillant	1,99 / 1,20	60,3
Koenig & Bauer AG (KBA)	1,45 / 0,87	60,0
Leoni	2,10 / 1,25	59,5
Claas*	2,66 / 1,54	57,9
ZF Friedrichshafen	11,70 / 6,50	55,6
Klöcknerwerke	0,88 / 0,48	54,6
Demag Cranes	0,99 / 0,50	50,5
Kärcher	1,26 / 0,59	46,8
Dyckerhoff	1,40 / 0,63	45,0
Boss	1,50 / 0,66	44,0

Sollte das Gewicht des Einkaufs am Vorstandstisch nicht den immensen Kostenblock widerspiegeln, den er verantwortet? (Zahlen stammen aus Geschäfts-, Finanz- und Jahresberichten der genannten Unternehmen.)

In der Grafik sind beliebig ausgewählte Firmen aufgelistet, die in ihren Geschäfts-, Finanz- und Jahresberichten in den gedruckten Publikationen oder Online-Auftritten den Materialaufwand beziehungsweise das Einkaufsvolumen ausgewiesen haben und bisweilen sehr ausführlich und teilweise sogar mit unternehmensstrategischem Fokus auf das Thema eingehen. Auch wenn es keine detaillierten Zahlen sind und diese auch nicht nach Einkaufssegmenten wie Rohstoffe, Capex, Dienstleistungen oder Regionen getrennt ausgewiesen werden, zeigt die Auflistung dennoch sehr deutlich, welchen Anteil das Beschaffungsvolumen am Umsatz inzwischen einnehmen kann.

Lessons learnt: Die großen Potenziale, die im Einkauf stecken, gehen zunehmend in die Unternehmensbewertungen ein. In der Analyse der Wertschöpfungskette zeigt sich das große Potenzial, das im Einkauf steckt und bislang noch in zu vielen Unternehmen brachliegt. Dies wurde in den vorausgegangenen Kapiteln analysiert und dargestellt. Deutlich ist daraus geworden, dass eine gute Kapitalverzinsung ohne einen Spitzen-Einkauf kaum noch möglich ist. Wenn bereits heute zwischen 30 und 85 Prozent der Produktkosten eingekauft werden, dann entscheiden nicht mehr die Personalkosten, sondern vor allem die an Lieferanten gezahlten Kosten über die Kostenposition des Unternehmens im Vergleich zum Wettbewerb oder im Vergleich zu anderen Anlageoptionen der Investoren. Der Einkauf kann aber nicht nur auf die Verzinsung, sondern auch auf das eingesetzte Kapital Einfluss nehmen, indem er durch optimierte Zahlungsmodelle (Supply Chain Financing) das Working Capital niedrig hält. Schließlich wird mit sinkender Fertigungstiefe die Bedeutung des eigenen Anlagevermögens reduziert und das Management des Kreditorenbestands entscheidet wesentlich über die Höhe des zu verzinsenden Kapitals. Welche Bedeutung der Einkauf für die Finanzkennzahlen hat, erkennen auch immer mehr die Private-Equity-Unternehmen. In einer aktuellen Studie[112] von Fredrik Henzler wurden mehr als 25 Financial Investors befragt. Das Ergebnis war zwar einerseits, dass die wenigsten in diesem Feld eine Expertise aufweisen, um das Thema in ihren Beteiligungsunternehmen zu hinterfragen. Andererseits wollen fast alle hier mehr Kompetenz aufbauen oder haben diese bereits ansatzweise. Ziel ist es dann, diese neu gewonnene Stärke in der Due Diligence einzusetzen, um durch eine eingehende Bewertung des Einkaufs die tatsächlichen Einsparpotenziale zu beziffern und entsprechend bei der Unternehmensbewertung zu berücksichtigen.

Rendite ist eines, aber das Management der Risiken entscheidet genauso über die Attraktivität des Unternehmens für seine Eigentümer. Wenn man bedenkt, dass es viele Unternehmen gibt, die immer noch mehr Lieferanten haben als Kunden oder Mitarbeiter, und welchen Einfluss diese Lieferanten auf einen funktionsfähige und abgesicherte Lieferkette ausüben, wundert es doch, dass auch heute noch Risikomanagement in vielen Einkaufsabteilungen ein Fremdwort ist. Fragen wie: „Welche Risiken haben wir?", „Wie sind sie zu bewerten?" und „Wie können wir sie begrenzen oder ausschalten?" können von vielen Unternehmensleitungen und ihren Einkaufschefs auch heute noch nicht immer beantwortet werden. Dabei ist längst klar, dass dickere Bretter gebohrt werden müssen, um mit dem Einkauf nachhaltige Erfolge zu erzielen. Deshalb fragt man sich bang, wie viele Rückrufaktionen es eigentlich noch geben muss, damit die Entscheider endlich ernsthaft über die in der Tat strategische Bedeutung des Einkaufs auch als Risikomanager für ihr Unternehmen nachzudenken beginnen?

---

112 Fredrik Henzler: „How Procurement Creates Corporate Value", Publikation in Vorbereitung.

Nachholbedarf vor allem bei kleineren Unternehmen

Das muss sich ändern. Denn wenn Unternehmen für ihre Investoren attraktiv bleiben wollen, müssen sie selbstredend auch ihre Versorgungs-, Qualitäts- und Preisrisiken kennen und bewerten, von Umwelt- und Compliance-Risiken ganz zu schweigen. So trifft zum Beispiel die jüngste Schwäche des Dollars die Auto- und Luftfahrtindustrie in besonderem Maße. Selbstverständlich hat man sich hier meist mit Kurssicherungsgeschäften gegen einen schwächelnden Greenback mehr oder weniger gut abgesichert. Dennoch: Jeder Cent, den der Euro über 1,35 steigt, kostet zum Beispiel Airbus Einnahmen von 100 Millionen Euro. Bei einem Kurs von 1,50 fehlen Airbus 1,5 Milliarden Euro. Das bringt selbst einen Riesen wie EADS/Airbus in die Bredouille. Doch es kommt schlimmer, denn es „sind vor allem Mittelständler, die ihre erwarteten Dollar-Einnahmen nicht ausreichend abgesichert haben".[113] Nicht weniger bedrohlich ist die Entwicklung bei den Rohstoffpreisen. Wenn jeder fünfte Lieferant vertraglich fixierte Preise aufgrund der Situation auf den Rohstoff- und Energiemärkten nicht halten[114] kann, geht es in der Tat ans Eingemachte – für den Lieferanten wie für den verzweifelt auf Nachschub wartenden Auftraggeber, der darauf nicht vorbereitet ist.

Best in Class: Es gibt sie, die Vorbilder – und nicht nur bei den internationalen Großkonzernen.

Dass es auch anders funktionieren kann, demonstriert ein inzwischen sehr bekannter „Hidden Champion", der auch beim Thema Einkauf buchstäblich Best-in-Class-Qualitäten beweist und das längst nicht mehr versteckt. „Negative Einflüsse aus der unterjährigen Dollarkursentwicklung sind durch aktives Währungsmanagement und Hedging-Maßnahmen weitgehend vermieden worden"[115], heißt es denn lapidar im Geschäftsbericht 2006 von Claas. Doch aktives Risikomanagement ist nur ein Bereich, in dem der Landmaschinenhersteller aus Harsewinkel seine Purchasing Excellence zeigen konnte. Was Wunder, dass man im November 2007 den „BME Innovationspreis 2007" erhielt und sich gegen so starke Konkurrenz wie Hugo Boss, BP, Wittenstein AG und ZF Friedrichshafen durchsetzen konnte. Mit dem Preis zeichnet der Bundesverband Materialwirtschaft, Einkauf und Logistik (BME) seit 1986 zukunftsfähige Konzepte in Einkauf und Logistik aus. Frühere Preisträger waren unter anderem die Rehau-Gruppe, Daimler, Gildemeister und auch Miele.

---

113 „Der Dollar-Sturzflug – der Niedergang der US-Währung und die Gefahren für die Weltwirtschaft."
In: *Der Spiegel* Nr. 48 vom 26.11.2007, Seite 82ff.
114 Sven Marlinghaus, Lars Immerthal: „Risk Management Reloaded – a procurement perspective."
BrainNet-Unternehmenspublikation, Bonn, 2007
115 Claas-Geschäftsbericht 2006, Seite 48

In seiner Würdigung 2007 wies der BME darauf hin, dass die Claas KGaA „den Einkauf als global integrierten Innovationstreiber über den ganzheitlichen Ansatz ‚Value Sourcing' neu im Unternehmen positioniert hat". 2004 hatte man damit begonnen, den Einkauf weiter zu optimieren und dabei nie die Ziele der weiteren Internationalisierung, der stärkeren Zentralisierung zur Ausnutzung von Skaleneffekten sowie des Ausbaus des Warengruppenmanagements aus den Augen verloren. Das wirkte sich positiv aus. Denn „die erreichten Kostensenkungen und die Maßnahmen zur Flexibilisierung der Kostenstrukturen sind nach wie vor entscheidend zur Erreichung der gesteckten Rentabilitätsziele".[116]

Kein Wunder, dass über die Firma Claas im Jahr 2007 denn auch ein wahrer Regen an Wirtschafts-Oscars prasselte. Firmenchef Helmut Claas konnte sich über sage und schreibe vier hochkarätige Auszeichnungen freuen, ebenso viele wie – zugegeben in einer etwas anderen Branche – Clint Eastwood für seinen Film *Million Dollar Baby*. Denn auch der renommierte Innovationspreis der Deutschen Wirtschaft der *Wirtschaftswoche* ging an den Landmaschinenhersteller, dessen Master Purchasing Strategy die Elemente „systematisches Lieferantenmanagement, Standardisierung, Reduzierung der Wertschöpfungstiefe, Lieferantenintegration und Best Cost Country Sourcing" umfasste. Hinzu kamen der Deutsche Logistik-Preis des BVL und der Preis der deutschen Agrarjournalisten für die „Maschine des Jahres".

Die Bedeutung der Transparenz zum Markt und zu den Lieferanten, aber auch nach innen, nimmt weiter zu. Die immer restriktiver werdenden Regeln wurden bereits eingangs beschrieben, durch die die Firmen ein immer enger werdendes Korsett erhalten. Gerade der Bedarf der Kapitalmärkte nach Transparenz zwingt Unternehmen heute zu erheblichen Anstrengungen, diesen gerecht zu werden. Denn „steigende Komplexität, sich verändernde Kundenanforderungen und gesetzliche Auflagen stellen Unsicherheiten dar", so sieht es auch Klaus K. Draeger, Vorstand Entwicklung und Einkauf der BMW Group[117]. Ob es SOX, KontraG oder Regeln zur Corporate Governance sind, die Notwendigkeit, Unternehmen wie ein offenes Buch transparent zu machen, wächst erheblich. Daher ist auch und gerade der Einkauf gefordert, seine Prozesse so auszugestalten, dass sie diesen Anforderungen gerecht werden, sofern er nicht Auslöser diverser haftungsrelevanter Tatbestände werden will.

---

116 Ebd.
117 Klaus Draeger, zitiert in: Tünde Király, Daniel Krumrei: „Der Einkauf zwischen Entwicklung und Lieferanten," Vortrag beim 42. BME Symposium, 13. November 2007

Exkurs: Benchmarks im Einkauf

Für viele Firmen ist die strategische Rolle der Beschaffung unumstritten und die Transformation des Einkaufs hin zu einem integralen Bestandteil der strategischen Unternehmensplanung längst umgesetzt. Hier einige Beispiele.

- „Der Einkauf ist durch seine strategische und internationale Ausrichtung weltweiter Benchmark. Ein globales Netzwerk aus kompetenten und hoch motivierten Mitarbeitern und den leistungsfähigsten Lieferanten garantiert einen herausragenden und dauerhaften Beitrag zum Unternehmenserfolg"[118], heißt es bei ZF Friedrichshafen.
- Seit vielen Jahren hat das Top-Management von Nokia die Bedeutung des Einkaufs für die Kostenposition und den Innovationsabstand zum Wettbewerb erkannt. Verantwortlich hierfür ist Jean-Francois Baril, der als konzernweit verantwortlicher CPO die Verantwortung trägt und die Strategie seit langem auch erfolgreich umsetzt. Schon vor Jahren erkannte er die Bedeutung, die ein hoch qualifiziertes Personal für den Einkaufserfolg hat, und rekrutierte für diese Aufgabe nicht nur konzernintern, sondern auch vom Markt. Zudem ist Baril ein Experte für anspruchsvolle Qualifizierungsprogramme. Von den Grundlagen des Lieferanten-Managements bis zum Leadership-Training legt Nokia größten Wert auf hoch leistungsfähige Einkäufer, die dann Schlüsselrollen im Management der Supply Chain und des Innovationsprozesses einnehmen. Für HR-Management im Einkauf ist Nokia heute eines der noch seltenen Best-Practice-Beispiele im internationalen Vergleich.
- Procter & Gamble gilt wie Nokia als eines der Unternehmen, die global gesehen die beste Einkaufsstrategie entwickelt haben. Beide Firmen nehmen beim 2007 Ranking der „25 Supply Chains of Manufacturers and Retailers" von AMR Research Spitzenplätze ein. Nokia landete auf Platz 1, Procter & Gamble auf Platz 3. Im Mittelpunkt der P&G-Strategie steht das „Consumer Driven Supply Network" (CSDN). P&G hat seinen Einkauf in den vergangenen Jahren einer deutlichen Zentralisierung unterworfen, um der Wirkung des Einkaufs auf die Kosten- und Innovationsposition des Unternehmens Rechnung zu tragen. So waren beispielsweise früher im Marketing – dem Herzstück von P&G – die Global Brand Manager autark in ihrer Entscheidung, mit wem und wie sie im Marketing (Agenturen) zusammenarbeiteten. Heute redet hier der Einkauf erheblich mit und stellt sicher,

---

[118] Wolfgang Vogel: „Internationales Wachstum managen – die Rolle von Einkauf und Logistik." Vortrag beim 42. BME-Symposium, 12.11.2007

dass das notwendige Wissen für den Einkauf von Marketingleistungen optimal zusammengeführt und Volumina gebündelt werden. Der Einkauf ist damit mehr als ein Dienstleister der Brand- und Product-Manager, er ist mitverantwortlich bei der Entscheidungsfindung. „Ich glaube nicht, dass der Einkauf jemals eine so große Beachtung in unserem Unternehmen gefunden hat wie heute. Der Einfluss des Einkaufs ist nicht nur gestiegen, er hat sich auch ausgeweitet. Wir betrachten die Verbesserung der gesamten Kostenstruktur in unserem Unternehmen als einen Bereich, in dem wir einen echten Wettbewerbsvorteil haben. Denn wir befinden uns in einem Umfeld, in dem unsere Möglichkeiten zur Preisgestaltung stärker denn jemals in der Vergangenheit eingeschränkt worden sind."[119]

- Wie das Lieferantenmanagement optimiert werden kann, zeigt das Beispiel BMW Group. Bereits in der Ideenfindungsphase knüpft das Unternehmen Beziehungen zu den Lieferanten, „um mögliche Innovationsthemen zu erläutern. Es findet eine gemeinsame Bewertung auf technische und betriebswirtschaftliche Umsetzbarkeit" statt. BMW bezieht auch seine großen Systemlieferanten schon in der frühen Phase des Entwicklungsprozesses für neue Produkte ein.[120]

- General Electric hat die wesentlichen Auswirkungen des Einkaufs auf Kosten, Innovation und Qualität erkannt und organisatorisch umgesetzt. Die Divisionen, die sehr unterschiedlichen Geschäften nachgehen, haben eigene Einkaufsbereiche. Daneben gibt es übergreifende regionale Einkaufsbüros für die großen Wirtschaftsräume (in Europa zum Beispiel in Brüssel), die divisionsübergreifende Bündelungseffekte wahrnehmen. Weltweit untersteht der Einkauf Gary M. Reiner, der als Mitglied des obersten Executive Leadership Teams für eine optimale Verzahnung sorgt, Strategien und Prozesse harmonisiert, globale Einkaufsinitiativen aufsetzt und der Einkaufsorganisation entsprechende Zielvorgaben macht. Themen wie weltweites Risiko- und Compliance-Management oder die Umsetzung von Six-Sigma-Methoden entlang der Wertschöpfungskette werden bei GE seit Jahren erfolgreich umgesetzt.

- Bosch verfügt ebenfalls seit Jahren über einen exzellenten Einkauf, dem die Geschäftsführung eine hohe Bedeutung beimisst. In zunehmendem Maße werden hier Verantwortungen von der Werksebene auf Geschäftsbereichs- oder Zentralebene gebündelt. Unter Leitung von Dr. Karl Nowak führt eine dreiköpfige Bereichslei-

---

119 R. Keith Harrison von Procter & Gamble, zitiert in: Doug Smock „P&G boosts leverage."
In: Online-Magazin Purchasing.com vom 4.11.2004. http://www.purchasing.com (Stand 18. März 2008)
120 BMW-Geschäftsbericht 2006

tung die weltweite Einkaufs- und Logistikorganisation. Beide Bereiche wurden zusammengefasst, um optimale Prozesse über die gesamte Wertschöpfungskette zu erreichen. Das Einkaufsvolumen liegt bei mehr als 20 Milliarden Euro und entwickelt sich dynamisch bei einem weiter wachsenden Bündelungsgrad. Themen wie Risikomanagement und Hedging von Preisveränderungsrisiken, Einbindung der Lieferanten in Time-to-Market-Konzepte und damit die Innovationskraft des Unternehmens sowie eine zentrale Mitverantwortung bei der Optimierung der Produktqualität entlang der Zulieferkette wurden ins Tagesgeschäft des Einkaufs integriert.

- Der Landmaschinen-Weltmarktführer John Deere hat schon in den achtziger Jahren des vorigen Jahrhunderts die wachsende Rolle des Einkaufs erkannt und entsprechend aufgewertet. Um die Jahrtausendwende ging es erst richtig zur Sache, als der von Honda kommende Einkaufschef R. David Nelson das Ruder übernahm und eine Roadmap für die Verzahnung des Supply Managements mit den Kundenanforderungen aufstellte. John Deere erhielt denn auch 2001 die Medal of Professional Excellence des *Purchasing Magazine* und gehört heute zu den großen Vorbildern im Supply Management. „Supply Management ist eine strategische Initiative für John Deere, und Achieving Excellence ist ein bedeutender Prozessaspekt unserer Supply-Management-Strategien. Achieving Excellence ist der Prozess, durch den unsere Aktivitäten und die unserer Lieferanten koordiniert werden. Es ist ein Prozess, der enge Beziehungen mit Lieferanten aufbaut, die aggressive Strategien zur Erzielung echter Wertschöpfung für unsere Produkte und Dienstleistungen erfolgreich unterstützen", so sagt es R. W. Lane, Verwaltungsratsvorsitzender von Deere & Company.[121]

---

[121] „Achieving Excellence 2008", Deere&Company-Broschüre für Lieferanten

Aber auch firmenintern muss der Einkauf durch höchstmögliche Transparenz den Anforderungen von Controlling und Geschäftsleitung gerecht werden. Dr. Hans Elmsheuser, Head of Global Purchasing beim Schweizer Agrobusiness-Konzern Syngenta, betont: „Sie müssen konkrete Zahlen nachweisen, denn nur mit exakten Zahlen können Sie argumentieren. Sie müssen die richtigen Tools haben und hier nicht geizen. Ihre Spend-Map – was wann wo bei wem ausgegeben wird – muss zu 98 Prozent korrekt sein, mit realen Zahlen. Ich kann zum Beispiel für jeden Monat die genauen Zahlen der Supply Chain etwa in Indonesien angeben." Der weltgrößte Agrarchemiekonzern war weltweit der erste Konzern, der sich auf Agrobusiness konzentrierte. Er entstand im Jahr 2000 aus dem Zusammengehen von Novartis (Schweiz) und Astra Zeneca (UK). Die Fusion „war die Chance, eine durchgängige und schlagkräftige Supply Chain aufzubauen – und das global", erinnert sich Elmsheuser, der aus dem Novartis-Marketing kam und heute ein direktes und indirektes Einkaufsvolumen von rund 3,5 Milliarden US-Dollar bei einem Umsatz von rund 8,1 Milliarden US-Dollar (2006) verantwortet. Er erkannte die Chance eines Beginns auf der grünen Wiese und erhielt damals zudem vom Vorstand die notwendige Rückendeckung für den Aufbau einer strategischen Einkaufsplanung. „Diese Aufgabe ist stark mit dem monatlichen Geschäftsverlauf verknüpft. Wir integrierten die regionalen Supply Chain Manager zentral in das Global Supply Chain Team." Als CPO weiß er heute exakt, wie das Geschäft von Syngenta läuft: „Ich bin in Besprechungen zum Geschäftsverlauf voll eingebunden und stets aktuell informiert, wie das Geschäft läuft." Damit erhält er als CPO zum frühesten Zeitpunkt einen exakten Überblick über aktuelle Trends und Entwicklungen, etwa welche Produkte aktuell stark nachgefragt werden, aber auch wo Lücken entstehen, die es schnell zu schließen gilt: „Der Gesamtüberblick ermöglicht mir, vorausschauend zu planen und schnell und umsichtig zu agieren." Der Erfolg gibt ihm Recht: Elmsheuser hat sicherlich eine erstklassige Einkaufsorganisation entwickelt, die sich global nahezu perfekt in die Wertschöpfungskette integriert. Das gemeinsame Generieren von Produkt-, Markt- und Lieferantenwissen schafft Synergien für alle Bereiche eines Unternehmens, wie auch das Beispiel Claas mit seinen eigens eingerichteten „proFIT-Teams" zeigt, in denen Mitarbeiter aus dem Einkauf, Produktion, Qualitätsmanagement sowie Forschung und Entwicklung zusammenarbeiten.

Ein Umdenken findet statt

All diese Beispiele zeigen es. Denn unbestreitbarer Fakt ist: Aufgrund der abnehmenden Fertigungstiefe kaufen Unternehmen aller Branchen und Größen immer mehr Produkte und Produktkomponenten von außen zu. Dies ist über alle Branchen hinweg zu beobachten. In der Industrie beträgt der Anteil der Beschaffungskosten inzwischen über 50 Prozent. Besonders deutlich wird dies in der Automobilindustrie. Bei manchem Premium-Hersteller dieser Branche liegt die eigene Fertigungstiefe teilweise sogar nur noch bei 10 bis 15 Prozent. Allein der VW-Konzern mit allen seinen Marken wies im Jahr 2006 ein Einkaufsvolumen von sage und schreibe 68,8 Milliarden Euro aus. Und dies bei einem Umsatz von 104,9 Milliarden Euro. Nachweisbarer Fakt ist auch: Die Einkaufsvolumina steigen über alle Branchen und Unternehmensgrößen hinweg weiter an.

Lässt man bei der Betrachtung die großen Konzerne einmal außen vor, so führt gerade auch bei „kleineren" Firmen der hohe Anteil des Einkaufsvolumens und der gleichzeitig niedrige Stellenwert der Einkaufsabteilung beim Management die noch allzu oft unterschätzte Bedeutung des Bereichs Beschaffung besonders deutlich vor Augen. Das soll nicht heißen, dass es bei den „Großen" nichts mehr zu verbessern gibt. Doch wer sich die Mühe macht, die Geschäftsberichte mittelständischer deutscher Unternehmen nach den Stichworten Einkauf, Beschaffung, Materialaufwand zu durchforsten, sieht sich vor eine zeitraubende Geduldsprobe gestellt – und wird oft genug enttäuscht. Obwohl als Basisinformation für Shareholder, Stakeholder und insbesondere für die Öffentlichkeit gedacht, spiegeln Geschäfts- und Unternehmensberichte nicht selten den geringen Stellenwert wider, den der Einkauf in vielen Unternehmen – oder muss man sagen: bei vielen Investor- Relations-Abteilungen? – heute noch hat. Oft verschämt versteckt, häufig in wenigen Sätzen abgetan, manchmal sogar überhaupt nicht erwähnt, fristet das Thema in der wichtigsten Jahres-Publikation des Unternehmens noch allzu oft ein Schattendasein.

Ergebnisse einer aktuellen Studie mit hochkarätigen Einkaufschefs: Was bei der Beschaffung wirklich wichtig ist.

Es stellt sich daher die Frage: Hat sich die Bedeutung des Einkaufs in den Unternehmensorganisationen in den vergangenen Jahren verändert? Die Antwort ist: Ja und Nein. Ja, es hat sich etwas geändert – aber Nein, beileibe noch nicht genug. Dass es in vielen Unternehmen Fortschritte und Verbesserungen gab und gibt, ist nicht zu übersehen, wie oben dargestellt. Dass es aber noch viel anzupacken gilt, verdeutlicht eine Studie von Sven Marlinghaus im Auftrag der SAP[122]. 62 Top-Manager und Einkaufschefs internationaler Unternehmen wie Bertelsmann, Daimler, RWE, Siemens, Xerox, Credit Suisse, Vodafone oder Deutsche Post World Net mit einem Einkaufsvolumen von insgesamt über 300 Milliarden Euro wurden in persönlichen Interviews zwischen Oktober 2006 und März 2007 nach ihrer Einschätzung zum Thema Einkauf befragt. Fast zwei Drittel dieser führenden globalen Marken kann man dem Mittelstand im Sinne der „Hidden Champions" zurechnen. 9 Prozent hatten ein Einkaufsvolumen bis 1 Milliarde Euro, 52 Prozent zwischen 1 und 5 Milliarden Euro. Über ein Viertel lag zwischen 10 und 30 Milliarden Euro Einkaufsvolumen.

Entsprechend verteilte sich die Personalstärke der Einkaufsabteilungen: Bis 100 beziehungsweise zwischen 100 und 250 Beschäftigte verzeichneten jeweils rund ein Viertel der befragten Unternehmen, ein Drittel lag über 500, der Rest zwischen 250

---

[122] Sven Marlinghaus: „Beyond the hype – what it really important in procurement?."
BrainNet-Unternehmenspublikation, Bonn, Februar 2007

und 500 Mitarbeitern. Die Untersuchung berücksichtigte alle wesentlichen Branchen: Mit jeweils 15 Prozent waren die Bereiche Gesundheit und verarbeitende Industrie am stärksten vertreten, gefolgt von Autoindustrie/High-Tech und Prozessindustrie mit jeweils 11 Prozent. Mit annähernd gleichen Teilen folgten Konsumgüter, Energie, Finanzen, IT/Telekommunikation/Medien, Logistik, Petrochemie und Handel. Die wichtigsten Beschaffungsbereiche lagen bei Baugruppen und Komponenten gefolgt von Rohmaterial, Dienstleistungen und Marketing.

Abb. 22 **Entwicklung des Einkaufs**

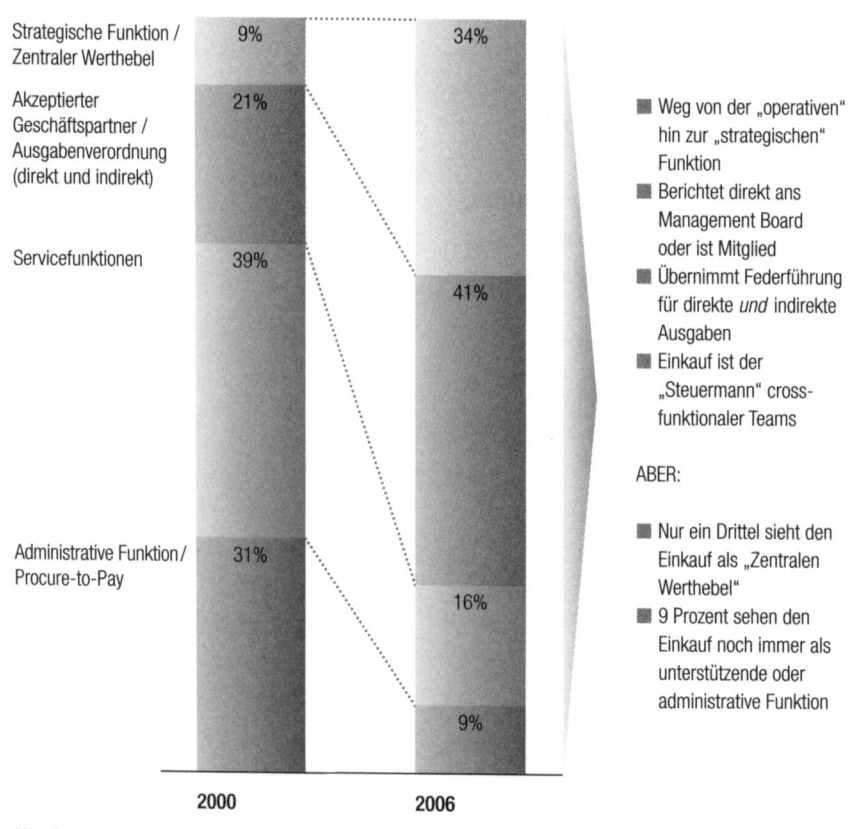

	2000	2006
Strategische Funktion / Zentraler Werthebel	9%	34%
Akzeptierter Geschäftspartner / Ausgabenverordnung (direkt und indirekt)	21%	41%
Servicefunktionen	39%	16%
Administrative Funktion / Procure-to-Pay	31%	9%

- Weg von der „operativen" hin zur „strategischen" Funktion
- Berichtet direkt ans Management Board oder ist Mitglied
- Übernimmt Federführung für direkte *und* indirekte Ausgaben
- Einkauf ist der „Steuermann" cross-funktionaler Teams

ABER:

- Nur ein Drittel sieht den Einkauf als „Zentralen Werthebel"
- 9 Prozent sehen den Einkauf noch immer als unterstützende oder administrative Funktion

Wandel tut not: Die Transformation der Beschaffungsorganisation stellt die Grundvoraussetzung dafür dar, dass der Einkauf sein unterschätztes Potenzial als einer der wichtigsten Werttreiber entfalten kann.

Deutlich wurde bei der Studie, dass der Einkauf „in Bewegung" ist und sich immer stärker von einer operativen zu einer strategischen Funktion entwickelt. Zwar wird das Thema Kostensenkung immer eine wichtige Rolle in der Beschaffung spielen. Doch steigt die Erwartungshaltung, dass der Einkauf langfristige Werte erzielt, die für die Wettbewerbsfähigkeit des Unternehmens eine entscheidende Rolle spielen. Die vorstehende Grafik macht diesen Paradigmenwechsel sehr deutlich.

Im Vergleich der Jahre 2000 und 2006 sind erhebliche Veränderungen zu erkennen, die zeigen, dass hier ein erfreulicher Prozess in Gang gekommen ist. Denn: Die Einschätzungen sind innerhalb von sechs Jahren nahezu auf den Kopf gestellt. Die Entwicklung in dieser Zeit macht aber auch deutlich, dass der Einkauf noch lange nicht am Ziel ist. Zwar glaubt inzwischen über ein Drittel der Befragten an die strategische Bedeutung des Einkaufs (in 2000 nur 9 Prozent), aber knapp zwei Drittel sehen dies eben noch nicht. Und nur 41 Prozent sehen ihn als Business-Partner. Immerhin sind es auch noch 25 Prozent, die der Beschaffung keine entscheidende Bedeutung zumessen. Zudem sehen ihn noch 9 Prozent davon (2000: 70 Prozent) in einer lediglich unterstützenden und administrativen Funktion.

Management Attention ist entscheidend
Klar wird: Die größte Herausforderung, vor welcher der Einkauf nach wie vor steht, ist die Gewinnung der Aufmerksamkeit des Top-Managements. Dabei sind gerade die CPOs der untersuchten Konzerne Vorreiter im Procurement und mögen als Wegweiser für die künftige Entwicklung dieser Unternehmensfunktion angesehen werden. Immerhin agiert in jeder zweiten Firma der Bereich Beschaffung inzwischen auf Augenhöhe mit anderen strategischen Abteilungen und berichtet direkt an die Geschäftsführung oder den Vorstand.

Die Ergebnisse der Studie zeigen auch, dass der Einkauf seine strategische Rolle nur ausfüllen kann, wenn er in bereichsübergreifende Entscheidungen des Managements eingebunden ist und eng mit dem Top-Management zusammenarbeitet. Doch trotz seiner gestiegenen Bedeutung muss der Einkauf im firmeninternen Machtgefüge weiter um seine Anerkennung kämpfen. Daher kommt dem Dialog mit anderen Geschäftsfunktionen ein hoher Stellenwert zu. Hierbei geht es nicht um das oft zitierte Selbst-Marketing im Sinne von schönen Werbe-Broschüren für den Einkauf. Denn letztlich überzeugt der Einkauf nur dann, wenn er durch exzellente Ergebnisse von exzellenten Mitarbeitern zum Wert des Geschäfts nachweislich beiträgt und damit die Geschäftseinheiten erfolgreicher macht. Ebenso notwendig sind die frühzeitige Einbindung in die Produktentwicklung sowie eine wertadäquate Ausstattung mit Ressourcen.

Ressourcen bedeutet natürlich auch Personal, meint aber auch Verankerung in der Unternehmenshierarchie. Es ist ein Unterschied, ob die Beschaffung direkt beim Vorstand oder in der dritten Ebene „angehängt" ist. Denn Strategien und

Prozesse müssen letztlich von Menschen umgesetzt werden. Die Stärke des Einkaufs ist mit der Stärke und Stellung des dafür verantwortlichen Managements im Unternehmen verbunden. Und oft genug gelten Einkäufer vorwiegend als „Befehlsempfänger" und dienen als ausführendes Organ für Vorgaben etwa aus Vertrieb oder Entwicklung.

Der Einkauf wird „sexy"

Doch es geht auch anders. Derzeit[123] gibt es unter den 30 Dax-Konzernen gerade mal zwei „Einkäufer" mit Vorstandsrang: Francisco J. Garcia Sanz von Volkswagen und – neu hinzugekommen – Dr. Herbert Diess von BMW. Dessen Verantwortungsbereich lautet „Einkauf und Lieferantennetzwerk" und zeigt, wie sehr sich die bayerische Nobelmarke auch zukünftig als führender Teil eines Wertschöpfungsnetzwerkes sieht. Auch bei DaimlerChrysler galt als oberstes Ziel „die Steigerung des Unternehmenswertes durch optimierte Einkaufssysteme und -prozesse", wie es im Geschäftsbericht 2005 hieß. Diese Maßgabe gilt auch heute sicherlich noch für Dr. Heinrich Reidelbach und sein Team im Rahmen der Berichterstattung an den CFO von Daimler. Der für „Global Procurement & Supply" zuständige Konzernvorstand Thomas W. Sidlik schied bekanntlich im Herbst 2007 im Zuge der Reorganisation aus dem Unternehmen aus. Doch mitten in die Entstehung dieses Buches fiel nicht nur das Ausscheiden Sidliks aus dem DC-Vorstand. Fast gleichzeitig schuf das MDax-Unternehmen Deutz das Ressort „Beschaffung und Logistik" neu und der Aufsichtsrat des Motorenbauers berief Gino Maria Biondi in den Vorstand. Denn, so Dr. Giuseppe Vita, der damalige Aufsichtsratsvorsitzende: „Mit der Erweiterung der Führungsebene tragen wir der positiven Entwicklung und dem starken Wachstum des Unternehmens Rechnung."[124] Bei einem Umsatz von rund 1,5 Milliarden Euro und einem Materialaufwand von immerhin 933 Millionen Euro kein Wunder.

Doch auch unterhalb der Vorstandsebene sorgen inzwischen unternehmerisch denkende Führungskräfte wie Hans Elmsheuser (Syngenta), Ulrich Piepel (RWE) oder Josip Tomasevic (Claas) als Head of Purchasing, Einkaufsleiter oder Chief Procurement Officer dafür, dass der Einkauf auf Augenhöhe mit anderen strategischen Unternehmenseinheiten kommuniziert. Sie und Einkaufschefs wie Stephan Biesenbach und Andreas Rutz (Vattenfall), Reiner Seiz (Puma), Volker Pyrtek (Deutsche Telekom), Hugo Eckseler (Deutsche Post Worldnet) und

---

[123] Stand Januar 2008
[124] Deutz: „Aufsichtsrat verlängert CFO-Vertrag und erweitert Vorstand der DEUTZ AG." Pressemitteilung vom 26.6.2007

eine ganze Reihe anderer führen den Einkauf in die entscheidenden Transformationsprozesse und mit neuem Selbstverständnis und hohem Selbstbewusstsein. Dabei ist natürlich nach wie vor die Rückendeckung der Chefetage entscheidend. Doch hat das Top-Management einmal grünes Licht gegeben, sind die Unternehmensbereiche in der Pflicht, eine strategische Einkaufsplanung nicht nur zu tolerieren, sondern auch zu akzeptieren und zu unterstützen. Die Bedeutung des Einkaufs hatte bereits in der 2. Hälfte der neunziger Jahre Werner Spinner erkannt. Als er Mitglied des Vorstands der Bayer AG wurde, „musste" er auch die Verantwortung für den Einkauf übernehmen. Binnen weniger Wochen wurde ihm klar, dass sein schnell denkender und agierender Einkaufschef, Gerhard Römer, volle Rückendeckung verdiente. In dieser Zeit bauten die beiden im Rahmen eines echten Transformationsprozesses einen erstklassigen globalen Konzern-Einkauf auf, der in Best-Practice-Vergleichen immer wieder hervorragend abschnitt. Der Vorstand forderte viel, förderte aber auch den Einkauf nach Kräften.

Die neuen Fragestellungen für das Top-Management: Welches sind die Erwartungen an den strategischen Einkauf und welches sind die Stellhebel der Wertgenerierung?

Damit stellt sich die grundlegende Frage, was das Top-Management heute vom Einkauf erwartet und wie eine strategische Einkaufsplanung dazu beitragen kann, die erforderliche Wertschöpfung im intelligenten Zusammenspiel mit den internen und externen Akteuren dauerhaft zu generieren. Einkaufsstrategie und strategische Einkaufsplanung helfen, die im Unternehmen bereits tatsächlich oder zumindest latent vorhandenen kaufmännischen und technologischen Stellhebel für eine Wertgenerierung zu nutzen. Beides ist notwendige Voraussetzung, um die „Erfolgsgleichung des Einkaufs" für das Gesamtunternehmen zu aktivieren. Nach dieser Erfolgsgleichung wirken sich die Einsparungen beim Materialkauf unmittelbar auf Unternehmensgewinn und Cashflow aus. Um eine gleich hohe Erlössteigerung durch Umsatzzuwachs zu erreichen, müsste dieser ungleich deutlicher steigen, weil sich der Zusatzerlös durch Umsatzzuwächse nur anteilig dem Renditefaktor ergibt, wie bereits gezeigt. Klar ist, dass dies natürlich von Branche zu Branche unterschiedlich ausfällt. So „erzielt die Senkung der Beschaffungskosten um 3 Prozent in der chemischen Industrie die gleiche Ergebniswirkung wie eine Umsatzsteigerung von 24 Prozent, im Maschinenbau sind es bereits 43 Prozent, im Handel 52 Prozent und in der Lebensmittelindustrie sogar 60 Prozent."[125]

---

[125] Ulrich Piepel: „Performance-Steuerung durch Messung von Einkaufserfolgen."
Vortrag beim Deutschen Logistik-Kongress, Berlin, 19.10.2006

Wenn das Top-Management heute vom Einkauf einen umfassenden Wertbeitrag fordert, entpuppt sich Kostensenkung als nur ein Hebel der Wertgenerierung, wenn auch nicht gerade der unwichtigste. Die Erfolgsrezepte der Vergangenheit eignen sich nicht mehr eins zu eins für die Problemlösungen der Zukunft. Neu justierte und gänzlich neue Hebel kommen hinzu. Der entscheidende Beitrag des Einkaufs zu den Unternehmenszielen bemisst sich in führenden Unternehmen deshalb mehr und mehr auch an den Ergebnissen und Antworten in folgenden Themenbereichen:

- Ergebniswirksam realisierte Kostensenkung: Wie werden die in der Budgetierungsphase geschätzten Einsparpotenziale mit kaufmännischen und technologischen Methoden ohne Qualitätseinbußen für die internen Kunden und den Endverbraucher ergebniswirksam ins Ziel gebracht?
- Total Cost of Ownership (TCO): Wer verantwortet die gesamtheitliche, über den Einstandspreis hinausgehende Kostenbetrachtung, die den gesamten Produkt- oder Dienstleistungszyklus kostenmäßig abbildet und so echte Aussagen über den Return on Investment für zugekaufte Produkte ermöglicht? (Zum Beispiel: Einbeziehung der voraussichtlichen Instandhaltungskosten von Anlagen oder Entsorgungskosten aufgrund zunehmender Umweltauflagen.)
- Target Design und Target Costing: Wie wird das Beschaffungsmarkt-Know-how der Einkaufsfunktion (etwa Markt- und Technologietrends, Leistungsfähigkeit vorhandener und Entwicklungspotenzial neuer Lieferanten) frühzeitig für die Gestaltung neuer Produkt- und Serviceangebote genutzt?
- Risikomanagement: Wie werden Versorgungs-, Preis- und Ergebnisrisiken mit teilweise existenzieller Bedeutung vorausschauend mithilfe des Einkaufs gesteuert?
- Supply Chain Governance: Wie kann der Einkauf sicherstellen, dass die wachsenden und für den Vorstand sehr relevanten Compliance-Anforderungen sicher und weltweit umgesetzt werden?
- Supply Chain Management: Wie kann die gesamte Wertschöpfungskette effektiver gestaltet werden?
- Supply Chain Financing: Wie kann der Einkauf das Working Capital reduzieren und nicht nur zulasten der Lieferanten verlagern?

Wenn der Einkauf auf diese Fragen überzeugende Antworten liefert, wird er zu einem zentralen Element der Wertsteigerung im Unternehmen. Denn er ist als Projekt-Manager am Innovationsprozess beteiligt, als Asset Manager optimiert er die bilanziellen Auswirkungen der Supply Chain und als Risk Manager sichert er das Unternehmen in der Transformation vom produktionsbezogenen Unternehmen zum Knotenpunkt global ausgerichteter Wertschöpfungen.

Einkauf als Strategie

Es wurde aufgezeigt, was jene Unternehmen kennzeichnet, die eine positive Antwort auf die vorstehend genannten Fragen geben und Erfolge vorweisen können. Und es wurde offensichtlich, warum man dazu überhaupt eine Einkaufsstrategie braucht, die über reine Kostensenkungsziele hinausgeht, denn diese sind ohnehin in jeder Zielvereinbarung für den Einkauf enthalten. Deutlich wurde auch, dass sich an erster Stelle Unternehmen mit signifikantem Beschaffungserfolg durch ein klares Zielverständnis und eine der Geschäftsstrategie entsprechende Ausrichtung auszeichnen. Klarheit entsteht auf Basis einer durchgängigen Unternehmensstrategie, die die abgestimmten Teilstrategien aus Einkauf, Entwicklung, Produktion, Marketing und Vertrieb zusammenfasst und auf Spitzenkennzahlen betreffend Rendite und Kundenzufriedenheit zurückführen kann.

Das gilt für Mittelständler wie Claas, ist aber auch für große Konzerne wie BMW entscheidend: „Das neue Ressort Einkauf und Lieferanten-Netzwerk hat die Aufgabe die Prozesskette vom Rohmaterial bis zum fertigen Produkt zu optimieren. Dies korrespondiert mit unserem strategischen Ansatz, die Schnittstelle zum Lieferanten-Netzwerk effizienter zu gestalten und unsere Eigenleistung in strategischen relevanten Technologiefeldern neu zu definieren."[126] Diese Aussage von BMW-Chef Reithofer erscheint deshalb umso notwendiger, als das optimale Funktionieren der Wertschöpfungskette durch das schwächste Glied in dieser Kette gehemmt wird. Damit wirkt sich das Fehlen einer strategischen Einkaufsplanung genauso gravierend auf das Unternehmen aus wie zum Beispiel das Fehlen einer langfristigen Technologie- oder Vertriebsstrategie. Eine vollständige Einkaufsstrategie beschreibt deshalb schlüssig die Kernkompetenz des Einkaufs und liefert in Zeiten globaler Beschaffungs- und Absatzmärkte Antworten vor allem auf folgende Fragen:

- Welcher Wertbeitrag für das Unternehmen kann von der Einkaufsfunktion erwartet werden? Welche Kennzahlen geben hierüber Auskunft?
- Worin liegt die Kernkompetenz, worin der spezifische Wertbeitrag des Einkaufs?
- Wie sieht das Prozessmodell aus, mit dem weltweit Standards gesetzt werden?
- Wie ist die Einkaufsfunktion zu strukturieren, um das Einkaufsvolumen über mehrere Standorte oder Kontinente optimal zu steuern?
- Wie wird dabei die Lieferantenbasis segmentiert und aktiv gesteuert?

[126] Norbert Reithofer, zitiert nach Tünde Király/Daniel Krumrei,
 Vortrag beim BME-Symposium 13.11.2007

- Welche Ziele gibt es für die Konsolidierung der Lieferantenbasis (jeweils nach Warengruppen, aufgeschlüsselt nach direktem Material, indirektem Material, Dienstleistungen und Investitionsgütern)?
- Wie erfolgt eine wirtschaftliche und revisionssichere Einkaufskoordination (Controlling, Kennzahlen, Compliance)?
- Welche ungenutzten Potenziale liegen in einer Automatisierung operativer Einkaufsaktivitäten?
- Wie können elektronische Werkzeuge in der strategischen Beschaffung nutzbar gemacht werden?
- Wie werden Führungskräfte und Mitarbeiter entsprechend den strategischen Herausforderungen ausgewählt und entwickelt?

Was das Management wissen sollte und deshalb sich und seine Einkaufsspitze fragen muss.

Dieser Text analysiert die gegenwärtige Situation des Einkaufs in den Unternehmen, macht Defizite deutlich und zeigt Lösungen auf, wie die Beschaffung zu einem nachhaltigen Wertschöpfungs- und Wachstumsbeitrag im Unternehmen beitragen kann. Daraus spricht die Überzeugung, dass es für Unternehmen im globalen Wettbewerb überlebensnotwendig wird, dem Einkauf einen neuen, einen strategischen Stellenwert zu geben. Ziel war dabei, jenseits jeglicher Modethemen und aktueller „Hype-Diskussionen" dem Top-Management verständlich-praktische Ansatzpunkte für wirksame Veränderungen im Unternehmen zu liefern. Ziel war es aber auch, der Unternehmensführung Anhaltspunkte zu liefern, wie sich durch eine Neuausrichtung der Organisation und eine Transformation des Unternehmens weitere Wachstumspotenziale erschließen lassen, wenn sie das Unternehmen mit dem Einkauf im Fokus analysiert. Auf einen Nenner gebracht, sollte sich das Top-Management von folgenden Fragen leiten lassen:

- Wie oft haben wir uns im vergangenen Jahr mit dem Thema Einkauf befasst?
- Wo und wie kommt der Einkauf in unserer Unternehmensstrategie vor und wie ist er in die Organisation integriert?
- Welche zusätzlichen Möglichkeiten kann uns der Einkauf geben, um die Ziele unserer Unternehmensstrategie noch besser zu erreichen, und welche zusätzlichen Optionen für unsere Unternehmensstrategie kann uns der Einkauf eröffnen?
- Haben wir dem Einkauf der Zukunft in unserem Unternehmen bereits seinen Platz zugewiesen?
- Haben wir die richtigen – das heißt die exzellenten – Führungskräfte im Einkauf, auf deren wirtschaftliches Urteilsvermögen wir vertrauen?

Aus der Beantwortung dieser Fragen können Handlungsmaximen abgeleitet werden:
- Machen Sie sich klar, welche Rolle der Einkauf im Unternehmen spielen soll.
- Machen Sie den Einkauf zu einem zentralen Bestandteil der Unternehmensstrategie.
- Integrieren Sie den Einkauf in die Unternehmensorganisation, und zwar dergestalt, dass er alle Möglichkeiten hat, seinen Auftrag im Zusammenspiel mit den anderen Unternehmenseinheiten umzusetzen.
- Sorgen Sie dafür, dass es keine Berührungsängste gibt.
- Suchen Sie hervorragende Leute und machen Sie den Einkauf zu einem Bestandteil der Karriereentwicklung in Ihrem Unternehmen.

Die Hebelwirkung der Beschaffung auf das Unternehmensergebnis wird nach wie vor dramatisch unterschätzt.

Vielleicht das größte Glück in meinem Berufsleben war, dass ich vor dem Start von BrainNet immer nur gute Chefs hatte. Besonders denke ich dabei an Mark Wössner, den damaligen Vorstandsvorsitzenden von Bertelsmann. Ihm war absolut klar, dass die Qualifikation und Motivation „seiner" Mitarbeiter über die Qualität der Ergebnisse entscheidet, und danach hat er gehandelt. Heute – 20 Jahre später – und am Beispiel des Einkaufs wird mir mal wieder klar, wie Recht er auch damit hatte. Wenn die Unternehmensleitung nicht sicherstellt, dass erstklassige Einkaufschefs mit erstklassigen Mitarbeitern über die Rolle des Unternehmens in der Wertschöpfungskette bestimmen, verschenken sie kaum zu kompensierende Wettbewerbsvorteile und können nur hoffen, dass ihre Konkurrenten es genauso machen.

Deshalb müssen die Entscheider in den Unternehmen den Einkauf endlich zur Chefsache machen.

Wenn heute 30 bis 85 Prozent der Herstellungskosten eines Produkts eingekauft werden, muss der Einkauf zum zentralen Bestandteil jeder Wertsteigerungsstrategie sein. Er darf deshalb nicht länger nur operativer Dienstleister und Kostendrücker bleiben, sondern wird als strategischer Einkauf der Zukunft auch Garant für Innovation, Lieferfähigkeit und Wettbewerbsfähigkeit des Unternehmens. Es wird also höchste Zeit für das Top-Management zu erkennen, dass sich die beobachteten Veränderungen nicht nur auf die Einkaufsorganisation selbst auswirken, sondern zwangsläufig ihre Einbeziehung in sämtliche Unternehmensfunktionen zur Folge haben müssen. Eine strategische Aufwertung des Einkaufs würde den „Produktionsfaktor Einkauf" als positiven Wertetreiber für das Unternehmen wiederentdecken, dem Management damit bislang nicht genutzte Hebel zur Verfügung stellen und so maßgeblich zu einer langfristigen Profitabilität des Unternehmens beitragen.

Management Summary

Die Aufgabe des Top-Managements unter stetig sich verändernden Randbedingungen ist es, für eine attraktive Verzinsung des eingesetzten Kapitals über profitables Wachstum und damit letztlich für zufriedene Kunden zu sorgen. Viele Methoden sind ausgereizt. Daher heißt es, bislang unentdeckte oder unterschätzte Werthebel zu entdecken und zu nutzen. Dies bringt die Notwendigkeit mit sich, neue Fragen an die eigene Sicht der Dinge zu stellen und gegebenenfalls nicht nur die Einkaufsorganisation selbst, sondern möglicherweise das gesamte Zusammenspiel der strategischen Abteilungen des Unternehmens neu zu strukturieren. Hilfreiche Fragestellungen dabei sind: Was bedeutet strategischer Einkauf wirklich? Haben wir eigentlich eine Einkaufsstrategie? Wie kann sie aus der Unternehmensstrategie abgeleitet werden? Warum Einkaufsstrategie, die über reine Kostensenkungsziele hinausgeht? Was ist die Vision des strategischen Einkaufs? Wie kann strategische Einkaufsplanung dem gerecht werden? Welche Funktionen muss der strategische Einkauf neu übernehmen? Glücklicherweise hat in den vergangenen Jahren bereits ein Umdenken eingesetzt. Immer mehr Unternehmen erkennen den strategische Wert des Einkaufs, wie eine aktuelle Studie im Auftrag der SAP zeigt. Doch es bleibt noch viel zu tun, um im Bewusstsein des Top-Managements die wirkliche Bedeutung zu verankern und entsprechende Handlungsanreize für eine wirksame Transformation auszulösen. Wie es praktisch geht, zeigen die Best-in-Class-Unternehmen in eindrucksvoller Weise. Dabei handelt es sich nicht nur um die Mega-Weltkonzerne, sondern auch um führende mittelständische Unternehmen wie etwa Claas. Die Neudefinition der Einkaufsorganisation muss die Kernkompetenz des Einkaufs und sein Verhältnis zu den anderen Unternehmensbereichen beschreiben. Sie muss Antworten liefern auf Fragen zu Wertbeitrag, Prozessmodell, Struktur, Segmentierung und Konsolidierung der Lieferantenbasis, Einkaufskoordination, Automatisierung operativer Aktivitäten und last but not least auch zu Personalauswahl und Karrieremodellen.

Danksagung

Wie in so vielen Fällen, so ist auch dieses Buch keine Leistung eines Einzelnen, sondern das Ergebnis von Denkanstößen, die ich von vielen am Einkauf interessierten Managern und Kollegen erhalten habe, und einer fantastischen Teamarbeit derer, die diese Gedanken mit mir gemeinsam umgesetzt haben.

Mein Dank gilt zuerst unseren engagierten Kunden, denn aus ihren hartnäckigen Fragen ist die Idee entstanden, dieses Buch zu schreiben. Sie waren es, die mir die Notwendigkeit aufgezeigt haben, eine Zusammenschau der zahlreichen Aspekte und Facetten eines sich rasant wandelnden Einkaufs zu versuchen.

Für ihren fachlichen Rat, ihre kostbare Zeit trotz hoher Arbeitsbelastung und ihre Unterstützung zu einzelnen Themenbereichen möchte ich mich bei meinen Kollegen bedanken: bei Clemens Dicks (Warengruppenstrategien), Markus Römer (Best Cost Country Sourcing), Martin Rosenbaum (Innovation und Supply Chain Management), Lars Immerthal (Risk Management), Marcus Schüller (Supply Chain Financing), Sven Linden und Sven Marlinghaus (Wissensmanagement), Nicole Gaiziunas (Qualifizierung), Wolfgang Grassl (Post Merger Integration), Oliver Altstadt (Public Procurement) und bei Axel Clemens (Transformation). Die Entwicklung und Umsetzung dieses Buchs hat mir wieder einmal gezeigt, wie viel Spaß es macht, mit exzellenten Kollegen an einer gemeinsamen Sache zu arbeiten.

Beim Schreiben des Buchs wurde ich tatkräftig unterstützt von einem Team erstklassiger Journalisten: Antonio De Mitri, Hans Gusbeth, Ralph Michael Müller und Ulrike Werner haben zweifelsfrei durch kritisches Hinterfragen der Zusammenhänge im Einkauf das Buch auf das essentiell Wissenswerte konzentriert und ihm eine sprachliche Einheitlichkeit verliehen.

Mein ganz besonderer Dank gilt den Unternehmen, die es uns erlaubt haben, ihre vorbildliche Arbeit im Einkauf dem Kreis der Leser zu öffnen. Sie haben mit ihren dezidierten Meinungsäußerungen dazu beigetragen, dass dieses Buch heutige gelebte unternehmerische Realität widerspiegelt und Mut macht, die Tür in die oft noch viel zu wenig bekannte Welt des Einkaufs endlich weit aufzustoßen. Insbesondere sind dies: Celesio, Claas, Deutsches Zentrum für Luft- und Raumfahrt, Dorma, Honsel, MLP, Saurer, Syngenta und Vaillant. Dazu zählen jedoch auch RWE und Vattenfall, die zahlreiche Anregungen aus ihrem konkreten Erfahrungsfeld beigetragen haben, ohne dass sie mit eigenen Beispielgeschichten vertreten sind.

Register

A. T. Kearney 25, 184
ABC-Analyse 106
ABN Amro 158
Absatzplanung 101, 111-113
Agassi, Shai 129
Agrarchemie 235
Akquisition (eines Unternehmens) 156, 196, 199, 201, 204
A-Kunde 46
Asien 22f., 25, 29, 39, 76, 78f., 145-147, 153f., 157, 163, 218
Aufforderung zur Gebotsabgabe, Request for Bids, RfB 166f.
Auktion 53f., 104, 160, 166
Ausschreibung 55, 104, 160f., 163-168, 173f., 202, 213, 215-217, 222
Automobilindustrie 25, 28, 42, 85, 88, 159, 172, 184, 236

Basarökonomie 21
BASF 221, 231f.
Bauindustrie 30, 35
Baukasten, Modul 50, 73, 84, 93, 106, 165, 181, 189
Bayer 241
Bedarfsermittlung 161, 163-165, 167, 174
Bedarfsorientierung 100
Belohnungssystem 178, 182
Benchmarking 50, 181, 202, 210
Bertelsmann 237, 245
Beschaffungskosten 114, 131, 166, 169, 174, 226, 236, 241
Beschaffungsmarkt 42f., 46, 51f., 95, 71, 91, 177, 185f., 242
Beschaffungsprozess 46, 55f., 160, 164, 212f., 220
Beschaffungsvolumen, Einkaufsvolumen 45, 55, 79, 117, 119, 128, 132, 150, 153, 156, 189, 207f., 211f., 215, 224, 229, 235-237, 243
Best Cost Country Sourcing 20, 35, 37, 51, 61, 66, 68f., 71, 78f., 81, 148, 202, 207, 232, 247

Best in Class 136, 146, 226, 231, 246
Best Practice 14, 38, 89, 170, 181, 191, 219, 233, 241
Bezuhanova, Sasha 76
Bildungscontrolling 182
Biondi, Gino Maria 240
BME, Bundesverband Materialwirtschaft, Einkauf und Logistik 89, 216, 231f.
BMW 98, 132, 232, 234, 240, 243
Bonität 138, 141, 144
Bosch 234
BRIC 18, 21, 24, 65, 70, 73, 81, 91
Bulgarien 76
Bullwhip-Effekt, Peitscheneffekt 111, 156f.
Bund der Steuerzahler 211f.
Bund Online 215
Bundesrechnungshof 211f.
Bundesverbandes Materialwirtschaft, Einkauf und Logistik, BME 89, 216, 231f.

Call 122, 126
Cashflow 129, 136f., 139-143, 147, 151, 170, 241
Cashflow-Cycle 139f., 153
Category Management, Category Manager 42f., 58, 60
Celesio 199-201, 204f., 209, 247
Change Management 38, 165, 176, 178, 180, 221
Chief Purchasing Officer, CPO, Leiter Einkauf 17, 20, 175, 177, 179, 183, 185, 191f., 233, 236, 239
China 18f., 21-27, 30, 36, 61-66, 68-76, 78f., 82, 85f., 115, 155, 157, 191
Claas 175, 206-208, 229, 231f., 236, 240, 243, 246f.
Claas, Helmut 26, 209, 232
Coaching 37, 181f., 190f.
Collar 126
Compliance 118, 128, 160, 162, 169, 231, 234, 242, 244
Controlling 32, 37, 93, 106, 127, 144, 169, 182, 189, 207-209, 215, 235, 244, 248

Corporate Governance 128f., 131, 133, 136, 232
CPO, Chief Purchasing Officer, Leiter Einkauf 17, 20, 175, 177, 179, 183, 185, 191f., 233, 236, 239
Cross-funktional 28f., 69, 82, 99, 164, 179, 181, 190, 193, 203, 207f.
Customizing 82, 84, 99

DaimlerChrysler 15, 134, 240
Däke, Karl Heinz 211
Dantès, Maurice 200, 205, 209
Datenfriedhof 154, 158
Datenintegration 143
Demand Driven Supply Networks, DDSN 100, 104
Deutsche Bank 86, 145
Deutsche Post 132
Deutsche PostWorldNet 173, 237, 240
Deutsche Telekom AG 173, 240
Deutsches Zentrum für Luft- und Raumfahrt 211, 225
Dienstleister, Dienstleistung 18f., 24-28, 36, 44f., 49, 53, 57, 74f., 83, 86, 90f., 107, 109, 120, 127, 131, 137, 144-146, 148, 153, 155, 184, 189, 196, 200, 204, 212f., 215f., 219-223, 225, 229, 234f., 238, 242, 244f.
Dienstleistungszentren 184, 223
Diess, Herbert 240
Differenzierung, differenzieren 27, 42, 44f., 47, 50, 85
Dimension 19, 29, 65, 99f., 102, 155, 170
Direktinvestition 18
Dorma 154, 163-171, 174, 247
Dow Jones Sustainability Index, DJSI 132
Draeger, Klaus K. 232
Due Diligence 194, 198, 200, 204, 230
Durchlaufzeit 100, 102f., 112-114, 163, 170, 213, 222
Dynamisches Hedging 123

EADS/Airbus 134f., 231
Ebene, operative, taktische, strategische 36, 95, 119, 161, 170, 180, 183, 224
Eckseler, Hugo 173, 240
ECR, Efficient Consumer Response 109
Efficient Consumer Response, ECR 109
Efficient Replenishment, Effiziente Warenversorgung 109
Eigenkapital 138f., 153
Einkauf Online 214-216, 225

Einkaufsfunktion 26, 149, 242f.
Einkaufshandbuch, interaktives 167
Einkaufsmacht 40
Einkaufsorganisation 20, 38, 48, 78-81, 114, 117, 121, 123, 126, 131, 148f., 162, 164f., 169, 178, 192, 207, 209, 220, 234, 236, 245f.
Einkaufsstrategie, Sourcing-Strategie 20, 41f., 45f., 51, 59, 95, 134, 161, 178, 180, 196, 207f., 214, 220, 233, 241, 243, 246
Einkaufsstruktur 215
Einkaufsvolumen, Beschaffungsvolumen 45, 55, 79, 117, 119, 128, 132, 150, 153, 156, 198, 207f., 211f., 215, 224, 229, 235-237, 243
Einsparpotenzial 46-48, 52, 62, 79, 116, 160, 169f., 196f., 203, 209f., 212, 223f., 230, 242
Elmsheuser, Hans 149, 235f., 240
Emerging Markets 18, 219
Entsorgung 46, 56f., 60, 117, 242
Entwicklung, Produktentwicklung 29, 39, 55, 85-87, 91f., 94-97, 99, 129, 137f., 169, 177, 194, 239
E-Procurement 44, 55, 104, 160, 213, 215f., 218-220, 227
Ergebnishebel 16
Ernst & Young 196, 205
ERP-System 114, 165f.
Ersatzteilpiraterie 72
E-Sourcing 104, 227
Evonik 173
Export, Außenhandel 21f., 24, 27, 61, 64, 75f., 120

F&E, Forschung und Entwicklung 35, 83, 88, 98, 106, 159, 236
Fehlermöglichkeits- und Einflussanalyse, FMEA 93f.
Fehlerquote 68
Fertigungstiefe 20, 26, 47, 82, 84, 107, 201, 226, 230, 236
Financial Supply Chain Management 145
Finanzierung 31, 137f., 141f., 146
Finanzierungskosten 114, 138
Finanzierungsmodell 153
Fluktuation 74, 78, 205
FMEA, Fehlermöglichkeits- und Einflussanalyse 93f.
Forderungsverkauf 139, 142
Forecasting, Prognose 24, 33, 103, 108, 110, 112, 157, 173

Forschung und Entwicklung, F&E 35, 83, 88, 98, 106, 159, 236
Forward Sourcing 91
Fragestellungen, neue 19, 241
Fricke, Ulrich 216
Fusion 156, 193, 195, 197, 199, 203, 205, 207, 209, 236
Futures 31, 121, 123f.

Garcia Sanz, Francisco Javier 15, 250
Geborgte Wettbewerbsfähigkeit 25
Geistiges Eigentum, Intellectual Property 72, 118
Geldmarkt 138
General Electric 234
Gerking, Harald 103
Global Sourcing 28, 78f., 81, 185f., 217
Global Spend Cube 169f.
Globalisierung 18-20, 36, 62, 85f., 102, 116, 155, 179, 226
Göschel, Burkhard 98
Gottschalk, Bernd 25
Green Procurement 131
Grobosch, Silvius 173

Handlungsorientierung 179
Handlungsunfähigkeit 178
Hedging 14, 31-33, 58, 115, 120-123, 125, 127f., 135f., 231, 235
Hegemann, Oliver 223
Henkel 132, 144
Herrschaftswissen 171
Hidden Champions 231, 237
High Potentials 181
Hol-Prinzip, Pull-Prinzip 101, 112
Honsel 82, 92-94, 98f., 247
HR, Human Ressources, Personalabteilung 239
Human Ressources, HR, Personalabteilung 239

Ideen 28, 44, 50, 66f., 82, 85-87, 90-96, 98, 162, 205, 234
Identitätskrise 205
Image 38, 40, 61, 65, 70, 72, 75, 81, 99, 110, 116, 173f., 211
Import 18, 21, 23-27, 61, 65f., 115, 158
Indien 18, 21-25, 30, 33, 62, 64, 71, 73, 75, 85, 110, 155, 157, 191
Informationsfluss 55f., 114, 153, 157, 173
Informationsflut 158, 173
Informationsmanagement 14, 159-161

Informationstechnik, IT 36, 55, 59, 85, 100, 127, 144, 154f., 162, 171, 174, 184f., 196-198, 211f., 214-216, 220, 223, 225, 238
Innere Kündigung 205
Innovation 27f., 35, 40, 53f., 66f., 81, 83-91, 93, 96, 98, 164, 234, 245, 247
Innovationsdruck 82, 99
Innovationskraft 14, 26-28, 40, 90, 155, 208, 235
Innovationszyklen 73, 84
Insourcing 85
Integration (IT) 55, 84, 160f., 196
Integration (Prozesse) 85, 92, 103, 108, 144, 150f., 154, 162, 193, 201, 204, 207, 232
Integration, Post Merger 193, 200, 204f., 208, 210, 247
Intellectual Property, geistiges Eigentum 72, 118
Intelligence Sourcing 28, 95
Interner Lieferant 50
Investition 50, 53, 57, 124, 144
IT, Informationstechnik 36, 55, 59, 85, 100, 127, 144, 154f., 162, 171, 174, 184f., 196-198, 211f., 214-216, 220, 223, 225, 238

Jacob, Wolfgang 216
Job-Description 178, 192
John Deere 235
Just in Sequence 108
Just in Time 100f., 108, 159

Kapazitätsplanung 56, 113
Kapitalbindung 140f.
Kapitalmarkt 120, 132, 226, 228
Karriere 15, 58, 60, 74, 175, 178, 180, 218, 225, 245f.
Kassenärztliche Vereinigung Westfalen-Lippe 211, 225
Kästchendenken 15, 171
Katalog 43, 160, 167, 179, 213, 220
Kennzahlen 176, 197, 230, 243f.
Kernkompetenz, Schlüsselkompetenz 26, 72, 81, 243
Klassifizierung 42, 44, 95, 106
Kompetenzprofil 98, 180f.
Kompetenzsteigerung 177
Komponenten 15f., 19, 25f., 28, 35, 40, 42-46, 49, 58, 64f., 68, 70f., 73, 81, 89, 96, 106, 108, 112f., 123, 156, 172, 188, 201-203, 208, 236, 238

Konditionen 28, 34, 58, 104, 123, 141-143, 147, 150, 153, 155, 166f., 170, 199, 222
KonTraG 117, 129, 232
Kontrakt 31, 121-127
Kontrolle 71, 100, 107, 115-117, 128f., 162, 182, 192, 213
Kopie, Nachahmung 72f., 83, 95
Kosten 14, 19, 24, 26, 31, 40, 47f., 50, 52f., 57, 63f., 77, 81, 86, 93-97, 101f., 105, 108f., 128, 131, 135, 138, 142f., 151, 153, 164, 180, 184, 194, 198f., 207, 212f., 215, 217, 224, 226, 230, 234
Kostendruck 19, 26, 107, 109
Kostenführerschaft 42, 44, 47, 55
Kostenhebel 36, 97
Kostenmanagement 26, 211, 217, 226
Kostensenkung, Kosten senken 14, 16, 19, 47, 49f., 53, 134, 142, 163, 177, 180, 185, 189, 197, 220, 232, 238, 242f., 246
Kostenstrategie 53
Kreditaufnahme 138f., 141
Kulturelle Unterschiede 61, 77
Kunde 15f., 19, 25-28, 31, 33, 39f., 43, 46, 48-50, 53f., 62, 64, 70, 72, 78, 83f., 90, 92f., 95f., 98, 101f., 104-110, 112f., 117, 128, 134, 136-141, 143-147, 150f., 153, 155-157, 163, 165, 170f., 173, 184f., 188, 200, 203, 222, 230, 242, 246f.
Kundenbedürfnis 50, 99, 101, 114
Kundennutzen 27, 100, 102
Kundenzufriedenheit 243

Lager 66, 101, 105, 110, 112-114, 157, 222f.
Lagerbestände 50, 56, 102, 105, 108-111, 114, 137, 156f., 173
Lagerhaltung 50, 111, 137
Landwirtschaftliche Maschinen 26
Lead Buyer 58, 60, 165-167, 208
Learmont, Richard 150
Leiter Einkauf, CPO, Chief Purchasing Officer 17, 20, 175, 177, 179, 183, 185, 191f., 233, 236, 239
Lernformen, kooperative 190f.
LH Bundeswehr Bekleidungsgesellschaft 211, 221, 225
Lieferantenauswahl 187, 202
Lieferantenbewertung 56, 93, 105f., 134, 160, 185
Lieferantenbeziehung 26, 55, 104f., 143, 161
Lieferantenbindung 68, 152f.
Lieferantenentwicklung 68, 93, 106, 186
Lieferantenintegration 162, 202, 232

Lieferantenkredit 139, 142
Lieferantenmanagement 26, 37, 40, 52, 65, 82, 87, 105, 112, 132, 143, 160, 162, 164, 174, 180, 207, 232, 234
Lieferantenmarkt 75, 82, 89, 202
Lieferantennetzwerk 37, 87, 92, 103, 155, 176, 202, 240
Lieferantenportfolio 31, 49, 51, 59, 193, 202, 210
Lieferantenpotenzial 82
Lieferantenrisiko 133
Lieferantensegmentierung 106, 246
Lieferantentage 92, 97, 204
Lieferkette, Supply Chain 31f., 37, 52, 107, 127, 131, 133, 135, 137, 151, 153, 179, 183f., 191, 198, 216, 230, 233, 235f., 242
Liquidität, liquide 124f., 137-143, 147, 150, 152f.
Lizenz 64, 82, 85
Local Sourcing 64
Logistik 18, 37, 57, 63-65, 81, 89, 100, 102f., 107, 109f., 131, 137f., 146, 153, 162, 176, 202, 207, 216, 231-233, 235, 238, 240f.
Logistikkosten 63f., 109, 131
Lohnkosten, Personalkosten 62, 81, 148, 212, 199, 220, 230
Low Cost Country Sourcing 19, 51, 61, 75
Low Cost Sourcing 95
Luftfahrtindustrie 231

M&A, Mergers & Acquisitions 155, 194-196, 200, 209f.
Made in Germany 21, 25, 39
Make or Buy 42, 45-47, 50f., 58f., 92, 107, 161, 168, 187
MAN 87
Management Attention 187, 239
Marico 109f.
Marke 25, 29, 70, 72, 81f., 85, 98, 101, 111, 124, 236f., 240
Market Intelligence 27, 34f., 40, 161, 173, 186-189
Marketing 15, 19, 28, 35, 86, 91, 96, 98f., 177, 209, 226, 233f., 236, 238f., 243
Marktkriterium, -kriterien 44
Marktsegmentierung 44
Marquardt, Jürgen 37
Materialfluss 127, 137, 144
Medienbruch 160
Menge 16, 31, 34, 42, 45f., 48-50, 54-57, 59, 93, 106, 108, 110f., 113, 124-126, 156f., 159, 165, 185, 203, 214, 220

Merger 193f., 197, 200, 202, 204, 206-210
Mergers & Acquisitions, M&A 155, 194-196, 200, 209f.
Methodenkompetenz 175, 183, 186, 189, 192, 216
Mineralölwirtschaft 124
Mittelstand, mittelständisch 14, 37, 40, 76, 82, 90, 138, 160, 176, 179, 215, 226, 228, 237, 246
MLP 189, 247
Modul, Baukasten 50, 73, 84, 93, 106, 165, 181, 189
Monitoring 202, 204
Motivation 170, 175, 180, 182, 192, 201, 245
Müller, Dieter 112, 114
Multidisziplinär 177

Nachhaltigkeit, nachhaltige Geschäftstätigkeit, Sustainability 131f., 134, 181
Nanotechnologie 48, 84
Near Shoring 76
Niedriglohn 25, 67, 70, 155

Obergfell, Jürgen 163f., 167f.
Offenheit, Transparenz 35f., 40, 47, 59, 115, 117, 120, 129, 134-136, 143, 150, 153-155, 160f., 266, 171, 174, 193, 205f., 215f., 218f., 223, 232, 235
Öffentliche Hand 211f., 214, 218
Öffentlicher Einkauf Online 211, 214-216, 225
Offshoring 21, 26, 85f., 137, 148f.
On demand 159
Operationalisierung 44
Option (Finanz) 15, 31, 53, 122, 124, 126
Organisationsstruktur 132, 164, 214, 227
Osteuropa 25f., 76-78, 80, 85, 145, 147, 157, 184
Outsourcing 76, 118, 120, 148, 185

Patent 73, 82f., 100, 172
Peitscheneffekt, Bullwhip-Effekt 111, 156f.
Personalabteilung, HR, Human Ressources 239
Personalentwicklung 74, 192
Personalkosten, Lohnkosten 62, 81, 148, 199, 212, 220, 230
Pflichtenheft 66, 93, 106
Philipps, Friedrich 145
Piepel, Ulrich 172, 240
Planungssystem 103
Plattform, elektronische 144, 214

Polen 27, 77
Portal 90, 163-166, 168-170, 174, 188, 215, 225
Post Merger Integration 205, 208, 247
Postponement 108f.
Potenzialanalyse 42, 46f. 59, 90, 220
Praxisbeispiel 61, 82, 100, 111, 154, 186, 199, 206, 255
Preis 15, 19, 26, 28-33, 35f., 39f., 42, 45-47, 49, 51-54, 56f., 59, 70-72, 86, 114, 119-123, 125f., 141, 149, 156, 158, 163f., 166, 201f., 217, 228, 231
Preisanfrage, Request for Quotation, RfQ 166f.
Preisdruck 28
Preisrisiko 30, 67, 123, 135, 231
Preissteigerung 31, 34, 119, 121, 123
Premium-Produkt 39
Private Equity 230
Procter&Gamble 154, 233
Procure-to-Pay 178, 238
Product Lifecycle, Produktlebenszyklus 59, 159, 161, 203
Produktivität 14, 54, 59, 102, 175, 192
Produktkatalog 42f., 160
Produktlebenszyklus, Product Lifecycle 59, 159, 161, 203
Produktplanung 85, 94-96, 89
Produktstrategie 28, 94-96
Professionalisierung 211, 214, 219
Prognose, Forecasting 24, 33, 103, 108, 110, 112, 157, 173
Prozesse 14, 26, 33f., 41f., 45f., 50, 52, 54-56, 59, 61, 64, 67f., 72, 79, 82f., 85-87, 89-97, 99-107, 109, 136f., 143-147, 149-154, 158-162, 164-168, 183-186, 188, 193f., 198, 200-204, 206-210, 212-222, 225, 232-235, 238-243, 246
Prozesskosten 160, 213, 216
Prozessmanager, Prozessmanagement 58
Public-Private-Partnership 218, 221, 224f.
Public Procurement, Öffentliche Beschaffung 218f., 225, 247
Pull-Prinzip, Hol-Prinzip 101, 112
Purchasing Excellence 13, 39, 231
Put 122, 126
Pyrtek, Volker 173, 240

Qualifizierung 14, 36, 39f., 68, 77, 98f., 175-183, 185, 187, 189, 191f., 214, 221, 223, 247

Qualifizierungslücke 180, 192
Qualifizierungsmanagement 181f.
Qualifizierungsprogramm 178, 180, 233
Qualität 45, 47f. 51f., 54, 57, 59, 71, 89f., 93, 101, 109, 123, 169, 173, 182f., 201f., 207, 216, 234, 245
Qualitätsmanagement 25, 57, 72, 106, 120, 130, 236
Qualitätssicherung 68f., 81, 96, 116, 131, 164, 204, 207f.
Querschnittsfunktion 176f.
Quick Win 79, 169, 203, 209f.

Rapex 115
Rating 141f., 153
Recruiting-Lücke 157
Rehau 89f., 92, 231
Reidelbach, Heinrich 240
Reife 45, 47, 169
Reifenhäuser 179
Reithofer, Norbert 243
Request for Bids, RfB, Aufforderung zur Gebotsabgabe 166f.
Request for Quotation, RfQ, Preisanfrage 166f.
Ressourcen 15f., 18, 20, 26, 34, 36-38, 61, 66, 79, 99, 101f., 107, 113, 132, 158, 226, 239
RfB, Request for Bids, Aufforderung zur Gebotsabgabe 116f.
RfQ, Request for Quotation, Preisanfrage 116f.
Rieger, Hansjörg 77
Risiko 26, 30-32, 51-53, 55, 65, 69, 86, 115f., 118-123, 125-130, 133, 135, 143, 150, 153, 156, 176, 181
Risikomanager, Risikomanagement, Risk Management 14, 29, 31, 33, 36f., 61, 65, 116-120, 123, 126f., 131-133, 135f., 162, 230f., 235, 242
Risikostudie 176
Ritter, „weiße", „schwarze" 15, 156, 193, 226
Rogers, Jim 119
Rohöl, Öl 29f., 32, 82, 116, 119, 123f., 126
Rohstoff 18, 29-35, 45, 56, 70, 91, 101f., 106, 116, 118-121, 123f., 126f., 132, 138-140, 143, 157f., 167, 172f., 201, 229
Rohstoffpreise 29f., 115, 118, 121-123, 125-127, 133, 157f., 176, 231
RUD 76f.

Rumänien 76f.
RWE 132, 156, 172, 237, 240, 247

Sainsbury's 150
SAP 14, 110, 129f., 144, 147, 160, 165, 173, 178, 216, 237, 246
Sarbanes Oxley Act, SOX 129, 232
Saurer 61, 63f., 70-73, 75, 78f., 247
Schäfer, Berthold 219, 221
Schewe, Gerhard 201, 206
Schlüsselkompetenz, Kernkompetenz 26, 72, 81, 243
Schmidt, Jonny 173
Schulung, Weiterbildung 36f., 128, 151, 175f., 179-181, 189-192, 207, 221
Schwendner, Harald 94
SCOR, Supply Chain Operation Reference Modell 103, 112
Seitz, Konrad 75
Service, Servicefunktion 16, 25, 38, 44, 64, 76, 85f., 88, 104, 144f., 148, 159, 167, 179, 183-185, 216, 222, 228, 238, 242
Servicequalität 86
Shared Services 144, 148, 184f., 228
Shareholder 140, 194, 197, 228, 237
Sicherheit 16, 30f., 37, 51, 53, 61, 73, 76, 87, 89f., 101, 105, 112f., 132, 141, 150, 155, 168, 200
Sidlik, Thomas W. 15, 240
Simultaneous Engineering 93f., 102
Single Sourcing 49, 52, 164
Skaleneffekte 19, 45, 48, 55, 210, 220, 232
Soft Skills 204
Sonntag, Thomas 87
Sourcing Governance 115, 133, 135f.
Sourcing-Strategie, Einkaufsstrategie 20, 41f., 45f., 51, 59, 95, 134, 161, 178, 180, 196, 207f., 214, 220, 233, 241, 243, 246
Sozialkompetenz 175, 183, 186, 190, 200
Spend Map 235
Spinner, Werner 241
SRM, Supplier Relationship Management 100, 104f., 114, 160, 222f.
Stakeholder 17, 127f., 196, 237
Standardisieren, Standardisierung 44, 47-49, 59, 189, 220, 232
Statisches Hedging 123, 125, 128
Stehr, Martin 222
Steinebach, Lothar 144
Steuer, Steueroptimierung 114, 137, 148, 149, 197f., 211f., 224
Steuergeld 211f., 224

Stolz, Jörg 179
Strategischer Einkauf 38, 161, 164, 168, 170, 177, 179, 181, 183, 186, 219, 228, 236, 241, 243, 245f.
Strategischer Lieferant 106, 204
Supplier Relationship Management, SRM 100, 104f., 114, 160, 222f.
Supplier Self Service Tools 104
Supply Chain Financing 137, 139-153, 230, 242, 247
Supply Chain Governance 242
Supply Chain, Lieferkette 31f., 52, 100, 103, 107, 127, 131, 133, 135, 137, 142, 151, 216, 230, 235
Supply Chain Management 69, 100-104, 107, 109, 114, 137, 139, 145, 148f., 204, 242, 247
Supply Chain Operation Reference Modell, SCOR 103, 112
Sustainability, Nachhaltigkeit, nachhaltige Geschäftstätigkeit 131f., 134, 181
Synergie 43, 49, 164, 169, 193, 196-198, 201-204, 208-210, 214, 222f., 236
Syngenta 149, 235, 236, 240, 247
Systeme, intelligente 83, 99

Target Costing 89, 96, 242
Target Design 242
Tarhan, Funda 158
TCO, Total Cost of Ownership 19, 28, 37, 65, 69, 81, 93, 166, 168-170, 216, 242
Technologieführerschaft 47, 55, 99
Technologieplanung 94f.
Technologietransfer 67f.
Technologietreiber 28
Termingeschäft 31, 124
Textilindustrie 62
Textilmaschinen 61-63, 70f.
These, Kern-, Folge- 17f., 31, 33, 39, 41
Thonemann, Ulrich W. 107
ThyssenKrupp 173
Time to Market 86, 94, 102f., 235
Tomasevic, Josip 175, 207
Tool, Werkzeug (elektronisch) 103, 160, 162, 166, 168, 178f., 182f., 186, 199, 202, 235, 244
Total Cost of Ownership, TCO 19, 28, 37, 65, 69, 81, 93, 166, 168-170, 216, 242
Training 36f., 130, 151, 178f., 181f., 186, 188-192, 202, 207, 233
Trainingsmodelle/Weiterbildungsmodelle 175, 179

Transaktionsgebühren 146, 153
Transaktionskosten 185, 216
Transaktionsplattform 145
Transfer Pricing 149
Transformation 226, 233, 238, 241f., 244, 246f.
Transparenz, Offenheit 35f., 40, 47, 59, 115, 117, 120, 129, 134-136, 143, 150, 153-155, 160f., 266, 171, 174, 193, 205f., 215f., 218f., 223, 232, 235

Übernahme 193-195, 197, 200, 205f.
Umlaufvermögen, Working Capital 114, 126, 137, 140-142, 146, 153, 230, 242
Umsatzrendite 30, 184
Umweltschutz 131f., 198
Underlyings 124f.
Unsichtbarer Vermögenswert 154
Unternehmensbewertung 128f., 229f.
Unternehmenskultur 154, 171, 205
Unternehmensstrategie 14, 18, 20, 40-42, 44, 81, 176, 192, 226f., 243-246
Unternehmensziel 42, 47, 78, 140, 177, 242

Vaillant 100, 111f., 114, 229, 247
Vajna, Sándor 171
Value, Shareholder-, Stakeholder- 17, 140, 228
Variante, Varianz 47, 49f., 84, 97, 105, 108, 112, 125, 146
Vendor Managed Inventory 56, 105, 157
Verfügbarkeit 31, 110, 117f., 124, 137, 154, 173, 175, 183
Vergaberecht 211, 217-219, 221-224
Verhandlung 34, 51, 53f., 56, 138f., 141, 151, 163f., 168, 186, 189f., 196f., 199, 207
Verlagerung 63, 66, 68f., 74., 78f., 107, 115, 148f., 184, 199
Verlagerungsrechnung 63
Versorgung 15f., 29f., 32, 40, 42, 55f., 61, 64, 79, 89, 104, 108f., 116, 119f., 154f., 157, 172, 222
Versorgungsengpass 31, 53, 156, 161
Versorgungsklasse 56
Versorgungsnetze, globale 18
Versorgungsrisiko 26, 51f., 133, 135, 153, 231, 242,
Vertrag 31, 33, 42, 45f., 48f., 54f., 58, 68, 124, 130, 151, 155, 161-163, 165-167, 169f., 172f., 186, 197-199, 220
Vertragsmanagement 57, 104, 161f., 181
Vertrauen 193, 200, 218

Vertrieb 15, 19, 28, 35f., 39, 44, 50, 56, 58, 66, 96, 98, 111-113, 127, 136, 158f., 163, 176, 190, 198, 208f., 226, 228, 240, 243
Verzahnung 41, 55, 59, 103, 234f.
Vita, Giuseppe 240
Volatilität 29-31, 33f., 114, 119, 125, 135f., 157
Volkswagen, VW 15, 69, 132, 136, 156

Walleyo, Samy 205
Warengruppe 14, 26f., 42-56, 58-60, 127, 160-162, 164-166, 169f., 185, 189, 193, 201-203, 208, 220-222, 232, 244
Warengruppenstrategie 44-47, 52f., 55f., 58, 202, 210, 247
Weiße Ware 27, 47
Weiterbildung, Schulung 36f., 128, 151, 175f., 179-181, 189-192, 207, 221
Weiterbildungsmodelle/Trainingsmodelle 175, 179
Welthandel 21, 234, 61, 70, 121
Weltmarkt 18, 22f., 63, 70f., 79, 84, 119, 163, 235
Wen, Jiabao 75
Werkstoffe, neuartige 83, 99
Werkzeug, Tool (elektronisch) 103, 160, 162, 166, 168, 178f., 182f., 186, 199, 202, 235, 244
Wertanalyse 48, 163, 168f., 174, 207
Wertbeitrag 48, 90, 99, 166, 242f., 246
Wertemanagement 115, 130, 132
Werthebel 28, 42, 45, 47f., 50-56, 58, 227, 238, 246
Wertschaffung 197
Wertschöpfung 14, 16, 19, 25, 28, 39f., 46, 55, 58f., 62, 71, 75, 84f., 87, 93, 98-102, 107, 111, 120, 128, 133, 155, 158, 177, 180, 182f., 199, 207, 209, 235, 241f.
Wertschöpfung, importierte/ausländische 21
Wertschöpfungsbeitrag (Beitrag zur Wertschöpfung) 81, 182
Wertschöpfungskette 16f., 19, 27, 32f., 38, 40, 55, 72, 96, 99-104, 107, 109, 111, 114, 120, 137, 139-142, 144, 146, 148f., 155-157, 173, 176f., 210, 227, 229, 234, 236, 242f., 245
Wertschöpfungsstruktur 176
Wertsteigerung 90, 193f., 196, 242, 245
Wertstoffmanagement 42, 45f. 56
Werttreiber 238
Wertvernichtung 193
Wettbewerbsdruck 84, 115, 137, 164

Wettbewerbsfähigkeit 14, 17, 25, 27, 39, 41, 50, 62, 87, 106, 239, 245
Wettbewerbsvorteil 25f., 33, 78, 86, 90, 94, 117, 154f., 164, 185, 234, 245
Widerstand 68, 124, 218
Wieland, Josef 130, 132
Wildemann, Horst 40
Wirtschaftlichkeitsgebot 217
Wirtschaftswachstum 24, 33, 70, 85
Wissensinseln 154, 158
Wissensmanagement 96, 154, 160-163, 165, 170-174
Woolworth 103
Working Capital, Umlaufvermögen 114, 126, 137, 140-142, 146, 153, 230, 242
Wössner, Mark 245
WTO Trade Statistics 22f.

Zahlungsmodell 137, 230
Zahlungsziel 140-142, 146f., 150, 153
Zentraler Einkauf 165, 214, 219, 221f., 225
ZF Friedrichshafen 132, 134f., 229, 231, 233
Zielgruppe 40, 44, 169
Zielvereinbarung 54, 59, 243
Zulieferer 21, 25f., 28, 43, 45, 52f., 62, 64-69, 72-74, 81, 92, 95, 101, 107, 132, 134, 137-143, 145-147, 150f., 156, 183, 202, 209, 215, 217, 227
Zwischenfinanzierung 138, 147, 153
Zypries, Brigitte 215